Altenglische Literatur
und ihre Geschichte

Studia humaniora

Düsseldorfer Studien zu Mittelalter und Renaissance

Herausgegeben von
Wilhelm Busse, Hans Hecker, Rudolf Hiestand,
Gert Kaiser, Hans Schadewaldt, Ludwig Schrader,
Hubertus Schulte Herbrüggen, Josef Semmler,
und Peter Wunderli

Band 7

Wilhelm Busse

Altenglische Literatur und ihre Geschichte

Zur Kritik des gegenwärtigen Deutungssystems

Droste Verlag

Gedruckt mit Unterstützung der Anton-Betz-Stiftung der
Rheinischen Post e.V.,
der Dr. Reinhard und Emmi Heynen-Stiftung
und der Geschwister Boehringer Ingelheim Stiftung
für Geisteswissenschaften in Ingelheim am Rhein

Titelbild: König mit Rat
aus MS BL Cotton Claudius B.IV f.59r
mit freundlicher Genehmigung der
British Library

CIP-Kurztitelaufnahme der Deutschen Bibliothek

Busse, Wilhelm G.:
Altenglische Literatur und ihre Geschichte:
zur Kritik d. gegenwärtigen Deutungssystems /
Wilhelm G. Busse. – Düsseldorf: Droste, 1987
(Studia humaniora; Bd. 7)
ISBN 3-7700-0808-1

NE: GT

Einbandentwurf: Helmut Schwanen
Gesamtherstellung: Poeschel & Schulz-Schomburgk, Eschwege
ISBN 3-7700-0808-1

Inhalt

Vorwort

Die gegenwärtige Lehre zur Geschichte der altenglischen Literatur gründet in der Zeit der Jahrhundertwende. Von dort ist ein Konstrukt der chronologischen Entstehung der literarischen Werke tradiert, dessen vermeintlicher Systemcharakter sich in Annahmen zur Datierung der Texte, zur Analyse ihrer sprachlichen Verfaßtheit und zu ihren historischen Bedingungen manifestiert. Das inzwischen geschlossene System zwingt die Geschichtsschreibung und Interpretation der Literatur in einen engen Bezugsrahmen: damit werden die in den Dichtungen angelegten Bedeutungsmöglichkeiten begrenzt und nachgerade verstellt.

Ausgehend von den Darstellungen in jüngeren Literaturgeschichten und unter Einbezug eines Textbeispiels wird dieses Deutungssystem in der vorliegenden Arbeit kritisch befragt und auf seine hypothetischen Annahmen zurückgeführt: ihnen steht, wie dem System insgesamt, keine Glaubwürdigkeit zu. Das kritisch-hermeneutische Befragen macht die Untersuchung über weite Strecken zur Provokation für die herrschende Lehre; ein großer Teil der Arbeit ist notwendig destruktiv. Aus der Kritik des Systems eröffnen sich jedoch neue Perspektiven und Wege in der These, die altenglische Versdichtung im historischen Kontext des 10. Jahrhunderts zu betrachten und zu interpretieren: den literarischen Werken kann so ihre wahre Geschichte zurückgewonnen werden.

Die Arbeit wurde mir durch vielfache Hilfe erleichtert. An erster Stelle sei Prof. Helmut A. Benning genannt, der mich mit altenglischer Literatur bekanntmachte und mein Interesse an ihr weckte und förderte; Dank schulde ich auch meinem germanistischen Kollegen Gert Kaiser, in dessen wissenschaftlichem Kolloquium ich erste Überlegungen erproben und in kritischer Auseinandersetzung verändern konnte. Besondere Hilfe gönnten mir meine Mitarbeiter: Rainer Holtei und Karlfried Knapp, die in immer neuen Gesprächen dieser Arbeit ein gutes Stück gefolgt sind und mit ihren Hinweisen manchen Irrweg vermeiden halfen; Christa Holtei, die mir bereitwillig einen großen Teil des Manuskriptes geschrieben und das mühselige Korrekturlesen abgenommen hat; und Barbara Dohm wie Thomas Hag, die sich geduldig und kompetent am Korrekturlesen beteiligt und dabei noch manchen Fehler ausgeräumt haben (Juni 1985).

Das Manuskript wurde Anfang 1985 abgeschlossen; seither ist nichts erschienen, was mich die von mir vertretenen Thesen verändern ließe. Die historische Forschung zum 10. Jahrhundert hat unsere Bilder dieser wichtigen Zeit aus der Geschichte Englands weiter präzisiert; man weiß inzwischen auch mehr über die Bildungsanstrengungen der reformierten Benediktinermönche. Auf die literaturwissenschaftliche Erforschung dieser Zeit konnte das allerdings keinen Einfluß haben: das »Golden age of Anglo-Saxon art« hat ja nach herrschender Meinung keine Versdichtung von Bedeutung hervorgebracht – abgesehen von jenen vorgeblichen ›Spät-‹Werken heroischer Dichtungsart, die man gewöhnlich als isolierte Nachzügler betrachtet. So behalten Kritik und Generalthese dieses Buches ihren vollen Gültigkeitsanspruch. Daß sich der Druck so sehr verzögerte, liegt an den Schwierigkeiten der Finanzierung. Nachdem sich die sonst fördernde Institution versagt hat, gilt daher mein besonders herzlicher Dank drei Stiftungen, die an ihre Stelle getreten sind und geholfen haben, die Arbeit zu publizieren: der Anton-Betz-Stiftung, der Dr. Reinhard und Emmi Heynen-Stiftung und der Geschwister Boehringer Ingelheim Stiftung für Geisteswissenschaften, die mit ihrer großzügigen Beihilfe den Druck erst ermöglichten.

Düsseldorf, April 1987 W. G. Busse

1. Einleitung
Entstehungszeit und Überlieferungszeit altenglischer Dichtung

In der heutigen Literaturgeschichtsschreibung zur altenglischen Dichtung wird seltener offen, häufiger unauffällig eine fixe Chronologie von vermuteten Entstehungszeiten der beschriebenen Texte vorgegeben, die auffällig in großer, zeitlicher Distanz zur Datierung der Manuskripte steht, in denen die Texte überliefert sind. Dieser weithin bekannte Tatbestand eignet sich hervorragend als Ausgangspunkt für die immer wieder einmal gestellte, aber hier jetzt mit letzter Konsequenz verfolgte, kritische Frage nach der Begründung dieses Befundes: wie läßt sich denn, und nach welchen Fakten, Indizien oder Hypothesen, diese frappante Differenz zwischen (vermuteter) Entstehungszeit der gemeinten Dichtungen und ihrer (historisch gesicherten) Überlieferungszeit eigentlich rechtfertigen?

Obwohl der darzustellende Sachverhalt komplexe Probleme und Fragen aufwirft, wird ihm in neueren Literaturgeschichten keine zusammenhängende Antwort mehr zuteil, es wird ihm auch nicht annähernd ausreichend die nötige Aufmerksamkeit gewidmet. Die grundlegenden Probleme der Datierung schienen ja auch seit der wissenschaftlichen Diskussion zur Zeit der letzten Jahrhundertwende geklärt; und obwohl die Frage der Datierung einzelner Texte in den letzten Jahren hier und da wieder aufgelegt wurde, kann die jüngere Literaturgeschichtsschreibung sehr wohl als repräsentativ für die gegenwärtig vorherrschende Forschungsmeinung zum Problem der Datierung altenglischer, poetischer Texte hergenommen werden. Das festgefügte System von chronologischen Daten, von einer vermuteten Abfolge der ›Entstehung‹ der Dichtungen, das um die Jahrhundertwende erstellt wurde, gilt heute als weitgehend akzeptiert und wird in den meisten weiteren Untersuchungen, Darstellungen oder Interpretationen als grundlegende Voraussetzung oft nur noch stillschweigend eingebracht. Die Literaturgeschichten bieten mithin paradigmatisch die Summe einer früheren, wissenschaftlichen Diskussion über Entstehungsdaten: während in Einzeleditionen der Texte die Probleme der Datierung in der Regel wenigstens noch andiskutiert sind, formuliert man in der Geschichtsschreibung zu dieser Literatur die überkommene und vorgeblich sichere Vorstellung von den frühen Entstehungszeiten der Texte und ihrer späten Überlieferung auf die prägnanteste Weise[1]:

1 Aus der vorläufigen Beschränkung auf die Argumentation über die Entstehungszei-

The dates of composition of the poems in these manuscripts, whether of oral or written provenience, cannot be determined with precision; but *critics generally agree* upon an early period, ranging from the late seventh to the early ninth century, which includes the composition of *Beowulf* and the Cædmonian poems; the period of Cynewulf, ninth century; and a ninth-tenth-century period, which saw the making of *Genesis B*, *Judith*, and the late battle poems, among others[2].

Obwohl fast das gesamte Corpus altenglischer Dichtung in vier Codices aus der Zeit zwischen ca. 950 und 1020 überliefert ist, werden folglich gegen den historischen Befund der Überlieferungszeit vermutete Entstehungszeiten gesetzt, die teilweise bis zu dreihundert Jahren vor die Niederschrift der Texte datieren.

Auf die historische Differenz zwischen angenommener Entstehungszeit und der Überlieferungszeit, vor allem aber auf die sich daraus ergebenden Konsequenzen wird dabei nur wenig Bedacht genommen: so will etwa J. E. Cross ausdrücklich auf eine Datierung der meist anonymen Dichtung verzichten[3], folgt dann aber dennoch in seiner Darstellung und Deutung uneingestanden dem vorgegebenen Muster der Chronologie fiktiver Entstehungszeiten. Er stellt mithin den festen zeitlichen Bezugsrahmen von Caedmon (ca. 670) bis zur ›Entstehung‹ der Prosa (ab ca. 880) deutlichst wieder her, obwohl er über die anonyme Dichtung und ihre ›Entstehung‹ zuvor konstatierte:

Except within very broad limits, and then debatably, *this* remaining *poetry is undatable and unplaceable*[4].

Auch mit Überlegungen, die diesen festen Bezugsrahmen durchbrachen, hat man an den fixen Eckdaten der Datierung von Versdichtung wenig ändern können: denn bis heute herrscht ungebrochen die Meinung vor, die altengli-

ten der Dichtung, wie sie in den Literaturgeschichten aufscheint, resultiert eine eventuell eklektisch erscheinende Zitierweise meiner Darstellung: sie beruht jedoch nicht auf einer willkürlichen und aus dem Zusammenhang isolierenden Auswahl von Äußerungen, sondern ergibt sich zwingend aus der Tatsache, daß in keinem der zitierten Werke der Literaturgeschichtsschreibung dem anstehenden Problem eine zusammenhängende Diskussion gewidmet wird. ›Entstehungszeit‹ und ›Entstehung‹ meinen im folgenden immer den in der Forschung postulierten Zeitpunkt der *ersten* hypothetischen Produktion eines literarischen Werkes, ›Überlieferungszeit‹ und ›Überlieferung‹ dagegen den historisch gesicherten Zeitpunkt der Niederschrift in den uns überlieferten Manuskripten.
Wenn nicht anders angegeben, sind alle Hervorhebungen in den Zitaten – mit Ausnahme der Titel der Werke und einiger fremdsprachlicher Termini – von mir.

2 Greenfields Fazit der Datierungsdiskussion steht exemplarisch für ältere wie neuere Literaturgeschichtsschreibung. Ich beschränke mich darauf, neuere Darstellungen zu zitieren: Greenfield 1966:78-9; Wrenn 1967:74; Standop 1967:16-7; Cross 1970:19-20; Göller 1971:28-30; Shippey 1972:80-3 (wie Göller mit Beschreibung der späteren Manuskriptüberlieferung); Pearsall 1977:2; etc.

3 Cross 1970:19-20; zur Chronologie seiner Darstellung vgl. ibid. 20 ff.

4 Loc. cit.

sche Dichtung sei vor der überlieferten Prosa entstanden, die im späten 10. und frühen 11. Jahrhundert geschriebenen Codices seien nur die Schlußsteine einer langen, materiell nicht mehr belegbaren Überlieferung aus einer früheren Zeit. So wirken denn auch alle Verweise auf Unsicherheiten der Datierungen eher als Rückgriff in die Wissenschaftsgeschichte denn als ernstgemeinte Warnung vor unsicheren Hypothesen: zwar konstatiert man abweichende und gegensätzliche Positionen, läßt jedoch an ihrem grundsätzlichen Ausnahmecharakter zugleich auch keinen Zweifel.

> It must be stressed, however, that *there is critical disagreement about* the dating of *individual poems*, the elegies, for example, having been located in every century from the seventh to the tenth *by one critic or another*, and *Beowulf* itself having both early and late dating enthusiasts[5].

Trotz der widersprüchlichen Zusammenstellung von nur vagen Datierungs*möglichkeiten* und präziser Datierung, die oft unvermittelt nebeneinander stehen[6], wird somit an der Berechtigung und Richtigkeit der einmal entworfenen Chronologie grundsätzlich kaum noch gezweifelt:

> Dating Old English poems ist notoriously difficult and uncertain, but virtually no one now thinks of *Beowulf* as post-825[7] . . .

Die hypothetisch erstellte Chronologie hat Systemcharakter gewonnen: aus der Gleichzeitigkeit der Überlieferung wurde ein Nacheinander der Entstehung der einzelnen Texte, ohne daß das Hypothetische dieser Konstruktion noch hinterfragt oder gar deutlich würde. Das Problem der zeitlichen Differenz zwischen angenommener Entstehung und tatsächlicher Überlieferung wird somit weitgehend verschwiegen: inzwischen ist das System der Entstehungsabfolge der Texte zu einem festen, vorgeblich sicheren Bezugsrahmen erstarrt, der als uneingestandenes Vorverständnis in die Interpretation der Texte eingehen kann und über die Interpretation (etwa der linguistischen Daten) den einmal vorgegebenen Rahmen wieder bestätigt.

Nur vor solchem Hintergrund ist verständlich, daß in der Abwehr anderer Forschungsmeinungen Argumente benutzt werden, die – würden sie auf das nicht mehr hinterfragte, zeitliche Bezugssystem angewandt – dieses radikal in Frage stellen müßten:

> Die große stilistische Einheitlichkeit unserer Texte und die Art ihrer Überlieferung

5 Greenfield 1966:79.

6 So etwa Göller 1971:134: »Das *Exeterbuch* z. B. wurde . . . zwischen 970 und 990 geschrieben, aber die darin enthaltenen Stücke *sind mit Sicherheit älter*. Ein guter Teil der Dichtung kann, sogar in der vorliegenden Form, bis zum 7. Jahrhundert zurückdatiert werden.«

7 Shippey 1972:210. Allein die Beiträge in Chase 1981 zeigen, daß in der jüngeren Vergangenheit die Diskussion um die Beowulf-Datierung wieder aufgelebt ist.

in westsächsischem Gewande macht es praktisch unmöglich, die altenglische Dichtung in historischer Perspektive darzustellen[8].

Standops Argumentation richtet sich gegen ältere Interpolationstheorien: gegen den Versuch, Altes in den Texten, das heißt Heidnisch-Germanisches, von Neuem, das heißt Christlichem, zu trennen. Aber, so wird man zu fragen haben: wenn es »praktisch unmöglich« ist, »altenglische Dichtung in historischer Perspektive darzustellen,« woher bezieht dann das ja auch von Standop akzeptierte, zeitliche Bezugssystem der Entstehung der Texte eigentlich seine Berechtigung, wieso wird dennoch altenglische Literatur*geschichte in einer hypothetisch-diachronischen Abfolge von Einzelwerken* geschrieben? Diese Frage soll meine Leitfrage für die folgenden Kapitel sein: ich werde die dazu herangezogenen Begründungen kritisch würdigen und zeigen, daß die zur Erstellung des Datierungssystems verwandten Kriterien und folglich auch die weithin vorausgesetzte Entstehungschronologie selbst einer kritischen Überprüfung nicht standhalten.

Am Ausgangspunkt meiner Diskussion erinnere ich kurz an die allgemein bekannte Überlieferungslage[9]: die Erinnerung scheint mir allerdings erforderlich, weil die Datierung der Manuskripte die einzig sicheren, historischen Daten liefert; und letztlich kann nur von ihnen allein aus überlegt werden, welche Gründe für eine Vordatierung der Texte überhaupt anzuführen sind. Der *terminus ad quem* bestimmt sich dabei aus der Datierung der vier Codices, in denen die überwiegende Mehrheit der altenglischen Versdichtungen bewahrt ist; den *terminus post quem* setzen die Datierungen der Manuskripte, in denen Caedmons Hymnus, Bedas Todeslied und das Leidener Rätsel überliefert sind. Beide Manuskripte mit Caedmons Hymnus werden einhellig in die Mitte des 8. Jahrhunderts datiert[10]; als ältestes Manuskript von Bedas Todeslied gilt das aus der Stiftsbibliothek in St. Gallen (9. Jh.)[11]. Die Handschrift mit dem Leidener Rätsel wird in das 9. oder frühe 9. Jahrhundert datiert, die Niederschrift des altenglischen Textes auch in das 10. Jahrhundert[12]. Es scheint darüber hinaus erforderlich, an die besonderen Bedingungen der Texttradition dieser drei Gedichte zu erinnern: sie durchbrechen den Rahmen der sonstigen Überlieferung insofern, als ihre Bewahrung aus einer

8 Standop 1967:18.

9 Ich beschränke mich auf eine Überschau in gröbsten Zügen, da die Details hinlänglich bekannt und publiziert sind: vgl. Ker 1957, wo nötig zu ergänzen oder zu korrigieren durch z. B. Brunner 1964, Ker 1976, Gneuss 1980, Blockley 1982.

10 Vgl. u. a. Smith *Poems*:20, 22-3; Dobbie 1937:11-12; ASPR VI: xcv; Ker 1957 nos. 25, 122.

11 Zur Überlieferung und Datierung vgl. u. a. Smith *Poems*:4-7; Dobbie 1937:49-74; ASPR VI:c-civ; Ker 1957 nos. 88, 104, 110, 152, 273, 306, 321, 356, App. 1, 2, 12, 13, 25.

12 Zur Datierung u. a. Smith *Poems*: 7; ASPR VI: cviii; Ker 1957 App. no. 19; zur Niederschrift des altengl. Textes im 10. Jh. Parkes 1972:215-7.

früheren Zeit durch ihre Verbindung mit hochprestigiösen, lateinischen Texten gewährleistet war. Im Gegensatz zu vielen Prosatexten und zu fast allen Texten der Versdichtung sind dazu Caedmons Hymnus und Bedas Todeslied gleich vielfach bezeugt: Shippey macht zu Recht darauf aufmerksam, daß von den zirka 90 Manuskripten, die altenglische Verse enthalten, rund die Hälfte auf diese Texte entfällt, die beide ihre Erhaltung besonderen Umständen verdanken[13]. Folglich sicherte allein das Ansehen Bedas, das schon früh bezeugt ist[14], Bewahrung und Verbreitung dieser Gedichte sowohl in England als auch auf dem Kontinent:

> The prestige of one man alone therefore accounts for almost half the manuscripts of Old English poetry – but for a total of only fourteen lines[15].

Das Leidener Rätsel dürfte seine schriftliche Überlieferung ähnlichen Umständen verdanken: auch hier liegt die enge Verbindung mit einem lateinischen Text vor, auch Aldhelm war ein gesuchter Autor[16].

Hätten wir nicht diese drei frühen Gedichte, die die Bewahrung altenglischer Versdichtung im 8. bzw. 9. Jahrhundert bezeugen und deren Entstehung im Falle des Caedmon-Hymnus und des Todesliedes aufgrund unserer historischen Kenntnisse relativ genau datiert werden kann, dann sähe es um die Geschichtsschreibung der altenglischen Sprache und Literatur sicherlich anders aus. Denn die sonstigen überlieferten Handschriften bis etwa zur Mitte des 9. Jahrhunderts enthalten nur Interlinearglossen, einzelne Glossen und Glossare: außer einer liturgischen Anweisung im *Book of Cerne* und einem Eintrag im *Codex aureus* der Stockholmer Bibliothek, der die Schenkung des Evangeliars durch Ealdorman Alfred an Christ Church in Canterbury notiert, dienen somit alle Zeugnisse aus dieser Zeit der Verständigung über die lateinische und englische Sprache[17]. Für die Sprachgeschichtsschreibung sind diese Quellen von unschätzbarer Bedeutung; allein für die Diskussion über angenommene Entstehungsdaten altenglischer Versdichtungen können sie nur sehr begrenzt Hilfe leisten. Gegen Ende des 9. Jahrhunderts setzt dann eine reichhaltigere Überlieferung von Handschriften mit literarischen Werken ein: die frühesten Manuskripte aus dieser Zeit enthalten nur altenglische Prosa; Versdichtungen in nennenswertem Umfang findet man erst in Manuskripten etwa ab der Mitte des 10. Jahrhunderts. Dies ist dann auch die Zeit der vier großen Codices, in denen mehr als zwei Drittel der gesamten altenglischen Dichtung aufgezeichnet ist:

13 Den 17 MSS des Hymnus stehen 29 von Bedas Todeslied gegenüber: vgl. dazu u. a. Dobbie 1937:49-105 und ASPR VI:xcv-xcvii, ci-civ; weiter Shippey 1972:80.

14 So z. B. in einem Brief von Bonifatius an Hwaetberht von Wearmouth (ca. 746-7): EHD I:825; vgl. ibid. 824.

15 Shippey 1972:80.

16 Vgl. den Brief von Lullus an Dealwine (ca. 745-6): EHD I:816.

17 Vgl. Ker 1957 nos. 27, 36, 114, 203, 385, App. 10.

> These between them contain just over twenty thousand lines of verse, out of the total of just under thirty thousand known. On these collections depends most of the study of Old English literature[18].

Die Bedeutung dieser vier Manuskripte für die Diskussion um die angenommenen Entstehungsdaten kann nicht besser unterstrichen werden: außer den drei frühen Gedichten, die nur 28 Verse umfassen, ist Versdichtung also erst seit etwa der Mitte des 10. Jahrhunderts belegt. Angesichts dieser historischen Tatsache überrascht die Einhelligkeit, mit der in der Literaturgeschichtsschreibung einem Großteil der Versdichtung ein zeitlicher Platz *vor* der überlieferten Prosa in der konstruierten Entstehungschronologie eingeräumt wird; von dieser behaupteten Abfolge werden dann nur wenige Ausnahmen zugelassen.

> The single long exception is one tending to prove the rule – *Genesis B* may be dated around 900, but of course is probably not the work of an Anglo-Saxon. Short poems are obviously harder to place, and some of the ›elegies‹, for instance, are probably early tenth-century works[19].

Die große Entstehungs- und Blütezeit altenglischer Versdichtung endet nach der Überzeugung Shippeys wie für viele andere in der Mitte des 9. Jahrhunderts; was dann an Literatur in England noch produziert wurde, wird schon in den Titeln der Darstellungen mit einem deutlichen Makel versehen: »The Decline: King Alfred and After[20].« Die Mitte des 9. Jahrhunderts erscheint so in der herrschenden Forschungsmeinung als Wasserscheide zwischen »earlier« und »later poetry«, zwischen Vers und Prosa, zwischen »heroic« und »homiletic«, zwischen – wie ich noch zeigen werde – guter und schlechter Dichtung: wegen seiner besonderen, ästhetischen Qualität wird demnach der größte Teil der aus dem 10. und frühen 11. Jahrhundert überlieferten altenglischen Dichtungen in das 7., 8. und frühe 9. Jahrhundert vordatiert[21].

18 Shippey 1972:81; von den verbleibenden rund 10000 Vv. entfallen allein etwa 5800 auf den metrischen *Paris Psalter* und die *Metres of Boethius*. Das Gesamtkorpus ist mit rund 29200 Vv. kürzer als etwa Lydgates *Troy Book*: dies gibt eine Vorstellung vom Umfang der Überlieferung und seiner Verteilung auf die MSS.

19 Shippey 1972:210.

20 Ibid. 175 ff.

21 Sisam 1953b:121 Anm. 1: »The eighth century is favoured by most critics, and the ninth tends to be a blank. By ›earlier poetry‹ I mean poetry generally thought to be of the period specified . . .« Gemeint sind in etwa folgende Texte: *Beowulf*; alle Texte des Junius MS mit Ausnahme von *Genesis B*; mindestens die umfangreicheren Texte sowie einige kürzere Gedichte des *Exeter Book (Christ, Guthlac, Phoenix, Juliana, Widsith, Descent into Hell*, einige *Riddles* u. a.); fast alle Texte des *Vercelli Book (Andreas, Fates of the Apostles, Dream of the Rood, Elene*); aus den anderen MSS natürlich einige *Charms, Battle of Finnsburh, Waldere, Rune Poem* u. a., insgesamt also rund 17000 der überlieferten ca. 29200 Vv. Von den verbleibenden rund 12200 Vv., die dann entsprechend »later poetry« sind, entfallen, daran sei erinnert, allein rund 5800 Vv. auf *Paris Psalter* und *Metres of Boethius*.

> *No direct evidence* is available for dating Genesis A. . . ., although the end of the seventh or the beginning of the eighth century *is generally accepted* as a probable time for the original composition of the poem[22].
> For the date of composition of this poem [i. e. *The Seasons of Fasting*] there is *no direct evidence*, but the *homiletic manner* of the entire piece seems to place it with the poetry of the *middle* or *late tenth* century *rather than with the earlier poetry*[23].
> It is of course very likely that a larger number of the riddles date from the early eighth century, when *Englishmen were most active* in the composition of Latin riddles, but a more definite statement than this is hardly possible in the light of our present knowledge[24].

Die Reihe ähnlicher Äußerungen könnte beliebig fortgeführt werden; im Grundsatz bleibt dabei die Argumentationsstruktur aber immer gleich: obwohl es keine sicheren Belege gibt (»no direct evidence«), führt das uneingestandene Vorverständnis einer hypostasierten Entstehungschronologie (»Ingeld had precedence over Christ«[25]), gepaart mit Argumenten über die Textqualität (»homiletic manner of the entire piece«) oder mit unzulässigen Verallgemeinerungen über den soziokulturellen Hintergrund (»Englishmen were most active in the composition of Latin riddles«), immer wieder dazu, ästhetisch qualitätvolle Versdichtung der Zeit vor der Wasserscheide des 9. Jahrhunderts zuzurechnen (»the earlier poetry«) und der Zeit danach nur noch das Minderwertige zu belassen (»latish composition«[26]).

> Poetic tradition obviously flourished first: Ingeld hat precedence over Christ in time, at any rate, in the Anglo-Teutonic mind, and Old English poetic style existed prior to a vernacular prose; but we can trace the development of the prose with greater precision[27].

Die Überlieferungslage der Versdichtung bestätigt zwar diese Darstellung im Grundsatz: ganzen 28 Versen, die aus der Zeit vor der Niederschrift der Prosa bezeugt sind, stehen jedoch fast 30 000 Verse gegenüber, die erst aus der Zeit des 10. und frühen 11. Jahrhunderts überliefert sind. Verwerflich ist daher die trotz der Überlieferungslage aufgestellte Hypothese, daß ein Großteil dieser Dichtung der frühen Zeit angehöre. Meine eingangs formulierte Frage muß demnach präzisiert werden, denn die Antwortmöglichkeiten erfahren aufgrund der Handschriftenüberlieferung eine wesentliche, zusätzliche Bedingung, die im folgenden nicht mehr außer Acht gelassen werden kann: wenn es also praktisch unmöglich ist, altenglische Dichtung in histori-

22 ASPR I:xxvi (Datierung des Junius MS c1000).

23 ASPR VI:xciv (das verbrannte Cotton Otho B.xi wird hier c950-c1000 datiert).

24 ASPR III:lxvii (Datierung *Exeter Book* c970-c990).

25 Greenfield 1966:4.

26 Renwick/Orton 1966:204 über *Judgment Day II.*

27 Greenfield 1966:4; ähnlich Malone 1967:22, 96; Wrenn 1967:12, 195. Diese Vorstellung lebt implizit natürlich auch in der Abfolge der Darstellung (erst Dichtung, dann Prosa) fort; lediglich Greenfield weicht von diesem Muster ab: vgl. op. cit. 3-4.

scher Perspektive als hypothetisch-diachronische Abfolge der Einzelwerke von zirka 700 bis etwa 1066 darzustellen, *weil die Datierung der Manuskripte als einzig verläßliches, historisches Datum dagegen spricht* –: was berechtigt dann noch, aus dem Corpus des Überlieferten ein chronologisch abweichendes System der Literaturgeschichte zu erstellen?

Die als weitere Antworten auf diese kritische Frage herangezogenen Kriterien und ihre jeweiligen Begründungen werde ich exemplarisch unter drei Aspekten diskutieren. Den ersten bezeichne ich als die Verführung des Caedmon-Paradigmas: hier geht es um diejenigen Hypothesen, die als argumentative Stütze die späte Überlieferungszeit der Texte in ihre vorgeblich frühe Entstehungszeit wandeln sollen. Der zweite Aspekt führt zur Diskussion der vorherrschenden Interpretation der linguistischen Daten: angeblich rechtfertigt ja die besondere Heterogenität der Sprache eine Vordatierung der Texte. Im dritten Aspekt schließlich wird es um die herangezogenen historischen Argumente gehen, mit denen die frühe Entstehungszeit der Versdichtungen begründet werden soll.

2. Kriterien zur Erstellung des chronologischen Systems

2.1 Die Verführung des Caedmon-Paradigmas

Bedas Bericht über den schreibunkundigen Dichter Caedmon kann zunächst als Einstieg in die Diskussion herangezogen werden:

> Canebat autem de creatione mundi et origine humani generis et tota Genesis historia, de egressu Israel ex Aegypto et ingressu in terram repromissionis, de aliis plurimis sacrae scripturae historiis, de incarnatione dominica, passione, resurrectione et ascensione in caelum, de Spiritus Sancti adventu et apostolorum doctrina; item de terrore futuri iudicii et horrore poenae gehennalis ac dulcedine regni caelestis multa carmina faciebat. Sed et alia perplura de beneficiis et iudiciis divinis[1] . . .

Die Forschung steht noch heute unter dem verführerischen Bann dieses allumfassenden Dichtungsprogramms: während noch zur Zeit der Jahrhundertwende fast jeder der in diesen Themenbereich passenden, bewahrten Texte gelegentlich oder durchgängig Caedmon zugeschrieben wurde[2], hat man sich jedoch in den folgenden Jahren auf den Standpunkt eingestellt, von einer Caedmon-Schule zu sprechen, die durch den Dichter begründet worden sein soll und für deren Existenz man sich auf die Autorität Bedas berufen kann[3]. Dieser Schule werden noch heute die häufig so bezeichneten *Caedmonian poems* zugerechnet (*Genesis A*, *Exodus*, *Daniel*; mit Einschränkungen *Christ and Satan*); die Berechtigung dieser zeitlichen Einordnung in das frühe 8. Jahrhundert steht dabei nicht mehr zur Debatte.

> It will now be clear that the poems in the Junius Manuscript show only traces of Cædmon himself in *Genesis A*[4]. The rest of its contents are, however, ›Cædmonian‹ in two ways: their subject matter taken as a whole does very roughly correspond with works by Cædmon which Bede tells us he made, and, though their several styles and

1 Beda *HE* Kap. 4.24.

2 Vgl. z. B. die Diskussionsbeiträge, die Balg 1882:5-9 zusammenträgt. Die moderne Position umreißt Wrenn 1946; noch Gollancz 1927 hält *Genesis A* für das Werk Caedmons.

3 *HE* Kap. 4.24. In der Literaturgeschichtsschreibung z. B. Malone 1967:60 ff (»Religious Poetry: Cædmon and His School«); Standop 1967:15, 23; Wrenn 1967:104; Göller 1971:110; etc.

4 Die »traces of Cædmon himself« hat Wrenn zuvor wie folgt belegt: »In particular, there are several formulaic phrases of Old English religious verse which are first found in the *Hymn*, and then in *Genesis*, notably *frea almihtig*, which occurs many times in *Genesis*« (Wrenn 1967: 99). Auf die deutliche zeitliche Zuordnung brauche ich an dieser Stelle nicht näher einzugehen.

treatments are not those of the poet, they yet all share that adaptation of the Germanic heroic diction which is first known to have been employed in the *Hymn*[5].

In diesem Zitat sind zwei Argumente deutlich ausgesprochen, die ich – unter Einschluß eines noch aufzuzeigenden dritten – in dem Begriff Caedmon-Paradigma zusammenfasse um zu zeigen, wie die auf der Basis der nur neun Verse des Hymnus gewonnenen Einsichten unzulässig auf andere Dichtungen übertragen werden: diese Übertragungen führen zu Hypothesen, die dann eine entscheidende Rolle in der hypostasierten Entstehungschronologie spielen. Bedas Bericht über das Wirken des Dichters Caedmon, die besondere Texttradition der nur neun Verse sowie die sprachlichen Eigenarten des Hymnus bedingen nämlich – wie sich zeigen wird – als vorgegebenes Paradigma die Qualität der Hypothesen über die Entstehungszeit anderer Texte. Da ist zum ersten der verführerische Denkanstoß des Beda-Katalogs Caedmonscher Werke: nach seinem Ausweis wäre uns eine Fülle von religiösen Dichtungen des späten 7. und frühen 8. Jahrhunderts verlorengegangen – würde man die schmerzliche Lücke nicht füllen durch die Heranziehung der anderen Texte, für die dann aber eine ebenfalls verlorengegangene, schriftliche Überlieferung hypostasiert werden muß, weil sie ja nachweislich erst rund dreihundert Jahre später aufgezeichnet wurden. Da ist zum zweiten das im Fall des Hymnus und in drei anderen Fällen belegbare Muster von Paralleltextversionen aus früher und spätaltenglischer Zeit (im Gesamtumfang von etwas mehr als 40 Versen), deren Textidentität zwischen früher und später Fassung ungeprüft als gültiges Paradigma für alle anderen, vor die Überlieferungszeit datierten Texte hergenommen wird. Da ist letztlich die erneut aus dem Hymnus abgeleitete Erkenntnis, daß in jenem frühesten, altenglischen Gedicht eine germanisch-heroische Diktion zum ersten Mal für die religiöse Dichtung verwandt wurde, die sich auch in den anderen *Caedmonian poems* wiederfinde – dies soll dann als Ausweis für die frühe Entstehungszeit auch dieser anderen Texte gelten. Es wird Aufgabe dieses Kapitels sein, jenes Geflecht von Hypothesen zu entwirren, die um diese drei Aspekte des Caedmon-Paradigmas gebildet worden sind, um die vorgeblich frühe Entstehungszeit der Texte zu begründen. Ich beginne mit dem ersten Aspekt, dem verführerischen Anstoß des Beda-Katalogs Caedmonscher Werke.

2.1.1 *Hypothesen über die schriftliche Überlieferung*. Bedeutend ist unter diesen Hypothesen zunächst die Annahme, daß Dichtung seit der Völkerwanderungszeit bis ins 7. Jahrhundert zuerst mündlich und danach schriftlich tradiert worden sei; die ab dem 7. Jahrhundert einsetzende, schriftliche Überlieferung habe den Inhalt und die Bedeutung der Texte fixiert und somit

5 Wrenn 1967:101.

dem verändernden Zugriff mündlicher Improvisation entzogen. Der aus Bedas Bericht über das Wirken Caedmons erkennbare Verlust einer möglicherweise umfangreichen Dichtungstradition leitet demnach nahtlos über in den spekulativen Gedanken, daß neben der frühen Dichtung selbst auch alle früheren schriftlichen Zeugnisse der überlieferten Texte verlorengegangen seien.

> Die mündlich überlieferte und deshalb ständiger Umformung unterworfene heidnisch-heroische Dichtung wurde von den zu jener Zeit einzig Schreibkundigen, den Klerikern, aufgezeichnet und meist christlich eingefärbt und umgedeutet. Wahrscheinlich sind zahlreiche Manuskripte während der Däneneinfälle gegen Ende des 8. Jahrhunderts vernichtet worden, in den nachfolgenden Jahrzehnten beschränkte sich die schriftliche Überlieferung bisher mündlich tradierter Dichtung zudem auf das von König Alfred beherrschte Gebiet westlich der Linie London-Chester[6].

Die Spekulation über verlorene Manuskripte hat somit zwar einen historischen Kern, aber ihre wirkliche Basis findet sie in dem Denkanstoß, der von Bedas Katalog der Caedmonschen Dichtung ausgeht; sie wird weiter beflügelt von dem Wunsch, den aus dem Beda-Bericht erkennbaren Verlust von literarischen Texten mit jenen Werken aufzufüllen, die dem Themenbereich seines Schaffens entsprechen. Mit diesem Ausgangspunkt der hypothetischen Spekulation befinden wir uns noch bei den Anfängen altenglischer Literatur um 700: eine Stütze scheinen die Überlegungen jedoch auch aus der Richtung des anderen Fixpunktes der Zeit zu erhalten, die hier zur Debatte steht, nämlich aus der zweiten Hälfte des 10. Jahrhunderts. Denn die vorhandenen vier Codices enthalten ja keine Originaldichtungen, und es gibt gute Gründe, dies nicht in Zweifel zu ziehen[7]. Aber was folgt daraus? Muß denn, wenn man etwa die unterschiedlichen, sprachlichen Merkmale der verschiedenen Texte im Beowulf-Manuskript notiert hat, ganz notwendig geschlossen werden, daß die mögliche Kopiervorlage eine zeitlich (sehr viel) ältere Vorstufe repräsentiert[8]? Ist daraus, daß die Prosatexte der Handschrift teilweise einige vermutlich ältere Sprachformen bewahren, zwangsläufig nur abzuleiten, daß auch für *Beowulf* selbst sehr viel ältere, *schriftliche* Vorstufen anzusetzen sind, weil der Text von zwei Schreibern aufgezeichnet wurde, von denen der eine io⟨iu historisch genauer bewahrt hat als der andere[9]? Kann die Überzeugung, daß die vier Codices vermutlich keine Originaldichtungen enthalten, zwingend nur so verstanden werden, daß man hier den Beleg zu der behaupteten, schriftlichen Überlieferung der Texte aus früher Zeit in den Händen hält?

6 Göller 1971:28. Es wird dabei übersehen, daß zwischen dem Ende des 8. Jh.s und Alfreds Herrschaft eine weitere Überlieferungslücke entsteht.

7 So etwa der Einschub von *Genesis B* in *Genesis A*.

8 Sisam 1953a:68: ». . . the manuscript *may be a copy* of an *earlier* one«.

9 Ibid. 93.

> Whether the *Beowulf* as we have it was orally composed or not – and I incline to the latter view – *a written text* in the Anglian or Mercian dialect *probably existed by the middle of the eighth century. This text, or a copy of it, must have survived* the Danish invasions of the ninth and tenth centuries; but *the extant manuscript is a further copy* in the same late West Saxon *koiné*, or artificial literary dialect, that includes some Anglian and other non-West Saxon forms, of the other three chief codices of Old English poetry[10].

Hier ist die Lücke zwischen dem 8. und dem späten 10. Jahrhundert mit einer angenommenen Abfolge kopierter Handschriften geschlossen. Die vorsichtig abwägenden Überlegungen Sisams werden damit quasi zu Fakten, deren hypothetische Basis kaum mehr erkenntlich bleibt: aus »may« wird »must«[11].

Eine weitere Stütze erfährt die Spekulation über verlorengegangene Handschriften aus Hypothesen über Sinn und Funktion der vier Codices im späten 10. Jahrhundert. Man beruft sich heute gern auf Kenneth Sisam, um die Unwissenheit von Schreibern und Lesern um die Jahrtausendwende zu dokumentieren[12]: damit könne man, so ist impliziert, den Nachweis für ein nur noch antiquarisches Interesse an den vorgeblich frühen Texten antreten. Was von Sisam nur gedacht war als Begründung für Emendationen und Rechtfertigung von Konjekturen, wo die Autorität der Manuskripte fragwürdig erscheint[13], wird in der Verkürzung seiner Argumentation dann sogleich zum Beleg für ein Desinteresse an Literatur, zum Ausweis für das Mißverstehen der angeblich früh entstandenen Texte in der Zeit ihrer Niederschrift: ein Beispiel mag hier genügen. In seiner Diskussion möglicher Begründungen der von ihm aufgedeckten Fehler im *Exeter Book* führt Sisam aus, daß die Rezeptionsbedingungen für englische Literatur im späten 10. günstiger gewesen seien als im 11. Jahrhundert:

> But it is certain that after the Exeter Book left the scriptorium, little was done *by later readers* to remove even crude errors from the text . . . No doubt some readers of English poetry could not write, and others had not pen in hand. But when the few feeble glosses to the main hand of the Junius manuscript are taken into account, the likeliest explanation is that *not many in the eleventh century* understood the harder poetry well enough to read it critically . . . [The four great poetical manuscripts] may well be the products of one generation (970-1000), which has thus an importance for the preservation of Old English poetry comparable with that of the age of Charlemagne for Latin. *The circumstances of that generation were*, in fact, *peculiarly favourable* . . . Not only the family of Æthelweard but noble families generally supported the monasteries as patrons or inmates, and having little Latin, they would welcome books in English . . . The fine books of the eleventh century are nearly all

10 Greenfield 1966:82; ähnlich, wenn auch nicht so ausführlich, argumentieren generell oder für Einzeltexte Stanley 1966b:107; Shippey 1972:135; Pearsall 1977:22. Sisam 1965:67-71 behandelt mehrere mögliche Überlieferungsformen.

11 Dagegen Sisam 1965:69 zu *Beowulf*: »Probably there were several written predecessors, but *more than one cannot be proved.*«

12 So z. B. Göller 1971:29-30; Pearsall 1977:2, 58; ähnlich auch Shippey 1972:83, 97.

13 Sisam 1946:29-44, bes. 39, 42-3.

Latin; and it can scarcely be an accident that our one late specimen of an Old English poetical codex (the *Waldere* fragments) makes such a poor showing beside the four earlier books. In format it has none of *the magnificence which safeguarded the Exeter, Vercelli, and Junius manuscripts*; and its careless, uncouth style is what one would expect from some backward eddy, while *theirs belong to the full stream*[14].

Ich habe hier die Argumentation Sisams ausführlicher zitiert, um die radikale Verkürzung und damit Verfälschung aufzuzeigen, in der seine Begründungen dann als Beleg dafür hergenommen werden, daß die Existenz der vier Codices in der zweiten Hälfte des 10. Jahrhunderts nicht etwa als Ausweis für ein dort vorhandenes, lebendiges Interesse an altenglischer Dichtung angesehen werden darf. Die Annahme einer verlorengegangenen Kette von Handschriftenkopien – aufbauend auf dem Denkanstoß des Beda-Katalogs und der wahrscheinlichen Vermutung, daß die vier Codices keine Originaldichtungen enthielten – diese Annahme also wird somit gestützt durch die weitere Behauptung, daß die Fehlerhaftigkeit der Manuskripte Ausweis für die Unverständlichkeit der Texte zur Zeit ihrer Niederschrift und damit – das ist erneut impliziert – zugleich für ihr hohes Alter wäre. Unter Berufung auf die oben zitierten Ausführungen Sisams kann Pearsall über das späte 10. Jahrhundert, über die Klosterreform und die gesellschaftliche Funktion der überlieferten Dichtung in dieser Zeit mithin kategorisch feststellen:

That such a movement [i. e. the monastic reform] should have given no powerful new incentive for the writing of vernacular poetry is not surprising: in such an impressively determined and single-minded programme *there is little room for poetry*. The copying of the poetic codices may seem to contradict this, but they are essentially an offshoot of the revival: *they have little significance* in it, *little consequence or issue, and were little if at all read. They were acts of homage to the past*[15].

So verbinden sich implizite wie explizite Hypothesen über die verlorengegangene schriftliche Überlieferung, über die mögliche zeitliche Differenz zwischen vermuteten Originalen und belegten (späten) Kopien, über das Mißverstehen von und das Desinteresse an der altenglischen Dichtung im späten 10. Jahrhundert zu einem einheitlichen Bild: der historische Ort eines Großteils der Dichtung soll zurückverlegt werden in eine bessere Zeit. In der Argumentation stützt man sich dabei nur auf Annahmen, deren Wahrscheinlichkeitsgrad nicht größer ist als der jeder anderen, plausiblen Vermutung. Deutlich ist, daß durch die Verführung des Beda-Berichts an die vier Codices Vorverständnisse herangetragen werden, die den Blick für näherliegende Möglichkeiten verstellen: muß die Existenz der Originaltexte in sehr viel früherer Zeit gesucht werden, wenn mit gleichem Recht (weil auch ohne Beleg)

14 Sisam 1934/1953:98-9.

15 Pearsall 1977:58 unter Berufung auf Sisam 1934/1953:98; mit Hinweis auf dieselbe Stelle schon Pearsall ibid. 2: »All of these books survive by singular chance, two of them probably because they had pictures, and none of them is likely to have been much read.«

angenommen werden darf, daß andere Handschriften und darunter auch die Originale zur gleichen Zeit existiert haben könnten? Muß zwingend eine *diachronische* Abfolge der Übermittlung über einen großen Zeitraum hypostasiert werden, wo auch eine *synchrone* Übermittlung denkbar ist? Die Zirkulation der Handschriften von Alfreds *Pastoral Care* – ungeachtet der anderen Textart und der anderen damit verbundenen Interessen – sollte uns eine dringliche Warnung sein, diese Möglichkeit von vornherein auszuschließen. Hypostasierte Übermittlungstraditionen, Spekulationen über Originale und ihre Kopien sowie behauptete Sinnlosigkeit der Texte zur Zeit ihrer Niederschrift entlarven sich somit letztlich nur als Ausdruck des Bedürfnisses, die nach dem Beda-Katalog *erkennbare* Lücke zu füllen und gleichzeitig die *belegbare* Lücke in der Überlieferung der Dichtung zwischen dem späten 7. (Caedmon) und dem späten 10. Jahrhundert (den vier Codices) zu schließen. Die Hypothesen über die schriftliche Überlieferung sind aber für eine Vordatierung der Texte *weit vor die Zeit ihrer Niederschrift* unbrauchbar, wenn nicht weitere Argumente hinzutreten; dies bringt mich zu jenem zweiten Aspekt des Caedmon-Paradigmas, von dem oben die Rede war: zu dem Problem der Textidentität.

2.1.2 *Die Hypothese der Textidentität.* Zuvor habe ich nicht grundlos auf die besondere Texttradition von Caedmons Hymnus, Bedas Totenlied und des Leidener Rätsels verwiesen, die in einer früheren, nordhumbrischen und einer späten, westsächsischen Fassung übermittelt sind. Ergänzt werden können diese drei Parallelversionen durch die knapp 15 Zeilen, die in der Runeninschrift auf dem *Ruthwell Cross* bewahrt sind und ihre Entsprechung im *Dream of the Rood* finden[16]. Ein Vergleich zwischen den frühen und späten Fassungen müßte belegen, in welcher Weise mit den Texten umgegangen, wie genau sie aus früher Zeit übermittelt worden sind. Denn wo eine schriftliche Überlieferungstradition nur hypostasiert, aber nicht belegt werden kann, da wäre das Ergebnis dann von Nutzen, wenn die Analyse der Texte gar identische Textgestalt zwischen früher und später Fassung oder doch zumindest sehr konservative Textbewahrung erweisen könnte: es erhielte dann jenes Argument größeres Gewicht, das das Muster der schriftlichen Übermittlung dieser wenigen Verse auf die anderen Dichtungen übertragen wissen will. Selbst wenn die Hypothese der identischen Textgestalt zwischen später, überlieferter Version und behaupteter, früh entstandener Version selten expliziert wird, so ist sie doch *immer* dort impliziert, wo Texte vor ihre Manuskriptzeit datiert und dann in einem früheren Kontext interpretiert werden[17].

16 Vgl. Swanton *Dream*:9, 38-42 zu Datierung und Textvergleich.

17 Dies gilt für die oben, Kap. 1 Anm. 21 genannten Texte. Ausnahmen machen

In der Tat zeigt ein Vergleich zwischen frühen und späten Versionen der rund 40 Verse, daß Caedmons Hymnus in der Bewahrung noch einmal eine Sonderstellung einnimmt:

> ... the remarkable agreement in wording generally between the closely similar Moore and Leningrad Northumbrian copies on the one hand and the late West-Saxon texts on the other goes to emphasize the great care which must have been bestowed on the preserving of this most valued poem, as well as to confirm our confidence in its authenticity[18].

Es ist an diesem Urteil Wrenns unbedingt zu beachten, daß die von ihm festgestellte, erstaunliche Übereinstimmung in der Wortwahl sich auf jene neun Bezeichnungen für Gott bezieht, die in dem Hymnus vorkommen: was anderes als die exakte Bewahrung dieser Bezeichnungen wäre denn zu erwarten, wo der Lobpreis des Schöpfers Funktion und Bedeutung des Hymnus ausmacht? Jede weitere Veränderung des Textes über die rein sprachliche Anpassung an eine andere und spätere regionale Varietät hinaus hätte einen neuen Text mit neuem Sinn erstellt: daß dies beim Caedmon-Hymnus nicht der Fall ist, dafür gibt es allerdings eine hinreichend einleuchtende Erklärung, die zugleich die Übertragung dieses Paradigmas einer Texttradition auf andere Dichtungen mehr als fragwürdig erscheinen läßt. Denn wie Blake und vor ihm Sisam teile ich nicht die Ansicht Wrenns, daß die besondere Sorgfalt in der Bewahrung des Textes ausgerechnet der altenglischen Version des Hymnus galt: vielmehr ist der Einschluß des Gedichts in ein lateinisches Werk von großem Prestige das entscheidende Kriterium in der Geschichte seiner Übermittlung.

> ... it is a very short piece of miraculous origin, and it has been preserved as a quotation in historical prose texts, either the Latin of Bede's *History* or the late-ninth-century English translation from it. Here *the conditions of transmission are abnormal*, and again *it is unsafe to rely on the evidence*[19].

Wo die Bedingungen der Übermittlung so ungewöhnlich sind wie im Fall des Caedmon-Hymnus, da können keinerlei Einsichten für die hypostasierte, schriftliche Überlieferung anderer Dichtungen gewonnen werden. Erschwerend nämlich kommt hinzu, daß im Unterschied zum Hymnus die Texttradition des Leidener Rätsels, die des Todesliedes und die der Verse aus dem *Dream of the Rood* bereits umfangreichere Veränderungen von früher zu später Version aufweist, die über die rein sprachliche Anpassung an die

Whitelock 1951:4; Sisam 1965:67-71, der mögliche Änderungen im Prozeß der Übermittlung theoretisch diskutiert. Auf Whitelocks Argumente komme ich gelegentlich zurück: vgl. unten in Kap. 2.3 pp. 72 mit Anm. 8, 73-4 mit Anm. 11-2, Anm. 24, 118 mit Anm. 205-6 und 209.

18 Wrenn 1967:96. Vgl. dagegen Blake 1977b:16.

19 Sisam 1946:35; Blake 1977b:16.

regionale Varietät des Westsächsischen hinausgehen[20]. Eine Vergleichsanalyse hat Kenneth Sisam daher zu dem Schluß geführt:

> In these three pieces the tenth-century texts[21] show no attempt to reproduce the archaic or dialectal forms and spellings of the earlier copies: Bodleian MS. Tanner 10 of Cædmon's *Hymn* and the early-eighth-century Moore MS. are identical only in an few invariable words. Ample evidence from other sources confirms that *copyists of Old English texts were not expected to reproduce their originals letter for letter*, as they were when copying Latin and especially Biblical texts. Modernization of forms in the course of transmission was allowed and even required by the use for which Old English works were intended, *and the practice was obviously dangerous for the wording*[22].

Selbst wenn man Sisam nicht im Detail der Analyse von Absichten und Aufgaben der Schreiber folgte, bleibt seinem Fazit nichts hinzuzufügen: die besondere Überlieferungslage dieser Texte hat Veränderungen an ihrer Textgestalt nicht verhindern können, von Textidentität im strengen Sinne kann dann nicht mehr die Rede sein. Zwar gibt es erkennbare Teilidentitäten zwischen frühen und späten Parallelversionen: die Veränderungen, die an den Texten vorgenommen wurden, belegen jedoch eindeutig, daß in der Diskussion möglicher Vordatierungen *anderer* Dichtungen aus ihrer Überlieferungszeit in eine vermutete Entstehungszeit der Hypothese der Textidentität keinerlei Glaubwürdigkeit zukommen kann. Im übrigen bestätigt dieses Ergebnis nur, was wir in anderen Fällen vergleichbarer Texte schon längst beobachten konnten. Denn überall dort, wo man bei mittelalterlichen Texten über Parallelversionen verfügt, findet man keine identischen Texte: Belege für diesen Tatbestand, den der romanistische Mediävist Paul Zumthor dynamische Textproduktion genannt hat, findet man in späterer, mittelenglischer Zeit in Fülle[23]. Die einzig sonst vergleichbaren Fälle aus der altenglischen Literatur, die Bibeldichtungen von *Daniel* und *Azarias,* weisen so erhebliche Unterschiede in der Darstellung des gleichen Stoffes auf, daß ihr jüngster Herausgeber entschieden von der älteren Auffassung abgerückt ist, beide Texte als späte Versionen einer ursprünglich einheitlichen Dichtung zu verstehen[24].

Angesichts dieses Befundes überrascht die unbedachte Übertragung des Paradigmas der Texttradition von Caedmons Hymnus auf diejenigen Dich-

20 Sisam 1946:35-6.

21 Sisam schließt Bedas Todeslied von der Betrachtung aus, da die MSS der wests. Version dem 12. Jh. angehören; zu diesen Varianten vgl. daher Smith *Poems*:42-3.

22 Sisam 1946:36. Ich beziehe mich hier auf eine ähnliche, aber weniger ausführliche Argumentation in Busse/Holtei 1981a:286-7 mit Anm. 2, wo ebenfalls auf dieses Zitat verwiesen wird.

23 Als ein Beispiel aus me. Zeit mag Guy of Warwick genügen; zur dynamischen Textproduktion vgl. Zumthor 1972:65-75.

24 Farrell *Daniel*:41-5, bes. 41 mit Anm. 91, und 44-5.

tungen, die man vor ihre Überlieferungszeit datieren möchte. Ganz offensichtlich haben die erkennbaren Teilidentitäten zwischen den frühen und späten Fassungen der wenigen Parallelversionen (im Umfang von doch nur rund 40 Versen!) die Annahme gefördert, auch ein großer Teil der aus dem 10. Jahrhundert und später überlieferten Dichtungen entspreche in der auf uns gekommenen Form *genau der Textgestalt*, die zur angenommenen Entstehungszeit existiert haben soll – für deren Existenz in früherer Zeit wir aber doch nicht einen einzigen Beleg besitzen. Ich habe schon gesagt, daß diese Hypothese von der weitestgehenden Textidentität zwischen später, *belegter* Manuskriptversion und früher, aber nur *behaupteter* Version zur Entstehungszeit überall dort impliziert ist, wo im 10. Jahrhundert niedergeschriebene Texte früh datiert und somit in einem anderen, historischen Kontext interpretiert werden: jedoch wird die Einbringung dieser Hypothese höchst selten eingestanden.

> Though written in the usual Classical Old English or late West-Saxon ... *Beowulf* is *exceptionally well preserved as a text, despite the transfer* from its presumed original Northumbrian or Mercian dialect[25].
> All in all, the poem can be assumed *to have been transmitted without a great deal of change in whatever succession of copies* it underwent between first writing and final copying[26].

Wie – so wäre doch wohl zu fragen – kann man die Erhaltung eines Textes und seine genaue Übermittlung prüfen, wenn keine andere Version als die spät übermittelte bekannt ist? Wie kann ich – auch diese kritische Frage muß gestellt werden – einerseits davon ausgehen, daß

> [die] mündlich überlieferte und deshalb ständiger Umformung unterworfene heidnisch-heroische Dichtung ... von den zu jener Zeit einzig Schreibkundigen, den Klerikern, aufgezeichnet und meist christlich eingefärbt und umgedeutet [wurde][27],

andererseits aber eine unveränderte, exakte Textübermittlung ohne Umformung und Umdeutung hypostasieren – und das möglicherweise über einen noch längeren Zeitraum als den der mündlichen Improvisation – wenn mir diese früh aufgezeichnete, christlich eingefärbte und umgedeutete Version gar nicht vorliegt? Wie bereits an anderer Stelle als Einwand formuliert, berücksichtigt die Annahme der identischen Textgestalt weder die Auswirkungen des sprachlichen noch die des sozialen Wandels auf die Bedeutung der sinntragenden Elemente eines Textes, die sich über einen Zeitraum von nahezu drei Jahrhunderten ganz zwangsläufig ergeben[28]. Wer also die Hypothese der Textidentität impliziert, weil er eine altenglische Dichtung, die in der zweiten Hälfte des 10. Jahrhunderts aufgezeichnet wurde, weit vor diese

25 Wrenn 1967:108.
26 Stevick 1963:80.
27 Göller 1971:28.
28 Busse/Holtei 1981a:287.

Zeit datiert und sodann in diesem anderen Kontext interpretiert, muß wissen *und sagen*, daß er entweder über einen Text redet, der gar nicht vorhanden ist, oder daß er die Textidentität (und die Identität der Bedeutungen!) von später (belegter) und früher (angenommener) Textfassung behauptet. Für die Diskussion um die Datierung altenglischer Texte *weit vor* ihre Überlieferungszeit ist diese Hypothese schlichtweg unbrauchbar.

In das Dilemma der Beweisnot für die behaupteten Entstehungszeiten der Texte greift nun aber ein weiteres Argument, das hypostasierte, schriftliche Überlieferungstradition und hypostasierte Textidentität glaubhaft machen soll. Zum Zeugnis rufe ich zunächst einen Teil der oben zitierten Aussagen Wrenns in Erinnerung:

> ... though their several styles and treatments [i. e of the Caedmonian poems] are not those of the poet [i. e. Caedmon], they yet all share that *adaptation of the Germanic heroic diction* which is first known to have been employed in the *Hymn*[29].

Gemeint ist hier also jener dritte Aspekt des Caedmon-Paradigmas, nämlich die an den neun Versen des Hymnus gewonnene Einsicht, daß die Verwendung germanisch-heroischer Diktion in christlicher Dichtung im Kern erstmals um zirka 680 erkennbar wird und daß diese Anverwandlung heroischer Redeweise einen quasi revolutionären Dichtungsprozeß initiiert[30]. Zu fragen wäre natürlich, welche Indizien es denn für diesen Prozeß der Adaptation gibt, welche Indizien uns sagen lassen können, daß eine germanisch-heroische Dichtungstradition zu diesem Zeitpunkt vorhanden war, und welche weiteren Indizien uns Aufklärung über die Frage geben, in welcher Form diese Dichtungstradition und dabei auch ihre Diktion zu diesem frühen Zeitpunkt überhaupt beschrieben werden können.

2.1.3 *Hypothesen über die heroische Tradition.* Ich will hier wieder nur an einem Beispiel demonstrieren, welches verwobene Argumentationsgeflecht solch dringlichen Fragen im Wege steht: Ausgangspunkt soll dabei nach wie vor Caedmons Hymnus sein, dessen Wert als *historisches* Zeugnis für den behaupteten, revolutionären Adaptationsprozeß heroischer Redeweise in religiöser Dichtung nach Wrenn gar nicht überschätzt werden kann.

> In its nine lines there are nine words which *seem to have belonged always to the traditional aristocratic poetic vocabulary*, whose application in the new field may be called revolutionary[31].

Von den neun Worten nennt Wrenn dann nur drei (*metod*, *wuldor*, *ælda*), ohne der Frage nachzugehen, welche Gründe für eine Einordnung dieser

29 Wrenn 1967:101; vollständiges Zitat oben pp. 17-8.
30 Zur zeitlichen Abfolge vgl. Zitat Wrenn oben, Kap. 2.1 Anm. 4; zum revolutionären Prozeß Wrenn 1967:92 ff.
31 Ibid. 103.

Lexeme in das behauptet traditionelle, aristokratisch-poetische Vokabular vorliegen[32]. Noch wichtiger aber erscheint mir in Wrenns Argumentation der deutliche Übergang vom vorsichtigeren »seem« zum kategorischen »basic fact« der »Cædmonian revolution«, der ja erst den historischen Wert dieses neunzeiligen Zeugnisses ausmachen soll:

> Cædmon may be said, in fact, *to have preserved* for Christian poetic art *the great verbal inheritance of pagan Germanic heroic poetry*, so that in Old English verse always after that the heroes of the new culture, whether Biblical or hagiological, *would be presented in the linguistic garb and in the sentiment of Germanic heroic tradition. Very soon after Cædmon* we find Christ presented in the poems of the Ruthwell Cross runic inscription and its later expansion *The Dream of the Rood*[33] as a truly heroic Germanic warrior with his disciples as his loyal *comitatus*. In the Cædmonian poems of the Junius Manuscript we find Moses in *Exodus* as a warlike leader of sea-rovers as he crosses the Red Sea; and Christ forcibly removes the souls of the good from Satan's imprisonment in *Christ and Satan* again in heroic diction. *In first applying the pagan discipline of Germanic tradition, language, method, and style* to the matter of Latin Christian culture, *Cædmon – or at least the Cædmonian style which flourished in his followers – set the whole tone of Anglo-Saxon poetry*[34].

Es ist sofort offensichtlich, daß die Indizien für den behaupteten revolutionären Prozeß der Verwendung heroischer Redeweise in religiöser Dichtung *nur dann* gewonnen werden können, wenn man die hier aufgezählten Texte im 8. Jahrhundert datiert: ohne Texte kein Belegmaterial, und ohne Belegmaterial keine Möglichkeit der Beschreibung des Prozesses. Da die übrigen Datierungshypothesen im Caedmon-Paradigma schon als unhaltbar und unglaubwürdig entlarvt sind, kann nun auch nicht mehr gelten, daß die erwähnten Texte allein deswegen etwa dreihundert Jahre vor ihre Niederschrift zu datieren sind, weil in ihnen Lexeme in formelhaften Wendungen verwandt werden, die den »nine words« in der nordhumbrischen Version des Caedmon-Hymnus entsprechen. Folglich kann *nur der Hymnus allein* als Indiz und Beleg für die Verwendung eines »traditional aristocratic poetic vocabulary« in der religiösen Dichtung *dieser frühen Zeit* hergenommen werden: alle anderen Überlegungen sind erneut bloß hypothetische Annahmen. Nun wäre damit ja noch nicht alles verloren, wenn man wenigstens nachweisen könnte, daß zum Zeitpunkt des laut Beda umfangreichen Schaffens des

32 Ich werde auf diese Frage dort zurückkommen, wo es um die Leistung der etymologischen Forschung für die Datierungsproblematik geht: vgl. unten pp. 114-7. Eine quasi ›etymologische Bemerkung‹ versucht Wrenn 1946:287; zu *metod* vgl. unbedingt Stanley 1975:111.

33 An anderer Stelle versucht Wrenn, *Dream* zeitlich mit dem *Ruthwell Cross* zu verbinden (Wrenn 1967:134); 136-7 tendiert er dagegen zu einer »recension in King Alfred's time, or that the actual expansion of the poem as we know it was done then . . .«; vgl. auch ibid. 8, wo er ein »Northumbrian poem« als Vorlage postuliert.

34 Ibid. 103.

Dichters Caedmon in England tatsächlich »Germanic heroic poetry« gedichtet oder tradiert wurde: es wäre dann möglich zu überlegen, in welcher Weise Caedmon sich diese Tradition zu eigen gemacht hätte; allerdings kann dies nur am einzig als authentisch angesehenen Hymnus erforscht werden. Welche Indizien also gibt es für das Vorhandensein einer germanisch-heroischen Dichtungstradition im England der zweiten Hälfte des 7. Jahrhunderts?

Prüft man die dargebotenen Indizien, so stößt man sogleich auf einen Namen, dessen erheblicher Einfluß in diesem Argumentationsgeflecht sich noch herausstellen wird: Tacitus.

> A history of English poetry might begin with Tacitus, and his report of the traditional hymns sung by the tribes of Germania in the first century AD . . .[35]

Kaum eine der angeführten Literaturgeschichten greift nicht an der einen oder anderen Stelle explizit oder implizit auf Tacitus zurück als Zeugen dafür, daß die vom Kontinent nach England einwandernden, germanischen Stämme eine eigene, heroische Dichtungstradition besaßen und mitbrachten[36]: ich könnte hier also auf die Wertlosigkeit einer Zeugenaussage aus dem 1. Jahrhundert für die Beschreibung der sozialen und kulturellen Verhältnisse des 7. verweisen und die Prüfung abbrechen, wenn nicht die Argumentation vielschichtiger wäre. Tacitus will zunächst nur belegen, daß es bei den Germanen zu seiner Zeit eine mündliche Tradition der Geschichtsüberlieferung in Liedern gab. Tacitus soll aber auch schon – so jedenfalls Wrenn und in seiner Nachfolge Göller – »das typische Merkmal der Alliterationsdichtung, nämlich das Steigen und Fallen des Rhythmus, *fractum murmur*, im Auge« gehabt haben[37].

> As they are about to go into battle, we are told in the same chapter [i. e. *Germania* 3], the Germani, singing war-songs of Hercules, chant a kind of declamation or war-cry which they themselves term by the probably onomatopoeic word Latinized as *barritus* . . . The passage is worth quoting in the original, because the reference *to the falling and rising rhythm apparently implied by the words fractum murmur would seem to anticipate that rhythm* which is basic to all early Germanic verse and is the foundation of Anglo-Saxon verse-patterns:
> Adfectatur praecipue asperitas soni et fractum murmur, obiectis ad os scutis, quo plenior et gravior vox repercussu intumescat[38].

In einer großzügigen Zusammenschau verschiedener geographischer Räume und mehrerer Jahrhunderte wird so die Tradition der germanisch-heroischen Dichtung nicht nur nach ihrem Inhalt, sondern auch in ihrer metrischen Form an Tacitus festgemacht. Für ihren weiteren Werdegang und als Beleg

35 So beginnt Pearsall seine Literaturgeschichte, nicht ohne aber im folgenden zu differenzieren: Pearsall 1977:1 ff, bes. 1-4.

36 So Greenfield 1966:11, 80; Malone 1967:47; Standop 1967:15; Wrenn 1967:74-5; Göller 1971:30-1; Pearsall loc. cit.

37 Göller 1971:136.

38 Wrenn 1967:75.

für ihre Existenz werden wir wechselweise auf einen anonymen Römer oder auf ein goldenes Horn verwiesen, dann auf Alcuin, dessen Brief an Higbald, den Liebhaber von *carmina gentilium* und Bischof von Lindisfarne, Berühmtheit erlangt hat[39]. Mit Alcuins Brief als vorgeblichem Beleg für das Vorhandensein einer germanisch-heroischen Dichtungstradition wären wir endlich von Tacitus und dem Kontinent zurück nach England gelangt und befänden uns zeitlich auch in etwa in dem Rahmen, der als Entstehungszeit der behauptet frühen Dichtung in Rede steht. Denn chronologisch vor Alcuins Angriff auf die Rezitation der *carmina gentilium* im Kloster zielt ein Hinweis auf die Dichtkunst Aldhelms, dessen Loblied zu Beginn des 12. Jahrhunderts William of Malmesbury unter Berufung auf König Alfred und dessen verlorengegangenes *handboc* singt: Aldhelm habe, auf einer Brücke stehend, *carmina trivialia* gesungen, um mit dem Vortrag weltlicher Verse die Aufmerksamkeit seiner Zuhörer für folgende, erbaulichere Vorträge zu gewinnen[40]; außerdem sei er berühmt gewesen für seine Verskunst in englischer Sprache[41]. Neben König Alfred wird dann noch eine Reihe weiterer Zeugen bemüht, deren Aufruf immer nur dem einen Zweck dient[42]: sie sollen Zeugnis ablegen für die Existenz und Bewahrung einer (germanisch-heroischen) Dichtungstradition in der Volkssprache[43]. Zwar wird nicht expliziert, daß die *carmina gentilium*, die *poemata saxonica* oder die von Aldhelm gesungenen *carmina trivialia* den bei Tacitus belegten *carminibus antiquis* inhaltlich oder formal entsprächen; eine Verbindung des einen Bereichs mit dem anderen wird jedoch immer in der Argumentation insinuiert.

Ein Beispiel nur. Einer der beiden Briefe Aldhelms, die gelegentlich in diesem Zusammenhang zitiert werden, verdeutlicht ausreichend, daß es sich bei der von ihm angegriffenen »pagan poetry« um (klassisch-)*lateinische* Dichtung handelt[44]:

Perlatum est mihi rumigerulis referentibus de vestrae caritatis industria, quod

39 Der anonyme Römer äußert Verachtung über gotische Dichtkunst: Text und Übers. bei Göller 1971:136; Text dort nach Wrenn 1967:75. Vgl. weiter Alcuin *Epistolae*:183; zitiert oder erwähnt z. B. in Greenfield 1966:1; Malone 1967:53; Wrenn 1967:68, 90, 103; Göller 1971:32, 136-7; Standop 1967:15; Cross 1970:13; Pearsall 1977:21.

40 Zitiert oder erwähnt in Greenfield 1966:1; Wrenn 1967:60, 92; Göller 1971:73; Pearsall 1977:19.

41 Zitiert oder erwähnt in Greenfield 1966:10; Malone 1967:13; Wrenn 1967:60, 92; Standop 1967:14; Göller 1971:73-4; Pearsall 1977:19.

42 Auf Alfred als Liebhaber von *poemata saxonica* wird verwiesen in Greenfield 1966:27-8; Wrenn 1967:69-70, 194; Cross 1970:58; Göller 1971:190; Shippey 1972:178; Pearsall 1977:19.

43 So wird ausführlicher oder mindestens implizit argumentiert in Greenfield 1966:1-2; Göller 1971:136-7; Pearsall 1977:18-22.

44 Zitat aus Greenfield 1966:11.

transmarinum iter gubernante Domino carpere sagacitate legendi succensa decreverit. Et idciro vita comite optatum Hiberniae portum tenens sacrosancta potissimum praesagmina refutatis philosophorum comenticiis legito! . . . Quidnam, rogitans quaeso, orthodoxae fidei sacramento commodi affert circa temeratum spurcae Proserpinae incestum – quod abhorret fari – enucleate legendo scrutandoque sudescere aut Hermionam, petulantem Menelai et Helenae sobolem, quae, ut prisca produnt opuscula, despondebatur pridem iure dotis Oresti demumque sententia immutata Neoptolemo nupsit, lectionis praeconio venerari aut Lupercorum bacchantum antistites ritu litantium Priapo parasitorum heroico stilo historiae caraxare . . .[45]

Einmal abgesehen davon, daß dieser Brief nur in einer Abschrift aus William of Malmesburys *Gesta Pontificum Anglorum* erhalten ist; weiter abgesehen davon, daß die Passage nur gekürzt ohne ihren vollständigen Kontext zitiert wird; auch abgesehen davon, daß die Interpretation dieses Briefes auf seiner Zusammenfassung durch den Herausgeber zu beruhen scheint[46]: darf man dennoch »refutatis philosophorum commenticiis« deuten und verstehen als »that you may refute the lies of pagan poetry«? Und welche »pagan poetry« ist gemeint? Doch nicht die germanisch-heroische Dichtungstradition? Welche Art von »poetry« Stanley Greenfield im Blick hat, erhellt aus seiner weiteren Argumentation: er verbindet zunächst implizit diesen Brief, zusammen mit einem anderen Aldhelms, mit dem Bereich der germanisch-heroischen Tradition, zumal ja der in dem berühmten Alcuin-Zitat (»Quid Hinieldus cum Christo?«) angesprochene Ingeld auch in der Heathobarden-Episode des *Beowulf* erscheint.

45 Aldhelm *Epistolae*:479. In der ne. Übers. bei Greenfield 1966:11, zitiert nach Duckett 1947, lautet dieser Text dann: »Rumour has reached me, that you are going to study across the sea in Ireland. I pray you, study that you may refute *the lies of pagan poetry* . . . What, think you, does it profit a true believer to inquire busily into the foul love of Proserpina, to peer with curious eyes into things of which it is not even meet to speak – to desire to learn of Hermione and her various betrothals, to write in epic style the ritual of Priapus and the Luperci?« Eine vollständige und richtige Übers. findet sich in Aldhelm *Works*:154.

46 »Admonet Aldhelmus Wihtfridum in Hiberniam studiorum causa profecturum, ne illic prae saecularibus litteris maximeque fabularum veterum lectione sacra studia neglegat neve luxuriae illic vigenti se dedat« (Aldhelm *Epistolae*:479); auf dieser Zusammenfassung scheint im wesentlichen die Qualität des Briefes für Greenfield zu beruhen. Der andere bei Greenfield zitierte Brief enthält eine Passage, die vorgeblich die »vitality of the *comitatus* tradition« belegen soll. Zunächst der lat. Text, der an die Äbte des Bischofs Wilfrid gerichtet ist und sie ermahnen will, dem Bischof ins Exil zu folgen: »Ecce, saeculares divinae scientiae extorres si devotum dominum, quem in prosperitate dilexerunt, cessante felicitatis opulentia et ingruente calamitatis adversitate deseruerint ac secura dulcis patriae otia exulantis domini pressurae praetulerint, nonne execrabilis cachinni ridiculo et gannaturae strepitu ab omnibus digni ducuntur?« (Aldhelm *Epistolae*:502). Dazu die in Greenfield 1966:11 zitierte Übers.: »What? even laymen who know nothing of Divine law are held in open scorn when in times of trouble they abandon the lord they have owned in his happy days«; ein weiterer Kommentar erübrigt sich.

> Both these passages [i. e. Aldhelm's letters] are culturally important. The first *implies the strong pull of secular literature* and knowledge *that Alcuin* a century later *was to deplore*; the second *bears testimony to the vitality of the comitatus tradition* in Anglo-Saxon society, to the fusion of the ancient Germanic ideal described by Tacitus with the Christian idealism of eighth-century England[47].

Der Leser dieser Literaturgeschichte muß den unmerklichen Übergang von weltlicher Literatur über Alcuin zu Hinieldus und von dort zu *Beowulf* hier erst noch erahnen[48]; eventuell vorhandene Zweifel über das Gemeinte werden jedoch einige Seiten später in einer Zusammenfassung zerstreut, in der Aldhelm, Beda und Alcuin aus ihrer Rolle als Zeugen hervorgehoben werden in eine neue Rolle der Bewahrer, genauer: der Bewahrer jener von Tacitus beschriebenen »*comitatus* tradition«. Gefolgschaftsideal nach Tacitus und die aus dem 10. Jahrhundert übermittelte, altenglische Heldenepik sind somit im 7. und 8. Jahrhundert zusammengeführt.

> These scholars and writers were the *guardians, updaters and transmitters* of *tradition, embodying* in their loyalties to Church and country the Germanic concept of fealty to tribal chieftain[49].

Nun wird auch deutlicher, was man sich unter der so oft zitierten »Germanic heroic tradition (diction; poetry; language, method, and style)« genauer vorzustellen hat. Gemeint ist jenes bei Tacitus beschriebene, besondere Verhältnis zwischen germanischem Gefolgsherrn und seinen Gefolgsleuten[50]; in den fiktiven Entwürfen der heroischen Dichtung hätte dieses Gefolgschaftsideal formal noch das tacitäische *fractum murmur* angenommen, das soll heißen: das darin wohl enthaltene »Steigen und Fallen des Rhythmus« der Alliterationsdichtung. Damit liegen dann auch Antworten auf die oben formulierte zweite Frage vor: welche Indizien nämlich uns sagen lassen können, daß eine germanisch-heroische Dichtungstradition zu diesem Zeitpunkt (ca. 680) in England vorhanden war.

Nach den dargelegten Indizien kann die Antwort auf diese zweite Frage wohl nicht negativ sein: die aufgerufenen Zeugen bestätigen die Existenz weltlicher Dichtung in lateinischer und englischer Sprache. Der Verweis auf

47 Greenfield 1966:11.

48 Greenfield verweist seine Leser von »*comitatus* tradition« (11) auf sein Kapitel »Secular Heroic Poetry« (80 ff): damit wird die Brücke von Tacitus zur ae. Literatur aus MSS des 10. Jh.s geschlagen. Die hier aufgezeigte Argumentationslinie von Alcuin über Ingeld zu *Beowulf* ist explizit in Pearsall 1977:21, wo zusätzlich auf Cuthbert verwiesen wird, der 764 einen Harfenspieler aus Mainz anforderte; Pearsalls Folgerung: Ingeld und Harfenspieler belegen die vermutete Datierung und Herkunft des Textes.

49 Greenfield 1966:25.

50 Tacitus *Germania* Kap. 14.

Ingeld wie auch die bloße Existenz der ursprünglich kontinental-germanischen Stoffe im 10. Jahrhundert lassen uns wohl mit Recht vermuten, daß es zumindest eine mündlich tradierte Form kollektiver Erinnerung gegeben hat, welche die Sagen, Legenden und die Geschichte der germanischen Vorfahren auf dem Kontinent bewahrte; so weit, so gut. Aber es geht hier ja *nota bene* nicht ganz allgemein um die Frage, ob es weltliche Versdichtung in der Zeit Caedmons *überhaupt* gegeben hat, sondern spezieller um die Frage, ob der Nachweis der Existenz von weltlicher Dichtung in dieser Zeit uns berechtigt, diese verlorengegangene (heroische) Dichtung mit der aus dem 10. Jahrhundert überlieferten altenglischen zu identifizieren, letztere als im 7. oder 8. Jahrhundert entstandene zu betrachten und in diesem früheren sozialen Kontext zu interpretieren. Der Nachweis, daß es in dieser frühen Zeit auch andere Dichtung außer Caedmons Hymnus gab, ist allein kein ausreichender Grund für solche Vordatierungen: die Zeugnisse bestätigen lediglich die Aussage des Beda-Katalogs der Caedmonschen Werke und lassen uns erneut erkennen, welch immensen Verlust an Literatur wir zu beklagen haben. Daraus aber abzuleiten, daß die einstmals vorhandene (heroische) Dichtung derjenigen entspräche, die uns aus dem späten 10. Jahrhundert überliefert ist, hieße erneut all die Hypothesen zu implizieren, deren Glaubwürdigkeit hier befragt wird. Glaubhafter würde die Überlegung erst dann, wenn die im 7. und 8. Jahrhundert bewahrte, aufbereitete und übermittelte, heroische Tradition mitsamt ihrer Diktion genauer gefaßt werden kann: dies führt zu den angebotenen Antworten auf die oben formulierte dritte Frage nach den Möglichkeiten der Beschreibung dieser Tradition.

Zu der germanisch-heroischen Dichtungstradition dieser Zeit werden in der Literaturgeschichtsschreibung Hypothesen wiedergegeben, die – obwohl immer wieder beschworen und mit ständig sich ändernder Begrifflichkeit umstellt – sich in der Prüfung als Insinuation erweisen und sich damit auch einer genauen Beschreibung zu entziehen scheinen. Folgen wir noch einmal einem solchen Argumentationszusammenhang:

> Although almost all the surviving Old English poetry appears *only* in manuscripts of the late tenth or early eleventh centuries, there is included in this corpus a group of fragmentary short pieces which contain material *going back to heroic traditions* brought from the Continental homes of the Anglo-Saxon settlers in Britain (as does *Beowulf*), *presenting echoes of a way of life belonging to the age of the Germanic migrations*, before the fundamental effects of Christian and Latin contacts. These poems, which link Anglo-Saxon culture with its Germanic places of origin, embody the oldest expressions of the Germanic heroic spirit in Anglo-Saxon . . . These *earliest Old English remains of Germanic heroic verse*, though occasionally touched by the fact that their authors and audiences were already Christian-influenced, *preserve much of the culture described by Tacitus* in his *Germania*, an account of the Germanic tribes written near the close of the first century, with its emphasis on the basic Germanic values – loyalty to chosen aristocratic leaders even to death and beyond, the sacredness of the ties of kinship, the supreme duty of avenging a slain

> leader, and a deep devotion to a type of naturalistic religion which derived heroic rulers from the gods through carefully remembered genealogies[51].

Auch hier ist der Zusammenhang mit den uneingestanden eingebrachten Hypothesen nicht expliziert: dennoch ist der Wechsel zwischen den angesprochenen Zeiten – vom 10. Jahrhundert über die Völkerwanderungszeit zu Tacitus – deutlich genug. So wird dann ein erster Teil der altenglischen Dichtung (*Widsith*, *Finn Fragment*, *Waldere*, *Deor*, *Wulf and Eadwacer*) von der Überlieferungszeit in die Zeit der »Anglo-Saxon settlers in Britain« vordatiert: aus »material going back to heroic traditions« werden so die »earliest . . . remains«! Zwar sind die quasi nebenbei erwähnten Entstehungszeiten relativiert[52]: doch dienen diese Relativierungen nur der Unsicherheit, ob die angesprochenen Texte im 4., 5. oder 6. Jahrhundert entstanden sind – nicht etwa der grundsätzlichen Überlegung, ob und warum sie überhaupt vor die Zeit ihrer Niederschrift zu datieren seien. Nach diesem rückwärts gewandten Weg durch die Jahrhunderte argumentiert Wrenn zunächst weiter auf der Zeitstufe des Tacitus, dann mit der schon zitierten, abfälligen Äußerung des anonymen Römers über die barbarische Dichtkunst, um daraufhin von dessen Zeit (4./5. Jh.) wieder die Brücke zur altenglischen Dichtung zu schlagen.

> This little epigram is our first definite glimpse of the *manner of reciting Germanic poetry* in peacetime. *Just as in Beowulf*, at a banquet given by the king or leader to his noble retainers or comitatus, *the Gothic equivalent of the Anglo-Saxon scop* recited in the great hall as the warriors feasted[53].

Die Argumentation wird sodann weiter ausgedehnt auf inhaltliche Elemente der Texte, die letztlich auch nur als Ausweis dafür hergenommen werden, daß die erhaltenen Stücke in der aus dem 10. Jahrhundert überlieferten Form im 7. oder 8. Jahrhundert entstanden wären.

> For the Germanic peoples had thought of themselves as based upon the idea of the clan, not in any sense of nationality. Even as late as *Beowulf*, in which the characters of the stories which make up the poem are of differing Germanic tribes . . . the outlook is still mainly Continental Germanic, though fundamentally touched by Christian culture . . . Moreover, the heroes touched on in these poems came originally from the different Germanic peoples, and none of them are in fact English[54].

Der allgemeine Erkenntniswert solcher Aussagen über die Herkunft von Sagenstoffen, die in der altenglischen Literatur verarbeitet worden sind, soll gar nicht bestritten werden – wie ja auch die Herkunft der Angelsachsen

51 Wrenn 1967:74.

52 Loc. cit.: »of varying date«; ibid. 76: »even as late as *Beowulf*«, »there is considerable disparity in their probable dates of origin«; etc.

53 Wrenn 1967:75.

54 Ibid. 76.

vom Kontinent außer Zweifel steht. Aber belegt der Aufweis des Ursprungs solcher Stofftraditionen zugleich die Existenz der aus dem späten 10. Jahrhundert überlieferten Dichtung schon im 8. oder gar 7. Jahrhundert, und zwar in der gleichen Form und Fassung? Denn all die aufgezeigten Hypothesen sind in Wrenns Argumenten impliziert, wenn er auf diesem Weg eine Reihe von Texten – und darunter natürlich *Beowulf*[55] – für eine frühe Entstehungszeit gewinnt: damit wird aber endgültig klar, woher denn das Vergleichsmaterial für die Beschreibung der behaupteten Adaptation germanisch-heroischer Traditionen in Caedmons Hymnus zu holen ist.

> The scop, or composer and reciter of poetry, was probably originally an aristocratic warrior reciting with an inherited accepted technique to a trained and receptive audience of the same type as himself. For the most part the surviving verse is aristocratic in tradition, implying a high degree of inherited culture and technical knowledge in poet and audience ... The miracle of the poet Cædmon which Bede meant to convey was, not that a herdsman suddenly could make poetry (since that would have been quite natural in the Northumbria of those days), but rather that an ignorant peasant should in a single night acquire the power *of expressing a given subject in the aristocratic rhythm and poetic diction* which only years of absorption of inherited tradition and training could be supposed to have rendered possible. Cædmon had in his remembered vision achieved the revolutionary miracle *of applying* to the new Biblical material *the traditional aristocratic heroic metrical technique, and the traditional heroic diction* of pre-Christian times, with its formulaic vocabulary which had developed for the description of the heroism of war[56].

Ein Wunder in der Tat – aber weniger im Hinblick auf die legendenhaften Züge des Caedmon-Berichtes als vielmehr mit Blick auf die solchermaßen beschriebene oder besser: entworfene aristokratisch-heroische Dichtungstradition. Denn was hier mit wechselnder Begrifflichkeit mal Tradition, mal Diktion, mal germanisch-heroisch und mal aristokratisch-heroisch genannt und als solches beschrieben wird, ist nur schiere Spekulation über das, was vielleicht gewesen sein könnte: die Darstellung ist unscharf und variiert, das Gemeinte bleibt verschwommen. Es muß vage bleiben, weil die stillschweigend eingebrachten Hypothesen nicht genannt sind: die Annahme einer zur frühen Zeit vorhandenen, germanisch-heroischen Tradition (belegbar mit Aussagen über die Existenz weltlicher Dichtung in dieser Zeit) führt zu der Vordatierung von altenglischen Texten, die damit zum weiteren Beleg für das Vorhandensein der Tradition gemacht werden und dann als Vergleichsmaterial für den behaupteten, revolutionären Prozeß herangezogen werden können. Aus dieser zirkulären Argumentation

55 Wrenn erwähnt *Beowulf* in diesem Zusammenhang viermal (74-6); später wird der Text dann als »eighth-century« datiert (107).

56 Ibid. 37.

ergibt sich als endgültiges Fazit, daß auch die Belege für die heroische Redeweise *nur aus der zuvor vordatierten, altenglischen Dichtung* des späten 10. Jahrhunderts zu holen sind: auf anderem Wege ist überhaupt nicht an sie zu gelangen.

> The language of *Beowulf* as we have in its late revision *must conceal much of the linguistic detail* of its original. Yet its metre and formulaic phraseology *clearly look back* to a pre-Christian past. *It is in Beowulf that we have a storehouse of those traditional Germanic poetic formulae* which must have been something like the stock-in-trade of the earliest Anglo-Saxon scop[57].

Die vorsichtige Formulierung von der späten Revision des Textes darf nicht über das hinwegtäuschen, was hier gemeint ist. Indem nämlich zuerst von Tacitus und von den aus dem 10. Jahrhundert überlieferten, altenglisch-heroischen Dichtungen Vorstellungen abgeleitet werden über Inhalt und Form der germanisch-heroischen Tradition; indem weiter diese fast neun Jahrhunderte auseinanderliegenden Zeugnisse auf der Basis einiger Aussagen über die Existenz von weltlicher (heroischer) Dichtung im 7./8. Jahrhundert zusammengebracht werden; indem dabei die spät überlieferten altenglisch-heroischen Texte gleichzeitig als in der Fusion zweier Welten überarbeitete Produkte *aus dieser Zeit* dargestellt werden; indem schließlich noch die Textidentität zwischen behaupteter, früher und belegter, später Fassung impliziert wird: nur indem man so argumentiert, gelangt man zu dem vorgeblich sicheren Fundament für die Aussagen über Caedmons dichterisch-revolutionäre Leistung, gelangt man zur Beschreibung des Prozesses der Adaptation heroischer Redeweise in der religiösen Dichtung. In einem weiteren Schritt berechtigt dann dieses erst hypothetisch hergestellte Fundament, noch andere, religiöse Texte auf diese frühe Zeitstufe zurückzudatieren: womit dann die vorher gesuchten Beispiele für Caedmons Einfluß endlich gefunden wären. Es liegt in der Konsequenz dieser hypostasierten Konstruktion, daß dann in der sogenannten relativen Chronologie (als weiterer Differenzierung innerhalb dieser Zeitstufe) zur gegenseitigen Stützung der Datierungen nur noch von einem Text auf die vorgeblich sichere Datierung eines anderen verwiesen werden muß.

> So it seems likely that *The Phoenix was written* in the ninth century, possibly in the later rather than the earlier part of that century. A closer dating than this is impossible, but this date *agrees well with what we know about Old English poetry. The Phoenix* is certainly very different from poems like *Beowulf*, *Genesis*, and *Daniel, which are among the earliest poems.* It has, however, much in common with the signed poems of Cynewulf and with *Andreas*, though it is possibly somewhat later than these. It is again different from the tenth-century Old English poems[58].

Ich bin von alledem nicht überzeugt. Zugegeben, das Interesse, mit dem

57 Ibid. 120.
58 Blake *Phoenix*:24.

hier erhebliche Teile der altenglischen Versdichtung aus ihrer Überlieferungszeit herausgelöst und quasi wie im Flug in eine frühere Entstehungszeit zurückversetzt werden, entspringt offensichtlich ehrenwerten Motiven und hat eine lange, wissenschaftliche Tradition; man mag auch die Überzeugung, die aus der Argumentation spricht, als aufrichtig akzeptieren. Aber berechtigt allein der Wunsch, die nach dem Beda-Katalog erkennbar verlorene Dichtung aus dem 7. und 8. Jahrhundert zurückzugewinnen, aus nicht mehr hinterfragten Hypothesen quasi ein Faktum der Literaturgeschichte zu machen, das sich dann in seinem vorgeblich faktischen Gewand endgültig dem überprüfenden Zugriff entziehen will? Die Hypothesen über die germanisch-heroische Tradition haben nämlich noch weitere Konsequenzen, die über die hypostasierte Vordatierung spät überlieferter Texte hinausreichen und die literarhistorische Meinung von der sogenannten späten Dichtung erheblich beeinflussen. Denn das so entworfene Bild von einer germanisch-heroischen Tradition hinterläßt bei den gleichen Forschern Unbehagen, wo es sich mit den als »*late* battle poems« klassifizierten Gedichten der Schlachten von *Brunanburh* und *Maldon* konfrontiert sieht. Beide Texte verarbeiten inhaltlich wie lexematisch, ideologisch wie formal die »germanisch-heroische Tradition«: erneut wird hier zu spekulativen Annahmen gegriffen, wenn man sich mit dem Faktum auseinanderzusetzen hat, daß beide Gedichte Ideale propagieren, die doch angeblich – das belegt ja gerade der Transport der anderen heroischen Texte ins 7. oder 8. Jahrhundert – ihren historischen Ort und ihre Zeit um rund zwei Jahrhunderte oder mehr verpaßt haben. So ist für den einen *Brunanburh* »somewhat artificial in its studied revival of the older style and diction« und eher der Skaldendichtung vergleichbar als *Beowulf* – womit dann das Argument aus der Welt wäre, beide Texte könnten am Ende gar aus den gleichen sozialen Interessen und unter gleichen historischen Bedingungen entstanden sein[59]. Was noch an *Beowulf* auch im Hinblick auf die formalen Aspekte von Alliteration und Metrik als »the best qualities of what may be termed Classical Old English poetry« gerühmt wird[60], ist dann bei *Brunanburh* nur noch

> deliberately faithful to the conventions of *the older verse, which its author had evidently studied*: and it is *scrupulously faithful also to the exact classical rules of metre*[61].

59 Wrenn 1967:182.

60 Ibid. 107.

61 Ibid. 183. Zu ähnlichen Aussagen über *Brunanburh* vgl. Greenfield 1966:98 (»tissue of heroic formulaic cliches«); Malone 1967:56-7 (»falls short of greatness«); Cross 1970:52 (»well tried phrases to the full«); Göller 1971:182 (»wirkt fast ein wenig pedantisch«); Pearsall 1977:65 (»*rifacimento* of traditional motifs and phrases«). Nebenbei sei angemerkt, daß offensichtlich übersehen wird, woher die »exact classical rules of metre« stammen: sie sind eine neuzeitliche Rekonstruktion dessen,

Das Unbehagen, das hier hauptsächlich in einer nicht begründeten Abwertung der formalen Meisterschaft eines Gedichtes seinen Ausdruck findet, ist größer und für den Leser faßbarer in den Ausführungen über *The Battle of Maldon*.

> The poem belongs to the tradition of the scops, and most of it might be put back into heathen times with little or no change in word or thought. Only one true Christian passage occurs, the prayer of the dying hero[62].

Angesichts solch dezidierter Festlegungen, angesichts der Auffassung von *Maldon* als »das Hohelied des germanischen Gefolgschaftswesens[63]« oder als »one of the very finest expressions of the Germanic heroic spirit that Anglo-Saxon poetry ever produced[64]« haben wohl nur die nicht aus der Welt zu schaffenden Fakten um die historische Schlacht von Maldon verhindern können, daß das Gedicht den anderen Texten in ein früheres Jahrhundert als seiner angenommenen Entstehungszeit folgen mußte: hätten wir nicht den Eintrag im *Anglo-Saxon Chronicle* und die auch historisch zu verortenden Personen im Text, würde auch *Maldon* sicherlich einer besseren Gesellschaft zugefügt. Daß diese Unterstellung nicht zu Unrecht gemacht wird, beweist der Versuch, im umgekehrten Verfahren nunmehr Tacitus an *Maldon* heranzuführen[65]. So bleibt als Ausdruck des Unbehagens ob der selbst geschaffenen, historischen Differenz zwischen den behauptet frühen und den angeblich späten heroischen Gedichten nur noch das Staunen:

> The astounding thing is that at the end of the tenth century, when in so many ways the national English vitality seemed low in the midst of renewed Viking invasions, the poet of *The Battle of Maldon*, quite apart from the more courtly writing of *The Battle of Brunanburh* and the better *Chronicle* pieces, should have given such noble and moving expression to the ancient heroic spirit and shown it in action[66].

Ich will hier gar nicht auf ein naheliegendes Erklärungsmodell für das Entstehen von *Maldon* gerade in dieser Zeit eingehen[67]: erstaunlich ist für

was man *an eben jenen Texten* beobachten kann, die man *zuvor* ins 8. Jh. datierte; *nur so* entstehen »*classical* Old English metre and style«!

62 Malone 1967:58; ähnlich, wenn auch nicht so dezidiert, Greenfield 1966:100; Wrenn 1967:185-6; Cross 1970:52-3; Göller 1971:183-6; Shippey 1972:188-9.

63 Göller 1971:183.

64 Wrenn 1967:185.

65 Woolf 1976 sieht eine literarische Beeinflussung durch Tacitus, wenn auch kein historisches Faktum in dem propagierten Ideal; sie konstruiert eine hypothetische Verbindung über Fulda: »The possibility therefore exists that in the tenth century an Anglo-Saxon, who might have been, but was not necessarily, the author of *Maldon*, travelled to Fulda and was there shown the manuscript of the *Germania* . . .« (77); vgl. ibid. bes. 72-8; Gneuss 1976:15-45 räumt endgültig mit der These auf, daß der *Maldon*-Dichter sein Konzept der Gefolgschaft von Tacitus übernommen haben könnte.

66 Wrenn 1967:188.

67 Siehe dazu Busse/Holtei 1981b.

mich eher, daß sich die viel näherliegende Überlegung, ob eben *Maldon* doch kein *Spät*werk und Einzelfall sei und ob nicht die anderen Texte derselben Zeit zugehören, aus der sie nun mal überliefert sind – daß sich also diese einmal näherliegende Überlegung ganz offensichtlich nicht einstellen will und nicht eingestellt hat[68]; während *Maldon* gelegentlich sogar eine politische Wirkung zugestanden wird[69], bleibt als Versuch einer Erklärung für die Existenz der anderen Texte bisher nur ein behauptetes, individuelles und antiquarisches Interesse[70].

2.1.4 *Fazit.* Die drei Aspekte des Caedmon-Paradigmas enthalten Hypothesen, für deren Stichhaltigkeit es keinerlei ausreichende Belege gibt. Es ist bedauerlich, daß aus dem goldenen Zeitalter Aldhelms, Bedas und Alcuins so wenig altenglische Dichtung erhalten ist; der Verlust ist unschätzbar, und Hinweise auf ehemals Vorhandenes mögen ihn noch schmerzlicher empfinden lassen. Es kann aber nicht in der Konsequenz dieser Erkenntnis liegen, den Verlust ausgleichen zu wollen mit unhaltbaren Annahmenkonstruktionen, durch großzügige Quelleninterpretation und durch Mißachtung historischer Differenzen zwischen verschiedenen Jahrhunderten und geographisch wie kulturell verschiedenen Räumen, um damit einem zwar verständlichen, aber nichtsdestotrotz abzuweisenden Bedürfnis zu huldigen, die erkennbare Lücke zu schließen.

Die Lücke ist ein erstes *Faktum:* nach Ausweis des Beda-Katalogs und der übrigen Zeugen muß Dichtung in größerem Umfang vorhanden gewesen sein; zudem enthalten die uns überlieferten Handschriften wohl keine Originaldichtungen, sie weisen Fehler und erhebliche Mängel auf. Aus diesen Fakten werden als *Hypothesen* die Annahmen abgeleitet, daß die im Junius MS überlieferten Texte aus der Caedmon-Schule stammten, daß weiter Handschriften der Dichtung aus der Zeit Bedas verlorengegangen wären; zugleich wird für die Zeit der Niederschrift der Texte im 10. Jahrhundert ein

68 Die wiederaufgelebte Datierungsdiskussion um *Beowulf* zeitigt erste Vorschläge einer Datierung des Textes in der Zeit von Athelstan bis zu Cnut: vgl. u. a. Tejera 1979; Chase 1981:passim; Busse/Holtei 1981a:286-9; Kiernan 1981:13-63; Poussa 1981; Amos 1982; Fulk 1982; Niles 1983:116-7. Die Konsequenzen dieser Datierungsvorschläge für die der übrigen Texte und damit für die Textinterpretationen wie für die Literaturgeschichtsschreibung werden hier erstmalig formuliert: vgl. unten Kap. 3.3.4 passim, Kap. 4.

69 So z. B. Clark 1968:58-9; weitere Literatur faßt Gneuss 1976:10 Anm. 15 zusammen.

70 Vgl. z. B. Wrenn 1967:107 zu *Beowulf* (»for the pleasure and edification of a monastic cultural centre in the later age of the Benedictine Revival«); Shippey 1972: 81 zum Junius MS (»there was at least someone who put a high value on Old English poetry«, i. e. Aelfwine, »probably the intended recipient of the book«); Pearsall 1977:6 zu *Finnesburh* (»preserved ... by a monk of antiquarian tastes«); etc.

weitestgehend mangelhaftes Verständnis im Umgang mit der Dichtung unterstellt; es wird darüber hinaus eine schriftliche Überlieferungskette über mehrere Jahrhunderte rückwärts konstruiert.

Zweites und unbestrittenes *Faktum* ist, daß für den Caedmon-Hymnus und ein paar andere Verse zwei nur sprachgeographisch verschiedene Versionen vorliegen, die es erlauben, von einer (weitgehenden) Teilidentität der frühen und späten Fassungen zu sprechen; ihre Überlieferung war durch die Aufnahme in einen lateinischen Text gesichert. Aus diesen Fakten wird als *Hypothese* abgeleitet, daß auch für die anderen, aufgrund des ersten Hypothesenkonstrukts vordatierten Texte eine solche weitgehende Textidentität anzusetzen sei, obwohl es sich um andere Textsorten handelt, obwohl obendrein für die Textübermittlung eine vielfache Umarbeitung durch mündliche Improvisation angenommen wird (»fusion of two cultures«).

Drittes grundlegendes *Faktum* ist, daß Caedmons Hymnus einige poetische Formeln enthält (jene berühmten »nine words«), die auch in anderen Texten vorkommen, unter anderen in den heroischen Dichtungen. Weiter ist Faktum, daß die heroischen Texte Stoffe verarbeiten, die sich in ihrem historischen Kern an eine Sagen- und Geschichtsüberlieferung der kontinentalen Germanen anbinden lassen. Schon Tacitus beschreibt die Art der mündlichen Übermittlung in Liedern; er stellt auch ein germanisches Kriegerideal vor. Zeugen der Zeit (Aldhelm, Beda, Alcuin) belegen die Existenz weltlicher (heroischer) Dichtung in lateinischer und englischer Sprache im 7. und 8. Jahrhundert. Aus diesen nur wenigen und sehr verstreuten Fakten wird die *Hypothese* abgeleitet, daß viele der im 10. Jahrhundert aufgezeichneten Texte aus der früheren Zeit stammen müßten, weil sie sich der als »germanisch-heroisch« bezeichneten Dichtungstradition (Diktion, »*comitatus* tradition«) bedienen; es wird zugleich weiter angenommen, daß die erst aus dem 10. Jahrhundert überlieferte Dichtung solche ist, wie Aldhelm, Beda oder Alcuin sie meinen: die zirkuläre Argumentation schließt sich, wenn dann die Beschreibung der »Tradition« aus genau *den* Texten gewonnen werden muß, die man zuvor hypothetisch vordatierte.

Jede dieser Spekulationen muß aus den genannten Gründen in Frage gestellt werden; geschieht dies jedoch, dann gerät, was als sich gegenseitig stützendes Argumentationsgeflecht in einer langen Wissenschaftstradition entworfen und gepflegt wurde, insgesamt ins Wanken: wo keine schriftliche Überlieferung vorliegt, ist die Behauptung von der Textidentität mehr als bedenklich; wo keine Textidentität vorliegt, wird die Behauptung überaus fragwürdig, derzufolge die Sinnhaftigkeit der Dichtungen nur im 8. Jahrhundert gegeben sei; gerät so schließlich das gesamte Datierungsgerüst zum Einsturz, schwinden auch die einzigen Belege für die »germanisch-heroische Tradition« gerade aus der Zeit, in der man sie so dringend benötigt als poetische Belege für den behaupteten, revolutionären Dichtungsprozeß, für die »fusion of two cultures« der germanischen und der christlich-lateinischen Welt, für die wir sonst nur historische Dokumente vorliegen haben. Dieses Ergebnis bringt mich zurück zu der im ersten Kapitel formulierten Frage: die Möglichkeiten einer positiven Antwort haben jetzt eine weitere Einschränkung erfahren. Wenn es praktisch unmöglich ist, altenglische Dichtung in historischer Perspektive als hypothetisch-diachronische Abfolge der Einzelwerke von zirka 700 bis etwa 1066 darzustellen, *weil die Datierung der Manuskripte* als einzig verläßliches, historisches Dokument *dagegen spricht und weil die im Caedmon-Paradigma verwandten Annahmen* nicht ausreichend belegt werden können, sondern *sich letztlich nur als sich gegenseitig stützende Hypothesen erweisen* –: was berechtigt dann eigentlich noch, aus dem Corpus des Überlieferten ein chronologisch abweichendes System der Literaturgeschichte zu machen?

Es fehlt natürlich ein wichtiger Aspekt in der bisherigen Erörterung, die eigentliche Grundlage aller philologischen und textkritischen Entscheidungen über die Datierung von Texten: letztlich müßte die Sprache der Dichtungen den Ausschlag und die entscheidende Erkenntnis über ihr vermutliches Alter geben.

2.2 Die Interpretation der linguistischen Daten

Es wäre in der Tat zu erhoffen, daß der sicherste Aufschluß über den Zeitpunkt der Entstehung einer Dichtung aus den Struktureigenschaften der Sprache beziehungsweise ihren Formen gewonnen werden kann. Dem wäre sofort als vorweggenommenes Ergebnis hinzuzufügen, daß die Sprache der uns überlieferten Texte Erkenntnisse hinsichtlich einer Vordatierung vor die Zeit der Niederschrift nicht zuläßt. Im übrigen wird dies unumwunden und uneingeschränkt zugestanden:

> Though divided among a number of dialects, especially in early times, *the language of Anglo-Saxon literature* in the manuscripts in which nearly all of it is preserved *is a kind of Late West-Saxon*, which owing to the political dominance of Wessex became something like a universal literary language for the whole of England from the late ninth or early tenth century. As this was in effect a sort of koiné including some elements from other regions than Wessex, it may be called Classical Anglo-Saxon, as it is the vehicle in which nearly all the more significant literature has come down to us[1].

So wäre hier ein weiteres Kapitel schon vor seiner eigentlichen Eröffnung geschlossen, wenn nicht bei Datierungsversuchen doch immer wieder im

1 Wrenn 1967:ix.

Nachsatz auf sprachliche, meist phonologische oder morphologische Kriterien zurückgegriffen würde. Die Legitimation für diesen Rückgriff wird aus dem Faktum abgeleitet, daß die literarische *koiné* »some elements from other regions than Wessex« enthält: dies wird in aller Regel nur im Sinne einer diachronen Veränderung und höchst selten als synchrone Variation gedacht. Ginge es nach den Darstellungen mancher Literaturwissenschaftler, so wäre man fast geneigt zu glauben, die regionalen Varietäten des Englischen beschränkten sich im 10. Jahrhundert auf das Westsächsische, während Indizien für eine auch synchron vorhandene anglische (merzische, nordhumbrische) Varietät immer dem 9. Jahrhundert oder einer noch früheren Zeit zugerechnet werden müßten: solche Interpretation linguistischer Daten widerspricht häufig genug guter, historisch-philologischer Sprachwissenschaft – von einer Umsetzung neuerer Erkenntnisse ganz zu schweigen.

Angesichts des Fazits, auf das man bei der Diskussion sprachlicher Daten in jeder beliebigen, neueren Edition altenglischer Dichtung heute trifft, erübrigt sich hier die Debatte phonologischer oder morphologischer Details[2]: es handelt sich vielmehr um ein Grundsatzproblem, das mir seine Ursache in der interessierten Anverwandlung von Ergebnissen früherer Sprachforschung zum Altenglischen zu haben scheint; mit ihrer Hilfe möchte man das vorgebliche Alter der Texte auch linguistisch absichern. Ich will dies an einem Editionsbeispiel verdeutlichen, das als exemplarisch für fast alle solche Verfahren bei der Diskussion sprachlicher Kriterien im Zusammenhang mit der Datierungsfrage gelten kann.

2.2.1 *Linguistische Daten als Scheinargument.* Die Einleitung des Kapitels »Dialect and Date« zu seiner Edition des *Wanderer* beginnt Roy Leslie mit einer Darstellung der Argumente, die die Unsicherheit der Verwendung linguistischer Daten in der Entscheidung über die Datierung bezeugen sollen. Er kommt jedoch zu dem Schluß:

> Nevertheless, an indication of the principal dialectal characteristics of the poem and a tentative assignation of those forms which appear to differ in date or dialect from the majority are not without interest even if, in the present state of Old English studies, they are of doubtful value as evidence of the date or dialect of the author of the poem[3].

Eine Auflistung der Merkmale (die zum großen Teil von Leslie selbst relativiert werden müssen hinsichtlich ihres Aussagewertes für die Datie-

2 Dies ist erst kürzlich von Amos 1980 geleistet worden mit dem Ergebnis, daß Einsichten in die Altersbestimmung der Texte auf diesem Wege nicht zu erzielen sind (*pace* Wetzel 1983:496); zu *Beowulf* vgl. auch die Auswertung ihrer Ergebnisse bei Niles 1983:97-101.

3 Leslie *Wanderer*:45.

rung)[4] führt dann nicht etwa zu dem Ergebnis, daß die aufgeführten Formen tolerable Varianten des Spätaltenglischen seien: sie sollen nach wie vor in einem diachron-regionalen Sinne gedeutet und verstanden werden.

> ... the language of the *Wanderer* is for the most part late West Saxon, but it also contains early West Saxon forms, a number of ›poetic‹ forms possibly Anglian in origin, and forms which appear to be Anglian and could be the result either of transmission at some time by an Anglian scribe or of original composition in an Anglian dialect[5].

Mit dieser Interpretation ist der Boden bereitet für den angestrebten Lösungsvorschlag im Hinblick auf die Datierung und Entstehung des Textes. Ich werde an anderer Stelle aufweisen, warum in den Argumentationen offenbar so großes Gewicht gelegt wird auf die vorgeblich anglische Herkunft der Texte[6]; hier ist zunächst nur von Bedeutung, daß Leslie für seinen eigenen Datierungsversuch auf die linguistischen Daten des 10. Jahrhunderts nicht mehr zurückgreift. Er verweist statt dessen auf Bezüge zu anderen Texten, bei denen dann wieder die »Tradition« eine implizit wichtige Rolle spielt: zunächst wird *Wanderer* in Beziehung gesetzt zu anderen Dichtungen, die vorgeblich aus dem 8. Jahrhundert stammen, sodann wird durch Hinweis auf die ebenfalls hypothetische Datierung der Texte Cynewulfs der *terminus ad quem* implizit in das 8. Jahrhundert verlegt[7].

> As with many Old English poems, *a terminus a quo* is not easy to establish; but there is general agreement that none of the poems such as *Beowulf*, *The Seafarer* and *The Wanderer*, in which traditional and Christian motifs are well integrated, are likely to have been composed prior to the eighth century ... Comparisons with other texts may be of value but must be made with caution, since different kinds of poetry might well have been written in different styles during the same period. The signed poems of Cynewulf are useful for comparison because there is a wide measure of agreement that he wrote during the first half of the ninth century ... Cynewulf's handling of traditional imagery appears to be much more stylised and perfunctory than that of the *Wanderer* poet and to indicate a later date of composition. This impression is strengthened when a comparison is made between *The Wanderer* and *The Ruin* or the elegy of the last survivor in *Beowulf*. Here the treatment of elegiac themes and the flexibility of the verse are much closer to those of *The Wanderer*. Although the dates of these poems are not certain there are grounds for believing them to have been written in the eighth century[8].

Solche Argumentation setzt sich immer dem Verdacht aus, daß sie nur findet, was sie finden will: von einem Abwägen der Argumente mit Berücksichti-

4 Ibid. 45-7; die Aufstellung enthält lediglich ein Datum, das *nicht* durch Gegenbeispiele aus *demselben* Text widerlegt werden kann: das Part. Praet. der schwachen Verben Klasse II mit dem Flexionsmorph {-ad} erscheint im Text nur zweimal.

5 Ibid. 47.

6 Vgl. unten Kap. 2.3, bes. pp. 118-27.

7 Für eine spätere Datierung der Cynewulf-Texte findet Ritzke-Rutherford 1979: 224, 227 Argumente.

8 Leslie *Wanderer*: 47-8.

gung der linguistischen Daten kann hier nicht mehr die Rede sein. Was ursprünglich einmal gedacht war als einzig zulässiges Kriterium für die Datierung der Texte[9], ist somit herabgesunken zu einem Hilfsargument, das mit einem Verweis auf die *mögliche* diachrone Deutung der sprachlichen Fakten den im vorigen Kapitel abgehandelten Hypothesen wenigstens noch den Anschein auch der linguistischen Glaubwürdigkeit verleihen will. Dabei ist der Zweifel an der Validität der vorherrschenden Deutungen linguistischer Daten für die Datierung der Texte nicht etwa eine Erkenntnis der letzten Stunde: bereits zu Beginn der fünfziger Jahre haben Dorothy Whitelock und Kenneth Sisam die Nützlichkeit sprachlicher Analyse für eine *Vor*datierung der Versdichtung in Frage gestellt[10], und auch sie waren nicht die ersten, die Bedenken anmeldeten an der vordem für relativ sicher erachteten Aussagekraft sprachlicher Merkmale für die Datierung und Lokalisierung der Texte[11].

Offensichtlich wird mit dieser Erkenntnis aber ein kritischer Punkt des gesamten Datierungskonstruktes berührt; denn was sonst soll man zunächst folgern – außer daß die in Rede stehenden Texte dem 10. Jahrhundert zugehören – wenn in einer der am häufigsten zitierten Grammatiken des Altenglischen zu diesen Texten festgestellt wird:

> This verse is mostly preserved in copies dating from c. 1000, and while these are predominantly late West-Saxon, they are extremely rich in dialectal forms of various kinds. Although most of these non-West-Saxon forms can be classified as phonologically or morphologically proper to one dialect or another, *it is seldom possible to declare with confidence that a given poem was originally in a particular dialect, or even that it was non-West-Saxon.* For example, the two poems on the victories of Æthelstan and Eadmund in 937 and 942 can hardly be regarded as non-West-Saxon in origin, but all the extant copies are rich in non-West-Saxon forms[12].

Da die sprachlichen Merkmale eine Vordatierung eigentlich nicht zulassen, weil die aufgezeigten Daten fast immer auch in anderen Texten nachgewiesen werden können, die zweifelsfrei dem 10. Jahrhundert zugehören, hat die Forschung schon früher allergisch auf Datierungsversuche ausschließlich aufgrund sprachlicher Kriterien reagiert. Das letztendlich zu erwartende Ergebnis solcher Versuche – nämlich die Erkenntnis, daß sprachliche Analyse die Texte dem 10. Jahrhundert zuweisen muß – wurde wohl immer zumindest erahnt, und die daraus sich ergebende Konsequenz für das hypothetische Datierungsgerüst gefürchtet: daß nämlich die Geschichte der altenglischen Literatur für große Zeiträume zu einem weißen Blatt wird. So wird erklärlich, daß etwa Aldo Ricci schon frühzeitig vor einer Beschränkung der Datierungsfrage nur auf sprachliche Tests gewarnt hat:

9 So etwa Morsbach 1906:252-3, 273-4; Richter 1910: 1-5; etc.
10 Whitelock 1949; Sisam 1953b; vgl. auch Sisam 1933:6-7.
11 So schon Schücking 1917.
12 Campbell 1969:9-10.

[The »tests«] can only deal with the aspect of the poems in the MSS., and no one particularly wants to write a history of the order in which extant O. E. poems were written down in the codices that we happen to possess[13].

Nur so wird auch die heftige Reaktion Gregor Sarrazins schon zu Beginn dieses Jahrhunderts erst richtig verständlich, der wortreich klagen konnte über die »Neuerungssucht moderner, junger Dissertationenschreiber, welche oft in unheilvoller Weise die Kreise ruhiger Forschung durch ihre Oppositionslust störten«[14]: die teilweise gut begründete und für einzelne Exzesse berechtigte Verwerfung linguistischer Testverfahren durch Ricci oder Sarrazin konnte nur zum Ziel haben, die damals wohl instinktiv gespürte, heute gesicherte Erkenntnis linguistischer Untersuchungen von vornherein zu diskreditieren – daß nämlich die Versdichtungen sprachlich dem 10. Jahrhundert zugehören und daß es keine Möglichkeit gibt, sie über die Analyse der sprachlichen Merkmale in ein früheres Jahrhundert vorzudatieren. Dieser wissenschaftsgeschichtliche Hintergrund kann dann auch erhellen, warum Leslie und viele andere mit ihm zwar auf sprachliche Daten verweisen und dabei den Eindruck erwecken, als seien die aufgezeigten Formen der *Beleg* für das vorgebliche Alter der Texte, warum sie aber letztlich bei ihren Datierungsversuchen nicht auf diese Kriterien zurückgreifen, sondern sich auf die angeblich gesicherte und etablierte Chronologie der überkommenen Entstehungszeiten zurückbeziehen. Für die Datierung entscheidender als linguistische Daten werden dann Bilder über mögliche historische Prozesse der Adaptation heidnischer Vorstellungen an das Christentum, die Einfluß gehabt haben sollen auf den Stil der Dichtungen und auf die Abfolge des Entstehens der Texte.

In a word, we must return to the common sense, to the happy intuition, but above all to the *historical sense* which helped the earlier great Anglo-Saxon scholars, and not allow ourselves to be hampered by conclusions which, by taking into consideration merely the present outward aspect of the single works, create a confused picture, in which no logic or thread is to be found, and in which the *Charms* follow

13 Ricci 1929:261.

14 Sarrazin 1913:1: »Man darf wohl sagen, daß diese Unsicherheit [i. e. in der Chronologie der Versdichtungen] durch vorgefaßte Meinungen, unzutreffende Hypothesen und blinden Autoritätenglauben noch gesteigert ist. Unbegründete Behauptungen werden nachgesprochen und die sehr sorgfältig begründeten Ansichten älterer Forscher oft ohne Grund abschätzig beurteilt. Aber die älteren Litteraturgeschichten, z. B. Ten Brink, dürften den neueren in mancher Beziehung vorzuziehen sein. Das Stilgefühl der Altmeister ags. Litteraturforschung, eines Kemble, Thorpe, Skeat, Franz Dietrich, Christian Grein, Rieger, Ten Brink, Henry Sweet, war doch ein sichererer Führer als die Neuerungssucht moderner, junger Dissertationenschreiber, welche oft in unheilvoller Weise die Kreise ruhiger Forschung durch ihre Oppositionslust störten.«

Genesis and *Daniel*. To do this, we must begin to *feel* where we cannot logically and scientifically deduce the original forms[15].

Es mag unrichtig scheinen, heutige Forschung mit einem Konzept von Chronologie zu vergleichen, dessen wesentlicher Bestandteil letztlich auf eine Trennung von heidnischen und christlichen Elementen in der Dichtung hinausläuft[16]: wie jedoch Leslies Verweis auf den Stil der Cynewulf-Dichtung und auf »traditional and Christian motifs« belegt, ist es das Merkmal der Abkehr von »linguistic evidence«, die Berufung auf ein Stilgefühl für die Dichtung und der Verweis auf Heiden- und Christentum, die beiden Ansätzen gemeinsam sind. Damit aber kämen wir letztlich zu historischen Fragen, die erst an späterer Stelle behandelt werden sollen: denn von linguistischer Interpretation der sprachlichen Merkmale kann bei solcher Argumentationsweise natürlich nicht mehr die Rede sein. Es sei als vorläufiges Fazit daher festgehalten, daß Argumente über die linguistischen Daten der Texte dann keinen Aussagewert für die angestrebten Datierungen haben können, wenn die Daten nur für den Zweck der Bestätigung des bereits Gewußten, zur Bestätigung des vorgegebenen Datierungskonstruktes also, herangezogen werden.

Dennoch wird aus der Diskussion in den neueren Editionen offenkundig, daß die Analyse der linguistischen Daten im Kern Fragen nach den Dialekten des Altenglischen aufwirft, nach den Möglichkeiten ihrer Rekonstruktion, nach ihrer regionalen Verbreitung und den regionalen wie auch chronologischen Abgrenzungen der Mundarten; dies wird selbst dort offensichtlich, wo sich die Diskussion auf phonologische und morphologische Befunde beschränkt. In der Tat sind die Probleme auf diesem Sektor so vielschichtig, daß Lösungen nicht mehr mit einem Rückgriff auf alte Forschungsergebnisse gefunden werden können, zumal sich solche Untersuchungen häufig mit der Erfassung einzelner Daten bescheiden und Aspekte sprachlichen Wandels allein im Ablauf von Lautgesetzlichkeiten zu erfassen suchen; überdies ist die Materialbasis oft genug veraltet[17]. Ein weiteres kommt hinzu: wesentlicher noch als die genaue und komplette Erfassung von Daten und deren sprachhistorische Herleitung ist ihre Deutung im vorgefundenen Kontext. Denn im

15 Ricci 1929:265; Hervorh. im Text.

16 Ibid.

17 Solche Arbeiten sind z. B. Cosijn 1886, Brandl 1915; man vgl. auch die Darstellungen bei Brunner 1965:2-11 und Campbell 1969:4-11, die jedoch nur das Quellenmaterial beschreiben, während die linguistischen Daten selbst in die grammatische Darstellung aufgenommen sind und somit keine synchrone Beschreibung der regionalen Varietäten mehr bieten. Sehr global und daher für diese Zwecke wenig brauchbar ist Brook 1965:40-54, zu pauschal auch Campbell 1969:110-2. Eine neuere Analyse, die die teilweise vorhandenen Einzelbeschreibungen von Texten zusammenfassend untersucht, wäre erforderlich und hilfreich. Die heute gängigen theoretischen Ansätze faßt zusammen z. B. Bynon 1977:171-261.

Rückgriff auf sprachhistorische Untersuchungen und Grammatiken übernehmen literaturwissenschaftliche Arbeiten wie Texteditionen deren Vorverständnisse und Sprachauffassung gleich mit, die ja doch die Deutung des bereitgestellten Materials entscheidend beeinflußt haben. Wenn daher etwa in Texteditionen die Analyse linguistischer Daten reduziert wird auf eine Verrechnung phonologischer und morphologischer Details mit den noch weitgehend auf junggrammatischem Sprachbeschreibungsmodell erstellten, lautgeschichtlichen Paradigmata der Handbücher, so offenbart sich darin jene isoliert ahistorisch verfahrende Sprachbetrachtung, die ein Kennzeichen der frühen Sprachtheorien ist[18]. Sprache wird dagegen von mir auch in ihren schriftlichen Manifestationen als an historische Sprecher gebunden gesehen: an Sprecher, die Sprache als Mittel der Kommunikation einsetzen, denen sie Instrument der Erkenntnis von Wirklichkeit und der Tradierung von Erfahrung ist. Ein so global definierter Sprachbegriff reicht zunächst hin, um sich mit der Interpretation linguistischer Daten und ihrer Leistung für die Datierung der Versdichtungen auseinanderzusetzen.

2.2.2 *Probleme der Interpretation der linguistischen Daten.* Faktisch ist Kennzeichen aller Versdichtungen ihre sprachliche Heterogenität: man kann in den überlieferten Manuskripten die Einflüsse verschiedener Dialekte (hier verstanden als regionale Varietäten) diagnostizieren. Problematisch bleibt aber diese Diagnose deswegen, weil die Zuordnung zu Sprachregionen, das heißt die Deutung zum Beispiel eines phonologischen, morphologischen oder lexikalischen Befundes als anglisch (merzisch, nordhumbrisch) oder südenglisch (kentisch, westsächsisch) nicht bezogen werden kann auf eine breit angelegte Datenbasis, sondern immer nur auf Einzeltexte, deren Herkunft aus entsprechenden Dialektgebieten als einigermaßen gesichert angesehen werden darf. So ist im 10. Jahrhundert, aus dem ja die Manuskripte der Versdichtung überliefert sind, nur spärliches Quellenmaterial für die kentischen, merzischen und nordhumbrischen Varietäten übermittelt: folglich sind generalisierende Aussagen über regionale Standards kaum möglich. Wir wissen auch nicht, ob die überlieferten Einzeltexte das Sprachsystem größerer Räume repräsentieren, in welchem Maße sie lediglich lokalen Gebrauch in Schriftlichkeit umsetzen, in welchem Umfang sie etwa geprägt sind von konservativem oder innovatorischem Sprachverhalten einzelner Sprecher, gar nur von unterschiedlichen Schreibstandards der Kopisten. Zwar ist demgegenüber das Westsächsische für die Zeit von etwa 900 bis 1050 gut bezeugt: es bleibt aber auch hier fraglich, ob unter den gegebenen Vorbehalten etwa die Sprache der alfredischen Texte oder die Aelfrics zum Standard erklärt werden

18 Vgl. u. a. Schneider 1973:10-53, und zum Terminus Junggrammatiker ibid. 2-3 Anm. 4.

kann für ein Gebiet, das mehr umfaßt als nur die engere Umgebung von Winchester oder Eynsham. So wendet Sisam zu Recht ein, daß ein Vergleich regionaler Varietäten auf der Basis einerseits vager regionaler, andererseits präziser individueller Beschreibungen zwangsläufig zu Schwierigkeiten führen muß. Versteht man unter ›Westsächsisch‹ nur sogenannte ›streng westsächsische Texte‹, nämlich die *Prosa* Alfreds und die Aelfrics[19], so fallen Unterschiede zwischen diesen Varietäten und der altenglischen *Vers*dichtung sofort ins Gewicht; in gleicher Weise können daher auch der *Vespasian Psalter* oder die *Royal Glosses* nicht als repräsentativ für ›das Merzische‹ gelten.

> In its regular characteristics the dialect of Alfred's prose was probably that of the district around Winchester the capital and Wilton a principal residence of the kings of his line. The regularity and widespread literary use of Ælfric's dialect is easiest explained if it was the language of Æthelwold's school – again at Winchester. Similarly both the Vespasian Psalter and Royal Glosses seem to represent the dialect of the district around Worcester. So large parts of the South and Midlands are not covered by these specimens of the late ninth and tenth centuries[20].

Mit dem Problem der regionalen Verbreitung überlieferter Sprachsysteme ist der ganze Rahmen der Schwierigkeiten für die Rekonstruktion aber noch nicht abgesteckt. Die Analyse phonologischer Befunde etwa ist auf das Engste verbunden mit der Frage nach einem Schreibstandard und dem Verhältnis von Schrift und phonetisch/phonematischer Rekonstruktion, da schließlich die Schreibungen der Texte unsere einzige Informationsquelle für Phoneminventare wie für Beschreibungen von Morphologie, Syntax und Lexikon sind. Eine heute noch umstrittene Frage ist die, ob etwa unterschiedliche Schreibungen bei Vokalen und Diphthongen grundsätzliche Versuche sind, eine komplementäre Distribution auch in der graphischen Manifestation von Sprache festzuhalten, ob sie Allophone eines Phonems präsentieren könnten oder nur auf unterschiedliche Schreibkonventionen verweisen. Ist also, um ein Beispiel zu nennen, das Nebeneinander von *heo* und *hio* (Pron. N. Sgl. fem.) im überlieferten *Beowulf* phonetisch distinktiv oder zur Zeit der Niederschrift nur noch Ausweis für unterschiedlichen Schreibstandard? Der Glossator Farman verwendet nebeneinander Schreibungen mit ⟨e⟩ und ⟨æ⟩ bei identischen Lexemen: ist dieser Wechsel ein Ausweis für phonetisch komplementäre Distribution oder nur für eine Mischung verschiedener Schreibkonventionen? Wiewohl zum weiteren etwa die sogenannte »digraph controversy« um die Frage, ob die Schreibungen ⟨ea, eo, io⟩ als kurze Monophthonge oder als Diphthonge gedeutet werden können, weitgehend abgeschlossen scheint[21], bleibt eine solche Fülle von Fragen und

19 Brunner 1965:4.
20 Sisam 1953b:120.
21 Einen kurzen Überblick über die Kontroverse und die verschiedenen Annahmen

Problemen nach wie vor offen, daß sichere Rückschlüsse in diesem Gebiet für die Datierung der Texte *vor* ihre Überlieferungszeit unmöglich sind. Die vom indogermanischen Sprachstand ausgehenden, historischen Grammatiken, in denen mit bewunderswerter Akribie wertvolles Belegmaterial gesammelt und lautgesetzlich erklärt ist, zielen letztlich immer noch auf ein Inventar von Schreibungen:

> Da die genauen Lautwerte, die den einzelnen Buchstaben im Altenglischen zukamen, oft genug nicht feststellbar sind, wird im folgenden von den Schreibungen ausgegangen und versucht, diese zu erklären[22].

Es gibt jedoch im 10. Jahrhundert noch keinen kodifizierten Standard der Orthographie: man kann demnach zwar gewisse Schreibkonventionen annehmen und auch nachweisen, in vielen Fällen jedoch keine sicheren Schlüsse ziehen[23]; die unterschiedlichen Phoneminventare bzw. -systeme etwa, die heute aufgrund unterschiedlicher Annahmen erstellt werden, sind kennzeichnend für die gegenwärtige Forschungssituation: sie spiegeln (in unterschiedlichem Umfang) aber auch die graphische und phonologische Situation der Texte wider[24].

Ein weiteres Problem, das die Vordatierung der Texte unmöglich macht, ergibt sich aus der Frage, wie schnell oder langsam sich sprachlicher Wandel ausbreitet. Wenn sich z. B. sagen läßt, daß die Graphie ⟨ie⟩ Ausweis für frühwestsächsischen Sprachgebrauch sei und dort den nur noch graphischen Reflex eines früheren Diphthongs repräsentiert, ist dann das Auftreten eines sonst nicht belegten *onnied* (*Exodus* 139) dahingehend zu deuten, daß dieser

bieten Lass/Anderson 1975:74-9; zu den dort zitierten Positionen vgl. auch Quirk/Wrenn 1957:146-7; Campbell 1969:107-8. Zuletzt plädiert Giffhorn 1974 für eine diphthongische Realisation, während Kurban 1979 insoweit eine Zwischenposition einnimmt, als für ihn etwa ‹ea› sowohl diphthongische wie monophthongische Aussprache zuläßt, da ihm dieser Digraph als *Schreib*form eines sich seit Alfred vom Westsächsischen ausbreitenden Schriftstandards gilt (ibid. 79 u. ö.; Diskussion des Materials ibid. 39-79, 187-257).

22 Brunner 1965: 13, wiederholt im Vorwort zur 3. Aufl. Vgl. auch die Kritik an diesem Verfahren und eine teilweise Korrektur der Ergebnisse der Analyse des Nebeneinander von ⟨e⟩ und ⟨æ⟩ bei Pilch 1969:41-3.

23 Ein Blick in das Glossar von Aelfric *Homilies* belegt zahlreiche Schreibvarianten auch bei diesem Autor; es handelt sich nicht immer um nur orthographische Varianten. Aus lexematischer Sicht behandelt das Problem Gneus 1972: jedoch sind auch in diesem Bereich nur vorsichtige Rückschlüsse möglich (ibid., bes. 79-82). Standardisierung der Schreibungen nimmt Gneuss sicher für die Zeit ab etwa 960 x 970 an; dagegen vertritt Kurban 1979 passim die These, daß der Prozeß der Standardisierung bereits zur Zeit Alfreds beginnt und daß in spätaltengl. Zeit daher nur noch begrenzte Einsichten aus den Schreibungen für die phonetische Realisation gewonnen werden könnten (ibid. 399-412 u. ö.).

24 Vgl. etwa die Inventare bzw. Systeme bei Brunner 1965:14, 139; Campbell 1969:14, 20; Pilch 1970:54-6; Lass/Anderson 1975:23, 216.

Text in einer angenommenen Überlieferungsgeschichte eine frühwestsächsische Rezension durchlaufen haben muß, weil die Graphie ⟨ie⟩ in spätaltenglischen Texten sonst relativ selten ist[25]? Wie, wenn wir es hier mit einem konservativen Schreiber zu tun hätten, der eine alte Graphie in einem Lexem geringer Benutzungsfrequenz bewahrt hätte? Müssen wir davon ausgehen, daß sprachlicher Wandel alle Teile eines Sprachsystems mit gleicher Geschwindigkeit zur gleichen Zeit erfaßt? Näherliegender ist selbstverständlich, daß Bewahrung und Innovation gleichzeitig nebeneinander existieren: wir selbst erfahren gegenwärtig in unserer Sprache den Abbau der Verwendung einiger weniger Präpositionen mit Genitiv zugunsten der größeren Dativ-Klasse; bis dieser Wandel endgültig durchgesetzt ist, kommen beide Verwendungen (sogar bei gleichen Sprechern!) nebeneinander vor. Es wäre widersinnig, in späterer Zeit den Text eines Sprechers wegen dessen konservativen Sprachverhaltens für älter anzusehen als den, in dem sich diese Neuerung schon heute niederschlägt[26]. Konservatives und im Gegensatz dazu sprachlichen Wandel an vorderster Linie imitierendes Sprachverhalten lassen sich für eine so frühe Stufe wie das Altenglische nurmehr schwerlich oder gar nicht fassen. Es kann allenfalls angenommen werden, daß das sich ausbreitende Prestige des Westsächsischen im 10. Jahrhundert andere Dialekte nicht verschüttet hat; in der Weise, wie deren Formen in den überlieferten Texten aufgewiesen werden können, erweist sich dann ihre *notwendige* Funktion für das Medium einer überregionalen Literatursprache. Dies impliziert, daß man den *synchronen* Charakter der heterogenen Sprachgestalt der Texte nunmehr in den Vordergrund des Interesses rückt und in den linguistischen Deutungen stärker berücksichtigt, als das bisher der Fall ist; es impliziert auch, daß Sprecher/Schreiber über dialektal unterschiedene Formen verfügen konnten, die mindestens in ihre Schreibkonventionen Eingang fanden, selbst wenn sie möglicherweise nicht ihrem umgangssprachlichen Gebrauch entsprochen haben mögen. Der Auffassung einer Form von »Classical Old English« oder einer »literary *koiné*« käme dies schon sehr nahe: wenn auch mit dem einen und bedeutenden Unterschied, daß es die dialektalen Mischformen der Texte des 10. Jahrhunderts *nicht mehr* auffaßt als quasi *tote Relikte* einer älteren Sprachstufe und sie darüber hinaus auf eine bestimmte, regional begrenzte Mundart festlegt, *sondern* sie als nach wie vor *lebendige Möglichkeit sprachlich überregionaler Kommunikation* im Medium der Dichtung begreift.

25 Diese Deutung klingt an in Lucas *Exodus*:35, wird dann aber ibid. 39 als unwahrscheinlich verworfen. Lucas reflektiert allerdings nicht, wieso dann *onnied* als »early WS« zu deuten sein soll (ibid. 35).

26 Für das heutige Englisch ist nachgewiesen, daß Wandel nicht die Sprachgemeinschaft als ganze betrifft, daß weiter nicht alle Teile des Systems gleichzeitig mit gleicher Geschwindigkeit erfaßt werden: vgl. u. a. Labov 1965 in Labov 1978:163-83; vgl. auch Labov 1972b, überarbeitet in Labov 1978:259-318.

Ein weiteres kommt hinzu, und greift auf das Problem der regionalen Abgrenzung der Dialekte zurück: wo wir regionale Varietäten mit Ausnahme des Westsächsischen nur mit vereinzelten Texten belegen können, bleibt jede Fixierung von Dialektgebieten fragwürdig. Bezeichnend ist, daß in der Diskussion zwar mit den regional vagen Begriffen »anglisch« und »südenglisch« (bzw. ihren Untergruppen) gearbeitet wird, daß aber ein Bezug zur historisch-politischen Situation selten hergestellt wird. Brunners Grammatik etwa als ständig zitiertes Handbuch verzeichnet lediglich eine Karte der politischen Grenzen in England zur Zeit um 825[27]: obwohl deutlich angemerkt ist, daß diese Grenzen keine Mundartgrenzen darstellten, ist die weitere historische Entwicklung im 9. und 10. Jahrhundert überhaupt nicht berücksichtigt. Schon Kenneth Sisam hat eindringlich auf die Mobilität der Sprecher im 10. Jahrhundert hingewiesen[28]; aufgrund der Tatsache, daß sich ab etwa 900 westsächsische Königsmacht als englische etabliert (ein Prozeß, der unter Edgar in der Mitte des Jahrhunderts zum krönenden Abschluß geführt wird), muß man doch wohl als Folge dieser historischen Entwicklung Sprachkontakte annehmen, die uns eben nicht mehr erlauben, die Vorstellung von den regionalen Varietäten allein an den alten Siedlungsgrenzen festzumachen. Mundarteninterferenz und damit Sprachmischung wurde sicher durch Mobilität im neuen Reich gefördert; strittig kann allein bleiben, *in welchem Umfang* sprachliche Gewohnheiten dabei aufgegeben oder bewahrt wurden. Dies bedeutet *nota bene* nicht, daß ich für das 10. Jahrhundert etwa einen (einheitlichen) Standard unterstelle. Wenn wir bedenken, daß die uns überlieferten, *literarischen* Texte lediglich einen minimalen Ausschnitt des einstmals Vorhandenen darstellen, uns also wohl nur ein Subsystem des gesamten Sprachsystems liefern, wenn wir weiter berücksichtigen, daß der Sprecherkreis, der sich dieses Subsystems bediente, mit allergrößter Wahrscheinlichkeit nur in einer kleinen, führenden Oberschicht kirchlichen wie weltlichen Adels zu suchen ist: dann wird um so einleuchtender, daß die durch die Zentralisierung notwendigen Kommunikationsprozesse eine Mischform von Dialekten mit deutlichem Schwergewicht auf westsächsischen Formen beförderten, die sich nicht mehr in isolierter Verrechnung verbuchen läßt auf der Basis von Dialektregionen, welche sich noch an den alten Siedlungsgrenzen orientieren[29]. Die historischen Veränderungen des 10. Jahrhunderts sind somit ein weiteres Argument, das die Möglichkeit der Deutung der linguistischen Daten zum Zwecke der Vordatierung literarischer Texte vor ihre Überlieferungszeit eingrenzt.

Fast alle Datierungsdiskussionen sprachlicher Daten beschränken sich auf

27 Brunner 1965:xi.

28 Sisam 1953b:121, 132-9.

29 Auf diesen Fragenkomplex der Sprachmischung bin ich bereits in Busse 1981 eingegangen: vgl. ibid. bes. 214-5.

Phonologie und Morphologie[30]: folglich ist zu Recht kritisch angemerkt worden, daß die sprachliche Analyse eines Textes zur Bestimmung seines Alters nicht auf dieser Beschreibungsebene haltmachen darf, sondern die lexematische und syntaktische Analyse einschließen muß[31]. Zur lexikalischen Seite des Problems hat in den letzten Jahren das Forschungsgebiet der Wortgeographie durch die Untersuchung der dialektalen Gebundenheit von Wortgut sicher an Bedeutung für literaturwissenschaftliches Arbeiten gewonnen. Auf diesem Sektor lassen sich Differenzierungen zwischen anglischen und südenglischen Texten aufweisen: Hans Schabram hat mit seiner Untersuchung der altenglischen Entsprechungen für lateinisch *superbia* das Paradigma für solche Arbeiten gesetzt[32]. Trotz der guten Einsichten, die mit philologischer Gründlichkeit zu Tage gefördert wurden, bleibt jedoch auch hier die Frage nach einer genauen, regionalen Zuordnung der Texte letztendlich unbeantwortet, ja muß unbeantwortet bleiben: verständlicherweise werden die vagen regionalen Bezeichnungen verwandt, die jeweilige historische Situation der überlieferten Texte kann bei solch vager, zeitlicher wie räumlicher Zuordnung nicht berücksichtigt werden. Zudem, und dies scheint mir ein gravierender, methodischer Mangel, geht man in den Untersuchungen *von einer bereits vorab feststehenden*, regionalen Verteilung der Texte aus, das heißt: werden in einer als ›anglisch‹ definierten Gruppe von Texten Lexeme vorgefunden, die in einer anderen, als ›südenglisch‹ bezeichneten Gruppe fehlen oder deren lateinische Lemmata durch andere altenglische Entsprechungen wiedergegeben sind, so muß doch zwangsläufig auf der Basis der vorab erfolgten Zuteilung und der vagen regionalen Begriffe das eine als ›anglisch‹, das andere als ›südenglisch‹ diagnostiziert werden. Die Folge solchen Vorgehens ist dann nicht etwa eine kritische Überprüfung der bisherigen Ergebnisse philologisch-sprachwissenschaftlicher Untersuchungen zur Phonologie und Morphologie der literarischen Texte, sondern eine zirkuläre Bestätigung, die ihre Bedingung aus der vorab erfolgten Entscheidung erfährt; oder, auf den Punkt gebracht: die lexematische Analyse eines aufgrund bisheriger Meinung als ›anglisch‹ definierten Textes kann in diesem Sinne auch nur ›anglische‹ Ergebnisse zeitigen. Nun wäre mit solch regional vager Zuteilung aber nicht viel an Erkenntnis gewonnen oder verloren: ›anglisch-merzisch‹ etwa könnte die Gegend von Worcester ebenso meinen wie die von Lichfield, Nottingham oder selbst die Region der Fenland-Klöster Ramsey oder Peterborough. Problematisch allerdings wird die wortgeographische Analyse dort, wo sie neben der regionalen Zuordnung auch

30 Vgl. z. B. Leslie *Wanderer*:45-7; Malone *Deor*:18-9; Farrell *Daniel*:13-8; Gordon *Seafarer*:28-9; etc.

31 Gneuss 1972, bes. 66.

32 Schabram 1965; vgl. weiter u. a. Schabram 1973; Seebold 1974; Wenisch 1976, 1978, 1979.

Aussagen über die angenommene Textgeschichte bis zur Niederschrift machen will. Wir begegnen dann dort den gleichen Kategorien der Beschreibung von ›anglischen Originalen‹ und ›westsächsischen Kopien‹ wieder, die ich schon in den Hypothesen des Caedmon-Paradigmas aufgezeigt habe: hier, in der wortgeographischen Forschung, offenbaren sie sich in den Termini von einer »Entanglisierung« und »Saxonisierung« der Texte, die den Übermittlungsprozeß von einer regional *früheren* Varietät in eine andere, *spätere* hypostasieren[33]. Es ist dabei impliziert, daß Texte grundsätzlich nur in sogenannter reiner Mundart gedichtet wurden: Sprachmischung, wie sie aufgrund von Sprachkontakt *synchron* vorkommt, hat man in der wortgeographischen Forschung folglich noch nicht berücksichtigt; daher sind die bisherigen Ergebnisse ohne bedeutenden Erkenntniswert für die Frage der Datierung der literarischen Texte.

Die vielfältigen Probleme linguistischer Analyse der Texte, die sich immer auf ein weder belegtes noch rekonstruierbares Gesamtsystems der altenglischen Sprache bezieht, können hier nur angerissen, nicht ausdiskutiert werden; schließlich geht es nur um die Leistung solcher Analyse für die Datierung der Texte. Allein diese knappe Diskussion verdeutlicht jedoch schon in ausreichendem Maße, wie viele Vorbehalte der phonologischen, morphologischen und lexikalischen Verrechnung von Details mit nur bruchstückhaft zu rekonstruierenden Dialekten entgegengebracht werden müssen. Demgegenüber verblüfft die relative Sicherheit, mit der in Datierungsversuchen Probleme sprachlicher Analyse an die Seite geschoben und dieses oder jenes Detail als ›anglisch‹, ›merzisch‹ oder ›westsächsisch‹ verbucht werden. Diese Sicherheit offenbart ein stillschweigend eingebrachtes Vorverständnis, das sich in keinem der Beiträge reflektiert, ja nicht einmal als die grundlegende Bedingung der Ergebnisse vermerkt findet: nämlich das Postulat der ›reinen Mundart‹, in der Sprachmischung, das soll heißen: Transferenz und Integration regional unterschiedener Formen im Sprachkontakt, keinen Platz haben kann[34].

> Die Lehrmeinung geht von dem Begriff der »reinen Mundart« aus. Sie kann deshalb die Vielfalt der überlieferten sprachlichen Formen nicht der besonderen Variabilität einer überregionalen Literatursprache zuschreiben, sondern muß einen »unreinen Dialekt« annehmen. Dieser wird so erklärt, daß anglische Vorlagen von ws. Schreibern abgeschrieben und dabei unvollkommen in den ws. Dialekt übertragen worden seien[35].

Was von Pilch hier der »besonderen Variabilität einer überregionalen Literatursprache« zugedeutet wird, meint die sprachliche Heterogenität der über-

33 »Entanglisierung« und »Saxonisierung« bzw. ähnliche Termini begegnen sowohl bei Schabram 1965:70, 72, als auch bei Wenisch 1979:166, 187; u. ö.

34 Zum Problem und den Termini vgl. Munske 1980.

35 Pilch 1970:30.

lieferten Texte: die Variabilität kennzeichnet somit einen kommunikablen Standard, der als *literarischer* Standard im 10. Jahrhundert ein Subsystem darstellt. Schließlich sind die Existenz der Manuskripte in dieser Zeit und ihre sprachliche Struktur der beste historische Ausweis dafür, daß die unterschiedlichen, bewahrten Formen nicht quasi tote Relikte einer früheren ›reinen‹ Sprachstufe sind: dies aber ist das Implikat einer Analyse, die sich anglische Formen in hauptsächlich westsächsischer Sprachumgebung nur denken kann als Ausweis dafür, daß hier ein Teil dieser Formen eines hypostasierten früheren Originals »der *Ausmerzung* durch südengl. Kopisten entging«[36]. Hier ist ein quasi chemisch-analytischer Prozeß behauptet, in dem Sprache, und damit die Sprache der überlieferten Texte, zerlegt werden könnte in ihre chemisch reinen Grundelemente ›anglisch‹ und ›südenglisch‹: in dieser Auffassung erscheint Sprache als *monolithisch geschlossenes System*, das bei einer Anpassung an bestimmte Kommunikationsbedürfnisse (etwa: Produktion und Rezeption von Literatur) Teile eines anderen Sprachsystems nicht aufnehmen, sondern nur rücksichtslos ersetzen kann, wie die Beschreibung des Vorgangs der möglichen Übermittlung als »Ausmerzung« nahelegt. Man ist dann auch schnell bei der Hand mit dem Argument des bloß ›mechanischen Kopierens‹, wo es darum geht, Dialektformen als Relikte einer angeblich älteren Textstufe zu deuten: solche Annahmen sind nur dort erforderlich, wo man zuvor die Prämisse des ›reinen Dialektes‹ absolutistisch setzt.

Wenn demgegenüber von mir die Auffassung vertreten wird, daß die Sprache der Versdichtung *synchrone* Varianten unterschiedlich regionaler Herkunft zeigt, so bedeutet dies zunächst nicht mehr, als daß diese heterogene Sprachform ein kommunikables Instrument der Verständigung im Medium der Literatur darstellt. Es impliziert zugleich eine Sprachauffassung, in der *Sprache als offenes System* veränderten Bedürfnissen angepaßt werden kann; es trägt dies auch der historischen Situation des 10. Jahrhunderts Rechnung, in dem die Annahme zweier sich blockhaft gegenüberstehender Sprachsysteme (hie Anglisch, da Westsächsisch) mir zumindest für die schriftlich überlieferten, funktionalen Varietäten oder Subsysteme (etwa: Rechtssprache, Urkundensprache, Prosa, Versdichtung) unhaltbar scheint. Dies schließt die Existenz regionaler Varietäten gar nicht aus: man stelle sich nur einmal die Frage, in welcher Weise z. B. Aelfhere, Ealdorman von Merzien (956 × 983) und Vertrauter König Edgars, am englischen (westsächsischen) Hof, im Kronrat, im Gerichtshof der Grafschaft oder mit den lokalen *thegns* seiner merzischen Besitzungen kommuniziert haben mag, um

36 Wenisch 1979:141; vgl. auch 153, u. ä. dort öfter. Die Wortwahl enthüllt schlagend die zugrundeliegende Auffassung eines reinrassigen Dialektes, in dem Variabilität nicht zugelassen ist – also die Auffassung von Sprache als einem hermetisch geschlossenen System.

eine Vorstellung von den Möglichkeiten funktionaler und/oder kultureller Varianten zu erhalten, über die auch Sprecher dieser Zeit mit Sicherheit verfügten[37]. Als grundsätzlicher Unterschied zu traditionellen Deutungen der sprachlichen Heterogenität der Versdichtung ist dann aber festzuhalten, daß sich Einsichten in eine hypostasierte Vorgeschichte der Texte nur dann gewinnen lassen, wenn man Sprache anders auffaßt als hier beschrieben: eine Punkt-zu-Punkt-Verrechnung von isolierten sprachlichen Details verliert aber den historischen Kontext der Manuskripte und die Frage nach ihrer Funktion letztlich genauso aus dem Blick, wie sie nicht einleuchtend erklären kann, weshalb im hypostasierten Überlieferungsprozeß Teile des vorgeblich alten Textes aus anderer regionaler Varietät »der Ausmerzung« entgingen.

Im übrigen haben wir für die Annahme einer Mundarteninterferenz (und damit für das Funktionieren von Sprache als offenem System) sogar historische Belege. Da ist einmal der Nachweis der Verwendung des nach allen Erkenntnissen anglischen Lexems *oferhygd-* durch Alfred (bzw. in seinem Hofkreis), wie auch der Hinweis auf Alfreds Königin als merzischer Sprecherin Ausweis für notwendige Verständigungsprozesse und für mögliche Interferenzen zwischen den regionalen Varietäten ist[38]. Daneben bietet das Beispiel der Glossen Farmans einmal die Möglichkeit, den Prozeß und die denkbaren Gründe für solche Interferenzen zu untersuchen; zum anderen zeigen die bisherigen Deutungen der sprachlichen Heterogenität der Glossen auch auf, zu welchen unterschiedlichen Ergebnissen unterschiedliche Sprachauffassungen und Vorverständnisse führen. Das Nebeneinander etwa von ⟨e⟩ und ⟨æ⟩ in bestimmten Lexemen bei Farman, der seine Interlinearglosse eigener Aussage zufolge »æt harawudu« eingetragen hat, wird von Campbell nach philologisch-sprachwissenschaftlicher Auffassung in Lautgesetzen gedeutet, zum Beispiel

> that the bulk of the instances of *æ* for Prim [itive] G[ermanic] *e* are due to a combinative change of the dialect, *we*⟩*wæ* (§ 328); most of the rest are due to the consistent abnormal spelling of a few words, especially *þægn* for *þegn*. The cause of

37 Zu funktionalen wie kulturellen Varietäten vgl. u. a. Kenyons 1964, Klima 1964 oder Scherfer 1977. Das Problem der Varietäten (oder Subsysteme) läßt sich z. B. in Kanngießers Koexistenzmodell von nicht disjunkten Grammatiken fassen, denen als Teil von Grammatiken-Familien eine bestimmte Durchschnittsmenge gemeinsam ist (Kanngießer 1972, bes. 64-75, 102-19). Damit ist gleichzeitig der Einwand abgewiesen, daß die Annahme eines überregionalen Standards mit starkem anglischen Einschlag deswegen nicht denkbar sei, weil in ihm ja auch nur dem Westsächsischen eigene, poetische Lexeme einen Anteil bildeten: auch hier ist dann der überregionale Standard wieder nur als geschlossenes System gefaßt (den Einwand erheben Schabram 1965:130; Wenisch 1979:328).

38 Schabram 1965:40-1.

these abnormal spellings requires investigation, but it is not a general identification of *æ* and *e*[39].

Kuhn, den Campbell hier kritisiert, führt das Problem über die Lautgesetze hinaus zu Erklärungsversuchen, die wie der von DeCamp einleuchtender sind, weil sie das Nebeneinander von ⟨æ⟩ und ⟨e⟩ nicht in einem Paragraphengeflecht von grammatischen Regeln verlorengehen lassen, sondern es anbinden an die historischen Abläufe der Zeit und damit an die Sprecher[40]: mit der sich langsam ausweitenden Hegemoniestellung von Wessex breitet sich auch dessen sprachliche Eigenart aus, die in den unter westsächsische Herrschaft geratenden Gebieten des Mittellandes als Prestigeform des Englischen empfunden worden sein wird und so als nachahmenswert gelten konnte[41]. In diesen Gebieten sind dann einige – sprachhistorisch gesehen: konservativere – westsächsische Formen mit ⟨æ⟩ in Wahrheit letzte Neuheiten:

> [This] new West Saxon influence, moving in from the Southwest, tended to reintroduce the older conservative forms, relatively uninfluenced by earlier Kentish-Frisian developments ... The conservative *æ* of West Saxon was really an innovation in the East, intruding into an area in which the earlier innovations had become standard. This eastward diffusion of West Saxon *æ* resulted from east Midland imitation of West Saxon ... In an article on the inconsistent use of *e* and *æ* in Farman's Mercian glosses, Kuhn demonstrates the eagerness of tenth-century Mercian scribes to imitate West Saxon, even to the point of hyperurbanism ... If we accept Kuhn's hypothesis, we can see in this scribal imitation the northeastward movement of West Saxon *æ* actually in progress. What better evidence of linguistic imitation can we ask for than hyperurbanism[42]?

Einleuchtender als der Versuch, das Phänomen nur in Lautgesetzen zu fassen, ist diese Erklärung deswegen, weil sie den Prozeß historisch und damit an Sprecher anbindet. Prestigegewinn des Westsächsischen in ursprünglich anglischem Sprachgebiet und Übernahme anglischen Wortguts durch einen westsächsischen Sprecher, die am Beispiel Alfreds und Farmans an historischen Personen festgemacht werden können, lassen somit folgenden Schluß zu: die dialektal unterschiedenen Formen in den nur anonym überlieferten, poetischen Texten können sinnvoll nur verstanden werden als *synchron* nebeneinander *existierende Varianten*. Dies bedeutet zugleich, daß die linguistischen Daten der Texte die Annahme über ein vorzudatierendes,

39 Campbell 1969:111 (§§ 259-60 mit Anm. 1).

40 Campbell verweist von einem Paragraphen zum nächsten (§§ 260, 328, 193a, 193c, 193d, 288, 766, 380): auf diesem Weg gerät das eigentliche Problem leicht aus dem Blick.

41 Zum Einfluß des sozialen Prestiges auf Sprachwandel vgl. die hier Anm. 26 zitierte Arbeit Labovs (Labov 1972b) sowie Labov 1972a:122-42.

42 DeCamp 1958:364-6; das Material bezieht DeCamp aus Kuhn 1945: vgl. dort bes. 639-42. Einen Hinweis auf den Einfluß der politischen Entwicklungen auf die englische Sprache der Zeit gibt u. a. auch Pilch 1970:32.

hypostasiertes ›Original‹ nicht tragen; folglich sollten derartige Interpretationen und Hypothesen als Relikte überholter Sprachauffassungen aufgegeben werden.

Die Diskussion um die »literary *koiné*« erweckt immer wieder den Eindruck, als handele es sich bei dieser ›überregionalen Literatursprache‹ um einen im 10. Jahrhundert quasi leblosen Standard: dieser Eindruck wird vornehmlich dadurch hervorgerufen, daß in entsprechenden Diskussionsbeiträgen das angeblich hohe Alter der Texte sogleich implizit assoziiert und damit dieser funktionalen (kulturellen) Varietät ein ausschließlich retrospektiv-archaischer Charakter unterstellt ist. Auf diesen Aspekt der Datierungsdiskussion geht schon Ritchie Girvan ein, wenn auch, wissenschaftsgeschichtlich verständlich, seine Argumentation auf die Verhältnisse des 7. und nicht die des 10. Jahrhunderts zielt. Girvan betont, daß die Sprache der Versdichtung den gleichen lautgesetzlichen Regeln unterliegt wie die Sprache der anderen Dokumente und Zeugnisse, daß Unterschiede zwischen den einzelnen, literarischen Formen sich lediglich im Wortschatz ergäben.

> Making all allowances for these considerations, there is a considerable residue of words which seem clearly part of a poetical as distinct from a prose vocubulary. A large proportion is connected in a general way with war, and with the prince and his environment. These words may be archaisms inherited from early poetry, but it is impossible to tell from the evidence at our disposal whether they were archaisms or common terms of everyday speech at the end of the seventh century, a date for this poem [i. e. *Beowulf*] defended by many scholars[43].

Nach der bisherigen Erörterung der in die Datierungsdiskussion eingebrachten Hypothesen wird man diese Überlegungen auf das 10. Jahrhundert anwenden müssen. Außer der Tatsache, daß sich das Vokabular der Prosa in dem von Girvan beschriebenen Sinne von dem der Versdichtung unterscheiden läßt, daß weiter Versdichtung bestimmten Formgesetzlichkeiten unterliegt, gibt es somit keine nennenswerten sprachlichen Unterschiede zwischen den beiden literarischen Formen; die frühe Prosa zeigt lediglich einen *früheren* Sprachstand des Altenglischen als die spät überlieferte Versdichtung. Denn am Rande sei vermerkt, daß Girvan seine Vergleichsmöglichkeiten in der Prosa ja erst ab Ende des 9. Jahrhunderts vorfindet: frühere Prosa ist uns gar nicht überliefert. Wenn man nun nicht behaupten will (und gegen eine solche Behauptung ist doch die Existenz der vier Codices der beste Beweis), der besonders poetische Wortschatz der Versdichtungen sei im späten 10. Jahrhundert nicht mehr verstanden worden, dann muß akzeptiert werden, daß für das 10. Jahrhundert gilt, was Girvan schon auf das späte 7. Jahrhundert bezogen haben will:

> They were in fact familiar words, though not words we should use in ordinary speech or in ordinary prose. Words like *dreor*, »shed blood«, or the adjective

43 Girvan 1935:3.

dreorig, were as well known to the Anglo-Saxon as *gore* and *gory* to the modern Englishmen[44].

Der hier verhandelte Aspekt der Andersartigkeit des Wortschatzes von Prosa, Poesie oder Alltagssprache läßt sich in dem Begriff der funktionalen (kulturellen) Varietät fassen: in diesem Sinne ist die Sprache der Versdichtung nur eine andere Varietät als die der Prosa, es ergibt sich aus der Alterität keinerlei Rechtfertigung, die Dichtung aufgrund dieses sprachlichen Unterschieds zur Prosa für älter zu halten als letztere. Zudem ist die in den Datierungsdebatten auch anzutreffende Annahme, daß Texte mit »homiletic character« jünger sein müßten als etwa die sogenannte »earlier poetry«, auch dort theoretisch nicht begründbar und somit unhaltbar, wo sie sich auf vorgefundene Stilunterschiede beruft: das Beispiel Chaucers zeigt, daß ein einziger Autor unterschiedlichste Texte mit unterschiedlichen Stilarten verfassen kann; die Sprache seines *Treatise on the Astrolabe*, etwa verglichen mit der der *Canterbury Tales*, würde uns mit solchen wie den in der Datierungsdiskussion verwandten Kategorien nie erlauben, beide Texte dem gleichen Verfasser zuzuschreiben, wenn wir dies aus anderen Indizien nicht sicher schließen könnten.

Behaupteter Archaismus des Vokabulars hat nicht nur zur Vordatierung von Versdichtungen geführt: daß auch die Prosa in den Sog dieses Vorverständnisses (mit einsinnigem Blick auf die gewünschte Chronologie der Versdichtung im 7. und 8. Jahrhundert) geraten kann, verdeutlicht der Umgang mit den *Blickling Homilies*. Ihr erster Herausgeber wollte auch diese Predigten gerne für eine frühe Entstehungszeit gewinnen: ein kurzes Zitat erhellt die Überlegung, die zu diesem Vordatierungsversuch verführt hat.

In the Blickling Homilies we find a more archaic vocabulary agreeing with that of the older English of the 9th century ... The Blickling Homilies contain many words that are not found in Ælfric, though they occur in the later poetical literature, which we well know is more archaic than the prose of the same period. The prose in some parts of the present Homilies is more or less poetical[45].

Es ist also das besondere Vokabular, und gemeint ist damit das poetische, daß dazu verführt, die Andersartigkeit *a priori* gleichzusetzen mit Archaismus: dieses Vorverständnis veranlaßte Morris, die textinterne Datierung in der Homilie über den Gründonnerstag abzutun als »*later* insertion of the transcriber«[46]. In dieser Predigt wird auf das bevorstehende Weltende angespielt

44 Ibid. 3-4.
45 Morris *Blick.Hom.*:v-vi.
46 Ibid. v.: »This date ... may be a later insertion of the transcriber; that is to say, the date 971 only gives us the age of the MS., and not that of the author or compiler.« Den Zusammenhang zwischen Datierung und Vokabular unterstreicht auch Menner 1949:63: »Part of this impression of early date, one suspects, is due to the use of poetic words, such as *broga, inwit, semninga, which had disappeared* in Late West

und auf die Zeichen, die ihm voraufgehen[47]: wir wissen ja, daß zum Ende des 10. Jahrhunderts der Weltuntergang und das Erscheinen des Antichrist befürchtet wurden[48]. Trotz dieses historischen Nachweises hat man sich von Morris' Annahme über das Alter der Homilien nicht freimachen können, ja Flasdieck wollte die Entstehung der Predigten gar an den Beginn des 8. Jahrhunderts setzen[49]. Während aber der Datierungshinweis im Text sicher Aufschlüsse über die Zeit der Niederschrift der Homilien ermöglicht[50], kennzeichnet solche Vordatierungsversuche lediglich das Vorverständnis vom nur noch archaischen Charakter der poetischen Sprache im 10. Jahrhundert, das nahtlos ankoppelt an jenes andere Vorverständnis über den historischen Ort der heroischen Tradition (Diktion) aus den Hypothesen des Caedmon-Paradigmas: beide gehen Hand in Hand. Datierungsversuche auf der Basis solch hypothetischer Annahmen sind jedoch wenig sinnvoll, weil sie die Texte wieder zerlegen wollen in ihre vorgeblich anglischen und westsächsischen Grundelemente: die didaktische Funktion der Sammlung ginge aber verloren, wenn die sprachliche Gestalt eine Verständigung über ihren Inhalt *im 10. Jahrhundert* nicht mehr zugelassen hätte – und genau diese Hypothese über die Unverständlichkeit ist erneut in den Versuchen der Vordatierung impliziert. Folglich wird man davon ausgehen müssen, daß die diesen Predigten unterliegende Funktion – nämlich religiöse Erbauung und Belehrung – als Ausweis für die Lebendigkeit ihrer Sprache zu gelten hat: der dialektale Wortgebrauch anglischer wie westsächsischer Provenienz ist somit der Kompetenz zeitgenössischer Sprecher im 10. Jahrhundert zuzurechnen. Die lexikalischen Unterschiede zwischen Prosa und Poesie lassen sich sinnvoll also nur verstehen als Unterschiede funktionaler (kultureller) Varietäten in der zweiten Hälfte des 10. Jahrhunderts: Erkenntnisse bezüglich einer möglichen Vorgeschichte der Texte lassen sich aus der Andersartigkeit des poetischen Wortgebrauchs somit nicht gewinnen[51].

Neben der vorverständigten Deutung der regional unterschiedlichen lexi-

Saxon prose.« Richtiger wäre dagegen die Feststellung, daß diese Worte nicht zum Sprach*gebrauch* der Prosa gehörten.

47 Morris *Blick.Hom.*:117-9. Nach dem Hinweis auf das Weltende und das Erscheinen des Antichrist heißt es weiter: »Dann muß die Welt enden, und von diesem (Menschenalter) ist jetzt der größte Teil vergangen, genau 971 Winter in diesem Jahr.« Alle Übers. aus dem Altengl. sind von mir: Genauigkeit hat dabei Vorrang vor brillanter Formulierung. Zusätze, die nicht im Text enthalten sind, und Alternativübers. setze ich in ().

48 Vgl. dazu das Belegmaterial in Wulfstan *Sermo*:47-8.

49 Flasdieck 1950:168.

50 Z. B. Schabram 1965:73-5; vgl. Ker 1957 no. 382.

51 Dies versucht z. B. Vleeskruyer *Chad*:39-71, bes. 56-7; Menner 1949 spricht verschiedentlich von einer »mixture of old and new«, kommt aber zu dem Schluß, daß »the fact that words are early or late in one dialect is no proof that they are in another. The materials are hardly extensive enough to distinguish early words from

kalischen Verwendungen als Ausweis für das vorgebliche Alter der Texte ergibt sich auch keine zwingende und überzeugende Notwendigkeit, alternierende Formen wie etwa *seoþþan*, *siþþan*, *syþþan* (Adv., Konj.), *hi*, *hio*, *heo* (Pron. N. Pl.) oder *heora*, *hiora*, *hira*, *hyra*, *hera*, *hieora* (Pron. G. Pl.) einerseits zu deuten als Standardformen des Spätwestsächsischen, weil sie den bei Aelfric am häufigsten belegten Formen entsprechen (*syþþan*; *hi*; *heora*), alle anderen aber aufzufassen als *Relikte älterer Sprachstufen* des Anglischen oder spezieller des Merzischen. Solange über die möglichen diachronen Textübermittlungswege zwar Hypothesen aufgestellt, aber nicht geprüft werden können, bleibt solches im Bereich der Spekulation: die einzig mögliche Einsicht ist dann die, daß diese Sprachform mit ihrer Mischung regional unterschiedener Formen für den gedachten Zweck der religiösen Unterweisung *ein akzeptables Kommunikationsinstrument in der Zeit der Niederschrift* darstellt. Es ist dann auch nicht mehr angebracht, aus dem Faktum der vorhandenen, dialektalen Unterschiede eine behauptete Notwendigkeit abzuleiten, den überlieferten Texten ›normalisierte‹ Formen beizugeben, um einen hypostasierten westsächsischen Standard zu konstruieren[52]: dieses Verfahren führt in eine Emendationspraxis und letztlich zu Interpretationen, die *andere* als die überlieferten Texte erstellen bzw. deuten wollen, nämlich jene nicht vorhandenen, spekulativ erschlossenen ›Originaltexte‹. Gegen solche Praxis der Textherstellung ist lange und immer wieder Kritik geübt worden, während für Textdeutungen solche Kritik bisher nicht grundsätzlich vorgebracht ist[53]. Wenn in einem Text wie den *Blickling Homilies* das Nebeneinander von Formen wie *ætiewed* und *æteowed* zu beobachten ist[54], wenn *giet* und

late in Anglian prose« (ibid. 63-4). Kritik an Vleeskruyers weitgehender Interpretation übt Sisam 1955:302-3.

52 Dieses Verfahren findet sich hauptsächlich in Anthologien, aber auch in den Editionen der ASPR: vgl. die Auflistung solch vorgeblicher ›Emendations‹-Beispiele in Brook 1959:281-6.

53 Gegen die »Normalisierung« auf der Basis von »early West Saxon« wendet sich schon Wrenn 1933, als letzter m. W. Brook 1959. Daß Emendationen oftmals Belege für sprachlichen Wandel verschütten, rügen wie Brook 1959 schon Hoops 1932:1-13 und Hulbert 1938. Blake *Phoenix* setzt m. W. die Kritik erstmals konsequent in die Editionspraxis um (ibid. 4-5). Daß die aus vorgeblich pädagogischen Gründen eingeführte »Normalisierung« auch Sprachgeschichte verkehren kann, erhellt z. B. aus Diamond 1970, wo sogar *Maldon* in einer »modified form of *Early* West Saxon« präsentiert wird (ibid. 7); ebenso drucken Moore/Knott/Hulbert 1976 (zuerst 1940) den spätaltengl. *Apollonius* ›normalisiert‹ in »Early West Saxon«. Einflußreich war hier Magoun 1951, dem z. B. trotz der Standardeditionen der ASPR noch Creed 1967b (Anm. 3) in seinen Textzitaten folgt.
Zur Kritik an den Text*deutungen* hypostasierter »Originale« vgl. oben pp. 17-40 passim, und unten Kap. 4.

54 Das Material zur Beschreibung stellt schon Hardy 1899 zusammen; ich zitiere nach Morris *Blick.Hom.*. Hier vgl. ibid. 199.35, 201.32 mit 197.19, 205.36. Morris' Ed.

git[55] ebenso wechseln wie *hiene* und *hine*[56], wo *forlætaþ* und *forletaþ*[57] genauso direkt aufeinander folgen wie *swa* und *swe*[58], wo *-sawon* und *-segon* in freier Variation vorkommen[59]: da liegt die Vermutung näher, daß mangelnde Kodifizierung der Norm (oder auch eine andere soziale Einschätzung des Präskriptionscharakters der Norm) verantwortlich zeichnen für diese Möglichkeit der Variabilität. Das Miteinander von Formen wie *gebletsod* und *gebletsad*[60], von *-wrecþ* und *-wreceþ*[61], von *sylþ* und *syleþ*[62] verrät gleichberechtigte Verwendung dialektal unterschiedener Formen, die man letztlich, soweit sie nicht bloße Schreibvarianten sind, auch als eine Form von Bilingualismus bezeichnen kann[63].

Wo hingegen die linguistische Analyse von Texten zum Zwecke ihrer Datierung auf der Basis eines Vorverständnisses vom archaischen Charakter der poetischen Sprache nicht einmal davon absieht, sprachliche Daten nur in diesem vorverständigten Sinne und mit Blick auf das gewünschte Datierungsergebnis zu deuten, dabei vergleichbare Daten aus der Überlieferungszeit und später stillschweigend zu übersehen: da enthüllen sich schlaglichtartig die Absicht und das Interesse solcher Interpretation. So ist etwa der Wechsel zwischen ⟨d⟩ und ⟨ð⟩ aus dem 10. bis 12. Jahrhundert so überzeugend belegt, daß nur als vorverständigtes Vorurteil gelten kann, was Bolton und Wrenn zu dieser Variante schreiben[64].

> This confusion of *d* and *ð* again confirms the view of a written *Beowulf* in the eighth century: for there are other instances of the confusion of *d* and *ð* in the MS . . . Now this *d-ð* confusion belongs to the late eighth century, when *ð* was a new symbol[65].

Wenig erkenntnisreich hinsichtlich des Alters der Dichtung ist des weiteren der Versuch derselben Herausgeber, auch den Wechsel zwischen ⟨eo⟩ und

zählt Numerierung und Titel der Homilien als Zeilen; dies ist bei den folgenden Stellenangaben zu berücksichtigen.

55 Vgl. ibid. 201.19 mit 207.19 (*giet, git* neben *gyt* 201.16).

56 Vgl. ibid. 121.13, 123.24 mit 125.9, 125.10. Zu wests. *hine~hiene* vgl. Brunner 1965 § 334 Anm. 1.

57 Vgl. Morris *Blick.Hom.*:227.21, 227.20.

58 Vgl. ibid. 23.6, 23.7; zu *swa~swæ* im Wests. vgl. Campbell 1969 § 125.

59 Vgl. Morris *Blick.Hom.*:121.1, 121.28 (*-segon*) mit 119.33, 121.22 (*-sawon*).

60 Vgl. ibid 5.21, 5.22.

61 Vgl. ibid 185.25, 185.26.

62 Vgl. ibid. 53.16, 49.31.

63 Zu diesem Verständnis von Bilingualismus als Sprachmischung aus verschiedenen Dialekten vgl. Bynon 1977:171-2.

64 Zu Brooks Hinweis, daß der Wechsel von ⟨d~ð⟩ noch bei Layamon nachzuweisen ist (Brook 1959:291), sollten als Ergänzung hinzugezogen werden die Belege von Schlemilch 1914:57-8, auf die Blake *Phoenix*:7 hinweist; vgl. auch Malone 1930.

65 Bolton/Wrenn *Beowulf*:17.

⟨ea⟩ als Ausweis für eine notwendige Vordatierung heranzuziehen[66]: diese Variante kann ebenso gedeutet werden als eine Schreibunsicherheit, die den Übergang von altenglischen Diphthongen zu mittelenglischen Monophthongen und das Entstehen neuer Diphthonge begleitet. In jedem Fall erlaubt die stattliche Anzahl von Beispielen die kategorische Feststellung Blakes:

> Although the confusion of *eo* and *ea* is regarded as characteristic of the Northumbrian dialect in the earlier Old English period, it is found generally in many late Old English texts[67].

Diese und die vorgenannten Beispiele sowie die anderen, aufgezeigten Probleme lassen nur den einen Schluß zu: daß nämlich die Interpretation der Andersartigkeit poetischen Sprachgebrauchs und die der Vielfalt sprachlicher Formen in den Texten keine Einsichten für eine Vordatierung außerhalb der Überlieferungszeit zuläßt; es bleiben zu viele synchrone Erklärungsmöglichkeiten offen, die in der Diskussion oft übergangen werden: ob dies absichtsvoll geschieht, mag dahingestellt bleiben. Allerdings sollte der Fetischismus der vorgeblich linguistischen Begründung von Entstehungsdaten altenglischer Versdichtungen endgültig vom Tisch geräumt werden: die besondere Variabilität der Texte in lexikalischer wie formaler Hinsicht läßt sich hinreichend und einleuchtend *synchron* deuten. Sie ist Ausweis für das Vorhandensein einer funktionalen (kulturellen) Varietät, die als lebendige, überregionale Literatursprache die Bedürfnisse der zeitgenössischen Sprecher für ihre Kommunikation über Welt im Medium der Literatur offensichtlich erfüllen konnte.

2.2.3 *Metrische Argumente.* Unzweifelhaft ist, daß die Sprache der Versdichtung bestimmbaren formalen Gesetzmäßigkeiten unterworfen wird: diese könnten ermöglichen, ältere Formen im Text dort aufzuspüren, wo etwa Erfordernisse metrischer Muster in der überlieferten Form nicht eingehalten sind, während die sprachlich ältere Vorstufe eine gegebene metrische Regel erfüllt. Diese Überlegung führt in die Diskussion jener letzten, allerdings schon stark unterminierten Bastion der Begründungen früher Datierungen mit sprachlichen Kriterien: in der Vergangenheit hat man vor allem mit dem Test des ›intervokalischen *h*‹ dem Alter der Texte auf die Spur kommen wollen[68], und auch neuere Arbeiten gehen noch auf dieses Datie-

66 Ibid.; vgl. weiter Klaeber *Beowulf*:lxxix-lxxx (§§ 15-6 im Kap. »Non-West Saxon Elements«); Leslie *Wanderer*:46.

67 Blake *Phoenix*:6; Blake verweist auf Schlemilch 1914:26, 32, 36.

68 Grundlegende Versuche dieser Art sind früh: vgl. etwa Morsbach 1906, bes. 262-4; Richter 1910, bes. 3, 77-80. Ähnlich früh werden Einwände artikuliert: noch sehr allgemein und ohne direkten Bezug auf das ›intervokalische *h*‹ bei Schücking 1917:356-9; deutlicher bei Ricci 1929:259-60. Sarrazin, der 1907:170-3 diesen Test

rungsargument ein[69]. Nach dem Ausfall eines intervokalischen /h/ soll die metrische Form der Texte Defekte zeigen, die sich durch eine Rekonstruktion der sprachlichen Vorstufe angeblich beheben lassen.

> . . . the copyists' own *ignorance of poetic tradition* allowed some peculiarities to *escape correction*, and so provide a trace back to the times of original composition . . . However, all these examples (and a score of others), would immediately *become normal* if one assumed that words like *heah*, *seon*, and *slean* were intended to be dissyllables, as indeed they were at an early period . . . Though nothing like these forms ever does appear in the tenth- and eleventh-century collections, the inference seems clear – that the original poet thought of such words as dissyllables, but that later copiers made them conform to their own usage, not recognizing that they were spoiling the metres[70].

Es dürfte sofort offensichtlich sein, welche zusätzlichen Annahmen in eine solche Stellungnahme eingegangen sind: daß nämlich zum ersten ein ›normales‹ metrisches System in früher Zeit (7./8. Jh.) existiert habe, welches nicht mehr mit dem Sprachgebrauch der späteren Zeit (10. Jh.) übereinstimmte und daher in seiner Bedeutung gar nicht erkannt wurde; daß zum zweiten ein poetischer Text diesem ›normalen‹ metrischen System (bzw. den Regeln seiner modernen Rekonstruktion!) entsprechen *muß*[71]; daß zum dritten die Formen ohne intervokalisches /h/, also kontrahierte Formen, einsilbig zu skandieren seien. Genauso offensichtlich sind aber doch auch die stichhaltigen Einwände, die sich gegen diese Position formulieren lassen. Zunächst ist Faktum, daß das ›normale‹ metrische System eine neuzeitliche Rekonstruktion ist, gewonnen in der detaillierten Analyse immer nur eines Textes, nämlich des *Beowulf*[72]. ›Normales‹ metrisches System kann also zunächst nichts Anderes bedeuten als die metrischen Muster eben dieses Textes – noch dazu in seiner sprachlichen Version des späten 10. Jahrhunderts, da uns irgendeine frühere Vorstufe des *Beowulf* ja gar nicht bekannt ist. Ich sehe also nicht, wie man auf diesem Weg ein metrisches System aus dem 7. oder 8. Jahrhundert rekonstruieren kann, *ohne dabei nicht gleichzeitig zusätzliche Hypothesen zu implizieren* (z.B. die der Textidentität). Es erscheint wenig sinnvoll, die überlieferten Dichtungen je nach Interesse zeitlich durch die

selber angewandt hatte, nennt ihn 1913:2 »das zuverlässigste Kriterium« für die Datierung.

69 So urteilt etwa Shippey 1972:84-5 positiv über diesen Test. Zu der neuesten Bewertung und Verwerfung dieses Tests vgl. Amos 1980:40-9.

70 Shippey loc. cit. Er beruft sich bezüglich der Zweisilbigkeit »at an early period« auf Campbell 1959 (= 1969):186; dort ist von einer Änderung der Silbenzahl allerdings nicht die Rede.

71 Abgesehen von »spoiling the metres« empfindet Shippey die zitierten Formen aus *Genesis A* als »either abnormally short or badly-stressed«: ibid 84.

72 Grundlegend sind Sievers 1885a und 1893. Vgl. weiter Bliss 1967; eine vermittelnde Position zwischen Sievers und Heusler sucht Cable 1974, überschauend informiert Diller 1978.

Jahrhunderte zu schieben, sie einmal zur Illustration der Sprache des späten 10. Jahrhunderts heranzuziehen, sie dann wieder als Beleg metrischer Verhältnisse einer früheren Zeit zu benutzen – und dies alles nur, weil sich metrische Unterschiede zu anderen Texten aufweisen lassen, deren Entstehen im 10. Jahrhundert außer Zweifel steht. Die Metrik des *Beowulf* ist genauso wie die von *Brunanburh* oder *Maldon* eine Metrik des 10. Jahrhunderts: wenn ein Vergleich mit Caedmons Hymnus aufzeigt, daß sie auch die Metrik des späten 7. oder frühen 8. Jahrhunderts gewesen ist, so gewinnen wir dabei lediglich die bereits erwähnte Einsicht, daß es sich um eine Formkonstante der Dichtung handelt; nicht weniger, aber auch nicht mehr. Aus den Abweichungen von einem nur rekonstruierten System der Metrik schließen zu wollen, daß den Zeitgenossen eine »ignorance of poetic tradition« angelastet werden müsse, verkennt die formale Brillanz von *Brunanburh* ebenso wie die dann doch wohl zumindest ›exakte‹ Erfüllung metrischer ›Gesetze‹ in der Beowulf-Version des 10. Jahrhunderts: es käme ja auch niemand auf den Gedanken, für das 15. Jahrhundert nur deswegen Unkenntnis der Prosodie zu behaupten, weil die Verse eines Henry Lovelich reichlich holprig geklungen haben mögen – und das in unvergleichlich stärkerem Maße als die Verse in *Genesis A*. Abweichungen von rekonstruierten metrischen Mustern belegen weder frühe Entstehung noch Unverständnis: sie belegen, daß sich Sprache nicht immer und von jedem in strenge, formale Muster passen läßt. Im übrigen wird auch hier wieder Variabilität nicht zugelassen: in einer nur auf *diachrone* Abfolge und auf *frühe* Datierung angelegten Deutung enthüllt sich aber die Unfähigkeit, Ungleiches auch als Zeitgleiches zu erkennen und zu verstehen[73]. In Fällen wie den von Shippey inkriminierten ist zudem zweisilbiges Skandieren als mögliche Lesart auch im 10. Jahrhundert zu akzeptieren: Pilch hat dafür eine Regel des Vorkommens formuliert, wenn auch vielleicht sein Urteil über die traditionelle Erklärung zu apodiktisch ausgefallen ist[74]. Weiter wird mit gutem Recht gegen die traditionelle Deutung eingewandt, daß wir keinerlei Hinweise auf die qualitative Einschätzung von Metrum und Alliteration durch ein zeitgenössisches Publikum haben: über mögliche Toleranzgrenzen ist also gar nichts bekannt.

> We can try to decide when they used hypermetric lines, for example, but we cannot tell whether people then approved of them or not. In the same way most attempts to date the poetry by metrical tests are inconclusive, precisely because we can argue only from our own understanding of the metre, not theirs. In any case,

73 Dieser Einwand gilt auch für das in jüngerer Zeit als verläßlich favorisierte Datierungskriterium der Alliteration von palatalem und velarem /g/: die These der *chronologischen* Deutung wird mit Vorsicht von Schulz 1978:115 aufgestellt und auch bei Amos 1980:100-2, 167 diskutiert.

74 Pilch 1970:30.

> it has so far proved impossible for modern scholars to achieve a consensus of opinion on the problem of metre; we must disregard it as any guide to dating[75].

Wenn alle anderen, bisher angeführten Kriterien für Vordatierungen versagen, weil sie auf uneingestandenen und zudem unwahrscheinlichen Voraussetzungen beruhen, dann muß ein Datierungsversuch auf der Basis metrisch-phonologischer Tests umso genauer auf seine Vorverständnisse hin befragt werden. Was also läßt sich mit der Einsicht gewinnen, daß sprachlicher Wandel aus ursprünglich zweisilbigen Lexemen einsilbige hat werden lassen? Gegen die noch von Shippey wiederholte Deutung solcher Halbverse wie *hea beorgas*[76] als ›unkorrekte‹ Wiedergabe einer sprachlich sehr viel früheren Form **beahe beorgas*, gegen den aus solchen Formen abgeleiteten Schluß, *Genesis A* müsse zu einer Zeit entstanden sein, als das intervokalische /h/ noch bewahrt war (also vor oder um 700), spricht allein schon die Fülle der uneingestanden implizierten Annahmen. In diesem wie in vergleichbaren Fällen wird die Aussagekraft einer Vielzahl von ›korrekt‹ überlieferten Versen unbeachtet beiseite geschoben. Wenn – so muß doch gefragt werden – bis auf wenige Ausnahmen die Verse im 10. Jahrhundert ›korrekt‹ aufgezeichnet wurden: wieso soll dann nur bei Formen mit ursprünglichem intervokalischen /h/ plötzlich die Kenntnis des metrischen Systems abhanden gekommen sein? Weiter impliziert ist natürlich die Annahme einer Textidentität zwischen zirka 700 (Entstehungszeit) und zirka 1000 (Überlieferungszeit): wenn so viele sprachliche Änderungen statthatten, wieso soll dann nur im Fall des intervokalischen /h/ sprachlicher Wandel relevant geworden sein[77]? Impliziert ist weiter eine schriftliche Überlieferungskette, impliziert die rigide Verwendung metrischer ›Gesetze‹, und notwendig impliziert auch die frühe Datierung anderer Texte, besonders des *Beowulf*: muß nicht bei einer solchen Anzahl von notwendigen Voraussetzungen für die Deutung diese selbst zweifelhaft werden, spricht nicht hier die Wahrscheinlichkeit allein eher für die von Klaeber und anderen vertretene Ansicht, die aufgeführten Fälle als akzeptable Varianten im metrischen System zu verstehen?

> Above all, a good many instances of test 2 [i. e sound changes as inferred from the meter] are to be jugded non-conclusive, since it remains a matter of honest doubt what degree of rigidity should be demanded in the rules of scansion[78].

Wo sprachliche und metrisch-phonologische Analysen nicht hinreichen, um uns sichere Rückschlüsse auf das Alter der Texte zu ermöglichen, da ist die oft aus diesen Analysen abgeleitete Vorstellung von einer Dekadenz der Dichter-

75 Blake 1977b:16.

76 *Genesis A* 1387b, zitiert nach ASPR I:43.

77 Sisam 1953b, der auf diesen Test nicht eingeht, betrachtet dagegen die Kontraktion bzw. das Fehlen der Synkope in der Verbflexion als ein wichtigeres Kriterium, ohne es jedoch für beweiskräftig zu halten: vgl. hier Anm. 84.

78 Klaeber *Beowulf*:cix; vgl. zu diesem Problem auch Busse 1981:200-2.

sprache im 10. Jahrhundert ein besonders gravierendes Fehlurteil: in allen Versuchen, bei denen mit diesen Kriterien argumentiert wird, ist aber ein Vorurteil von einer sich allmählich zum Defekt hin entwickelnden Sprachform aufzeigbar. So wie metrische Unregelmäßigkeiten häufig gedeutet werden als Ausweis für Unverständnis, so wie Fehler in den Manuskripten fast ausschließlich verstanden werden als Beleg für Unkenntnis, so wie Sprachmischung im gängigen Verständnis immer nur ausgelegt wird als Indiz für eine zu postulierende ›reine‹ Vorstufe der Texte: so sicher führen diese Deutungen zu der Auffassung, altenglische Versdichtung sei das Privileg einer früheren Zeit, die allein in der Lage gewesen wäre, große dichterische Leistungen zu vollbringen.

> But if a poem like *The Dream of the Rood* may have come into existence about the same time as, say, *Bede's Death Song*, it ought with equal logic to be accepted that some of the better Old English poems may have been composed at the same time as the poor *Chronicle* poems. Good and bad poems can be composed at the same time, as any period of English literature makes clear. Scholars have been too prone to present Old English poetry in a finely descending curve of excellence, though there is little concrete evidence to support such a view[79].

Übersehen wird im traditionellen Verständnis von der Entstehungszeit altenglischer Dichtung auch, daß solche Deutung zu widersprüchlichen Aussagen über die kulturellen Leistungen des späten 10. Jahrhunderts führt. Es bleibt unverständlich, warum einerseits der Zeit zwischen 950 und 1000 eine bedeutende Stellung im westeuropäischen Raum zukommen soll, in der der altenglischen Prosa eine mit dem Lateinischen konkurrierende Leistung zugesprochen wird – während dann andererseits die Existenz einer lebendigen, poetischen Tradition umso entschiedener negiert wird[80]. Wenn es richtig ist, daß englische Goldschmiedekunst, englische Buchmalerei, englische Elfenbeinkunst im 10. Jahrhundert führend in Europa sind und sogar kontinentale Entwicklungen beeinflussen[81] – dann ist die Vorstellung von einer Dekadenz englischer Dichtkunst zur gleichen Zeit in der Tat überraschend.

79 Blake 1977b:15.

80 Man vgl. exemplarisch etwa Malone 1967:5 (»England, with its national king . . ., its national Church . . ., its national speech . . ., and its old and rich national literature, stood unique in the Europe of the year 1000«) mit ibid. 100 (»If Old English poetry flowered in the late seventh and eighth centuries, Old English prose flowered in the late tenth and eleventh«). Ähnlich spricht auch Pearsall 1977:57 von einem »marked decline in the practice of poetry after 850«, lobt ibid. 58 die »majestic illuminated manuscripts from Lindisfarne in the eighth or Winchester in the tenth centuries«, um dann ibid. 60 diesen Vergleich zwischen nordhumbrischer und spätaltengl. Blütezeit umso radikaler zu widerrufen: »If Bede had lived in the tenth century he would probably have emigrated« (!).

81 Diese Ansicht vertritt Farmer 1975:11. Kunsthistoriker kommen teilweise zu widersprüchlichen Einschätzungen: grundsätzlich gilt festzuhalten, daß oft nur wenige Objekte erhalten sind und daher auch schriftl. Quellen zur Rekonstruktion herangezogen werden. Zur Architektur vgl. Taylor/Taylor 1965/1978; Addyman

2.2.4 *Fazit*. Phonologische, morphologische und lexikale Detailverrechnung vernachlässigt die *synchrone* Deutungsmöglichkeit sprachlicher Formen der überlieferten Texte zugunsten der weithin privilegierten, weil nicht mehr kritisch überprüften Annahmen aus dem vorverständigt in die Analyse hineingetragenen Datierungskonzept. Wo eine bevorzugte Hypothese gestützt werden soll, da lassen sich immer Belege (*evidence*) für sie finden, wenn man die Daten nur noch dahingehend befragt, in welcher Weise sie die Hypothese stützen könnten. Wo z. B. der Wechsel zwischen {*−ad−*} und {*−od−*}, der sich auch noch aus der *Anglo-Saxon Chronicle* belegen läßt[82], nicht nur als vorsichtiger Rückschluß auf die geographische Distribution solcher Formen hergenommen, sondern gleich auch diachron gedeutet wird[83]; wo kontrahierte bzw. unkontrahierte Formen der 2. und 3. Person Sgl. Präs. Ind. der starken und schwachen Verben (Klasse I) mit gleicher Deutung als ›Beleg‹ herangezogen werden – da übersieht man geflissentlich, daß der Aussagewert solcher Formen für die Datierung der Versdichtung schon von Sisam berechtigt in Zweifel gezogen wurde, und daß dieser Zweifel auch im Vergleich mit der Prosa Bestätigung findet[84].

> In fact, the Anglian prose texts from the late ninth and the tenth century have uncontracted forms . . . All the evidence is consistent with the view that the uncontracted endings were general Old English in early centuries, and were regarded as appropriate to verse, at least till the end of the tenth century, by writers for whom the short forms were normal in prose[85].

So führt die Diskussion der Interpretation linguistischer Daten den kritischen

1972; Hewett 1978. Zur Steinskulptur Quirk 1957 und 1961, jeweils passim; Cramp 1972, bes. 147-8, und Cramp 1975, bes. 191-2. Zur Schmiedekunst Wilson 1964, bes. 35-51; Hinton 1974 passim; Hinton 1975; Wilson 1975, bes. 200, 207 (verweist auf Verlorenes und darauf, daß Dunstan der Schutzpatron der Silberschmiede war). Zur Elfenbeinschnitzerei u. a. Beckwith 1972:27-62 passim; zur Buchmalerei Wormald 1952:22-3, 26-30; Wormald 1971; Alexander 1975; Deshman 1977, bes. 145, 171-3; Brownrigg 1978, bes. 239-41, 244 mit Anm. 1 (u. a. zur Unterschätzung engl. Kunst des 10./11. Jh.s); zum hohen Stand englischer Stickkunst dieser Zeit vgl. Christie 1938, bes. 1-2, 31-2. Einen sehr guten Gesamtüberblick bietet Dodwell 1982, informativ ist auch Backhouse 1984:46 ff.

82 Beispiele aus dem *ASC* bieten u. a. E 963 *answerade* und *answerode*; E 1003 *gehergodon* neben E 1004 *gehergade*; etc. Zu den zitierten Edd. und Versionen der Chronik vgl. unten Kap. 2.3 Anm. 21.

83 Z. B. Leslie *Wanderer*:47. Zur geographischen Distribution des vorgeblich angl. {-ad-} und wests. {-od-} vgl. Brunner 1965 §§ 413 (Anm. 3, 4, 6), 414; Campbell 1969 § 757.

84 Sisam 1953b:123-6; Sisams Erkenntnis ist deswegen von Bedeutung, weil er selbst diesen Aspekt für den wichtigsten Test hält, der Auswirkungen auf die metrische Struktur der Texte gehabt haben müsse. Erwähnt und/oder berücksichtigt wird dieser Test noch bei Klaeber *Beowulf*: lxxxvi-lxxxvii; Leslie *Wanderer*:46-7; Brooks *Andreas*:xxxviii und Gradon *Elene*:11; etc.

85 Sisam 1953b:123, 125.

Beobachter immer wieder zur Erkenntnis zweier in die Diskussion stillschweigend eingebrachter Grundannahmen: daß nämlich erstens vor die Analyse der sprachlichen Merkmale schon als erste Grundannahme die vorverständigte Datierung aus den Begründungen des Caedmon-Paradigmas gesetzt ist, daß also die linguistischen Daten nur noch als Hilfsargumente für ein zuvor schon gewußtes Ergebnis herangezogen werden; daß dann zweitens ihre Interpretation weithin beeinflußt ist von der weiteren Grundannahme, die ebenfalls vor die Analyse der Daten gesetzt ist: nämlich die Auffassung von einer der Sprache quasi wesenhaft zugehörenden ›Reinheit‹ der Mundart. Es ist aber doch wohl offenkundig, daß die Grammatik aller Sprecher selbst unter dem Einfluß stark präskriptiver Normen immer eine gewisse Variationsbreite zeigt: folglich muß diese Variationsbreite ohne kodifizierten Standard erheblich höher angesetzt werden. Weiter impliziert die Annahme eines ›reinen Dialektes‹ ja auch, daß Varianten, die auf Einflüssen benachbarter Varietäten beruhen, von den Sprechern oder Schreibern als störend oder gar falsch hätten empfunden werden müssen: ihr Auftreten in den Texten wäre demnach ein ›Versehen‹, sie wären der bewußten »Ausmerzung« entgangen. Erst aus dieser Grundannahme kann man die Auffassung ableiten, daß folglich auf reine, dialektal unverfälschte, echte und natürlich *frühere* Vorlagen geschlossen werden müsse. Von diesen Annahmen ausgehend ist es dann nur ein kleiner Schritt zur Vorstellung eines nur ›mechanischen Kopierens‹, das soll heißen: zum Postulat von Schreibern, die vorgeblich unabsichtlich alte Sprachformen bewahren, und solchen, die sie frei verändern. Sicher zeigt ein Vergleich von Vorlagen und Kopien bestimmte Fehlertypen wie etwa das Überspringen von Zeilen, das Auslassen oder Wiederholen einzelner Worte – Fehler, wie sie bei jedem handschriftlichen Kopierprozeß auftreten können: ob man aber sprachliche Variation mit solchen einfachen Schemata beschreiben und erklären kann, das muß doch sehr in Zweifel stehen. Die sprachwissenschaftliche Forschung hat gezeigt, daß es für die Prämisse des ›reinen Dialektes‹ keine empirische oder theoretisch begründbare Basis gibt, wo nicht zugleich gezeigt werden kann, daß Sprechergruppen sich fast hermetisch abschließen[86]: die literaturwissenschaftliche Forschung sollte aus dieser Einsicht ihren Nutzen ziehen. In dem Moment, wo wir diese Prämisse aufgeben, geht allerdings der Zeugniswert linguistischer Daten für eine Vordatierung endgültig verloren. Die begründbare Annahme einer Kommunikation mit (literarischen) Texten im späten 10. Jahrhundert ist davon nicht beeinflußt: sogenannte Dialektgrenzen sind keine Kommunikationsgrenzen, und Sprachmischung kann nur dort stören, wo

86 Zum Problem der Varianten in der Grammatik eines Sprechers vgl. z. B. Bynon 1977, bes. 171-2, 190-7 und passim.

sprachlicher Wandel ausschließlich als Verfall aufgefaßt wird[87]. Die sprachlichen Merkmale liefern also keine Rückschlüsse auf die Entstehungszeit der überlieferten Versdichtung; sie lassen allenfalls eine (vage) regionale Einordnung zu. Sprachmischung in den Texten sollte demnach nicht länger gedeutet werden als Ausweis für einen zu hypostasierenden Übermittlungsprozeß: sie sollte vielmehr verstanden werden als Beleg für eine *synchron* auftretende Sprachvarietät in Gebieten, die den Einflüssen verschiedener Kulturzentren unterlagen. Es wird ja im übrigen uneingeschränkt eingestanden, daß fast die gesamte altenglische Dichtung aus den vier Codices in einer Sprachform überliefert ist, die im wesentlichen dem spätwestsächsischen Dialekt entspricht: wir hätten damit den Beleg für eine funktionale (kulturelle) Varietät, die zugleich Ausweis für eine lebendige Dichtungstradition im späten 10. und frühen 11. Jahrhundert ist. Zur Vordatierung können die linguistischen Daten nicht hergenommen werden: die Überprüfung der Argumente hat offengelegt, daß die angeführten Begründungen nicht tragen, sondern auf einer Reihe von unhaltbaren Annahmen beruhen, die in die Wertung und Deutung des Materials eingehen und die Ergebnisse der Analysen entsprechend vorverständigt bedingen.

Ich komme damit zurück zu der zum Ende der beiden ersten Kapitel aufgeworfenen Frage; es ist offensichtlich, daß die Antwortmöglichkeiten eine weitere Einschränkung erfahren haben. Wenn es also praktisch unmöglich ist, altenglische Dichtung in historischer Perspektive als hypothetisch-diachronische Abfolge der Einzelwerke von zirka 700 bis etwa 1066 darzustellen, *weil die Datierung der Manuskripte* als einzig verläßliches historisches Datum *dagegen spricht, weil die im Caedmon-Paradigma verwandten Annahmen* nicht ausreichend belegt werden können, sondern *sich letztlich nur als sich gegenseitig stützende Hypothesen erweisen, und weil die Sprache der Texte diejenige des 10. Jahrhunderts ist* –: was berechtigt dann eigentlich noch, aus dem Corpus des Überlieferten ein chronologisch abweichendes System der Literaturgeschichte zu machen? Es bleibt als letzter Prüfstand die Fülle der historischen Argumente: die Assoziation der wichtigsten Texte mit Bedas Nordhumbrien, mit der großen Blüte nordenglischer Kultur und politischer Hegemonie, mit der vorgeblich einzig stabilen Epoche altenglischer Zeit. Dies führt mich in die Diskussion der Interpretation historischer Daten, die ich mit der gebotenen Genauigkeit nach ihrer Relevanz für die Datierung der Texte im nächsten Kapitel befragen werde. So viel wird sofort deutlich: mit der Einbindung der Versdichtung in die Zeit früher englischer Geschichte kommen wir auch zurück zu Aspekten des Caedmon-Paradigmas, zu Überlegungen bezüglich der Bekehrungsgeschichte und des Heidentums der Angelsachsen. Damit schließt sich dann der Kreis der Argumente.

87 Zur Frage von Dialekt- und Kommunikationsgrenzen vgl. ibid. 190-2.

2.3 Die Interpretation historischer Daten

Jede literaturwissenschaftliche Interpretation geht in irgendeiner Weise von Annahmen über den historischen Kontext der Werke aus: das verdeutlichten schon hinreichend die im Caedmon-Paradigma verwandten Argumente. Eine wesentliche Rolle spielt dabei die Ansicht, daß gegen Ende des 7. Jahrhunderts Sprache und Stil einer germanisch-heroischen Dichtungstradition erstmals christlich-religiösen Absichten dienstbar gemacht wurden. Gestützt werden mußte dieses literarhistorische Argument allerdings mit Textbelegen, die sich nur aus der im 10. Jahrhundert aufgezeichneten Dichtung gewinnen ließen: folglich wird diese späte Dichtung aus dem historischen und linguistischen Kontext ihrer Überlieferungszeit herausgelöst und in einen früheren Rahmen gesetzt. Nur dort, so lautet dann die historische Annahme in den vorherrschenden Auffassungen, nur dort können ihnen die adäquaten sozialgeschichtlichen, kirchengeschichtlichen und politischen Bedingungen zur Seite gestellt werden. Dabei ist auch die Annahme impliziert, daß die Texte selbst die sozialgeschichtlichen Zustände ihrer hypostasierten Entstehungszeit relativ genau widerspiegeln: unter dem Einfluß dieser Annahme gewinnen sie dann den Status von kulturhistorischen Dokumenten, aus denen sich Daten zur inhaltlichen Füllung der Geschichtsschreibung ableiten lassen[1]. So sind etwa Vorstellungen über das Germanen- und Heidentum der Angelsachsen oder über ihre Bekehrungsgeschichte auch ganz wesentlich geprägt von einer solchermaßen vorverständigten Interpretation des *Beowulf* oder der Bibelepik. Übergangen wird dabei erneut die Tatsache, daß die aus den literarischen Texten gewonnenen Daten sozialgeschichtlicher Zustände in der frühen Zeit ja wieder *nur aus solchen Werken* bezogen werden können, die man zuvor – aufgrund unhaltbarer Annahmen – in diese frühe Zeit transponierte. Der *circulus vitiosus* trägt dann als weiteren Makel die Implikation all der Prämissen, über die schon die Rede war: Textidentität ist genauso impliziert wie schriftliche Überlieferungskette, gradliniger Verfall der Dichtungstradition bis zum 10. Jahrhundert genauso angenommen wie das Mißverstehen der Texte in der späten Zeit; zudem wird damit behauptet, daß die Lebensbedeutsamkeit der *comitatus*-Tradition ihren einzig legitimen, historischen Ort nur in jener frühen Zeit fände – all dies ist stillschweigend

1 Man vgl. z. B. das Verhältnis von zitierten literarischen Quellen und historischen Dokumenten in Whitelocks Darstellung »The Bonds of Society«, Whitelock 1965:29-47; kritischer zum historischen Erkenntniswert literarischer Werke äußert sich Whitelock 1949, bes. 85-6, 94. Weitere Beispiele für eine historistische Deutung von Literatur in der Geschichtsschreibung bieten u. a. Deanesly 1963:251-75 passim; Mayr-Harting 1972:13-30 passim; theoretisch erörtert das Problem u. a. Kleinschmidt 1977.

vorausgesetzt und übernommen. In keiner Weise wird je ernsthaft versucht, die Existenz der Texte im späten 10. Jahrhundert, ihre Sprache, ihre Aussagen für diese Zeit sinnvoll zu ergründen: eine stillschweigende Übereinkunft bezüglich ihres behaupteten, historischen Ortes scheint solche Überlegungen zu verbieten.

> *Most scholars believe* that the Continental Germanic material in *Beowulf* was brought over by the Anglo-Saxon invaders, though the poem as a whole, with its Christian implications, could scarcely have been composed before the beginning of the eighth century. For the archaeologist *Beowulf* is of outstanding importance. The poet was evidently a man of Christian education *with strong antiquarian interests*, who while picturing many details of eighth-century English aristocratic society at the same time *often deliberately looked back* to the Germanic heroic age . . . One is reminded, too, by the wondrous bowls at Sutton Hoo of the precious goblets and pitchers which were among the dragon's hoard in *Beowulf* – which, like the ship-cenotaph, included a standard, »most glorious of symbols«[2].

Sicher vermögen archäologische Funde und literarische Texte gegenseitig und in sinnvoller Abwägung Aufschlüsse zu vermitteln über die Lebensumstände in angelsächsischer Zeit: aber belegt der Fund eines Schiffsgrabs die Entstehung *des überlieferten Beowulf* an der Wende des 7. zum 8. Jahrhundert? Lassen Ähnlichkeiten zwischen Grabbeigaben und literarisch beschriebenen Schätzen, lassen literarisch-fiktive Schiffsbestattung und historischer Grabfund nur noch die Möglichkeit zu, im literarischen Werk ein bloßes Abbild der historischen Wirklichkeit *zu seiner vorgeblichen Entstehungszeit* zu sehen? Man muß daraus folgern, das Werk sei nur dort und nur in der möglichst exakten Widerspiegelung historischer Verhältnisse für sein Publikum verständlich gewesen? Die bewunderswerte Sorgfalt, mit der etwa Ritchie Girvan unterschieden hat zwischen Merkmalen des *Beowulf*, die »contemporary« mit der von ihm angenommenen Entstehungszeit sein sollen, und solchen »which cannot be contemporary«[3]: bringt sie uns mehr an Erkenntnis als mögliche Einsichten in die Frage, auf welchem Weg der Autor zu seinen Kenntnissen gelangt sein kann (»hearsay«, »traditional poetry«, »tradition« etc.)? Denn Waffen, Schätze, Teppiche wie auch Einstellungen zur Mannestreue sind nicht nur von Bedeutsamkeit im Nordhumbrien des späten 7. Jahrhunderts[4]: sie sind genauso präsent in den realen Dingen, in den Ideen und Einstellungen der Menschen des 10. Jahrhunderts und sogar noch darüber hinaus.

> If we had as full evidence for the social life of the next hundred years [i. e. after Bede], we might well find as many parallels with *Beowulf*. As a matter of fact, one can

2 Wrenn 1967:120, 4. An einigen Punkten der Deutung der Funde von Sutton Hoo durch Wrenn übt Kritik Bruce-Mitford 1971:91-3.

3 Girvan 1935:32-8.

4 Ibid. 38-50.

illustrate the customs and scenes of *Beowulf* from historical sources reaching over an embarrassingly long stretch of time . . .[5].

Man darf bei all ihrer Kritik an den gängigen Datierungsvorstellungen nicht übersehen, daß es Dorothy Whitelock nur darum ging, der um 1950 akzeptierten Entstehungszeit des *Beowulf* ein paar Jahrzehnte nach 750 hinzuzugewinnen[6]: an der generellen Ansicht, daß *Beowulf* und andere literarische Werke eine frühe Phase angelsächsischer Geschichte widerspiegeln, änderte dies nichts. So herrscht trotz der neu aufgelegten Datierungsdiskussion um *Beowulf* auch heute noch die Auffassung vor, daß die sogenannte »earlier poetry« kulturgeschichtlichen Räumen wie »Bede's Northumbria« oder »Offa's Mercia« zuzurechnen sei, das heißt demnach den Jahren zwischen ca. 680 und 800.

Eighth-century Northumbria retains most of one's favour as a speculative home for Anglo-Saxon poetry, but it may be partly because the culture of the kingdom in this period is so richly documented. If we knew more of Offa's Mercia, it might provide an equally attractive cultural context for vernacular poetry in the late eighth century: the only conceivable compliment in Beowulf is to Offa, in the reference (1931-62) to his legendary predecessor and namesake, king of the continental Angles, and it was to surviving Mercian scholarship that Alfred turned when he began to rebuild. It may not be fanciful, however, in discussing provenance, to suggest that *Beowulf* has something in common with the great surviving monuments of Northumbrian art of the period, such as the carved crosses of Ruthwell and Bewcastle, and the Lindisfarne Gospels. The blending of Christian, classical and ›barbaric‹ elements in the poem may be compared with similar blending in the Lindisfarne St Matthew[7].

Hier sind die historischen Annahmen und Argumente wie in einer Summe zusammengefügt: die Vorstellung einer Mischung verschiedener Elemente, die nach Pearsall kennzeichnendes Merkmal nur dieser Zeit sein soll; die Auffassung, daß zu einem Meisterwerk der Literatur ein adäquates, sozusagen ›goldenes‹ Zeitalter gehöre; die in diesem Zitat nur implizierte, aber an anderer Stelle der Literaturgeschichte explizit geäußerte Annahme, daß an der Schwelle zum 9. Jahrhundert diese goldene Blütezeit in der Zerstörungswut einfallender Wikinger ihr Ende fand; und letztlich die explizite Aussage, daß die historische Situierung altenglischer Dichtung in diesem Datierungssystem wesentlich abhängt von der mehr oder weniger zufälligen Dokumentation einer Epoche. Die Ausschau nach dem historischen Kontext der literarischen Werke gestaltet sich so zu einer Suche nach politisch stabilen Räumen und Zeiten, nach herausragenden königlichen Patronatsfiguren; die

5 Whitelock 1949:85-6; vgl. auch Whitelock 1951:28.

6 Whitelock 1949:88.

7 Pearsall 1977:23. Zuvor (ibid. 22) verweist Pearsall auf die Regierungszeit Aldfriths (685 x 705), »when literature, scholarship, manuscript painting, sculpture and building *all flourished, and perhaps vernacular literature too*«, und auf die Eadberhts (737 x 758), »whose reign was looked on *as a golden age* by Alcuin«.

in Frage stehenden Epochen erscheinen dann in den benutzten, historischen Bildern nur noch personalisiert (»*Bede's* Northumbria«, »*Offa's* Mercia«). Das Problem der historischen Einbettung eines Textes in seinen Kommunikationszusammenhang reduziert sich somit auf den Blick nach einem »attractive cultural context«: sein Auffinden ist ganz wesentlich bedingt durch *unsere* begrenzten Möglichkeiten, aufgrund historischer Quellen etwas über eine Zeit zu erfahren. Ich brauche nicht die Kritik zu wiederholen, die sich gegen diesen methodischen Mißgriff wendet: sie ist lange bekannt und kompetent vorgetragen worden[8]. Offen bleibt dabei allerdings die Antwort auf die kritische Frage, warum bei dieser intensiven Suche nach einem adäquaten, historischen Kontext ausgerechnet das späte 10. Jahrhundert so konsequent ausgeschlossen bleibt, aus dem doch die Manuskripte überliefert sind und dessen Sprache die Texte wiedergeben; warum weiter gar zu den unhaltbaren Annahmen von den unwissenden Schreibern und den unverstandenen Werken gegriffen wird, um diesen belegbar attraktiven Kontext mitsamt den aus ihm überlieferten Texten zu übergehen – und dies, obwohl in völliger Ermangelung anderer Zeugnisse und historischer Fakten die Existenz der vier Codices und die Sprache ihrer Dichtungen unsere einzig brauchbaren Indizien zur Datierung der Texte *im 10. Jahrhundert* sind. Die Prüfung der Argumente wird eine interessegesteuerte Rezeption altenglischer Literatur aufweisen, wie sie für andere Teilbereiche der literarhistorischen Forschung schon von Stanley und Haarder aufgedeckt worden ist[9].

Die allseits angeführten Interpretationen historischer Daten lassen sich auf zwei wesentliche Grundannahmen kondensieren, deren Stichhaltigkeit ich im folgenden detaillierter nachprüfen möchte, um zu zeigen, daß auch in diesem Bereich des Datierungskonstrukts die Revision einiger gängiger Klischees literaturwissenschaftlicher Forschung dringend geboten ist. Beide Grundannahmen sind schon aus Pearsalls Argumentation ersichtlich. Da ist erstens die Annahme, daß die Produktion von Literatur nur in politisch stabilen Räumen die Bedingung ihrer Existenzmöglichkeit finden kann: konkreter bezogen auf altenglische Literatur meint dies, daß man der Produktion der relevanten, wichtigeren Texte historisch einen vorgeblich sicheren *terminus ad quem* an die Seite stellen könnte mit dem Beginn der Wikingereinfälle ab 793. Die Wikinger sollen dann im 9. Jahrhundert das kulturelle Leben Englands völlig zerstört und mit ihrer Verwüstung eine unüberwindliche Opposition zwischen Engländern und Dänen bewirkt haben, eine Mentalität des Hasses und der Feindschaft also. Dies wiederum, so schließt dann der Kreis der Annah-

8 Whitelock 1949; Whitelock 1951:28-33 passim; Sisam 1953b:132-9. Beide verfolgen mit ihren Einwänden allerdings andere Ziele bei der Datierung der Texte als ich.

9 Stanley 1975 weist nach, zu welchen Konsequenzen in der Interpretation Vorverständnisse über das Heidentum der Angelsachsen geführt haben; Haarder 1975 deckt Vorverständnisse der Beowulf-Interpretation auf.

men, mache besonders die Produktion und Rezeption des *Beowulf* nach rund 800 unmöglich. Da ist zweitens das schon im Zusammenhang mit dem Caedmon-Paradigma erwähnte Bild der Fusion zweier Welten, das Zusammenwachsen der christlich-lateinischen und der heidnisch-germanischen Kultur: die Kirche als Monopolträger von Kultur habe durch eine interessegesteuerte Rezeption vorhandene, heidnische Stoffe bewahrt und sie christlichen Vorstellungen angepaßt. Jeder mögliche Reflex von ›Heidentum‹ sei daher Ausweis für eine frühe Entstehung, da nur in der Frühphase der Bekehrung Toleranz gegenüber solchen Stoffen geübt worden wäre. Die christliche Dichtung – und gemeint sind hier vor allem die Bibelepen – sei demnach ebenfalls dieser frühen Phase der literarischen Tradition zuzurechnen, da sie sich ganz wesentlich des Stils und der Diktion der germanisch-heroischen Dichtung bediene. Ich beginne meine Überprüfung dieser beiden Grundannahmen mit den historisch-politischen Argumenten.

2.3.1 *Die Hypothese der Kulturzerstörung*. In diesem Argumentationszusammenhang setzt natürlich die Datierung des *Beowulf* das entscheidende Richtmaß für alle anderen Texte: die Behauptung von der Zerstörung englischer Kultur führt zur vorgeblich sicheren Einbindung des Heldenepos und damit auch der anderen, gemeinten Texte in das 8. Jahrhundert. Erweist sich das dazu verwandte historische Bild als verzeichnet oder gar falsch, dann fällt allerdings mit der Datierung des *Beowulf* auch die der anderen Dichtungen[10].

> It is dangerous to make too close an association between political stability and literary productivity, but certainly not much would be possible until well after the defeat of the heathen Penda at Winwæd in 654, while the sack of Lindisfarne by Norwegian raiders in 793 looks like the beginning of the end of things – ›It partly seems that the happiness of the English is nearly at an end,‹ says Alcuin. For

10 Seit der Vorlage dieser Arbeit als Habilitationsschrift (1981) sind eine Reihe von Beiträgen erschienen, die die traditionelle Datierung des *Beowulf* in Frage stellen und für eine spätere Entstehung plädieren; dabei werden zum Teil die gleichen (historischen) Forschungsergebnisse wie hier berücksichtigt. Zuerst geht Jacobs 1977 auf die auch von mir behandelte Frage des Verhältnisses zwischen Dänen und Engländern ein: er gelangt auf einer geringeren Materialbasis zu dem gleichen Ergebnis (dieser Beitrag stand mir 1981 noch nicht zur Verfügung). Inzwischen sind seine historischen Einsichten mehrfach zustimmend zitiert worden: vgl. u. a. Chase 1981b:6; Frank 1981:123; Stanley 1981:197-8; Niles 1983:281. Dieselben Forschungsergebnisse wie hier verwendet auch Niles op.cit. 101-7.
Da diese Beiträge sich auf die Beowulf-Datierung konzentrieren und nicht die Frage aufwerfen, welche Konsequenzen sich aus einer späteren Datierung dieses Textes für die übrigen vordatierten Dichtungen ergeben, da sie weiter den Fragen weniger auführlich nachgegangen sind, habe ich dieses Teilkapitel meiner Diskussion des traditionellen Datierungskonzeptes beibehalten; es greift weitere historische Argumente auf, fragt nach den Annahmen, die den in der Argumentation verwandten, historischen Bildern zugrundeliegen, und gibt ebenso wie die vorigen Kapitel dabei den aufgeworfenen Fragen auch eine theoretische Fundierung.

Beowulf, 793 has maybe a special significance, since it is a human enough assumption that a poem glorifying Scandinavian heroes would not be popular when their descendants were plundering the country[11].

Jede weitere Überlegung scheint hier zu enden: sie stößt auf die unter Literaturwissenschaftlern immer noch weit verbreitete Annahme einer fast vollständigen Zerstörung angelsächsischer Kultur durch marodierende Dänen[12]. Zu fragen wäre also, welche Basis diese Annahme in den historischen Quellen hat; zu fragen wäre weiter, ob die verfügbaren Quellen Aufschluß über das Ausmaß der Zerstörung geben und ob sie zudem Rückschlüsse zulassen auf eine Mentalität des Hasses und der Feindschaft zwischen Skandinaviern und Engländern, die eine Rezeption nordgermanischer Heldenstoffe unmöglich gemacht hätte. Natürlich sind dies zuvorderst Fragen an die Historiker; die zitierten Äußerungen zeigen jedoch deutlich, in welch eminenter Weise die Antworten relevant sind für den Bereich literaturhistorischer Forschung. Die Glaubwürdigkeit der vorgebrachten Argumente ist also vor dem Hintergrund neuerer historischer Forschung zu prüfen.

Wie von Derek Pearsall werden auch in anderen Darstellungen immer wieder Alcuins Aussage über die gefährdete Situation Englands am Ende des 8. Jahrhunderts und vor allem Alfreds Bericht aus dem Brief zur *Cura Pastoralis* zitiert[13]: beides ist wichtigste Grundlage für die Überzeugung von der Zerstörung der Kultur im 9. Jahrhundert, für die Ansicht, daß erst Alfred ihr zu neuen Anfängen verhalf. Dabei werden die Interessen und Intentionen der beiden Berichte gern übergangen: es wird übersehen, daß in der Einschät-

11 Pearsall 1977:23. Wie Pearsall argumentieren u. a. Whitelock 1951:24-5; Göller 1971:169-70. Shippey 1972:175 äußert Bedenken; jedoch werden seine Annahmen bezüglich der Datierung deutlich, weil er das 10. Jh. ausdrücklich ausklammert: ». . . the limitation in using the Danes as scapegoats is that the long period of peace and Anglo-Saxon success, all through the middle of the tenth century, seems to have produced virtually nothing of any importance in poetry – a marked contrast to contemporary Anglo-Saxon achievement in many other directions« (loc.cit.). Für ihn liegt der *terminus ad quem* im ›Verfall‹ der Metrik: ibid. 174-8.

12 Diese Annahme tritt deutlich zutage in Formulierungen wie ». . . Alfred . . . tried to build up anew that flourishing civilization which the Danish invasions had brought to wrack and ruin« (Malone 1967:96); »the serious Viking ravages, which would have made work of Cynewulf's type, to say the least, unlikely« (Whitelock 1949:80-1); »this text . . . must have survived the Danish invasions of the ninth and tenth centuries« (Greenfield 1966:82) »um 866 wurde der gesamte nordöstliche Teil der Insel während der Großen Invasion in Schutt und Asche gelegt« (Göller 1971:11).

13 Vgl. oben, pp. 71 mit Anm. 7, 73-4 mit Anm. 11. Alkuin sieht die Gründe für eine Bedrohung mehr im internen Streit und sündhaften Verhalten der Engländer als in der Möglichkeit von militärischen Invasionen: vgl. EHD I:854-6. Zur Verwendung der Alfred-Passage als Beleg für Kulturzerstörung vgl. weiter Wrenn 1967:223-4; Göller 1971:190-1; implizit auch Malone 1967: 96. Sehr viel vorsichtiger deuten den Brief als Beleg für »Bildungsverfall« Pilch/Tristram 1979:155-6.

zung des Ereignisses von 793 weniger das Ausmaß der Zerstörung als vielmehr der Schock über den Angriff auf die Kirche eine Rolle spielt[14]; weiter wird verschwiegen, daß Alfred eher nur global den Zustand der Bildung seiner Zeit umreißt. Wenn er sich dabei an einer Stelle zur Zerstörung der Kirchen äußert, so geschieht auch dies nur sehr pauschal. Vor allem aber ist es der Verfall der Latinität, den er beklagt: bedeutsam ist dabei, daß er die Ursache für diesen Verfall nicht in den Wikingereinfällen sucht[15]; als Beleg für eine vollständige Zerstörung der Kultur ist sein Brief an die Bischöfe des Reichs daher wenig brauchbar[16]. Und selbst wenn seine *laudatio temporis acti* konkreten Anlaß für ihre Klagen hat – was ja gar nicht bestritten werden soll – so ist damit längst nicht erwiesen, daß man aus seinen pauschalen Äußerungen etwa auch einen Verfall der altenglischen Dichtkunst ableiten könnte; für eine dauerhaft feindliche Polarisierung zwischen englischen und dänischen Bevölkerungsgruppen bietet seine Darstellung erst recht keine Handhabe. Was sich somit kurz und exemplarisch an nur einer der möglichen Quellen für das in der Diskussion verwandte Geschichtsbild zeigen läßt, gilt in der historischen Forschung heute nach gründlicher Quellenkritik für viele der verfügbaren Dokumente über die Wikingereinfälle, soweit sie den englischen Bereich betreffen[17]. Dabei hat sich gezeigt, daß den Klagen über das Ausmaß der Zerstörung in einigen Punkten nicht unbedingt Glauben geschenkt werden darf.

2.3.1.1 *Bilder vom Ausmaß der Zerstörungen*. Ein wesentlich neuer Aspekt ist die Erkenntnis, daß vor allem die Zahl der in England einfallenden Skandinavier von den zeitgenössischen Chronisten übertrieben wurde: besonders die in der Angelsachsen-Chronik genannten Schiffszahlen stehen dabei in Rede. Zudem wird die Übersetzung des alteng. *here* mit *host* oder *army* nicht gerade dazu beitragen, besseren und genaueren Aufschluß über die Größe der plündernden Banden zu geben[18]. Während so noch bis in die fünfziger Jahre die Ansicht vorgeherrscht hat, im Jahre 865 habe die »große Armee« in einer Stärke von rund fünftausend Mann England fast vollständig

14 Sawyer 1971:1; Morris 1977:81-2; Loyn 1977:55.

15 Alfred *Care*:3-5. Den propagandistischen Stellenwert dieses Briefes und einiger Chronikeinträge enthüllt Davis 1971, bes. 171-7, 179-81; zum Alfred-Brief auch schon Fisher 1952a:18.

16 Vgl. dazu bes. Sawyer 1971:143-5.

17 Die in Rede stehenden Quellen werden zusammenschauend dargestellt in EHD I:29-36, 90-3. Eine wesentliche Quellenkritik übt Sawyer 1958, Sawyer 1971:12-47; vgl. bes. ibid. 12-25, 29-30, 35-6, 39-43 zu relevanten Quellen für England. Zur Einschätzung dieser Quellen durch Sawyer vgl. die Einschränkungen bei Fellows Jensen 1975b:184.

18 Sawyer 1971:16-7, 123-31.

erobert[19], kommt Peter Sawyer nach sorgfältiger Prüfung der Belege und einer vorsichtigen Kalkulation zu einem anderen Ergebnis: bei Berücksichtigung des Transports von Frauen, Kindern und Pferden dürfte aufgrund der Größe der Schiffe dieses *micel here* von 865 vermutlich unter tausend Mann stark gewesen sein[20]. Einen Eindruck von der geringen Größe des *micel here* von 892 vermittelt auch die Angelsachsen-Chronik: der Chronist hat verzeichnet, daß sich ein Teil dieses Verbandes auf eine kleine Insel zurückzog[21], die von Stenton als Thorney Island identifiziert worden ist, ein Inselchen in der Größe von knapp 300 mal 100 Metern.

19 Vgl. z. B. Stenton 1971:243 (»more than five thousand seasoned fighting men«) und ibid. Anm. 1; Kolb 1965:129-30 Anm. 3 verwechselt in seiner Kritik an Sawyer Siedlerzahlen mit Zahlen für die *hergas*. Einen Überblick über Tendenzen und Ergebnisse der Forschung bis ca. 1973 bietet Fellows Jensen 1975b; zur Chronologie der Veränderungen am überkommenen Geschichtsbild vgl. ibid. 181-4. Vgl. weiter Loyn 1977, bes. 54-67, 113-37.

20 Sawyer 1958; Loyn 1962:54; Sawyer 1971:127-8. Vgl. dagegen EHD I:28 (»there came the great host«).
Kürzlich ist Sawyers Interpretation der Quellen von N. P. Brooks in Frage gestellt worden: für ihn zählt das *micel here* von 865 wie das von 892 »a few thousand« (Brooks 1979:11 und passim). Er bietet im wesentlichen vier Argumente auf: den Zusammenschluß verschiedener *hergas* (ibid. 7-8); die nötige Zahl von Kriegern zur Etablierung dänischer Herrschaft in East Anglia unter Berücksichtigung der Tatsache, daß Teile der *hergas* bis 880 sich ansiedelten, spräche für größere Heere (ibid. 8-9); die erforderliche Zahl von dänischen Kriegern zur Besetzung von Befestigungsanlagen (ibid. 9-11); die Zahl der wests. Krieger in den Befestigungsanlagen der *Burghal Hidage* (geschätzt auf rund 27000) ließe ebenfalls einen Rückschluß auf die Zahl von »a few thousand« in den *hergas* zu (ibid. 17-20): so folgert Brooks, daß Alfreds Aussage richtig sei (ibid. 12-6).
Gegen die beiden letzten Argumente läßt sich einwenden, daß kleinere, bewegliche Heere immer größeren Verteidigungsaufwand bedingen (vgl. *ASC* 1010): die Karte von Hill 1969:89 verdeutlicht, wie weiträumig die Verteidigungsanlagen der *Burghal Hidage* auseinander liegen. Sinnvoller wäre daher ein Vergleich *einzelner* Zahlen: Exeter z. B., für dessen Verteidigung Brooks »a few hundred« für zu gering hält (ibid. 10), erfordert nach der *Burghal Hidage* 734 Mann zur Verteidigung, Wareham 1600. Zudem ist im Zweifel, ob die Festlegungen tatsächlich angewandt oder nur Berechnungsgrundlage für Verteidigungslasten waren: vgl. dazu Hill 1969, bes. 92. Verstärkungen und Auflösungen der dänischen *hergas* sind über das belegte Maß hinaus denkbar: zudem steht die Koordination verschiedener Heere auch bei Sawyer nicht in Zweifel; vgl. gegen Brooks auch hier Anm. 21. Der Versuch, Propaganda und Wahrheit auf die Spur zu kommen, bedeutet überdies nicht (wie Brooks 20 befürchtet), Alfreds Leistung und die Größe der ihm gestellten Aufgaben mißzuverstehen: vgl. dazu Davis 1971.

21 *ASC* 893; auf dieses Argument geht Brooks 1979 nicht ein. Alle Zitate aus *ASC* erfolgen für die Zeit 832x900 aus Smith *Chronicle* oder der Übers. in Whitelock *Chronicle*; für die spätere Zeit zitiere ich nach Thorpe *Chronicle*, der als einziger alle Versionen ediert. In der Regel zitiere ich A; in anderen Fällen sind die Versionen vor der Jahreszahl angegeben.

On this small island the *micel here* that landed in the Lymne estuary in 892, that constructed and sheltered in the lost fortification at Appledore, was besieged. It would, however, hardly have afforded very comfortable shelter for a month or two for an army of 5,000 with their horses. There are, therefore, good reasons for thinking that the ninth century Viking armies were relatively small, numbering, at most, a few hundred men[22].

Vielleicht vermag zu Größenvorstellungen über Heere in dieser Zeit eine Quelle besseren Aufschluß zu geben als moderne Erfahrungen von Armeen: eine Quelle nämlich, die zu Alfreds Zeit offenbar auf seinen Wunsch hin aufgezeichnet wurde wegen ihrer Relevanz für die Gesetzgebung des westsächsischen Königs. Aus den in solchem Interesse bewahrten Gesetzen Ines (688×694) geht hervor, daß man als ›Heer‹ schon eine Kampfgruppe von nur wenigen Mann bezeichnete.

Ðeofas we hatað oð vii men; from vii hloð oð xxxv; siððan bið here[23].

Mit einem veränderten Bild von der Größe einfallender *hergas* stellt sich auch die Frage nach den Auswirkungen ihrer Plündereien und Zerstörungen neu. Zunächst gilt festzuhalten, daß vor 835 in keinem Fall die Rede sein kann vom »Beginn des Endes aller Dinge«, wie Pearsall mit seinem Zitat aus Alcuins Brief insinuieren will[24]. Zwischen 835 und 865 verzeichnen die verschiedenen Versionen der Chronik diverse Kämpfe mit wechselnden dänischen oder wikingischen *hergas*, deren Größe lediglich in Schiffs- und nie in Mannstärke angegeben ist[25]. Ihr Erfolg ist unstet, jedoch registriert der Chronist nur in ganz wenigen Fällen tatsächlich Verwüstungen oder Plündereien, die über die stereotype Formel vom »micel wæl« hinausgehen[26]. Dies mag seinen Grund darin finden, daß der Chronist weniger an Einzelschicksalen und Details als am Bestand der westsächsischen Dynastie interessiert war, wie denn auch Ereignisse dieser Art außerhalb des westsächsischen Herrschaftsbereichs kaum Eingang in diesen Abschnitt der Chronik gefunden haben. Als wesentlichstes Ereignis der dreißig Jahre kann deshalb der Eintrag unter dem Jahr 851 gelten, der eine Wende in der Taktik und vielleicht auch in den Absichten der Invasoren andeutet: zum ersten Mal überwintern

22 Sawyer 1971:131.

23 Liebermann *Gesetze* I:94; Übers. ibid. 95; vgl. Grierson 1959:131; Sawyer 1971:123. Zur Funktion vgl. EHD I:398 (»King Alfred may have copied *only such as were useful for his purpose*«).

24 Vollständiges Zitat oben pp. 73; im übrigen ist dies schon bei Whitelock 1951:25 festgehalten (»the time when Viking invasions began in earnest, about 835«).

25 Vgl. dazu Sawyer 1971:124-6; zur Glaubwürdigkeit des Chronikabschnittes ibid. 16-7.

26 *ASC* 832 (*recte* 835: »oferhergeadon Sceapige«), 865 (»oferhergeade alle Cent eastewearde«). Zur Datierung der Einträge vgl. Whitelock *Chronicle* s. a., und grundsätzlich Harrison 1973.

»heidnische Männer« auf Thanet[27]. Eine noch entscheidendere Wende zeichnet sich dann 865/6 ab: die Chronik vermerkt *sub anno* 866 das Erscheinen des *micel here* und notiert mehr lakonisch einen Friedensschluß zwischen Invasoren und Ostangeln. Die Abfolge der dramatischen Ereignisse zwischen diesem Friedensschluß von 866 und dem Vertrag zwischen Alfred und Guthrum im Jahr 878 ist erst kürzlich von Alfred Smyth kompetent und detailliert rekonstruiert worden[28]: danach stellen sich die rund fünfzehn Jahre ab 865 als die wirklichen Krisenjahre dar, in denen dänische *hergas* zuerst unter der Führung von Ivar dem Knochenlosen und dann unter Halfdan und Guthrum offensichtlich nach einem abgesprochenen Eroberungsplan vorgingen[29]. Die einzelnen Stationen dieses Versuchs der großflächigen Eroberung sind hinlänglich bekannt: 866 Tributzahlung in Pferden durch East Anglia in dem erwähnten Friedensvertrag; 866/7 Eroberung Yorks; 868 erster Versuch einer Eroberung von Mercia, der in einem Friedensschluß endet; 869 Eroberung von East Anglia und Ritualmord an seinem König Edmund[30]; 870/1 erste Vorstöße in westsächsisches Herrschaftsgebiet mit dem Ziel der Eroberung, gleichzeitig Verstärkung des *here* von Ivar und Halfdan durch das Erscheinen von Guthrums *micel sumorlida*: sie schlagen mit ihrem Verband Alfred bei Wilton und zwingen ihn zu einem Friedensschluß[31]. Das folgende Jahr sieht die Dänen gemeinsam in Northumbria, um eine Revolte niederzuschlagen, so daß die größte Gefahr von Wessex vorerst abgewandt war. 874 besetzen die Dänen Mercia, setzen wie im Norden und in East Anglia eine Marionette als König ein und bereiten einen weiteren Angriff auf Wessex vor. Das Jahr 875 bringt eine erste Wende in ihrem Eroberungsplan: Halfdan zieht mitsamt jenem *here*, das 865×870 Ivar unterstanden hatte, nach Northumbria und teilt das Land 876 unter seine Gefolgsleute auf, die sich hauptsächlich im heutigen Yorkshire ansiedeln. Guthrum dagegen führt sein *here* 876/8 fast ungehindert durch Wessex und schließt dabei zweimal Verträge mit Alfred, die sich der Westsachse mit Tributzahlungen erkaufen muß[32]; schließlich wagt er 878 einen überraschenden Vorstoß gegen Alfred in Chippenham, dem der König nur mit Mühe entgeht[33]. Doch die Situation hat

27 *ASC* B, C, D, E 851. Die Überwinterung fand wohl 850/1 statt: vgl. Beaven 1918b; Whitelock *Chronicle*: xxiv.

28 Smyth 1977:169-213, 224-66; ich beziehe mich in meiner Darstellung auf seine Chronologie.

29 Ibid. 170-3, 176-7, 181, 200, 242-5, 248.

30 Zu diesem heidnischen Ritualmord ibid. 201-13.

31 Zu den *zwei* Heeren, die ab 871 in England auf Eroberung bedacht waren, vgl. ibid. 240-2.

32 Ibid. 245-6.

33 Smyth sieht in diesem Angriff den Versuch Guthrums, Alfred in seine Gewalt zu bringen, um an ihm ein ähnliches Opferritual zu vollziehen wie an Aella von Northumbria und an Edmund: ibid. 248, zu Aella 189-94.

sich grundlegend geändert: schon 877 war Guthrums *here* durch die Aufteilung Mercias möglicherweise in seiner Stärke reduziert worden, und nach Chippenham folgten weitere seiner Krieger diesem Wunsch nach Ansiedlung[34]. So gelingt Alfred mit veränderter Taktik der Sieg in dem entscheidenden Kampf bei Edington, der letztlich Guthrum und seine Mannen nach East Anglia zurückzwingt und damit den Bestand der westsächsischen Dynastie gewährleistet.

> It is true that the Danes of East Anglia and Northumbria would take advantage of future unrest to return and ravage Wessex. But these were only sporadic raids, no different from similar expeditions launched by English kings against each others' territories in the pre-Danish period. From now on, the Danes of East Anglia and Northumbria would meet the West Saxons on equal terms; as farmers anxious to bring a speedy end to a campaign. As far as the invaders of 865 and 871 were concerned, their days as *víkingar* were over[35].

Wessex erlebt eine neuerlich drohende Eroberung von 892 bis 896, als das zuerst 879 notierte und dann vom Chronisten aufmerksam in seinen Bewegungen auf dem Kontinent verfolgte *here* in England auftaucht und Alfred vier Jahre lang in Atem hält – was den Chronisten veranlaßt, seine Annalen auf besondere Weise zu kennzeichnen[36]. Als sich dieses *here* im Sommer 896 aufteilt, ist die Eroberungsgefahr endgültig gebannt, die neuen Aggressoren haben die Angelsachsen nicht einmal übermäßig geschädigt – so jedenfalls sah es der Chronist, der für den entsprechenden Eintrag verantwortlich zeichnete.

> Næfde se here, Godes þonces, Angelcyn ealles forswiðe gebrocod. Ac hie wæron micle swiþor gebrocede on þæm þrim gearum mid ceapes cwilde ond monna, ealles swiþost mid þæm þæt manige þara selestena cynges þena þe þær on londe wæron forðferdon on þæm þrim gearum . . .[37].

Soweit der große Umriß der Ereignisse, in dem sich die Frage nach Umfang und Art des Plünderns und Zerstörens stellt. Die 30 Jahre zwischen 835 und 865 bieten wenig konkreten Anhalt für das einfache Bild, das in den Literaturgeschichten so gern für das 9. Jahrhundert beschworen wird. Sicher ist, daß die Wikinger überall dort zugriffen, wo leichte Beute zu machen war: in den ungeschützten Kirchen und Klöstern fanden sie reiche Schätze, und häufig mag die bloße Drohgebärde einiger hundert oder weniger ausgereicht haben, um die Bedrohten zur Zahlung von Tribut zu zwingen[38]. Wo ihnen aber effektiver Widerstand entgegengesetzt wurde, da war der Ausgang der

34 Ibid. 251, 252.
35 Ibid. 254.
36 *ASC* 893, 894, 895 enden jeweils mit einem Verweis auf den Zeitpunkt der Ankunft des *here* im Jahre 892.
37 *ASC* 896; vgl. Sawyer 1971:141.
38 Vgl. z. B. *ASC* 865, 866, 868, etc. Klöster als Hauptziele der Beutezüge sieht auch Fisher 1952a:2-3.

Kämpfe nicht immer positiv für die Aggressoren[39]. Materielle Belege für die Zerstörungen und Plündereien datieren folglich fast ausschließlich aus der Zeit nach 865: so wissen wir, daß Ealdorman Alfred Christ Church in Canterbury den *Codex aureus* vermachte, den er und seine Frau mit reinem Gold dem heidnischen *here* abkauften[40]; es gibt Hinweise für die Möglichkeit, daß die Klöster Jarrow und Monkwearmouth in der Wikingerzeit entweder zerstört wurden oder nach dem Abzug der Mönche verfielen[41]; bei Ausgrabungen in Whitby hat man eine Art Schmelztiegel gefunden, in dem vermutlich nach der Zerstörung des Klosters *Streoneshealh* im Jahre 867 kostbares Metall geschmolzen wurde[42]; Grabfunde aus dem 9. Jahrhundert in Norwegen haben bestätigt, daß Beuteschätze aus England ihren Weg dorthin fanden[43]. Weiter belegen Urkunden aus dem ersten Quartal desselben Jahrhunderts die Aufmerksamkeit, die von den Herrschenden der Territorialverteidigung gewidmet wurde, wenn etwa Ceolwulf von Mercia ausdrücklich Heerdienst »contra paganos« verlangt[44]. Der Verlust merzischer Landurkunden oder der Gesetzestexte Offas mag dänischer Zerstörung anzulasten sein[45], so wie Roger von Wendover unter dem Jahr 870 die Zerstörung des Klosters Coldingham durch Dänen verzeichnet[46]. Der Ankauf des *Codex aureus* durch Ealdorman Alfred vermittelt uns ebenso wie die in der Chronik verzeichneten ›Friedensverträge‹ einen Eindruck davon, welches oft das Hauptziel der Wikinger oder Dänen war: 865 schließen die Kenter einen Vertrag mit dem »heidnischen *here*«, und »die Kenter verhießen ihnen Geld für den Frieden«; dennoch verwüstete das *here* Ostkent, denn – wie Asser hinzufügt – »sciebant enim maiorem pecuniam se furtiva praeda quam pace adepturos«[47].

39 *ASC* 835 (*recte* 838), 837 (*recte* 840), 845, 851, 860, etc. Zur Datierung vgl. Smith *Chronicle*:10.

40 CS 634. Alfreds Testament wird 871x889 datiert: CS 558; S 1508.

41 Wilson 1968:302; Cramp 1969:24-5. Zettel 1977:127 beruht auf einer falschen Interpretation von Wilson loc.cit. Vgl. auch Wilson 1976c:395; zu Whitby hier Anm. 42.

42 Wilson 1967:37 und 1968:302 verweist auf Peers/Radford 1943:27-88; dort ist jedoch kein Hinweis auf diese Deutung enthalten. Wilson 1976b:268 Anm. 179 und 1976c:395 Anm. 8 verweist zur gleichen Deutung auf Foote/Wilson 1970 Abb. 1b: dort ist lediglich der Tiegel abgebildet. Die Zerstörung des Klosters 867, nur notiert von Peers/Radford 1943:30, belegen laut Cramp 1976: 223 Anm. 69 die »works of later writers« (gemeint ist Simeon *Historia Eccl.* I Kap. 3, nach Peers/Radford 1943:30).

43 Wilson 1967:37-8, 1968:293, 1976c:395.

44 CS 335; vgl. CS 332, CS 370 und EHD I:27 sowie ibid. no. 83. Zu den Urkunden vgl. S 168 (A. D. 811), S 1264 (A. D. 811), S 186 (A. D. 822).

45 Hart 1977: 44, 59; dagegen geht John 1964:77–9, 1966:22–4 davon aus, daß Landurkunden deswegen nicht überliefert sind, weil Laien unter Offa noch kein *bookland* erhielten.

46 Roger *Flores* s. a. 870.

47 *ASC* 865; Asser *Gesta* Kap. 20.7–9.

Welche Auswirkungen solcher Tribut als Preis für den Frieden teilweise hatte, erhellt aus einer Landurkunde des Bischofs Waerferth, der 872 zwei Hufen Land für vier Generationen an einen gewissen Eanwulf verpachten mußte und dazu erläutert:

> Episcopus namque hoc potissimum sentiebat pro immenso tributo barbarorum eodem anno quo pagani sedebant in Lundonia[48].

Die westsächsisch orientierte Chronik schweigt sich hier aus: sie vermerkt lediglich, daß die Merzier »Frieden nahmen«[49].

All dies ist natürlich hinlänglich bekannt: es verdeutlicht in Ansätzen, welcher Art Zerstörung und Plünderung waren. Während vor 865 die schriftlichen Quellen wenig Anhalt für die Meinung bieten, die sich in den Literaturgeschichten für fast das gesamte 9. Jahrhundert findet, lassen die Indizien für die Zeit zwischen 865 und zirka 880 den Schluß zu, daß in diesen rund 15 Jahren die Machtauseinandersetzung um England stattfindet, in deren Folge die alten Königreiche bis auf Wessex von der politischen Landkarte verschwinden. In Northumbria regieren nach der Eroberung Yorks Nordhumbrer als abhängige Könige, ebenso in Mercia, und es ist anzunehmen, daß Ähnliches auch für East Anglia zwischen dem Tod Edmunds und dem Herrschaftsantritt des Dänen Guthrum gilt[50]. Eine neue Herrscherklasse etabliert sich somit in den alten Königreichen: zu Recht ist allerdings darauf hingewiesen worden, daß die Überbetonung skandinavischer Plünderungs- und Zerstörungsmentalität das Bild des Zerfalls politischer Macht überdeckt hat, das die englischen Königreiche im 9. Jahrhundert selbst boten[51]. Interne Auseinandersetzungen und Revolten haben mindestens ebenso wie die Wikingereinfälle zum Niedergang alter Herrschaftsbereiche beigetragen, vor allem in Northumbria und Mercia[52]; über andere Zeiten und Räume sind unsere Informationen so spärlich, daß wir z. B. nur aus dem Chronikeintrag für das Jahr 870 von der Existenz eines ostanglischen Reichs zu dieser Zeit wissen. Die internen Querelen zu überdecken und die Lücken zu füllen mit dem Bild eines allgemeinen, politischen wie kulturellen Chaos mag zwar dem Bedürfnis nach konkreten und einfachen Bildern über

48 CS 533; S 1278 (A. D. 872); vgl. EHD I:29–30 und ibid. no. 94.

49 *ASC* 872.

50 Zu Northumbria Simeon *Historia* § 92; Roger *Flores* s. a. 867. Zu Mercia *ASC* 874; Asser *Gesta* Kap. 46.12–21; Simeon *Historia* § 75. Zu East Anglia *ASC* 870; Asser *Gesta* Kap. 33.5–6; zur beabsichtigten Machtübernahme durch Ivar unter Einsetzung von Edmund als ***subregulus*** vgl. Smyth 1977:206–7.

51 Sawyer 1971:145-7, 202-4.

52 Vgl. u. a. EHD I:24-6 mit Beispielen für Auseinandersetzungen; weiter Fisher 1952a:6-7; Dolley 1957:16; Binns 1963:8-9; Hart 1977:56; Morris 1977:82-3; Smyth 1977:176-7, 186-8. Loyn 1977:31-8 gibt einen globalen Überblick; Zettel 1977:213 sieht keine Auseinandersetzungen von Bedeutung.

dieses Jahrhundert entsprechen: allein an die historische Wirklichkeit führt es keinen Schritt näher heran. In der historischen Forschung ist dieses Bild längst differenzierter: fragwürdig bleibt dort allenfalls, ob dem Mangel an konkreten Hinweisen auf Plündereien oder Zerstörung dadurch abgeholfen werden darf, daß man *here* mit »raiding army« selbst dort übersetzt, wo der Chronik-Eintrag kein Indiz für diese Deutung bereithält[53].

Man verstehe mich hier nicht falsch: es geht mir nicht darum, gegen ein nach wie vor beschworenes Bild fast totaler Zerstörung angelsächsischer Kultur im 9. Jahrhundert ein anderes Extrem zu stellen, demzufolge etwa England zu dieser Zeit eine beschauliche Welt gewesen wäre. Erkenntnisziel kann doch nur sein, mit einer Vielzahl von Detailinformationen das vorherrschend pauschale, historische Bild zu differenzieren, das zu der Hypothese geführt hat, nach 825 seien Literaturproduktion und die Rezeption bestimmter Stoffe unmöglich gewesen. Das Ausmaß der Zerstörung ist sicherlich auch von den Betroffenen selbst häufig übertrieben worden: der Bericht von der Zerstörung der ostanglischen Klöster, in Sonderheit des Klosters Peterborough, wurde erst im 12. Jahrhundert in die E-Version der Chronik eingefügt; das Kloster Much Wenlock, angeblich 874 von den Dänen zerstört und erst nach der normannischen Eroberung wieder aufgebaut, tauscht nichtsdestoweniger im Jahr 901 Ländereien mit Ealdorman Aethelred; die westfriesische Siedlung Dorestad wird angeblich zwischen 834 und 836 erst geplündert, sodann verwüstet, dann entvölkert, »and in 837 tribute was exacted from its wasted and depopulated inhabitants«[54]. Die schriftlichen Quellen stammen fast immer aus dem Lager der Betroffenen selbst: ihre Parteinahme und damit interessierte Überzeichnung des Bildes sind fast zwangsläufig zu erwarten[55]. Erstaunlich ist dann ob des Konzertes der Klagen, daß der westsächsische König Aethelwulf, über dessen Kampf gegen dänische *hergas* die Chronik wiederholt Zeugnis ablegt, mitten in Phasen des Krieges und der behaupteten Zerstörung nach Rom reisen und sich dort ein Jahr lang aufhalten kann.

> ond þy ilcan geare [i. e. 855] ferde Æþelwulf cyning to Rome mid micelre weorþnesse ond þær was xii monaþ wuniende ond þa him hamweard for, ond him þa Carl Francna cyning his dohtor geaf him to cuene, ond æfter þam to his leodum cuom ond hie þæs gefægene wærun[56].

Die Chronik verschweigt, was wir aus anderen Quellen belegen können: die

53 So z. B. EHD I no. 1 s. a. 867, 869, 870; Whitelock *Chronicle* s. a. 867, 869, 870; etc.

54 Sawyer 1971:140; vgl. ibid. 20, 143-4. Die Landurkunde ist CS 587; zu ihrer Glaubwürdigkeit vgl. S 221 (A. D. 901); Finberg 1972 no. 430 (vgl. auch ibid. 197-8, 239-40).

55 So Fisher 1952a:3-5; Sawyer 1971:31-2, 140-1, 144-5; Dolley 1969:180.

56 *ASC* 855; vgl. Whitelock *Chronicle* s. a. 855-858.

Freude ob seiner Wiederkehr hat ihre Ursache nicht in der dänischen Bedrohung, sondern in einer Revolte des Sohnes gegen den königlichen Vater[57]. Lob spendet der Chronist diesem Sohn und Nachfolger Aethelbert, weil er in der Lage ist, sein Reich sechs Jahre »in guter Harmonie und in großem Frieden« zu regieren[58]: und dies alles, ich wiederhole es, inmitten einer Zeit, die aus literaturwissenschaftlicher Sicht immer nur eine Epoche von Tod, Verwüstung und Zerstörung gewesen sein soll.

Daß dagegen die Dekade zwischen 866 und 878 die wirkliche Krisenzeit war, läßt sich auch aus anderen Quellen belegen: dieses Bild bestätigen die Hortfunde von Münzen in England, für die Wilson eine deutliche Spitze zwischen 869 und 878 verzeichnet. Die in dieser Zeit offenbar verbreiteten Ängste um den materiellen Besitz bindet er historisch an an die Eroberung Yorks (867), an Halfdans Aufteilung von Yorkshire (876) und an die gefährdete Situation in Wessex bis zum Friedensvertrag zwischen Alfred und Guthrum (878).

> These finds demonstrate in a conclusive fashion something of the instability of Anglo-Saxon society in the course of this decade of the ninth century. This is the highest peak of coin-hoard deposition in the Anglo-Saxon period, and it is a peak which is not without historical significance[59].

Zerstörung politischer Macht in rund einer Dekade sollte nicht verwechselt werden mit allgemeiner Zerstörung: obwohl die Archäologie für die Zeit zwischen 800 und 1100 noch in ihren Anfängen steckt und Korrekturen der bisherigen Ergebnisse zu erwarten sind[60], ist der Erkenntniswert der bisherigen Funde, wenn er an den schriftlichen Klagen der zeitgenössischen oder späteren Quellen gemessen wird, doch eher ernüchternd.

> Such minor evidence as this [i. e. finds of destruction] can be duplicated elsewhere in the British Isles, but *it can do no more than emphasize the fact* of the Viking's activities in England. We have no settlement sites of uniquely Viking character in England of a type that occur in the Celtic area of Britain. We have no clearly demarcated destruction level on any major site comparable to that, for example, which has been found at Hedeby. *The dramatic happenings* of the Viking invasions *are more* clearly seen in the pages of the Anglo-Saxon Chronicle than in excavational record[61].

Angesichts der bisherigen Ergebnisse der Archäologie; angesichts der von der neueren Forschung herausgearbeiteten, allgemein-politischen Entwicklung

57 Vgl. Asser *Gesta* Kap. 12-13; EHD I:289-90. Die Gründe für die Revolte untersucht John 1966:37-44, bes. 43.

58 *ASC* 860.

59 Wilson 1968:298; vgl. die graphische Darstellung ibid. 297, weiter 296; ebenso Wilson 1976c:397-8; zur Situation im Norden außerdem Morris 1977:81-3.

60 Biddle 1971:391-2, 408 beklagt die Tendenz der Archäologen, bei der Jahresgrenze 800 Halt zu machen. Korrekturen erwartet Wilson 1968:302-3.

61 Wilson 1968:302; vgl. Wilson 1976c:395.

im England des 9. Jahrhunderts; angesichts der besonders zwischen 865 und 880 auf die Eroberung Englands als ihres neuen Herrschaftsbereiches ausgerichteten Strategien der Wikinger; angesichts der vielen Indizien für die schnelle Integration der neuen Herren will der Fall der Bruderschaft von Lindisfarne fast als Ausnahmefall erscheinen: unter der Führung des Bischofs Eardwulf und ihres Abtes Eadred wanderte sie sieben Jahre umher »ante paganorum exercitum multo cum labore et penuria de loco ad locum [fugiens]«[62]. Vielleicht ist daher das Bild, das der dänische Historiker Nils Lund von diesen Kriegsjahren zeichnet, den tatsächlichen Gegebenheiten näher:

> They [i. e. the members of the Danish armies] travelled from one town to another, taking new residence each autumn, and in each town forcing the inhabitants, or the inhabitants of the entire kingdom to which it belonged, to buy peace from them at the (presumably minimum) cost of one year's maintenance of the army. In fact the armies in these years might be well, if somewhat paradoxically, described as travellers in peace. After a decade the armies separated and settled permanently in a number of boroughs where they sat until and even after they surrendered to Edward the Elder[63].

Die Machtauseinandersetzung ist aber mit dem *settlement* der dänischen *hergas* nicht abgeschlossen: was in den Jahren nach 880 folgt, ist weniger eine *Rück*-Eroberung verloren gegangener Gebiete als die Ausdehnung westsächsischer Herrschaft in nördliche Richtung. In diesem Sinn ist der Vertrag zwischen Alfred und Guthrum der Abschluß einer politisch-militärischen Auseinandersetzung zwischen dem einzig intakten, englischen Königreich Wessex und einem Teil des *micel here* von 871. Die Vertragsgrenze garantiert Wessex bereits größeren territorialen Einfluß als noch Alfreds direkten Vorgängern auf dem Thron. Westsächsische Macht südlich der Themse und der Watling Street ist damit endgültig etabliert[64]: die Schwierigkeiten, denen sich Alfreds Nachfolger bis zur Mitte des 10. Jahrhunderts gegenüber sehen, resultieren dann nicht unbedeutend aus der Tatsache, daß sie *ehemals unabhängige* englische Königreiche ihrer Machtsphäre zuführen[65]. Erleichtert wird diese neue Eroberung auch dadurch, daß ihnen auf der anderen Seite wechselnde Koalitionen und eine größere Zahl politisch unzusammenhän-

62 Simeon *Historia* § 82; vgl. Simeon *Historia Eccl.* II Kap. 5-6, 10-13; Arnold *Cuthbert* § 20. Zur politischen und militärischen Situation im Norden vgl. u. a. Smyth 1977:255-8.

63 Lund 1969:198-9.

64 Zur Machtstellung von Wessex nach diesem Vertrag vgl. u. a. Stenton 1971:261-2, 434; Seymour 1977, bes. 320-3.

65 Vgl. z. B. EHD I:36-8, 39; Campbell 1942:94-7; Wainwright 1942:26-7, 1952:130, 1959:67-9; Whitelock 1959:70-4; Angus 1965 passim; Cramp 1967:15-6; Sawyer 1971:151; Morris 1977:84, 90 (mit Anm. 83), 97; Zettel 1977:265, 274, 297-301, 313.

gender, wenig homogener Räume mit wechselnden Herrschaftsansprüchen gegenüberstehen, ebenso eine größere Zahl von Heerführern oder Königen, die sich gelegentlich selbst bekämpfen[66]; erschwert dagegen wird diese Eroberung vornehmlich in der ersten Hälfte des 10. Jahrhunderts durch das starke Interesse irisch-norwegischer Könige an der Wiederherstellung des Königreichs Dublin–York[67]. Im Kern ist die imperiale Eroberungstendenz der westsächsischen Herren schon erkennbar am Verhalten Alfreds gegenüber denjenigen seiner Westsachsen, die mit dem Gegner kollaborierten[68]; ein sehr spätes Ressentiment gegen diese Machtausdehnung läßt noch im 13. Jahrhundert unter möglicherweise neuem, aktuellen Anlaß einen Schreiber das walisische Gedicht *Armes Prydein* aufzeichnen[69]. Nur wenn man über der vorgeblich unüberwindlichen, dänisch-englischen Opposition vergißt, daß es der *westsächsische* Hegemonieanspruch ist, der auf Teile Englands zugreift, die nie zuvor oder allenfalls kurzzeitig seiner Macht unterstanden, nur dann kann man zu der Ansicht gelangen, daß sich hier ganz England und die Dänen gegenüberstehen: das Reden vom »re-conquest of the Danelaw« hat solche Meinungen eher noch gestärkt[70]. Die Phase der Wikingereinfälle des 9. Jahrhunderts, die mit der Auflösung des *micel here* im Jahre 896 zu Ende geht, leitet über in einen Prozeß teilweise schmerzlicher Einigung, der dann unter Edgar in der Mitte des nächsten Jahrhunderts seinen krönenden Abschluß findet.

Es dürfte nach dem hier umrissenen Bild klar sein, daß eine Berufung ausschließlich auf Alcuin und Alfred – wie sie als Begründung für wenig konkretisierte Bilder vom 9. Jahrhundert in Literaturgeschichten bisher offensichtlich genügt – nur zu unhaltbaren Schlüssen über eine komplexe Auseinandersetzung führen kann. Zerstörung, Verwüstung, Ausrottung der Kultur: das *onus probandi* muß nun bei denjenigen liegen, die das für die ganze Wahrheit über das 9. Jahrhundert halten. Peter Sawyer hat die Kritik an solchen einfachen, aber gebräuchlichen Bildern wie folgt zusammengefaßt:

66 Dies läßt sich sogar an den ersten Münzen aus dem *Danelaw* ablesen: Dolley 1957:37. Vgl. weiter Beaven 1918a:3, 7; Wainwright 1959:63; Jones 1968:421; Dolley 1969:180, 182; Lund 1969:199, 200; Sawyer 1969a:173; Pythian-Adams 1977:72-3 mit Anm. 16; Loyn 1977:133; etc.

67 Vgl. z. B. EHD I:36-8, 39; Beaven 1918a:2-3, 5-9; Campbell 1942:85-7, 94-7; Wainwright 1952:118-24, 128; Whitelock 1959:71-2; Angus 1965 passim.

68 Asser *Gesta* Kap. 53.5-8: »Nihil enim habebat quo uteretur, nisi quod a paganis et etiam a Christianis, qui se paganorum subdiderant dominio, frequentibus irruptionibus aut clam aut etiam palam subtraheret.«

69 Vgl. Williams/Bromwich *Prydein*: xvii-xx.

70 Fast alle historischen Darstellungen des frühen 10. Jh.s reden im Zusammenhang mit Edwards und späteren militärischen Erfolgen von der »Rückeroberung« des *Danelaw*: vgl. stellvertretend für alle etwa Hill 1981:54-9. John 1982:161 formuliert um in »›conquest of the Danelaw‹«.

> ... the statements of contemporary writers and others have for too long been accepted by historians and others almost at their face value. This has had unfortunate consequences, for most contemporary writers were extremely hostile to the Vikings, and they concentrated almost exclusively on the violent aspects of Scandinavian activity. The hostility of the sources is not surprising; they were mostly written by ecclesiastics who were mainly concerned to record and complain about the activities of these heathen men who regarded the holy places of Christendom simply as treasure houses fit only to be plundered. The bias is often obvious and the exaggerations blatant; they are part of the reaction that historians seek to understand. It is, however, unfortunate that this bias and these exaggerations should have so thoroughly infected historical writing about the Viking period as a whole. Their too ready acceptance has resulted in distortions that make the subject wellnigh incomprehensible[71].

2.3.1.2 *Bilder einer Mentalität von Feindschaft und Haß*. Zu fragen wäre demzufolge nach den Auswirkungen der »raids« und »conquests« dieser Phase des Wikingerzeitalters auf das Verhältnis der Bevölkerungsgruppen zueinander: wenn schon die Vorstellungen großer Armeen, von großer Zerstörung und dem Ende der Kultur nur wenig Substanz in sich tragen – ließe sich dann nicht wenigstens argumentieren, *Beowulf* sei für die englische, aristokratische Kriegerkaste nicht rezeptabel »since it is a human enough assumption that a poem glorifying Scandinavian heroes would not be popular when their descendants were plundering the country«[72]? Und ließe sich aus dieser Annahme nicht weiter folgern, daß der überlieferte Text vor 800 entstanden und aufgeschrieben worden sein muß? Es soll hier gar nicht davon die Rede sein, daß die Erfahrung dieses Jahrhunderts mit seinen zwei Weltkriegen eine solche Annahme vielleicht naheliegend erscheinen läßt:

71 Sawyer 1971:9. Schon Fisher 1952a plädiert fundiert für eine Differenzierung der falschen Pauschalbilder über die Situation der Kirche zwischen Bedas Zeit und 875: vgl. ibid. 1-5 zum auch aus Fishers Sicht falschen Bild der Kulturzerstörung. Dagegen hält Zettel 1977:209-10 ohne jegliche Quellenkritik am Bild der Zerstörung fest: für ihn sind die verstreuten Aussagen zwischen 793 und 1000 Ausweis für »Verwüstung, Mord und nicht zuletzt eine zielbewußte Beutegier« (ibid. 210). Seine Darstellung leidet vor allem an der Fehldeutung von Urkunden (CS 449 enthält weder einen Hinweis auf Tributzahlung noch einen auf »depraedacio«, ebenso nicht 434 und 610: angeführt ibid. 210 Anm. 178); weiter an der Berufung auf Urkunden, deren Glaubwürdigkeit zweifelhaft ist (CS 461, 483, 484, 565, angeführt ibid.: vgl. S 200, 314, 354). Von den ibid. 176 Anm. 53 angeführten sechs Urkunden stehen allein vier (!) in Zweifel: vgl. S 322, 200, 314, 213 zu CS 447, 461, 483, 521. Unverständlich ist auch die Deutung von CS 455, deren Arenga mit CS 610 vergleichbar ist: auch hier *keine* Erwähnung von Däneneinfällen; mit einem allgemeinen Hinweis auf die Unsicherheit der Zeit ist lediglich begründet, warum dieser Text aufgezeichnet wurde. Ealhhun, Bischof von Worcester, verpachtet darin Berhtwulf, dem merzischen König, Land »pro nostra defensione«: die Urkunde ist zudem ausdrücklich eine »reconciliationis kartula« genannt! Vgl. dazu auch Finberg 1972 no. 254 (S 1272, 199).

72 Pearsall 1977:23; vgl. Whitelock 1951:24-5; Göller 1971:169-70; etc.

wichtiger ist mir die Tatsache, daß mit dieser Annahme eine Reihe weiterer, unausgesprochener Hypothesen einhergeht. Sie setzt ein allgemein verbreitetes Bewußtsein nationaler Identitäten voraus, verlangt die weitgehende Identifikation der Aggressoren mit den Skandinaviern des literarischen Textes, nimmt eine Rezeption des Werkes als Bewahrung *dänischer* Geschichte an und impliziert für die historische Situation des 9. Jahrhunderts eine weit verbreitete Mentalität des Hasses auf alles Skandinavische: *quod esset demonstrandum*. Im Ernst kann man nicht glauben wollen, daß dies ein gewichtiges und überzeugendes Argument in der Diskussion um die Entstehungszeit des Textes, seine Übermittlung, seine Niederschrift sein könnte – und nicht nur deswegen, weil Verherrlichung von Skandinaviern *qua* Skandinavier keine zentrale, nicht einmal eine Randfunktion des *Beowulf* ist. Ich kann es vor allem deshalb nicht glauben, weil neben diesem Argument bisher der Nachweis ausblieb, daß es mehr ist als eine bloße Projektion der Erfahrungen unseres Jahrhunderts auf die historischen Verhältnisse des 9. und 10. in England. Damit stößt es sich sofort an den Ergebnissen historischer Detailforschung, die ich in einigen ausgewählten Aspekten als Gegenargumente anführen möchte.

Der implizit postulierten Mentalität von Haß und Feindschaft steht auf faktischer Seite eine Vielzahl von Indizien und Belegen entgegen, die auf eine ebenso schnelle Integration der neuen Machthaber hinweisen wie auf die der dänischen Siedler, die ihnen möglicherweise in großer Zahl folgten. Die behauptete Mentalität würde aber ihre Spuren nicht nur in der Geschichte der Könige und ihrer Schlachten hinterlassen haben – sie müßte auch in der Geschichte der Bevölkerung nachzuweisen sein, und beide Aspekte sind nicht ohne weitere Prüfung gleichzusetzen[73]. Es ist wahr, daß Edward z. B. 902–905/6 Angriffe der Dänen aus East Anglia und Northumbria abzuwehren hatte; aber die Ursache dieser Angriffe ist ebenso offensichtlich im Nachfolgestreit um die westsächsische Krone zu suchen. Es ist Edwards Cousin Aethelwold, der 900 gegen Edward rebelliert, die Residenz des Königs bei Wimborne besetzt und dann nach seiner Flucht in Northumbria vom dänischen *here* zum König erwählt wird[74]. Könige und ihre Kriege in der ersten Hälfte des 10. Jahrhunderts zeichnen den Weg der Auseinandersetzungen um die Vorherrschaft in England: aber sind sie auch Ausweis für tiefwurzelnden Haß zwischen Engländern und Dänen? Die westsächsische Hofversion der Chronik behauptet, Aethelwold habe das *here* von East Anglia Ende 902 »verführt«, den Frieden mit Edward zu brechen[75]; als

73 Eine Unterscheidung, auf die z. B. Dodgson 1967:7-8 hinweist.

74 *ASC* 901; vgl. Whitelock *Chronicle* s. a. 900-906.

75 *ASC* 905; zur Datierung Whitelock *Chronicle*:59 Anm. 11. *Here* meint nicht immer nur Dänen, sondern auch Engländer: vgl. *ASC* A 921 (*recte* 917), wo das ostanglische *landhere* und Wikinger erwähnt sind; vgl. auch Waterhouse 1973.

weiterer Beleg dieser Kollaboration zwischen Engländern und Dänen kann die Bezeichnung des Westsachsen als »rex Danorum« bzw. »rex paganorum« aus den *Annals of St. Neot* gelten[76]. Es gibt darüber hinaus Hinweise, daß sich Merzier und Waliser verbünden und gegen Edward auflehnen[77]; in York wird fast jede erkennbare Schwäche des westsächsischen Throns genutzt, um die eigene, frühere Unabhängigkeit wiederherzustellen[78]. All dies sind dynastische Auseinandersetzungen, die über das Verhältnis zwischen Engländern und Dänen noch wenig aussagen.

Aussagekräftiger – und damit gelangt man dann zu einem wesentlich komplexeren Bild der Beziehungen – sind die vielen Indizien friedlicher Koexistenz und Kooperation zwischen Skandinaviern und Engländern, die sich aus anderen Quellen als nur der Hofberichterstattung der Chronik anführen lassen. Zunächst gilt festzuhalten, daß Übernahme der Herrschaft durch Dänen wohl in keinem Fall gleichzusetzen ist mit Vertreibung oder Vernichtung der englischen Bevölkerung[79]. Durch Einzeluntersuchungen ist nachgewiesen worden, daß die bestehende territoriale Organisation in weiten Bereichen des sogenannten *Danelaw* erhalten blieb: Vergleiche zwischen Wales und Northumbria hat Glanville Jones zu dem Schluß geführt, daß die Organisation einzelner Ländereien in zentraler Verwaltung (»multiple estates«) bis auf eine britisch-keltische Herkunft zurückzuführen ist; daß weiter die Skandinavier Zentralpositionen dieser Organisation besetzten, die es dem skandinavischen *hold* und den führenden Mitgliedern seines *here* erlaubten, von den Einkünften des Landes und den Einnahmen aus Rechten zu leben[80]. Zu dem gleichen Ergebnis führt eine Untersuchung über die Ländereien des Klosters und Bistums von Lindisfarne: der Besitz bleibt fast vollständig zusammen, er wird unter dänischer Herrschaft nicht aufgeteilt, sondern in großen Blocks vergeben und verpachtet[81]. Interessanterweise ist die skandinavische Verwaltungseinheit *wapentake* hier nur in einem Landgebiet nachzuweisen, das nicht in Klosterbesitz war: auch dies spricht dafür, daß die Besitzungen übernommen wurden »as economic going concerns«, daß daher die englische Bevölkerung auf diesen Ländereien verblieb[82]. Kürzlich ist

76 *Annals St. Neot* s. a. 903, 904.

77 Malmesbury *Gesta* II § 133; vgl. Wainwright 1959:67; Stenton 1971:339.

78 Vgl. hier Anm. 67.

79 Lund 1969:197 zieht das Fazit: ». . . on the whole there was no displacement or extermination of the English«.

80 Zu »multiple estates« und den Möglichkeiten ihrer Deutung vgl. die Beiträge von G. R. J. Jones 1961a, 1961b, 1966, 1971, 1976; auch in Südengland gab es ähnliche Organisationsstrukturen (1976:26-35; ibid. 24, 35-40 zu Northumbria). Zum gleichen Fragenkomplex und der Übernahme bestehender Territorialorganisation durch die Dänen vgl. bes. Jones 1965:77, 81, 83-4; auch Morris 1981:224-7.

81 Morris 1977; Morris 1981:223-7.

82 Morris 1977:97; vgl. Morris 1981:228.

vermutet worden, daß auch im Gebiet der *Five Boroughs* keine neuen Verwaltungsgrenzen geschaffen wurden[83]: dies ließe ebenfalls den vorsichtigen Rückschluß zu, daß die Eroberer das Land, das sie für sich in Anspruch nahmen, vornehmlich als gute Einnahmequelle betrachteten, ohne den Bestand wesentlich zu verändern[84]. Für East Anglia hat Davis schon 1955 eine Vertreibung der englischen Bevölkerung in Abrede gestellt: er kann glaubhaft argumentieren, daß der entsprechende Chronikeintrag unter dem Jahr 880 nicht zu verstehen ist als »a minute division . . . whereby every Danish soldier might have received ›a man's share‹ of land«; Ealdorman Aethelweard beschreibt den gleichen Vorgang am Ende des 10. Jahrhunderts als »omnesque habitatores illius terrae sub iugo imperii sui duxere«[85]. Wenn es noch einen Zweifel daran geben könnte, daß die Führer der *hergas* in der Regel die Besitzrechte an großen Landgebieten für sich und für ihre nächsten Untergebenen kleinere Einheiten verlangten, so müßten sie zerstreut werden können durch das von Abbo von Fleury aufgezeichnete Ultimatum Ivars an Edmund, den König der Ostangeln.

> Terra marique metuendus dominus noster Inguar, rex invictissimus, diversas sibi terras subjiciendo armis ad hujus provinciae optatum litus cum multis navibus hyematurus appulit, atque idcirco mandat ut *cum eo* antiquos thesauros et paternas divitias *sub eo regnaturus dividas*[86].

Edmund soll – wie vor ihm Egbert in Northumbria und nach ihm Ceolwulf in Mercia – *subregulus* der Dänen werden[87]: er lehnt dies angeblich nicht etwa ab, weil er mit verminderter Macht nicht Untertan Ivars sein will, sondern weil Ivar für ihn ein Heide ist, ein »rex paganissimus«, wie ihn Florence von Worcester später nennt.

> . . . Christianus rex Eadmundus non se subjiciet pagano duci, nisi prius effectus fueris compos nostrae religionis[88].

Die Taufe ist ebenso Bestandteil des Friedensschlusses zwischen Alfred und Guthrum: der Vertrag macht den Dänen zum rechtmäßigen Besitzer und Regenten des von ihm eroberten Gebiets. Auch die folgenden Verträge zwischen Edward und Ragnald, Athelstan und Sihtric, sowie Athelstans Friedensvertrag in Eamont bringen Vorteile für beide Seiten: sie sind zwar

83 Hart 1977:52.
84 Lund 1969:196: ». . . the armies . . . established themselves in a number of boroughs, where they lived the life of a military aristocracy . . .«
85 Aethelweard *Chronicle* s. a. 880, zitiert bei Davis 1955:26; vgl. weiter ibid. 38-9.
86 Abbo *Passio* Kap. vii, zitiert bei Smyth 1977:206; vgl. Aelfric *Lives* no. 32 Einleitung u. Vv. 48-55. Der historische Kern ergibt sich aus dem Übermittlungsweg: Abbo kennt die Geschichte von Dunstan, der wiederum hörte sie von Edmunds Schwertträger.
87 Vgl. Smyth 1977:206-8, dem ich hier folge.
88 Abbo *Passio* Kap. ix, teilw. zitiert bei Smyth 1977: 208 Anm. 37; vgl. Aelfric *Lives* no. 32 Vv. 90-3.

auch Abschluß kriegerischer Auseinandersetzungen oder Ergebnisse diplomatischer Verhandlungen, sie belegen aber in jedem Fall die Bereitschaft der westsächsischen Könige, ihre Vertragspartner als Herrscher anzuerkennen und ihnen auf einer vergleichbaren Rechtsbasis zu begegnen. Zwar werden die Verträge gelegentlich und im Falle von York öfter gebrochen; in anderen Fällen führen sie, wie das Beispiel Athelstans zeigt, zu einer Machtausweitung der westsächsischen Dynastie, wie sie vor Athelstan kein König in England kannte[89]. Dies alles bietet also wenig Anlaß, von einer andauernden Polarität zwischen Dänen und Engländern auszugehen, selbst wenn vornehmlich Aristokraten die Leidtragenden dänischer Machtübernahme waren: zudem ist im Fall von York daran festzuhalten, daß nach der Jahrhundertwende dort immer irisch-norwegische Könige aus Dublin und nicht Dänen aus England Thronrechte geltend machten.

Man wird nun einwenden wollen, daß die Geschichte der Großen selten auch die der hauptsächlich Betroffenen sei; daß die große Zahl bezeugter skandinavischer Orts- und Personennamen doch Ausweis dafür ist, daß eine großflächige und zahlenmäßig hohe Besiedlung durch Dänen stattgefunden habe; daß dies notwendigerweise Vertreibung und damit Feindschaft größeren Ausmaßes impliziert. In der Tat evozieren und erhärten ja Karten des Typs, wie sie Dorothy Whitelock in ihrem Sammelband der *English Historical Documents* abdruckt, die Vorstellung einer ausschließlich skandinavischen Bevölkerung zwischen Watling Street und Tyne[90]: dagegen verzeichnen allerdings genauere Karten lediglich die Orte mit skandinavischer Namensgebung, und erst in den letzten Jahren hat sich die Onomatologie bei der Auswahl ihres Materials auf solche Ortsnamen beschränkt, die bereits im Domesday Book verzeichnet sind[91]. Während aber die Zahl der Ortsnamen selbst wenig kontrovers ist, herrscht nach wie vor Uneinigkeit in der Antwort auf die Frage, ob diese Zahl auf eine Vielzahl dänischer Siedler oder eher auf das Prestige der wenigen, neuen Herren zurückzuführen sei: sind im Gefolge der dänischen *hergas* dänische Siedler nach England gekommen, oder hat man von einer Ausweitung des vorhandenen Landbesitzes durch die Krieger der *hergas* auszugehen? Offensichtlich ist aber für die von mir aufgeworfene Frage unerheblich, ob man sich in der Forschungskontroverse auf die Seite der These von einer »second migra-

89 Zum Vertrag Edward/Ragnald vgl. u. a. Wainwright 1952:114-6, 128-30; Whitelock 1959:71; daneben auch Morris 1977:86-7. Zum Vertrag Athelstan/Sihtric u. a. Whitelock 1959:71; Cramp 1967:15; Morris 1977:86-7.

90 EHD I:35 verzeichnet das gesamte Gebiet nördl. von Themse und Watling Street in dunkler Farbe als »Scandinavian settlement«.

91 Solche Karten gehen auf Smith 1956 vol. 1 (maps) zurück: vgl. u.a . Cameron 1965:24; Jones 1968:222; Sawyer 1971:161; Loyn 1977:119; Hill 1981:45. Zu Einwänden gegen die unkritische Verwendung der Namen vgl. Sawyer 1958, bes. 9-16; weiter Sawyer 1971:154-69. Eine ausschließliche Begrenzung auf die Ortsnamen des Domesday Book finde ich erstmals bei Cameron 1965:6-7.

tion« oder auf die der »internal colonization« schlägt: denn bei aller Verschiedenheit der Deutungen kennzeichnet die je verschiedenen Beiträge die einhellige Auffassung, daß die Besiedlung ein *friedlicher* Prozeß war[92]. Und selbst wenn an diesem Prozeß der Kultivierung neuen Landes nur dänische Bauern beteiligt gewesen wären, so finden wir doch auch aus der Schicht der aristokratischen Kriegerkasten genügend weitere Beispiele für eine friedfertige Kooperation zwischen Angelsachsen und Dänen.

Vermutlich schon bald nach der Aufteilung des ostanglischen Reiches unter Guthrum entstanden Berichte, denen zufolge Edmund letztlich durch die Feigheit eines Angelsachsen zu Tode gekommen sei.

> This account has all the marks of a story invented in a Danish environment in East Anglia. Like the Scandinavian saga of King Ælla, its primary purpose was to explain why the English king was slain. Since Edmund soon came to be revered by the Danes in England as *their* saint, it was necessary for them to excuse the whole affair as an accident[93].

Neben den politischen Absichten, die hier deutlich werden, belegt die

92 Die These der »internal colonization« vertritt hauptsächlich Peter Sawyer: vgl. 1958:10-2; 1969a:168-9, 170-2; 1969b; 1971:148-76, bes. 158-62, 169-71. Geringe Siedlerzahlen nehmen auch an Davis 1955, Jones 1965. Wesentliches Argument ist hier die Überlegung, daß das Prestige der neuen Herren auch Einfluß auf die Namensgebung (Personen- wie Ortsnamen) hat und nicht notwendig große Sprecherzahlen voraussetzt: Davis 1955:29-30; Dolley 1969:182; Sawyer 1969b:204; 1971:169-71; 1973:79-80. Baldige Heirat zwischen den Bevölkerungsgruppen nimmt schon Arngart 1947:75-82 an; er stützt sich dabei auf die These der Bilingualität solcher Familien, zuerst vertreten von Björkmann 1900/02:273, 275-8.
Die These der »second migration«, d. h. einer friedlichen Besiedlung durch dänische, bäuerliche Einwanderer innerhalb zweier Generationen nach 877, hat ihren Hauptvertreter in Kenneth Cameron: vgl. Cameron 1965:10-1, 15-6, 18-20; weiter 1970, 1971, 1978 (1965, 1970, 1971 repr. mit geringfügigen Ergänzungen in Cameron 1975:115-71). Allerdings sind Ansätze zu dieser These bereits erkennbar in z. B. Ekwall 1924:81-2; Davis 1955:31. Camerons Ergebnisse sind durch Untersuchungen von Gillian Fellows Jensen bestätigt worden und heute allgemein akzeptiert: vgl. Fellows Jensen 1968:xx-xxv; 1972:v, 195-221 passim, 251; 1975a:7-8; 1975b:197-8, 199-204, 206; 1977, bes. 4-8; 1978; vgl. auch Unwin 1981. Vgl. weiter Wilson 1968:292; Jones 1968:421-3; Lund 1969; Loyn 1977: 113-37; etc.
Die Diskussion ist jedoch noch nicht abgeschlossen, weil Generalisierungen kaum möglich scheinen und verschiedene Deutungsmöglichkeiten offenbleiben: vgl. u. a. Sawyer 1976b; 1978:6-7; Dolley 1969:181-2; Lund 1969:199; Lund 1976; Morris 1977:98-100.
Die Friedfertigkeit des Prozesses betonen u.a. Ekwall 1924:79; Davis 1955:31-2; Binns 1956:5; Cameron 1965:5, 11-3, 14, 16; Dodgson 1967:6-7; Wilson 1967:39, 41, 43; Wilson 1968:301; Klindt-Jensen 1969:195; Lund 1969:196-7; Sawyer 1969b:204; Cameron 1970:41, 48; Fellows Jensen 1972:250; Morris 1977:96; Wilson/Klindt-Jensen 1980:112-4; Morris 1981:241 und passim; etc.

93 Smyth 1977:56 (Hervorh. im Text). Vgl. weiter Blunt 1969:253; Lyon 1970:194-5; Dolley 1976:356.

von Münzen zum Gedenken Edmunds aber ein weiteres: nämlich die Bereitschaft der Dänen, sich der neuen, wirtschaftlichen Möglichkeiten zu bedienen; sie passen sich damit einer Geldwirtschaft an, die Skandinavien zu diesem Zeitpunkt noch nicht kannte[94]. Schon um 880 entstehen dann erste Münzprägungen als Nachbildungen von Alfreds *silver pennies*[95]; bereits 895 zeigen die Prägungen von York einen Qualitätsstand, der hinter den besten Münzen Alfreds nicht zurücksteht: es ist möglich, daß diese Qualität auf eine Beteiligung von Münzern aus Canterbury zurückgeht[96]. Einige Hinweise gibt es dafür, daß englische Münzer Skandinaviern in der Normandie dienten, und im 10. Jahrhundert prägen Engländer sogar in Skandinavien[97]. Der Status des Münzprägers, bisher wegen der Quellenlage und vor allem wegen der Schwierigkeit der Identifikation der Münzer nur wenig erforscht, war sicherlich dem des *thegn* vergleichbar[98]. Hand in Hand mit diesem Beginn der Geldwirtschaft scheint ein – wenn auch bescheidener – wirtschaftlicher Aufschwung zu gehen: so gibt es Hinweise darauf, daß Northampton ausgerechnet in der Zeit dänischer Besetzung und noch vor 900 wirtschaftlich aufblühte, möglicherweise durch Handel in Keramik[99]. Auch in Wessex selbst – um eine Parallele aus südlichem Herrschaftsgebiet zu nennen – ist Aufschwung festzustellen: Martin Biddle hat dies für Winchester in den letzten Jahren des 9. Jahrhunderts notiert[100]. Genauso in das späte 9. Jahrhundert sind Entstehen und Verbreitung der Stamford Keramik zu datieren, die als erste in England glasiert wurde, im Gegensatz zu anderen zeitgenössischen Erzeugnissen dieser Art in England weite Verbreitung fand und diese auch in der Qualität übertraf[101]: Stamford wurde etwa 870-880 von einem dänischen *here* besetzt, das sich dann 918 Edward unterwarf. Damit ist natürlich nicht gesagt, daß etwa Krieger die Keramik einführten oder gar vertrieben: es ergibt sich aber, daß unter dänischer Herrschaft hier wie in anderen Siedlungen eine wirtschaftliche Blüte verzeichnet werden kann, die ein Mindestmaß an

94 Erkennbar wird dies schon am Vertrag zwischen Alfred und Guthrum: vgl. Abs. 5 in Liebermann *Gesetze* I:128; EHD I:381. Weiter Wilson 1968:298-9; Dolley 1978:26.

95 Dolley 1957:19-20; 1965:16-9; Wilson 1968:298-9; Lyon 1970:196-7; Dolley 1976:356.

96 Dolley 1957:38-9; kontinentaler (fränkischer) Einfluß ist ebenso möglich, schließt aber die Münzer aus Canterbury nicht aus: ibid. Weiter Lyon/Stewart 1961:98-9, 109-18; Dolley 1965:19-20; Wilson 1968:298; Lyon 1970:195-6; Lyon 1976:191-2; Dolley 1978:26.

97 Dolley 1969:181; Wilson/Klindt-Jensen 1980:117.

98 Dolley 1957:81-3; Loyn 1984:123; andeutungsweise Pirie 1975:lii.

99 Williams 1977:148-9.

100 Biddle 1973:248-52; 1975:128-32; 1976b:450-4. Biddle/Hill 1971, bes. 82-4, sehen die Gründe für das Aufblühen wests. Siedlungen in Alfreds »planned towns« und dem zugehörigen Handel.

101 Hurst 1969:96-8, 108, 144; 1976:323-5, 326; Le Patourel 1976:174.

Kooperation und Friedensbereitschaft voraussetzt und daher das postulierte Bild einer globalen Mentalität der Feindschaft partiell widerlegt – wie denn auch der Besuch Ohteres an Alfreds Hof beweist, daß Engländer durchaus zwischen militärischen Operationen und friedlichem Handel mit Skandinaviern zu unterscheiden wußten[102].

Unter Alfreds Nachfolger Edward verdichten sich die Anzeichen für ein friedliches Zusammenleben: zwar verzeichnet die Chronik »Friedensbrüche« durch nordhumbrische und ostanglische *hergas* und solche aus den *Five Boroughs,* aber gerade diese Formulierung bezeugt, daß zuvor Verträge geschlossen wurden[103]; zudem läßt die Chronik keinen Zweifel daran, daß dies immer lokal begrenzte Erhebungen waren, bei denen sich zuweilen Engländer mit Dänen gegen den westsächsischen König verbünden oder bei denen auch Dänen gegen Dänen kämpfen[104]. Weiter hat F. T. Wainwright überzeugend aufzeigen können, daß etwa ab 900 durch verstärkte und dann massive Einwanderung nordisch-irischer Siedler im westlichen Mittelland und im Norden eine neuerlich bedrohliche Situation entstand, gegen die sich Aethelflaed und Edward mit ihrem Festungsbau und mit Koalitionen zwischen Engländern, Walisern, Schotten, Dänen und Briten militärisch wie diplomatisch absicherten[105]. Angesichts dieser neuen Bedrohung durch Skandinavier nimmt wunder, daß Edward seine *burh* Nottingham im Jahr 918 »sowohl mit englischen Männern wie mit dänischen« besetzen läßt[106]: eine Mentalität der Feindschaft und des Hasses würde einen Vertrauensbeweis dieser eklatanten Art wohl kaum zugelassen haben, wie denn auch der Landkauf im *Danelaw* durch englische *thegns* schon vor 911 ebenfalls eher

102 Ohtere nennt Alfred seinen »hlaford«: Alfred *Orosius*:13; weiter Sawyer 1971:35-6. Zum dänischen Anteil am wirtschaftlichen Aufschwung einiger Siedlungen vgl. u. a. Sawyer 1971:177-201 (allgemein); Clarke 1960:153, 159 (East Anglia); Cramp 1967:15, 17-9 (York); Radley 1971 passim (York); Dolley 1976:356; Biddle 1976a:123-4; Reynolds 1977:37-42, bes. 37-8; Loyn 1977:133-6 (jeweils für England); MacGregor 1978; Dolley 1978, bes. 30-1 (beide für York).

103 *ASC* A 904, B, C, D 905 (*recte* 903); *ASC* A, B, C, D 911 (*recte* 910); *ASC* A 917, B, C, D 914 (*recte* 913); *ASC* 921 (*recte* 917). Friedensschlüsse verzeichnen *ASC* A, B, C, D, E 906; *ASC* A, B, C, D 913 (*recte* 912); *ASC* A 918, B, C, D 915 (*recte* 914); *ASC* 921 (*recte* 917); *ASC* 922 (*recte* 918); *ASC* 924 (*recte* 920). Zu den Daten vgl. Whitelock *Chronicle* Anm. s. a.

104 *ASC* 921 (*recte* 917); Edward hatte zuvor einen Kriegszug gegen Tempsford und Colchester geführt. Beispiele für Koalitionen zwischen Engländern und Dänen im 9. Jh. bietet Fisher 1952a:3.
Der Aufstand der *hergas* von Northampton und Leicester führt zur Belagerung von Towcester an der Watling Street (*ASC* 921, *recte* 917); das *here* von Tempsford belagert Bedford, das sich 914 Edward unterworfen hatte (*ASC* 921, 918, *recte* 917 bzw. 914).

105 Grundlegend sind Wainwright 1942, 1948, 1950, 1952 und 1959; vgl. zusätzlich 1945a und 1945b (alle bis auf 1945b jetzt repr. in Wainwright/Finberg 1975).

106 *ASC* 922 (*recte* 918).

das Gegenteil von Feindschaft und Haß belegt[107]. Sicherlich ist richtig, daß die *hergas* nach ihrer Ansiedlung militärischem Druck genauso ausgeliefert waren wie diejenigen, die sie zuvor selbst bekriegten[108]: die verschiedenen Vertragsabschlüsse zwischen 900 und 920 belegen aber auch die Bereitschaft dieser Siedler der zweiten Generation südlich wie nördlich des Humber, die westsächsische Herrschaft anzuerkennen und mit dem neuen König zu kooperieren[109]. Sehr wohl mag eine wachsende Aversion zwischen Dänen und Norwegern, zwischen Siedlern der zweiten und dritten Generation der *hergas* von 865-876 einerseits und solchen aus dem irischen Raum andererseits ab 900 zu dieser Entwicklung beigetragen haben: es gibt genügend Hinweise dafür, daß die Neuankömmlinge von den Dänen in England nicht immer freundlich begrüßt wurden[110]. Nördlich des Humber ist zwar die politische Situation in der ersten Hälfte des 10. Jahrhunderts verworrener, aber auch hier gibt es sehr früh Anzeichen für einen Verständigungsprozeß: so scheint schon Guthred Beziehungen zu Alfred gepflegt zu haben, wenn davon die Rede ist, daß der Westsachse dem Dänen seine Zustimmung zur Neugründung des Klosters St. Cuthberts in Chester-le-Street gegeben haben soll[111]. Und selbst in den schwierigen Zeiten unter Ragnald finden sich Beispiele von Skandinaviern, die englischen Herren dienen, und von solchen, die ihr neugewonnenes Land an Engländer verpachten[112]. In späteren Jahren prägen dieselben Münzer sowohl für englische als auch für irisch-norwegische Könige in York, ohne daß diese Kollaboration mit der anderen Seite zu einer Verbannung aus königlichen Diensten führt[113].

Ein weiterer Bereich von Kooperation und gegenseitiger Einflußnahme erschließt sich auf dem Gebiet der Kunst: es ist wiederholt gezeigt worden, daß in der Steinskulptur und der Buchmalerei Stile und Stiltendenzen englischer Provenienz aus dem 9. Jahrhundert im 10. fortgesetzt und weiterentwickelt wurden; auch dies widerlegt partiell das beschworene Bild vom Ende aller Dinge[114]. Andererseits läßt sich im Danelaw und besonders in Northumbria ein Einfluß skandinavischer Kunst auf die englische Steinskulptur in einem Maße nachweisen, daß Wilson von einem »blending« sprechen kann

107 CS 658, 659; S 397, 396; EHD I no. 103.
108 Sawyer 1969a:174.
109 Wainwright 1952 passim; Davis 1955:33-5; Lund 1969:197-200. Weiter zu Northumbria *ASC* A 904, B, C, D 905 (*recte* 903); *ASC* 906.
110 Vgl. dazu u. a. Beaven 1918a:3-5; Wainwright 1952:123-6, 128; Binns 1956:7-8; Dolley 1957:79; Sawyer 1969a:168-9; etc.
111 Morris 1977:83-4.
112 Ibid. 97-9; vgl. EHD I:288 no. 6.
113 Dolley 1957:67, 81-3; Blunt 1974:83, 87-9, 94; Lyon 1976:192.
114 So z. B. für die Steinskulptur (und gelegentlich Buchmalerei) Cramp 1972:146-7; weiter Cramp 1977:230-1; Cramp 1978:9-14; Lang 1978b passim; für die Buchmalerei u. a. Wormald 1971:305-7; 313; Alexander 1975 passim.

which illustrates the congruity of two different people, talking a closely-related language, living in the same area, worshipping the same god, and having a certain continuity of political and even ecclesiastical organisation[115].

Zwar sind Datierung und Deutung der Middleton-Kreuze, auf die sich Wilson hier bezieht, unter Kunsthistorikern nach wie vor umstritten[116]. Einhellig wird aber der große skandinavische Einfluß auf vielen Gebieten akzeptiert und gemeinhin überall in der nördlichen Skulptur nachgewiesen, so daß auch häufig von der Fusion zweier Stilrichtungen die Rede ist[117]; gelegentlich findet sich eine Einflußnahme durch skandinavische Kunst sogar in Südengland[118]. Beeinflussung zeigt sich auch in anderer Richtung: so finden sich Broschen in Skandinavien mit englischen Stilelementen, und auch Schwertfunde deuten auf eine starke Bindung zwischen englischer und skandinavischer Kunst[119]; auf den Einfluß englischer Münzen auf die skandinavischen Prägungen in England hatte ich bereits verwiesen[120].

Ein Dilemma ergibt sich aus jeder Überlegung hinsichtlich der Kunsteinflüsse, das hier nicht verschwiegen werden soll: die Objekte lassen sich mit Ausnahme der Münzen in den seltensten Fällen auch nur annähernd genau datieren, und vielfach ergeben Schätzungen Zeitunterschiede von bis zu einem halben Jahrhundert[121]. Weitreichende Schlüsse sind daher nicht angebracht. Dennoch erscheint es möglich, der generellen Überlegung von Ole Klindt-Jensen oder Alan Binns zu folgen, die als Auftraggeber für die christlichen Grabskulpturen oder die Kreuze Käufer vermuten, die über den Einfluß, die Erfahrung und das Geld verfügten, ihre eigenen Vorstellungen in

115 Wilson 1968:301.

116 Wilson/Klindt-Jensen 1980:114 datieren »within a generation or two of the treaty with Alfred«; Wilson 1967:45, 1968:300, 1976c:399, 1978:142 datiert 876x900; dagegen Binns 1956:18 »tenth century«, ibid. 29, 919x954; Lang 1973:21, 25 favorisiert wie Bailey 1978:177-9, 1980:211-3 das frühe 10. Jh. Zur Deutung der Personendarstellung vgl. u. a. Binns 1956:16-7; Wilson 1967:45, 1968:300, 1976c:399 (»Krieger im Grab«, »mit Waffen«); diese Deutung bezweifeln Lang 1973:18-20 (»Krieger auf einem Thron«) und Bailey 1980:212.

117 Zum Einfluß skandinav. auf die engl. Kunst vgl. u. a. Binns 1956:15-26; Wilson 1968:299-300; Klindt-Jensen 1969:195; Cramp 1972:146-8; Lang 1973:23-5; Wilson 1975:206; Wilson 1976c:398-400; Cramp 1977:230-1; Cramp 1978:9-14; Wilson 1978; Lang 1978b; Wilson/Klindt-Jensen 1980:102-17; Morris 1981:229-33; etc.

118 Cramp 1972:147; Wilson 1975:206; Wilson/Klindt-Jensen 1980:105-6.

119 Wilson 1975:205-6; Wilson/Klindt-Jensen 1980:116-7.

120 Für Dolley 1957:73 sind Münzen »minor masterpieces of Viking art«, bei denen er den Versuch der ausgebenden Könige feststellte, die Münzen nicht »obviously offensive to Christian sentiment« gestalten zu lassen (ibid. 68-9).

121 Probleme und Möglichkeiten der Kunsthistoriker verdeutlicht Wilson 1978:135-7. Einen weiteren methodischen Weg beschreibt Bailey 1978; vgl. auch 1980:45-75. In der Buchmalerei stehen wegen der Datierung der MSS bessere Ergebnisse zur Verfügung.

der Skulptur zum Ausdruck bringen und dafür *englische* Steinmetze arbeiten zu lassen[122]; Käufer, die sicherlich in der aristokratischen Schicht zu suchen sind, und deren Stellung daher mindestens der des *thegn* vergleichbar wäre[123]. Weitere Arbeit in diesem Gebiet wird vielleicht ermöglichen, detaillierter zwischen dänisch und norwegisch in den Stilrichtungen zu trennen: erst wenn sich eine einigermaßen gesicherte Chronologie erstellen läßt, werden bessere und umfangreiche Erkenntnisse möglich sein[124].

Die vornehmlich christliche Grabskulptur anglisch-skandinavischer Provenienz bringt mich zu einem weiteren Bereich von Indizien für Kooperation in einem Gebiet, wo dies aufgrund der Klagen der Betroffenen wenig zu vermuten wäre: nämlich dem der Kirche und der Religion. Nach nun schon oft zitierter Meinung kam es mit der altenglischen Dichtung nach 825/35 ja vor allem deswegen zu einem Ende, weil die Dichterstuben mit den Klöstern ihren Untergang im wikingischen Brand- und Verwüstungssturm fanden. In seiner Pauschalität ist dieses Bild mit Sicherheit falsch; es findet nur wenig Substanz in den historischen Quellen. Sawyer hat schon mit Recht vermerkt, daß selbst Zeitgenossen den rapiden Verfall der Klosterkultur nicht den Wikingern anlasteten, sondern die Gründe bei den Engländern selbst suchten; so notiert etwa Asser eine Abneigung der Angelsachsen gegen monastisches Leben und zugleich die Mißachtung mönchischer Regeln in den existierenden Klöstern.

> ... quamvis perplurima adhuc *monasteria* in illa regione *constructa permaneant*, nullo tamen regulam illius vitae ordinabiliter tenente, nescio quare, aut pro alienigenarum infestationibus, qui saepissime terra marique hostiliter irrumpunt, aut etiam pro nimia illius gentis in omni genere divitiarum abundantia, *propter quam multo magis id genus despectae monasticae vitae fieri existimo*[125].

Auch an anderer Stelle belegt Asser mehr unfreiwillig die Existenz von Klöstern und Kirchen sogar in Northumbria, aber »pro nimia illius gentis in omni genere divitiarum abundantia« ist die Existenz der Klöster gefährdet[126]. Man sollte Assers Aussage sicherlich nicht überbewerten; jedoch belegt sie unumstößlich, daß die Angriffe der Wikinger nicht immer die Klöster selbst,

122 Klindt-Jensen 1969:195.

123 Binns 1956:29.

124 Binns 1956 sieht in den Middleton-Kreuzen norwegischen, Wilson/Klindt-Jensen 1980:104 sehen dänischen Einfluß.

125 Asser *Gesta* Kap. 93.8-16; Sawyer 1971:143; EHD I:300.

126 Asser *Gesta* Kap. 102.19-26 (EHD I:301-2) impliziert Klöster in Wessex, Mercia, Kirchen mit »servis Dei inhabitantibus« in Wales, Cornwall, Northumbria; Arnold *Cuthbert* § 13 erwähnt Abt Eadred in Carlisle ca. 883, § 21 bestätigt das Kloster Heversham zu Beginn des 10. Jh.s. Die Bruderschaft von Lindisfarne hatte einen festen Sitz bis 876 und ab 883 (vgl. hier, Anm. 62, 129; Sisam 1933:7; Fisher 1952a:2-3). Demnach ist die Karte in Cramp 1976:202 unvollständig: ibid. 203 legt nahe, daß nur Reform-Klöster verzeichnet sind.

wohl aber die Widerstandskraft der Mönche brachen und die Mißachtung monastischer Regeln zur Folge hatten: und diese Stellungnahme ist um so beachtenswerter, als sie aus dem kirchlichen Lager selbst kommt. Andererseits sind für Asser die Invasoren konsequent *pagani*, sein Feindbild ist somit verständlicherweise sehr stark christlich-kirchlich geprägt.

Die Informationen über das Verhältnis zwischen Wikingern und Kirche sind durchaus nicht ohne Widerspruch: auf der einen Seite die ständig wiederholten Klagen in den schriftlichen Quellen über Einfälle, Tributzahlungen, Zerstörung und barbarisches Heidentum – auf der anderen klare Indizien für Integrationsprozesse und Kooperation. Wie auch immer man die Konversion und das Christentum der dänischen Könige Guthrum und Guthred bewerten mag, so verdeutlicht doch die Taufe verschiedener Dänenkönige den ständigen Versuch der englischen Kirche, mit den neuen Machthabern zu einem Arrangement zu kommen und eine gemeinsame Rechtsbasis für zukünftiges Zusammenleben zu finden[127]. Guthrum prägt Münzen nur unter seinem christlichen Taufnamen Athelstan[128]; und es ist der Däne Guthred, der der Bruderschaft von Lindisfarne nach ihrer siebenjährigen Wanderschaft mit den Reliquien Cuthberts in Chester-le-Street eine neue Heimat gibt, nachdem er – so lassen die gleichen Quellen vermuten – offensichtlich mit Zustimmung der Kirche zum König gewählt wurde[129]. Dabei hat die christlichen Chronisten offenbar nicht gestört, daß die Wahl und das Krönungszeremoniell unter der Leitung eines Bischofs und eines Abtes auch nach heidnischem Ritual vollzogen worden sein soll[130]. Schon von Wilson ist vermutet worden, daß die Wanderjahre der Mönche auch eine gewisse Toleranz der Wikinger gegenüber den Christen und dem Christentum offenbaren: obwohl »ante paganorum exercitum . . . [fugientes]«, wurden die Brüder nur sehr wenig behindert[131]; kurz nach der Jahrhundertwende sind sie dann schon wieder in der Lage, große Ländereien an Engländer zu verpachten[132]. Toleranz verkündet auch der ausgeprägt christliche Charakter der ersten skandinavisch-dänischen Münzen aus York, der von Dolley besonders hervorgehoben worden ist:

127 So z. B. Smyth 1977:253-4 über den Vertrag Alfred/Guthrum.

128 Ibid. 254. Zu den Münzen Lyon/Stewart 1961:84-5; Dolley 1965:16-7; Lyon 1970:194-5.

129 Zur Geschichte der Wanderschaft, deren früheste überlieferte Version wohl in die Zeit zwischen 950 und 1050 datiert (Morris 1977:91 Anm. 91), vgl. Arnold *Cuthbert* § 20; Simeon *Historia Eccl.* II Kap. 5-6, 10-13; Morris 1977:83-4, 92. Zur Königswahl Arnold *Cuthbert* § 13; Simeon *Historia* § 98; Simeon *Historia Eccl.* II Kap. 13.

130 Arnold *Cuthbert* § 13: ». . . et ibi pone in brachio dextro armillam auream, et sic eum omnes regem constituant«; vgl. Simeon *Historia Eccl.* II Kap. 13. Zum Ritus vgl. u. a. Binns 1956:8-10.

131 Simeon *Historia* § 82; Wilson 1967:45-6.

132 Morris 1977:92-3, 96-7, 98-9.

> It cannot be stressed too much that the first Viking coinage of York is essentially the coinage of a highly civilised and largely Christianized society. The types are purely Christian, and legends such as »Mirabilia fecit« and »Dominus Deus Rex« are scarcely what we would expect of convinced worshippers at the shrines of Odin and of Thor[133].

Die Aussage der Münzen deckt sich mit der anderer Indizien: denn das Ende des 9. Jahrhunderts sieht nämlich den Norden in relativer Ruhe, auch für Abt Eadred in Carlisle und für das Kloster in Heversham; erst gegen Ende der ersten Dekade des nächsten Jahrhunderts beginnen neue Unruhen mit der massiven Einwanderung irisch-norwegischer Siedler[134]. Hand in Hand damit ist ein rapider Verfall in der Qualität der Münzen zu verzeichnen, obwohl ihr christlicher Aspekt erhalten bleibt und später im Jahrhundert auch dann noch festzustellen ist, wenn Thors Hammer die eine Seite der Münzen ziert[135]. Dolley wirft zudem die Frage auf, ob denn solche Zeichen von ›Heidentum‹ wirklich in der Weise aussagekräftig seien, daß sie eine ausgeprägte Opposition zwischen Kirche und ›Heiden‹ belegten: » . . . one wonders whether the type was really offensive to Christian sentiment«[136]. Gelegentlich tauchen solche Indizien für gegenseitige Duldung und Kooperation zwischen Christen und ›Heiden‹ selbst in den schriftlichen Quellen auf: so sagen Abbo von Fleury und Aelfric dem ostanglischen Bischof Edmunds eine Bereitschaft zur Unterwerfung unter Ivar auch ohne vorherige Taufe des Dänen nach[137]. Aus der Mitte des 10. Jahrhunderts ist uns die Kollaboration des Erzbischofs Wulfstan von York mit den irisch-norwegischen Königen von Dublin gegen den westsächsisch-englischen König lange bekannt; die Zerstörung des Klosters Ripon zeigt, daß auch christliche Könige vor solchen Maßnahmen nicht zurückschreckten, wenn es ihnen politisch geboten schien, während der Würdenträger aus York aus ebensolchen Gründen mit den Skandinaviern zusammenarbeitete, ohne sich um ihr ›Heidentum‹ einen Deut zu scheren: das Jahr 940 sieht ihn an der Seite von Olaf Guthfrithson, vor dessen Taufe, auf einem Beutezug in Tamworth und Leicester[138]. Dies alles sollte uns eine Warnung sein, *paganus* immer nur in einem eindeutigen Sinne verstehen zu

133 Dolley 1957:38; zur Datierung (895x903) ibid. 34-5, 37, 40; vgl. weiter Dolley 1965:19-20, 1978:28.

134 Vgl. z. B. Wainwright 1952:118-9; Morris 1977:85-6.

135 Zum Verfall der Münzqualität Dolley 1957:40-1, 1965:21; Dolley 1978:27 verbindet den Verfall auch mit Edwards Sieg über die Dänen bei Tettenhall im Jahre 910: vgl. ibid. 27-8, 30. Zu Thors Hammer Dolley 1957:42, 1965:22. Die Vorderseite zeigt die Legende »Sancti Petri Moneta«; vgl. dazu auch Binns 1956:14 (mit Anm. 1); Bailey 1980:42.

136 Dolley 1957:42; vgl. ibid. 43 (»pagan charm«).

137 Abbo *Passio* Kap. viii; Aelfric *Lives* no. 32 Vv. 56-61, 67-72.

138 Zu den Vorfällen um Wulfstan vgl. *ASC* 947-954; dazu EHD I:41-3; Whitelock 1959:71-4; Angus 1965:154-8.

wollen: häufig erklärt es eher den Standpunkt eines Schreibers als den des Beschriebenen; das Beispiel König Edgars zeigt zudem, daß sich beide Aspekte, *paganus* und *christianus*, in der Einschätzung einer Person durch kirchliche Vertreter treffen können. Obwohl für seine Unterstützung der Klosterreform bei der Mönchskirche in hohen Ehren, wird er dennoch nach seinem Tode gerügt, »daß er zu sehr heidnische Bräuche in dieses Land brachte«[139]. In diesem Licht kann auch der Brief des Papstes Formosus an Alfreds Bischöfe verstanden werden: die Kurie hatte offensichtlich mit dem Anathema für England gedroht, obwohl die Gründe hierfür nicht restlos geklärt sind; hinter den vom Papst inkriminierten »ritus paganorum« kann sich aber jedwede Art der Verletzung kirchlicher Rechte verbergen, seien sie nun religiöser, landrechtlicher oder pekuniärer Natur[140]. Wie weitgespannt unter den ›Heiden‹ selbst die Möglichkeiten des Kontaktes mit Christen sein konnten und sicherlich auch gewesen sind, erhellt am Beispiel jenes Klosterbruders, den Asser selbst in Alfreds neuem Kloster Athelney gesehen haben will, »unum paganicae gentis ..., iuvenem admodum, ... non ultimum scilicet eorum«[141]. Auf der anderen Seite der Skala der Möglichkeiten findet sich die Tatsache, daß dänische *hergas* unter Ivar ausgerechnet ihre Kenntnis des christlichen Kalenders für ihre Plünderungen nutzten: der Angriff auf York geschah zum Zeitpunkt eines hohen christlichen Festes, am 1. November im Jahre des Herrn 866[142].

Beispiele einer friedfertigen Beachtung christlicher Gepflogenheiten liefert dagegen die Archäologie: bis heute wurden in England nur eine Handvoll heidnischer Gräber von Wikingern gefunden, die noch dazu teilweise auf christlichen Friedhöfen angelegt wurden[143]. Die Chronologie dieser Gräber macht nach wie vor Schwierigkeiten: sie gehören möglicherweise einer frühen Zeit des 9. Jahrhunderts an und könnten dann Ausweis für das Heidentum der ersten, umherziehenden *hergas* sein; andererseits legen die möglicherweise heidnischen Motive der Middleton-Kreuze eine Zeit um das Ende des Jahrhunderts nahe[144]. Aber selbst aus dem wenigen, was bisher als relativ gesicherte Erkenntnis gilt, ergibt sich einmal ein Respekt vor christlichen Bestattungsgewohnheiten, zum anderen die Bekehrung der Skandinavier zu

139 *ASC* D, E 959; Whitelock *Chronicle*:74 Anm. 10 glaubt, den Stil des Erzbischofs Wulfstan II zu erkennen.

140 CS 573; Whitelock *Councils*:35-8; vgl. EHD I no. 227. Zur Interpretation des Briefes vgl. u. a. Stenton 1971:434-5.

141 Asser *Gesta* Kap. 94.9-11; EHD I:300.

142 Smyth 1977:181-2; vgl. ibid. 148-9, 155 über die gleiche Taktik der Dänen in Irland.

143 Wilson 1967:37-8, 43-5; 1968:293-4; 1976c:396-7. Morris 1981:234 bezweifelt die Schlußfolgerung Wilsons als »essentially unproven«.

144 Wilson 1968:296; weiter 1976c:396-7, 399. Vgl. hier Anm. 116, 124 zur unterschiedlichen Deutung und Datierung der Kreuze.

einem relativ frühen Zeitpunkt; die Kreuze geben deutlich zu erkennen, daß die Kirche bei der Integration der neuen Herren und ihrer Siedler eine wesentliche und früh wirksame Rolle spielte[145]. Ihre Vertreter verhielten sich gegenüber den Wikingern nicht nur passiv-leidend: sie waren offensichtlich missionarisch tätig, und dies mit erheblichem Erfolg, obwohl Details dieser Missionsarbeit selten exakt zu fassen sind.

> There is, however, enough to suggest that Christianity made an early appeal to many of the invaders. The evidence of the St Edmund coins, the Ely tradition and the life of Archbishop Oda *all points to a wide acceptance of the new faith already by the end of the ninth century*. In the first decade of the tenth century the Danes can still be called ›pagans‹ by their enemies, but this is the last indication of any continuance of heathen religion[146].

Dieser Erfolg der Kirche ist nicht denkbar auf dem Hintergrund einer Mentalität von Feindschaft und Hass: er setzt Bereitschaft voraus, den Willen zur Kooperation und Integration. Er impliziert eine nach wie vor intakte Kirchenstruktur und eine wirtschaftliche Basis, von der aus die Kirche operieren kann: auch hier wird das Bild fast totaler Zerstörung partiell widerlegt. Alfred ist in der Lage, vor 893 Almosen und Geschenke an Kirchen und Klöster in Mercia, Northumbria, Wales, Irland und auf dem Kontinent zu senden[147]; dies belegt nicht nur seinen auch sonst von Asser und anderen registrierten Reichtum[148]: es belegt vor allem, daß trotz der turbulenten Zeiten Kirchenvertreter reisen und Kontakte pflegen konnten. Nicht die Geschichte der drei in Cornwall angetriebenen Schotten ist demnach kennzeichnend für diese Zeit, sondern die Tatsache, daß selbst in Momenten großer Gefährdung politischer Macht der Kontakt zum Beispiel mit Rom nicht abreißt: ein Papstbrief von 873x876 erwähnt eine Gruppe kirchlicher Würdenträger (»proceres Anglorum«) in Rom, die über eine neue Bekleidung der Kirchenvertreter beschließen[149]; die Chronik verzeichnet königliche Gesandtschaften in den Jahren 887-890, die die Almosen aus Wessex oder auch nur zwei Briefe Alfreds nach Rom bringen[150], und Erzbischof Plegmund

145 Vgl. u. a. Whitelock 1941 passim; Fisher 1952a:2-5, 18-9; Godfrey 1962:283-4; Angus 1965:146-50, 159; Wilson 1967:44-5; Cramp 1967:17, 19-21; Klindt-Jensen 1969:195; Morris 1981:229-33; etc.

146 Whitelock 1941:175.

147 Asser *Gesta* Kap. 102.19-26; EHD I:301-2. Die Formulierungen »quibusdam annis«, »aut ante distribuit« legen langjährige Praxis nahe. Zu Alfreds Kontakten mit Irland u. a. Hughes 1971:53, 65-6.

148 Bischof Wulsige nennt Alfred den »berühmtesten Schatzspender«: Sisam 1923/1953:201-3; zur Identifizierung Wulsiges ibid. 225-31.

149 Whitelock *Councils*:2-3; CS 119. Birch ordnet den Brief zeitlich falsch ein: vgl. EHD I no. 221.

150 *ASC* 887-890. In diesen Zahlungen sieht Whitelock keine Neuerung (EHD I: 91); es wäre jedoch möglich, daß sie mit den Schwierigkeiten Alfreds mit der Kurie zusammenhängen, von denen EHD I nos. 222, 227 Zeugnis ablegen: auffällig ist,

ist in der Lage, die Kurie für England gnädig zu stimmen[151] – all dies paßt zusammen mit einem Fazit von David Wilson, der zur Lage der Kirche in dieser Zeit feststellt:

> The fact that the community of St Cuthbert – although dispossessed – could wander at will throughout the Viking area before settling at Chester-le-Street shows that Christianity was not actively suppressed. Apparently the only sanctions taken against the church were economic ones, and these would account for the decay in religious houses and institutions in the Viking area. The church still existed and was able to survive throughout this period[152].

2.3.1.3 *Erstes Fazit.* Ich fasse zusammen: das Bild, das ich auf den voraufgehenden Seiten versucht habe zu rekonstruieren, ist zugegebenermaßen lükkenhaft wie ein unvollständiges Mosaik; viele dieser Lücken werden wir nie füllen können, weil die entsprechenden Steinchen unwiderruflich verloren sind. Es scheint mir allerdings angebrachter, mit einem unvollständigen und teilweise widersprüchlichen Bild dieser Zeit auszukommen, als es bequem, aber grundlos in nur einer Farbe zu streichen. So hat das in literaturwissenschaftlicher Forschung gesetzte Postulat von der Zerstörung angelsächsischer Kultur nach 825, hat die nur behauptet vorhandene Mentalität von Feindschaft und Haß zwischen Engländern und Dänen keine ausreichende Basis in der historischen Realität. Die Verhältnisse – soweit sie überhaupt rekonstruierbar sind – waren wesentlich komplexer, als sich das in einem simplifizierten Bild darstellen ließe. Es wäre längst an der Zeit, mit dem falschen Pauschalbild auch die daraus abgeleiteten und völlig unzureichend begründeten, literarhistorischen Annahmen aufzugeben. Andernfalls wäre der Beweis zu erbringen, daß in dieser Zeit schon Nationalbewußtsein gegen Nationalbewußtsein stand: zumindest für die westsächsische Seite dieser postulierten Medaille sah das aber ein Zeitgenosse grundlegend anders.

> Nam in toto illo regno praeter illum solum [i. e. Alfred] pauperes aut nullos aut etiam paucissimos habebant adiutores; nimirum quia etiam pene omnes illius regionis potentes et nobiles ad secularia magis quam ad divina mentem declinaverant negotia: *magis enim unusquisque speciali* etiam in secularibus negotiis, *quam communi*[153].

daß die Chronik zuvor und danach solche Zahlungen nicht verzeichnet. Deanesly 1965:53 verbindet sie mit *ASC* B, D, E, F 883, C 884, wo von einem Versprechen Alfreds bei der Belagerung Londons *vor* 883 die Rede ist (vgl. jedoch Whitelock *Chronicle*:50 Anm. 9 wegen einiger Bedenken gegen diese Einträge). Laut John 1966:39-40 hatte Alfreds Vater der Kurie eine Jahresgabe von 300 *mancusae* zugesagt, die vor 887 reklamiert worden sein könnte, weil die Zahlung ausblieb (vgl. Asser *Gesta* Kap. 16; EHD I:290-1).

151 Whitelock *Councils*:35-8; EHD I no. 227. Zur Frage der Beziehungen mit Rom vgl. u. a. EHD I:91; Godfrey 1962:284, 291-2; Deanesly 1965 passim.

152 Wilson 1967:45-6.

153 Asser *Gesta* Kap. 105.8-14; EHD I:302.

Ich selbst bin geneigt, aufgrund der Belege eher Hector Chadwick oder Eric John zu folgen und damit ein englisches Nationalbewußtsein für diese Zeit zu bezweifeln: »No, the assumption of a common patriotism and a sense of communal self-interest cannot be safely made in Anglo-Saxon times[154].«

Nach dieser umfangreichen und doch notwendig begrenzten Sichtung des historischen Befundes lassen sich das Postulat der Zerstörung und die Annahme globaler Feindschaft als Stützen für einen *terminus ad quem* der Entstehung und Verbreitung altenglischer Dichtung nicht länger begründen. Beides erweist sich als unhaltbar wegen der dabei zugrundegelegten, falschen Bilder einer Epoche, die wesentlich komplexer zu zeichnen ist, als manche Literarhistoriker uns dies glauben machen wollen. Damit aber fällt der *terminus ad quem* selbst und mit ihm eine weitere Grundannahme des gesamten Datierungskonzeptes: denn das Ergebnis gilt nicht nur für die Datierung des *Beowulf*, sondern auch für die der übrigen, vordatierten Werke.

2.3.2 *Hypothesen über die Fusion der heidnischen und der christlichen Welt*. Als letzte Stütze des althergebrachten Datierungskonzeptes bleibt das Postulat der Rezeption vorgeblich heidnisch-germanischer Stoffe durch die Kirche: dies findet seinen literaturwissenschaftlichen Niederschlag in den Bildern von der »Fusion zweier Welten«, der heidnischen und der christlichen, mit denen die in Rede stehende Dichtung erklärt und gedeutet wird. Die Verwendung solch plakativer Bilder wirft eine Fülle von Fragen auf: ist jeder Reflex von ›Heidnischem‹ in den Texten – so wird ja behauptet – Ausweis für eine frühe Entstehung der jeweils überlieferten Textform, da nur in einer frühen Zeit des Christentums in England Toleranz geübt worden wäre gegenüber ›heidnischen‹ Stoffen oder Motiven in der Dichtung? Ist »the blending of Christian, classical and ›barbaric‹ elements in the poem [i. e. *Beowulf*]« zeitlich nur vergleichbar mit »similar blending in the Lindisfarne St Matthew«[155]? Kann denn Beleg für ›Heidnisches‹ sein, was sich als heroische Redeweise der Dichtung darstellt? Ist es weiter Ausweis für gerade erst überwundenes ›Heidentum‹, wenn sich ein im weiteren Sinne religiöser Text der behauptet *germanischen*, heroischen Tradition und Diktion bedient? Wie überhaupt definiert sich in den verwandten Bildern ›Heidentum‹ –: ist es anti-christlich, anti-klerikal, oder soll der Begriff etwa nur eine Diesseitsbezogenheit bezeichnen in der Art, daß man sich weltlicher Redeweisen und weltlich-sozialer Normen für die Darstellung biblisch-religiöser Inhalte

154 John 1966:136; vgl. ibid. 135-6 die Diskussion von Stentons Annahme »that able-bodied men would fight when their country was invaded« (135). Wie John auch Binns 1965:181-2; und schon früher Ashdown 1928, die die Mentalität der Feindschaft vor allem bei den späten Chronisten entdeckt: ibid. 75-6, 80-4, 98-9.

155 Pearsall 1977:23; vollständiges Zitat oben p. 71.

bedient? Ist die Übertragung weltlicher (heroischer) Redeweisen auf die religiöse Dichtung dann nicht vergleichbar dem sprachlichen Spannungsverhältnis von weltlicher und religiöser Liebesdichtung im späteren Mittelalter? Würde dort ein Liebesgedicht auf Maria oder Christus in den Verdacht eines solchermaßen definierten ›Heidentums‹ geraten, weil es sich der gleichen erotischen Rede bedient wie das Liebesgedicht auf die schöne Frau? Wie definieren sich in diesem Argumentationszusammenhang die verwandten Bilder vom ›Christentum‹, welche historischen Belege gibt es für die angeblich nur von der frühen Kirche geübte Toleranz, welche für die behauptete Intoleranz der Zeit der benediktinischen Reform?

Fragen, auf die sich Antworten in den zitierten Literaturgeschichten so leicht nicht finden. Ich will im folgenden diesen Problemkreis und einige damit zusammenhängende Argumente diskutieren, um auch hier die Annahme einer frühen Entstehung altenglischer Versdichtung auf ihre Stichhaltigkeit zu prüfen und zu zeigen, daß selbst diese letzte Bastion des Datierungskonstruktes jeglicher tragfähigen Grundlage entbehrt. Im Zentrum stehen dabei die Fragen nach den historischen Bildern über die »Fusion zweier Welten«, der »heidnisch-germanischen« und der »christlichen«, nach den Definitionen der in dieser Diskussion verwandten Begriffe und nach ihrer historischen Fundierung. Ein Rückgriff auf die literaturwissenschaftliche Argumentation und auf sprachliche Aspekte der Texte ist dabei vonnöten, weil daraus erhellt, in welcher Weise und mit welch geringem Umfang historische Dokumentation herangezogen wird zur vorgeblich historischen Stütze der unhaltbaren Annahmen, die ich im Caedmon-Paradigma und in der Diskussion der Interpretation linguistischer Daten der Texte bereits aufgewiesen habe: solche Annahmen bedingen als uneingestandene Vorverständnisse die historischen Fragen in diesem Problemkreis ebenso wie die Auswahl der historischen Daten, die für die Situierung der Werke hergenommen werden. Die Literaturgeschichten machen den Zusammenhang nur mehr an der Oberfläche deutlich: ich beziehe daher an dieser Stelle auch andere Untersuchungen mit ein. Wissenschaftsgeschichtlich haben sich in den letzten Jahrzehnten zwei Forschungsrichtungen herauskristallisiert: die eine legt mehr Gewicht auf den ›germanischen‹, ›heroischen‹, ja sogar ›heidnischen‹ Aspekt der literarischen Texte, die andere sieht in ihnen eher den Ausdruck eines fest etablierten Christentums der Angelsachsen. Die Unterschiede sind dabei gelegentlich nur gradueller Art: in der Gesamtdiskussion nimmt jedoch wieder die Datierung des *Beowulf* eine entscheidende Position ein, denn mit seiner historischen Situierung steht oder fällt auch die vorgebliche Entstehungszeit der übrigen Texte[156]. Ich beginne mit der Diskussion des mehr ›germanisch‹ interessierten Teils der Forschung.

156 Als Beispiele für diese Koppelung der Datierungen vgl. u. a. Leslie *Wanderer*:48; Pearsall 1977:26; Doane *Genesis*:37.

2.3.2.1 *Hypothesen im heidnisch-germanischen Interesse.* Eric Stanley hat in einer gründlich ernüchternden Studie zu uneingestandenen Vorverständnissen über das angelsächsische Heidentum aufgezeigt, daß die Wurzeln der wissenschaftlichen Diskussion über die heidnischen wie christlichen Aspekte altenglischer Dichtung letztlich bis zu den Befreiungskriegen am Beginn des vorigen Jahrhunderts zurückreichen[157]. Die Exzesse solcher Diskussion, das quasi chirurgische Zerlegen von literarischen Werken in sogenannte echte, das heißt: germanisch-heidnische, und sogenannte unechte, soll meinen: nur zugefügt christliche Teile scheinen überwunden zu sein[158]; jedoch ist diese ältere Forschungsrichtung nicht im Grundsatz ausdiskutiert und beiseite gelegt, sie zeigt nach wie vor Wirkung; ihre heute gemäßigteren Vertreter haben sich der jetzt vorherrschenden Deutung altenglischer Literatur als in christlicher Zeit entstandener Dichtung gebeugt[159]. Was einstmals in der Diskussion als »authentic poetry« von »high literary value« in Opposition gesetzt wurde zu den »passages of dreary moralizing and prolix didacticism«, die angeblich die »productive power of epic poetry« zerstörten[160]: das präsentiert sich heute mit den Begriffen ›vorchristlich‹ oder ›germanisch-heroisch‹. Solche Begriffe wollen im wesentlichen auf die vorchristliche Zeit auf dem Kontinent verweisen, die gemeinten Konzepte erfüllen – so müßte doch der logische Schluß lauten – in der christianisierten Welt der Angelsachsen keine Funktion. Auf diesem Deutungsweg gewinnt in einem Teil der Forschung die Literatur einen *a priori* retrospektiven Sinn.

> It is not my purpose in this study to present a comprehensive survey of Teutonic antiquities in Old English Christian poetry, nor do I intend to unearth every pre-Christian heroic idea in the poems under consideration. On the contrary, only a small group of concepts, closely related to one another, *central to secular Germanic heroic thought* and, it is hoped, readily identifiable as being pre-Christian, will be examined. These concepts will be treated as literary conventions, preserved by the oral-formulaic tradition and *reflecting either the real or the ideal conditions of*

157 Stanleys »The search for Anglo-Saxon paganism« erschien zuerst in *N&Q* 209, 210 (1964-5); ich zitiere aus dem geringfügig korrigierten Nachdruck Stanley 1975: vgl. ibid. 4-7, bes. 4.

158 Beispiele dafür bietet Stanley in Fülle; er verfolgt dabei die Entwicklung von der Mitte des vorigen bis zur Mitte dieses Jh.s: vgl. ibid. 40-91.

159 Daß Stanleys Untersuchung wenig rezipiert worden ist, belegt u. a. Sandmann 1975 mit seinem Versuch, die ›ursprünglichen‹ Fassungen einiger *charms* zu rekonstruieren und mit Hilfe einer besonderen Art von Etymologie sowie germanischer Religionswissenschaft heidnischem Sinn nachzuspüren: vgl. ibid. z. B. 4, 23-9, 108-11, 236-40 u. ö. Einen grundsätzlich anderen und sinnvollen Weg weist Hill 1977.

160 Zitate in Reihenfolge aus Anderson 1949 und ten Brink 1877, zitiert nach Stanley 1975:11, 10-1, 9. Anderson 1966:123 wiederholt unverändert, was Stanley nach der Ausgabe von 1949 zitiert.

> *an earlier, heroic age*; their relevance to contemporary conditions in Anglo-Saxon England will be intentionally ignored[161].

Das Interesse des Verfassers an der »previous history« dieser Konzepte führt ihn nicht etwa zu Definitionen der Gegensatzbegriffe »pre-Christian« und »Christian« mit Hilfe historischer Quellen, die vor oder in die Bekehrungszeit der Angelsachsen datieren: seine vornehmste und wichtigste Quelle dessen, was »pre-Christian« oder »conditions of an earlier, heroic age« wären, sind vielmehr die altenglischen Texte selbst; eine weitere Informationsquelle ist Tacitus, der als Zeuge für das hergenommen wird, was an »Germanic culture« in der heroischen Versdichtung bewahrt sei; eine dritte Quelle schließlich bieten Konzepte und Ideale der Dichtung »which run directly counter to contemporary medieval Christian ideals«. Solche »non-Christian« oder »anti-Christian ideals« müßten demnach ihre Wurzel in einer vorchristlichen, germanischen Ideologie haben – zumal dann, wenn sie sich gelegentlich durch Tacitus bestätigt finden[162].

Ohne Zweifel erklärt also Cherniss auf diesem Weg die Texte nicht mit Hilfe historisch beschriebener Zustände, sondern mit den Texten selbst: er gewinnt, was schon zuvor von ihm als ›germanisch‹ oder ›heroisch‹ festgeschrieben wurde, eben nicht aus historischen Dokumenten der Zeit, sondern fast ausschließlich aus der altenglischen Literatur. Diese wird hier als Dokument für vorchristlich-sozialgeschichtliche Zustände vereinnahmt, als ob ihre Texte nicht erst in der zweiten Hälfte des 10. Jahrhunderts, sondern bereits um 600 aufgezeichnet worden wären. Besonders unkritisch wird dieser Weg aus historischer Sicht auch dort, wo dann vorgeblich *unchristliche* Konzepte der Dichtung nur aus ihrer angeblichen Opposition zu »contemporary medieval Christian ideals« aufgezeigt werden können: weltlich-soziale Normen der aristokratischen Kriegerkaste geraten dabei unter das Stigma christlich-weltabgewandter Orthodoxie.

> For example, medieval Christianity, at least in theory, cherished ideals of poverty, modesty and humility. If one finds that wealth, boastfulness and pride appear consistently as positive ideals in a number of poems, he cannot look to Christianity to explain their existence. Germanic heroic tradition offers a probable source for such ideals and the concepts and motifs related to them[163].

Doch damit nicht genug: da einzelne Ideale, Konzepte und Motive häufig miteinander verbunden sind, öffnet sich für Cherniss die Möglichkeit, auch Vorstellungen von einer »less-certainly pre-Christian« Art einer vorchristlichen Zeit zuzuschreiben, wenn ein anderes, verwandtes Konzept dort bereits von ihm angesiedelt wurde. Die Nähe dieser Verfahrensweise zu derjenigen

161 Cherniss 1972:26.
162 Ibid. 26-7.
163 Ibid. 27.

der älteren Forschungsrichtung von »paganizers« und »disintegrators« ist nicht zu übersehen: aus den Texten Vorstellungen zu isolieren, die in bestimmten Lexemen, Motiven, Textpassagen ihren sprachlichen Ausdruck finden, sie weiter als historische Gegebenheiten zu betrachten und als »pre-Christian« zu verbuchen, sie dann in Opposition zu stellen zu einem nicht präzisierten, christlichen Kontext der behaupteten Entstehungszeit – all dies rückt Cherniss in eine Reihe mit denjenigen, die seit dem vorigen Jahrhundert Gefallen daran fanden, »diese halbverschleierten überreste heidnischer poesie in den frühesten anfängen der christlichen unter den Angelsachsen aufzudecken und zu betrachten«[164]. Cherniss will zwar nicht identifiziert werden mit einer Forschungsrichtung, die den Wert der Dichtung nur nach dem Anteil ihrer christlichen Elemente bemißt, mit einer Forschungsrichtung, die allzu leicht in Verdacht steht, in allem und jedem nur zu suchen nach »Teutonic antiquities and pagan remains«[165]. Der Versuch jedoch, sich hier abzugrenzen, mißlingt gründlich: denn an die Stelle besserer, historischer Fundierung setzt Cherniss allein eine Änderung der Terminologie.

> We shall not be concerned at all here with ›paganism‹ . . . The concepts which I am about to describe embody essentially secular moral values. They have nothing apparent to do with Germanic religion, even though they have their roots in an originally pagan tradition and even though they constitute the social morality which informs that tradition. The adjectives ›pre-Christian‹, ›Germanic‹, and ›heroic‹ are appropriate to these concepts; ›pagan‹ and ›heathen‹ are not. The opposition which I intend to investigate in this study is not that of Christian and pagan, but that of Christian and heroic, concepts and values[166].

Damit ist zugleich der zentrale Punkt des Problems umrissen, um das es hier geht: nämlich die Differenzierung und Definition solcher Begriffe wie »pagan« und »pre-Christian«, »secular« und »heroic«, ja sogar »Christian« selbst. Zu fragen wäre also nach den Vorverständnissen und den Definitionen, die der Verwendung solcher Terminologie in der Datierungsdiskussion zugrunde liegen; zu fragen wäre auch, welche historische Fundierung die vorgebliche Opposition von ›heidnisch‹ und ›christlich‹ oder ›christlich‹ und ›heroisch‹ in den jeweiligen Beiträgen erhält. Weiter wäre dann zu klären, was diese Terminologie und ihr Argumentationshintergrund denn leisten für die Datierung der Texte, um die es ja bei allen Betrachtungen im Kern immer geht. Cherniss geht nicht als einziger solchen Fragen aus dem Weg: aber ergäbe nicht z. B. eine sozialgeschichtliche Erforschung des Rache-Konzep-

164 Grimm, Einleitung zur Ed. *Andreas und Elene* (1840), zitiert nach Stanley 1975: 124 (engl. Übers. ibid. 15). Die Lektüre von Stanley 40-82 zeigt die Tradition auf, in der Cherniss steht. Die Begriffe »paganizer« und »disintegrator« verwendet Stanley passim; »paganizer« auch bei Wormald 1978:89 Anm. 153.

165 Stanley 1975:67.

166 Cherniss 1972:28-9; man beachte auch Cherniss' Enttäuschung angesichts des Hildebrandsliedes: ibid. 121.

tes bessere Aufschlüsse über seine historische Bedeutsamkeit als die lakonische Feststellung, das Christentum habe den Standpunkt des *ius talionis* längst aufgegeben zugunsten der neutestamentarischen anderen Wange – »in theory if not in fact«[167]? Kann man da auf der Basis geradezu horrend pauschaler, historischer Ungenauigkeit Konzepte als »pre-Christian« erweisen, wo nicht ein einziges Mal der behaupteten, christlichen Gegenposition historische Substanz verliehen wird[168]? Cherniss weicht dem Problem der Definition und der historischen Fundierung seiner Konzepte konsequent aus; denn sein Erkenntnisinteresse richtet sich ausschließlich auf eine vorchristliche Zeit, nie genauer umrissen, in der Schätze noch germanisch und Mannestreue noch unchristlich waren:

> proof that they were employed in the conduct of contemporary Anglo-Saxon society tells us nothing of their previous history[169].

Ich habe diesen Gedankengang ausführlicher nachvollzogen, um mit einiger Deutlichkeit aufzuzeigen, welche Argumente hinter dem Bild von der »Fusion zweier Welten« liegen, die sich angeblich in den altenglischen Werken offenbart: es geht hier schließlich um die Tragfähigkeit der Annahme, daß diese Dichtung *deshalb* in die Zeit zwischen 650 und 825 gehörte, weil ihre ›vorchristlichen‹, ›heroischen‹, ›heidnischen‹ Aspekte ausschließlich Relikte einer ›heroischen‹ Zeit seien, die mit der Ankunft des Christentums ihr Ende nähme. Gerade dieses letzte Implikat wird nicht genannt, erinnert es doch auch in der verhüllten Form noch zu deutlich an jene Forschungsmeinungen, die Eric Stanley so überzeugend demaskiert: »Christianity puts an end to folk-poetry«[170]. Michael Cherniss steht mit seinem Beitrag nur paradigmatisch für eine Forschungsrichtung, die den Beleg für den vorgeblich frühen, ›heroischen‹, ›unchristlichen‹ Kontext der Dichtungen und dabei besonders des *Beowulf* nicht in klaren Abgrenzungen und in genauen historischen Nachweisen sucht und findet, sondern allein und ausschließlich in unscharfen Bildern der Zeit und in ungenauen Begriffen; letztlich laufen diese nur darauf hinaus, daß die Texte die eigene Meinung über das, was zu dieser frühen Zeit ›Christentum‹ gewesen sein könnte, niemals bestätigen. Wie kann denn auch ein Text ›christlich‹ sein, wenn der von ihm propagierten Wertschätzung materieller Dinge das christliche Ideal

167 Ibid. 62.

168 Viele der von Cherniss vorgegebenen christlichen Ideale existieren offenbar nur »in theory if not in fact«: vgl. ibid. 27 (»poverty, modesty, humility«); 100 (»poverty is a most desirable condition for the faithful«); 118 (»Christian exile is conceived of in positive terms as a voluntary rejection of the vanities of the world«); etc.

169 Ibid. 26.

170 Stanley 1975 Kap. 3; vgl. ibid. 8-11 Belege für diese Forschungsmeinung von 1819 bis 1960.

asketischer Armut als Maßstab entgegengehalten wird[171]; wenn zum Beweis seiner ›Christlichkeit‹ implizit oder explizit das Vorkommen von Christus, von Reliquien oder der Kirche im Text gefordert wird[172]; wenn man das Fehlen von Bibelzitaten oder komplexen theologischen Inhalten als Ausweis für sein ›Heidentum‹ deutet[173]? Da dies außerhalb jeglicher Textintention liegt, bietet sich hier dem interessiert Suchenden die vorgebliche Rechtfertigung für einen Rückgriff auf die vorchristliche Zeit, in der der eigentliche, originale, richtige historische Ort des *Beowulf* aufgefunden werden kann:

> The picture is an authentic and complete one of an exemplary hero according to the Germanic warrior code. Though the poet has interjected his own Christian values as well, as when from time to time he sets Beowulf's destiny under the omnipotence of God, the real dynamic impulse in Beowulf's life is the inherited pagan ethos ... The ›meaning‹ of *Beowulf* is thus already complete within the Germanic heroic ethos[174].

Weil jedoch die christlichen Referenzen des Textes nicht zu übersehen sind, selbst wenn man sie zu bloß peripheren, rudimentären oder naiven Elementen degradiert[175], gilt solcher Deutung die Bekehrungszeit der Angelsachsen zugleich als Entstehungszeit des überlieferten Textes: impliziert ist, daran sei nochmals erinnert, eine nahezu *unveränderte* Bewahrung des erst rund 250 bis 300 Jahre später aufgezeichneten Textes[176]. In einem solchermaßen pauschal umrissenen Kontext sind dann die christlichen Elemente immer noch wie früher nur »additions«, »pervasive« zwar, aber doch nur ein »coloring«: an dem für diese Forschung grundsätzlich ›*germanisch*-heroischen‹, ›vorchristlichen‹ (und somit retrospektiv orientierten) Sinnangebot des Textes ändern diese verbalen Zugeständnisse wenig[177].

In dieser oder ähnlicher Form präsentieren auch literarhistorische Darstellungen die vorgebliche Symbiose von ›Heidentum‹ und ›Christentum‹ in der altenglischen Dichtung – soweit sie der germanisch interessierten Forschungsrichtung näher stehen als derjenigen, die in der abendländisch-

171 Cherniss 1972:99-101, bes. 100.

172 Reliquien, Bischöfe oder Christus vermissen u. a. Whallon 1962:81, 90; Moorman 1967:7 (zitiert dazu Klaeber als ›Beleg‹).

173 Rudimentäre Bibelkenntnis führt an Whallon 1962:81; vgl. weiter ibid. 82, 89, 90; Stevick 1963:88. Komplexe theologische Doktrinen oder eine Art Kreuzrittertum des Helden als Ausweis für das Christentum des Textes verlangen implizit oder explizit Stevick 1963:85-7; Moorman 1967:13, 18; Tietjen 1975:167-9.

174 Smithers 1970:80.

175 So Whallon 1962, Stevick 1963, Whallon 1965, Moorman 1967, Cherniss 1972:120-50 passim.

176 So explizit Whallon 1962:82; Stevick 1963:80, 81.

177 Vgl. Whallon 1962, 1965; Moorman 1967; Smithers 1970:72, 73, 76-7, 79; Cherniss 1972:120-50 passim.

lateinischen, christlichen Tradition die Basis der Texte und ihres jeweiligen historischen Kontextes sieht[178].

> Wie man in jener Zeit Entgegengesetztes vereinigte, zeigt eine Stelle im *Wanderer*, wo es heißt, daß die Engel im Himmel den Tatenruhm der Edlen wachhalten. Das ist eine sehr oberflächliche Christianisierung des Tatenruhms, der zutiefst unchristlich ist, da die *superbia* als Hauptsünde, und damit der *þrym*, der altenglischen Entsprechung der *superbia*, als diametral entgegengesetzt angesehen wurde. *Þrym* steht ganz oben in der Skala der germanischen *Werte*, während *superbia* in der christlichen Heilslehre ganz oben in der Liste der Todsünden steht[179].

Es dürfte damit ausreichend deutlich sein, daß auf meine Frage nach der Definition der Begriffe und damit nach der jeweiligen Vorstellung von Christentum und Heidentum immer nur mit einem Verweis auf die so vielzitierte »Fusion zweier Welten« geantwortet wird[180]. Dabei wird jeweils die Vorstellung nicht historisch substantiiert, sondern ruht bloß auf der nur vagen, historischen Angabe des immer schon Gewußten: daß sich nämlich tatsächlich in dieser Zeit germanisches Heidentum und abendländisches Christentum mit ihren jeweiligen Werten und Idealen begegnen. Auf einen historisch exakten Ablauf wird dazu aber nicht verwiesen, der behauptete Prozeß der Adaptation erschöpft sich, wie am Beispiel des Zitats abzulesen, in der vorgeblichen Vereinnahmung sozialer und moralischer Normen durch die Kirche. Genau dies aber verweist auf ein weiteres und grundsätzliches Dilemma: die zwischen Christentum und Vorchristen- oder Heidentum gesehene Opposition betrifft auf der Seite des behauptet ›Heidnisch-germanischen‹ fast ausschließlich moralische, ethische oder soziale Werte, die in ihren jeweils literarischen Ausprägungen nur dann in einen Gegensatz zum Christentum zu stellen sind, wenn man sich von dort eine orthodox-ideale Position zu eigen macht. So ist mir denn auch die Cherniss-Formel »in theory if not in fact« deutlicher Ausweis für die Unfähigkeit, die vorgebrachte christliche Gegenposition auch nur in Grundzügen zu substantiieren[181]. Gegen lebensnahe Konzepte vom Tatenruhm, von der materiellen Grundlage der Beziehungen zwischen Herrn und Mann – deren Lebensbedeutsamkeit ja nicht bestritten wird[182] – setzt man immer nur orthodoxe, zuweilen gar asketisch-christliche Ideale: als ob das Bild des heiligen Antonius ein Leitbild für den aristokratischen Krieger gewesen sei; man bleibt

178 Vgl., mehr oder weniger explizit, z. B. Malone 1967:63-4; Anderson 1966:122-3; Wrenn 1967:102-4; und jeweils passim. Zu den Darstellungen mit einem Schwerpunkt in der anderen Forschungsrichtung vgl. weiter unten, pp. 117ff.

179 Göller 1971:142 (Hervorh. im Text).

180 Vgl. dazu u. a. Greenfield 1966:11; Wrenn 1967:102-3; Standop 1967:14-5; Cross 1970:12-4; Göller 1971:124; Pearsall 1977:7-11; und jeweils passim.

181 Cherniss 1972 umreißt häufig nur theoretisch die christliche Gegenposition: vgl. Beispiele hier, Anm. 168, 171.

182 Ein Beispiel mag hier genügen: Smithers 1970:68, 75.

demnach den Nachweis schuldig, daß solche Ideale in dieser Zeit für die aristokratische Kriegerkaste überhaupt lebensbedeutsam waren. Mit anderen Worten: es wird eine Opposition konstruiert zwischen aristokratischer Lebenswelt und theologisch-christlicher Orthodoxie, von der dann behauptet wird, sie sei zugleich ein Gegensatz zwischen ›christlicher‹ und ›heidnischer‹ Welt. In einem weiteren Schritt muß die so entworfene, heroisch-christliche Antithese als Begründung dafür herhalten, daß nur in der Bekehrungszeit der Angelsachsen ein großer Teil der altenglischen Literatur seinen historischen Ort und seinen Sinn finde – weil nur hier und nicht auch noch in späterer Zeit diese Opposition feststellbar sei.

Für mich steht fest, daß diese hypothetische Basis des Datierungskonstruktes nicht tragfähig ist. Dies erweist sich allein dadurch, daß sie dort an die selbstgesetzten Grenzen der Deutung stößt, wo man die Formulierung der gleichen heroischen Ideale im 10. Jahrhundert erklären muß: für die gleichen Forscher, die die Lebensbedeutsamkeit des heroischen Ethos im 7. oder 8. Jahrhundert unterstellen, sind die Gedichte auf die Schlachten von Brunanburh oder Maldon dann nur noch Beispiele einer bloß literarischen, erstarrten, stereotypen Konvention.

> While we cannot know with any certainty how long these heroic, pre-Christian stories themselves remained current in England after the reconversion of the island to Christianity, the heroic tradition which they embodied left an indelible mark upon Old English verse. Greenfield further remarks, »Perhaps more important for Old English poetry as a whole than the particular figures of the Heroic Age were the spirit and code of conduct they embodied, for these were to endure down to the Norman Conquest«, in the verse, one might add, if no-where else[183].

In der vorgeblichen Opposition von Christentum und heroischen Idealen von Mannestreue, Schätzen oder Rache findet dann angeblich in der Bekehrungszeit die Lebensbedeutsamkeit dieser Ideale ihr Ende. Diese wissenschaftliche Position unterscheidet sich in fast nichts mehr von der oben zitierten Auffassung, das Christentum habe der »authentic poetry« das Grab bereitet. Eine Umbenennung der Ideale von »pagan« in »pre-Christian« vermag diese Tatsache nurmehr mühselig und vordergründig zu verschleiern. Dabei ist aber doch offenkundig, daß der historische Nachweis für das Ableben der Ideale unter dem Einfluß des Christentums ausbleibt: wenn damit gemeint wäre, daß Heidentum in Form von Götteropfer und Götzendienst im Christentum sein Ende findet, so würde sich wohl niemand dieser Erkenntnis verschließen. Es wird aber doch nachgerade betont, daß die in Rede stehenden Konzepte zwar ›heidnisch‹, ›germanisch‹ oder ›vorchristlich‹

183 Cherniss 1972:11; ibid. 257 sieht Verf. *Maldon* als Beleg für eine fortdauernde »secular, heroic verse tradition«, 256 ist ihm *Brunanburh* Ausweis für »antiquarian revival«: beides hindert ihn nicht, die Texte auch als Beleg für seine »pre-Christian, heroic concepts« heranzuziehen (ibid. 30-119 passim).

seien, aber dennoch nichts oder allenfalls wenig mit Kult und Religion gemein hätten[184]: ein weiterer Widerspruch tut sich somit auf. Man kann doch nicht im Ernst glauben machen wollen, daß bestimmte sozialethische Normen Kennzeichen nur der Bekehrungszeit gewesen wären, weil sie toleriert wurden von einer heidnisch-germanischen Religion, die dann durch die christliche ersetzt wurde. Es reicht keineswegs hin, das Ende von heidnischem Kult und heidnischem Bekenntnis historisch zu belegen – aber zugleich nur zu behaupten, daß auch alle ethischen und sozialen Normen aufgegeben wurden, ohne hierfür einen einzigen historischen Nachweis zu erbringen. Zu deutlich wird dabei mit zwei verschiedenen Definitionen von ›Heidentum‹ argumentiert: einerseits meint das Aufweisen ›heidnischer‹ oder ›vorchristlicher‹ Konzepte ethisch-soziale Normen und Werte; andererseits wird aber nur noch auf die kultisch-rituellen Aspekte von ›Heidentum‹ geschaut, wo es um die Behauptung geht, daß die Normen Ausdruck gesellschaftlichen Verhaltens *nur der Bekehrungszeit* gewesen seien. Das historisch nachweisbare Ende heidnischen Kultes wird auf diesem Weg zum historischen Beleg für das Ende aller gesellschaftlicher Normen erweitert, und nur, weil die heidnische Religion die Ankunft des Christentums nicht lange überdauert – dabei bleibt auch, nebenbei bemerkt, der Nachweis aus, wie wir denn ›Bekehrungszeit‹ in historischen Daten zu fassen hätten[185]. Ich wiederhole dies alles so prononziert, weil die zugrundeliegenden Annahmen der Darstellungen selten ausreichend expliziert werden; denn nur auf der Basis solcher Annahmen und unklarer Definitionen von ›Heidentum‹ und ›Christentum‹ kann formuliert werden:

> Im Angelsächsischen leben zwei Weltanschauungen und auch zwei Stile nebeneinander. Die eine ist die heidnisch-heroische, die im germanischen Raum eine lange

184 So z. B. Moorman 1967:7; vgl. auch Cherniss 1972:28-9.

185 Bekehrungszeit als ›Fusionszeit‹ ist meist stillschweigend gleichgesetzt mit dem 7./8. Jh.; es wird selten präzisiert. Bezeichnenderweise geschieht dies eher in solchen Darstellungen, die von der Christlichkeit des *Beowulf* als erwiesen ausgehen: vgl. z. B. Pearsall 1977:4, für den diese Zeit etwa Mitte des 7. Jh.s endet, weil Heidentum als Bekenntnis und Kult für ihn dort enden. Die diffusen Vorstellungen hängen ursächlich damit zusammen, daß das Fortdauern von ›Heidentum‹ mal mit der Literatur, mal mit der Gesetzgebung, mal mit Ortsnamen belegt werden soll. Das Material aus Gesetzen und Poenitentialen stellt zusammen Grendon 1909:140-3; vgl. allgemein dazu u. a. Magoun 1947; Chaney 1960; wenig brauchbar ist Philippson 1929, unbrauchbar Ryan 1963. Zu den Ortsnamen vgl. u. a. Dickins 1934, bes. 148-50; Stenton 1941. Kritik übt hier Gelling 1961, 1973: Gelling 1973 akzeptiert nur noch 43 von Stentons 61 Namen als solche, die sich sicher mit heidnischen Riten verbinden lassen.
Beim Zustand literaturwiss. Forschung überrascht nicht, daß auch historische Forschung zur Kirchengeschichte solchermaßen interpretierte Literatur als wichtigen Beleg für die *historische* Beschreibung der Fusion hernimmt: vgl. u. a. Godfrey 1962:187-90, 195-6; Deanesly 1963:263-9; Mayr-Harting 1972:220-39.

Vorgeschichte hat und als heimisches Erbteil zäh verteidigt wurde, die andere kommt mit der Missionierung aus der Fremde und ist ganz jenseitig ausgerichtet[186].

Wie lange dieses heimische Erbteil »zäh verteidigt wurde«, das ist bereits an anderer Stelle klargemacht:

Schließlich ist das Nebeneinander von christlichen und germanischen Vorstellungen ein Charakteristikum der angelsächsischen Missionierungszeit – des Frühchristentums in England[187].

Daß das aufgezeigte Dilemma letztlich seine Ursache hat in ungenauen Definitionen oder in falschen Bildern dessen, was christlich und was heidnisch ist, hat für die deutsche mittelalterliche Literatur Hans Kuhn sehr klar formuliert:

Besonders irreführend ist es, das Ethische in den Begriff der Religionen aufzunehmen. Dies sei kurz am Beispiel des Nibelungenliedes dargelegt. Goethe hat es »grundheidnisch« genannt. Er meinte damit allein das Unchristliche oder Widerchristliche in der Ethik. Diese Verwendung des Wortes heidnisch – wie entsprechend auch christlich – ist bei uns sehr weit verbreitet . . . Auch die germanistische Forschung hat sie sich angeeignet, und mit ihr die Neigung, (sittlich) *unchristlich* mit *heidnisch* gleichzusetzen. Da dann oft auch noch *heidnisch*, soweit es germanische Länder betrifft, mit *germanisch* verquickt wird, so kann dann am Ende die Alternative *christlich* oder *germanisch-heidnisch* stehn[188].

Für den Bereich der altenglischen Literatur hat die impliziten Widersprüche bei der terminologischen und sachlichen Unsicherheit in diesem Problemkreis der Historiker Patrick Wormald aufgezeigt: er geht – bezeichnenderweise wieder am Beispiel des *Beowulf* – der Frage nach, in welcher Art sich weltlich-aristokratische Ideale und Normen mit christlichen decken, christliche Vorstellungen ergänzen oder christlich-orthodoxen Standpunkten widersprechen können. Wormald legt überzeugend dar, daß die Vernachlässigung historischer Detailforschung bei gleichzeitiger, einseitiger Beschränkung auf Beda als einzigem Zeugen zwangsläufig zu falschen Bildern von der Bekehrungszeit führt; unter anderem auch deshalb, weil die Frage nach der ›christlichen‹ oder ›heidnischen‹ Prägung des Textes eine falsche Fragestellung impliziere[189]. Unscharfe Vorstellungen vom ›Heidentum‹ der Angelsachsen spielen dabei eine wesentliche Rolle:

Above all, we have far too concrete a conception of the process of conversion.

186 Göller 1971:141.

187 Ibid. 92.

188 Kuhn 1967:743-4 (Hervorh. im Text). Vgl. auch Koch 1959 zum Fortbestehen solcher ›heidnischen‹, weil sozialethischen Normen nach der Bekehrung Skandinaviens, bes. ibid. 132, 134; weiter Chaney 1960, der den Fortbestand von ›Heidentum‹ in England untersucht.

189 Wormald 1978:39-42, 49-58 und passim. Diesem anregenden Beitrag verdanke ich u. a. den Hinweis auf Kuhn 1967. Zur falschen Fragestellung bei *Beowulf* vgl. auch Haarder 1975:240-2.

> Dominated by the awe-inspiring assertion that a man may, and indeed must, be born again, historians of conversion think instinctively of the wholesale exchange of one set of values for another; there is an underlying assumption that the set of values abandoned for the Faith were as comprehensive and coherent as is Christianity itself, and these values are given the generic label of ›paganism‹. As a result, we describe as survivals of ›paganism‹ what may not have very much to do with heathen cult at all, and what are often only indications that society had failed to remake itself completely . . . The language of poetry and the process of blood-feud are two aspects of post-conversion life in Britain which have been adduced as evidence of lingering ›paganism‹, and the criticism of *Beowulf* has suffered on both counts[190].

Wormald hat schlüssig argumentiert, daß die als germanisch, heidnisch oder vorchristlich bezeichneten Konzepte wesentliche Merkmale eines aristokratischen Selbstverständnisses der Angelsachsen gewesen sein könnten. Er geht damit einen wichtigen Schritt weiter als diejenigen, die in der literarischen Ausprägung solcher Ideale nur noch den Reflex früherer Lebenseinstellungen sehen können »that still had a meaning for [the poet]«[191]; dagegen ist für Wormald *Beowulf* wie andere, heroische Literatur »a window on the mentality of a warrior-aristocracy« im zeitgenössischen England[192]. Trotz dieser wichtigen Erkenntnis bleibt aber auch hier die Frage noch offen, wie lange die aristokratisch-heroischen Ideale lebensbedeutsam geblieben wären: – schließlich finden sie ihren literarischen Ausdruck ja in der Sprache des 10. Jahrhunderts. Es darf auch nicht übersehen werden, daß für Patrick Wormald die wichtigste und vornehmste Quelle zum Entwurf des aristokratischen Selbstverständnisses genau jener Text ist, den er sich zuvor aus dem 10. Jahrhundert heranziehen muß. Dies drängt zur Vermutung, daß auch Wormald die sozialethischen Normen nur deswegen als Ausdruck aristokratischer Mentalität *gerade* im 7. und 8. Jahrhundert sieht, weil sie *doch* als ›germanisches Erbe‹ eingeschätzt werden, das nur in dieser Zeit noch lebendig sei. Auch Wormalds Interesse ist auf die Bekehrungszeit gerichtet, auf die Zeit zwischen 600 und 800, aus der er die meisten seiner englischen Quellen zitiert; dagegen bleibt auffällig, daß viele der angeführten, historischen Beispiele gerade für die Adelsmentalität auf (kontinentale) Parallelen aus dem späten 8., dem 9. und sogar dem 10. Jahrhundert zurückgehen[193]. Dennoch kommt Wormald unbestreitbar das Verdienst zu, zum ersten Mal umfang-

190 Wormald 1978:65–6; vgl. auch Binns 1965:182 (zum 9./10. Jh.) und Benson 1967:195; ebenso John 1971:175-6.

191 Smithers 1970:75 als Beispiel. Vor Wormald hat allerdings schon Eric John diese Frage im Grundsatz erschlossen: vgl. John 1971:197-200, 1974 passim.

192 Wormald 1978:36.

193 Die Datierungsproblematik schließt Wormald weitgehend aus: ibid. 94-5; er datiert »pre-Alfredian« von 675-875. Auf seine Argumente komme ich unten pp. 131, 134-5 noch einmal zurück. Zu seinen historischen Beispielen nach 750 vgl. u. a. ibid. 52-3 (Kirche und Adelsherrschaft), 55 mit Anm. 115 (*ASC* 871 als Beleg für Bischöfe, die in den Krieg ziehen), 56-7 (Genealogien).

reich die Funktion der heroischen Literatur für die Mentalität einer adligen Schicht ins Recht gesetzt zu haben; dieser für die altenglische Literatur neue, in literaturwissenschaftlichen Arbeiten erst selten erprobte theoretische Ansatz öffnet neue Wege für die Frage nach dem Sinnangebot der Texte auf der Basis solider, historischer Fundierung[194]. Bezeichnend ist, daß diese Anregung aus der historischen Fachwissenschaft erfolgt: solange wie in literaturwissenschaftlichen Arbeiten die historische Situierung der Texte eher auf der Basis von Etymologie und Parallelen aus der altnordischen Literatur als auf der Basis historischer Forschung im engeren Sinne erfolgt, wird man auf der Grundlage der eingebrachten Vorverständnisse von der interessierten Frage nach germanisch-heroischen und heidnischen Konzepten schwerlich neue Erkenntnisse erhoffen dürfen.

Mit Blick auf die Sprache der Texte, in der die »Fusion« ja letztendlich zum Ausdruck kommen soll, ist nach wie vor ein prominenter Aspekt dieser letzteren Fragestellung der Beitrag, den die etymologische Forschung bei der Trennung in ›christlich‹ einerseits und ›heidnisch‹, ›vorchristlich‹ oder ›heroisch‹ andererseits leistet. Die Annahme, daß sich das Heidentum der germanischen Vorfahren noch in Lexemen und Konzepten der altenglischen Dichtung wiederfinde (so etwa in der Ausprägung des Schicksalsglaubens oder in weltlicher Ruhmsucht, im Prinzip der Blutrache oder der Betonung verwandtschaftlicher Bindungen), geht nicht unwesentlich zurück auf die Rekonstruktion ehemals heidnischer Sinninhalte mit Hilfe der Etymologie. So definiert etwa Smithers altengl. *metod* als »›that which assigns fate‹ or ›fate assigned to one‹«; allein die lange, doch eben nur rekonstruierte Geschichte dieses und anderer Lexeme wie *wyrd*, *fæge*, *gewiofu* oder *geosceaft* gibt doch keinen Aufschluß darüber, ob die vorgeblich heidnische Referenz zur Zeit der Texterstellung noch relevant ist[195]–: und dies vor allem dann, wenn die Verwendung eines Lexems in christlichem Kontext zu früher Zeit schon nachzuweisen ist, wie etwa im Fall von *metod* im Caedmon-Hymnus. In

194 Mein Beitrag mit R. Holtei entstand zu einer Zeit, als Wormalds Arbeit noch nicht publiziert war: vgl. Busse/Holtei 1981a; eine ähnliche Fragestellung verfolgt Busse/Holtei 1981b. Sie ist hingegen dort *nicht* impliziert, wo etwa vom »Germanic warrior code« die Rede ist: solchen Beiträgen fehlt die historische Basis, weil sie nur pauschale, geistesgeschichtliche Klischees im Sinne eines Vorverständnisses auf die Texte projizieren: vgl. etwa Cherniss 1972 passim.

195 Smithers 1970:66-7. Zum Schicksalsglauben, der vornehmlich an die für die angelsächsische Zeit nur behauptete heidnische Referenz von *wyrd* gebunden wird, vgl. u. a. Timmer 1941; Mittner 1955:84-110; Stanley 1975:92-121; Weber 1969, bes. 68-126; vgl. auch Payne 1974. Angesichts der Ergebnisse von Timmer, Stanley und Weber überrascht die Feststellung von Tietjen, daß *wyrd* in *Beowulf* eine Gott gleichgestellte, heidnische Todesmacht darstelle, während der christliche Gott nur Leben und Urteil nach dem Tode kontrolliere: Tietjen 1975:163, 167.

letzter, extremster Konsequenz könnte eine solche methodische Verfahrensweise ja doch dazu führen, *god* auch heute noch eine heidnische Referenz zuzusprechen, nur weil das Lexem selbst älter ist als die christliche Vorstellung von Gott[196]. Man hat dieser unkritischen Verwendung etymologischer Forschung bei der Suche nach Sinninhalten mit gutem, sprachwissenschaftlichem Recht vorgehalten, daß sie Diachronie und Synchronie gründlich verwechsele, so wie dies etwa Meid und Hallander in ihren Rezensionen einer Arbeit von Ernst Dick implizieren:

> A great poet does not choose or use words according to his knowledge, presumably taken from a historical dictionary, of their obsolete senses or etymological background[197].

Etymologie allein reicht für eine semantische Analyse nicht hin, dies müßte heute anerkannter Standpunkt auch für Untersuchungen der altenglischen Dichtung sein. Hans Schabram hat dargetan, welchen Kriterien dabei Rechnung zu tragen ist[198]. Die sprachlichen Ausdrucksformen heidnischer Inhalte sind zweifelsohne auch bei den Angelsachsen flexibler und anpassungsfähiger gehandhabt worden als rituelle Handlungen wie Opferriten oder Bestattungsbräuche: erstere gewinnen viel leichter in der Zeit des Frühchristentums eine christliche Referenz – insoweit weiche ich von der gängigen Vorstellung der Füllung vorhandener sprachlicher Zeichen mit neuen, christlichen Inhalten als ein Merkmal der Bekehrungsphase ja gar nicht ab. Es mag sein, daß in besonderen, historischen Situationen die heidnische Referenz reaktualisiert werden konnte, so etwa in erneuten Konfrontationen mit dem Heidentum der Skandinavier im 9. und 10. Jahrhundert: dies wäre jeweils am Einzelfall detailliert zu untersuchen. Ob aber die heidnische Referenz allein dadurch zu erweisen ist, daß man mit Verweis auf die Etymologie und auf Parallelen in der altnordischen Literatur zwei um Jahrhunderte und dazu um große geographische Räume voneinander getrennte historische Belege heranzieht, um die Bedeutung eines Lexems, einer Passage, eines Konzeptes in einem dritten, wiederum zeitlich und sozial anderen Milieu zu bestimmen – das

196 Wormald 1978:76 Anm. 38 nennt aus anderen Gründen dieses Verfahren pervers, »to suggest that such language is nevertheless essentially pagan on the basis of Scandinavian evidence that can hardly be purely pagan itself«; er bezieht sich auf Whallon 1965:19, der da behauptet, daß die Bedeutungen der Bezeichnungen für Gott im England des 7. Jh.s dieselben gewesen seien wie im Norwegen des 10. Jh.s. M. E. ist dies Verfahren semantisches Paganisieren ohne Rücksicht auf die Bedingungen von Sprachwandel und Kontinuität: Whallon belegt Sprachverwandtschaft, nicht aber Bedeutungen eines Lexems in seinem jeweiligen sozialhistorischen Kontext.

197 Hallander 1973:24; Meid 1967:220 bringt seine Rezension zu dem Schlußsatz: »Der sprechende Mensch denkt nicht etymologisch.«

198 Schabram 1970; welche Schwierigkeiten sich im Bereich der älteren Sprachstufen ergeben können, erhellt auch Page 1975.

muß doch sehr in Zweifel stehen. Die Stichhaltigkeit der Hypothese, derzufolge die aus dem 10. Jahrhundert überlieferte altenglische Dichtung zu einem großen Teil schon in der Bekehrungszeit entstanden, dort dann so bewahrt und uns in eben derselben Form überliefert worden sei, weil in ihr die Symbiose zwischen Altem und Neuem zum Ausdruck komme, die Stichhaltigkeit dieser Hypothese läßt sich mit einem solchen methodischen Mißgriff genauso wenig erhärten, wie dies mit ungenauen Definitionen oder nur verschwommenen Vorstellungen vom Christen- oder Heidentum der frühen Zeit geschehen kann.

Der Rückgriff auf die Bekehrungszeit der Angelsachsen als den historischen Ort ihrer Dichtung wird sich immer als Fehlgriff erweisen, wenn er nicht eine solidere Basis in der Geschichte selbst erhält: er muß besser substantiiert werden als nur mit gelegentlichen Verweisen auf eine »Fusion«, die dann nur mit den *Lindisfarne Gospels*, mit nordhumbrischen Steinkreuzen oder mit einem Zitat aus Beda belegt werden kann – wo noch dazu die Tragfähigkeit Bedascher Geschichtsschreibung für andere als kirchliche Aspekte des angelsächsischen Lebens heute mehr denn je in Zweifel steht[199]. Für alle Belege der »Fusion« lassen sich aber immer auch *spätere* Parallelen finden: damit ist beileibe nicht gesagt, daß es in der Bekehrungszeit ein Neben- und Miteinander verschiedener Vorstellungen nicht gegeben hätte; es ist damit nur energisch und konsequent in Abrede gestellt, daß wir zwangsläufig dazu kommen müßten, die altenglische Dichtung nur genau dieser Zeit zuzuschlagen. Vor allem ist in dem Hypothesengeflecht bisher der Nachweis ausgeblieben, daß die spätere altenglische Zeit, verantwortlich für die Manuskripte der Dichtung und die Sprache ihrer Texte, die in den Dichtungen propagierten, sozialen Ideale und Normen abgelehnt habe: der Nachweis eines implizit oder explizit behaupteten, bloß antiquarischen Interesses an den literarischen Werken, der Nachweis für ein nur antiquarisch orientiertes Archivieren im 10. Jahrhundert ist anders als auf der Basis solider historischer Forschung nicht zu erbringen. Eklatant anachronistisch ist es, Mannesmut und Tatenruhm als ausschließlich ›germanisch‹, gar als ›heidnisch‹ zu interpretieren, dabei altnordische Parallelen als Stütze heranzuziehen – aber offenkundige angelsächsische Quellen der späteren Zeit geflissentlich zu übersehen:

> When Wiglaf says ›Death is better than a life of shame‹ (2891), he is formulating (against the cowardly retainers) a basic tenet of the Germanic warrior code that is often stated in O.Icelandic sagas, as in *Svarfdæla Saga* ch.4 . . .: ›No-one can

199 Vgl. u. a. Wrenn 1967:7-9; Cross 1970:13; Göller 1971:142-3; Pearsall 1977:23. Kritik an der einseitigen Konzentration auf Beda üben u. a. Fisher 1952a; John 1970; Campbell 1971; Wormald 1978 (jew. passim).

escape the day destined for his death; and it would seem to me more honourable to die with you, than to have life in shame and disgrace‹[200].

Ein Umweg über die vergleichende Sprach- und Literaturwissenschaft muß herhalten, um Altnordisches aus der Zeit nach 1000 über einen gemeinsamen, kontinentalen Ursprung – rekonstruiert in der Etymologie – mit Altenglischem zu verbinden, das vorgeblich dem 7. oder 8. Jahrhundert entstammt: der konzentrierte Blick auf Germanisches versperrt die Einsicht, daß im späten 10. Jahrhundert Aelfric für Sigwerd und viele andere die Erkenntnis formuliert, daß sogar das Alte Testament Beispiele dafür bereithalte, wie man sich wirkungsvoll gegen seine Feinde verteidige; oder daß die Homilie über Judith speziell mit der Funktion geschrieben worden sei

þæt ge eowerne eard mid wæmnum bewerian wið onwinnendne here,

daß also die Angesprochenen ihr Land mit Waffen gegen angreifende Heere verteidigen sollten[201]. Trotz des Einsatzes biblischer Geschichte zur moralischen Aufrüstung bleibt Aelfric natürlich ein gottgefälliges Leben oberstes Lehrziel, er will sich nur ungern in die Angelegenheiten der *bellatores* mischen[202]; dafür spricht dann ein anonymer Zeitgenosse unbesehen aus, welche Rolle die vorgeblich nur ›germanisch-heidnischen‹ Werte Kampfesmut und Tatenruhm auch im späten 10. Jahrhundert noch spielen.

Nam occisus est ex nostris miles fortissimus, nomine Stremwold, cum aliis nonnullis, qui bellica morte magis elegerunt vitam finire, quam ignobiliter vivere[203].

2.3.2.2 *Hypothesen im christlich-lateinischen Interesse*. In den letzten Jahrzehnten hat sich neben der bisher erfaßten Forschungsrichtung eine andere etabliert, in der der christliche Charakter altenglischer Dichtung in keiner Weise mehr in Zweifel steht. In vielen Einzelinterpretationen hat man sich teilweise so detailliert um den Nachweis der Christlichkeit der Texte bemüht

as if the typical Anglo-Saxon poet were working at a centre of learning which had, in a manner of speaking, the first hundred and fifty or hundred and seventy-five volumes of the *Patrologia Latina* (at least as well indexed as in Migne) on its shelves[204].

Während offensichtlich ist, daß der zuvor skizzierten Forschungsrichtung der Nachweis ›heidnischer‹ Konzepte vorgeblich umso einsichtiger gelingt, je

200 Smithers 1970:77; vgl. ibid. 76-7, wie Smithers durch das Heranziehen von Etymologie und altnord. Literatur in einen sozialhistorisch ganz anderen Kontext Beowulfs Kraft zur heidnischen Gabe macht.

201 Aelfric *Treatise*:48; vgl. ibid. 33, 35, 49.

202 Ibid. 71-2 über die drei Stände als Träger der Königsmacht; EHD I:928.

203 *Vita Oswaldi*:456; EHD I:916. Als Verf. gilt heute Byrhtferth: vgl. Lapidge 1975:91-4; Keynes 1980:165 Anm. 45. Zu Byrhtferth und seinen englischen Werken vgl. auch Dodwell/Clemoes 1974:42-53; Baker 1980.

204 Stanley 1975:x.

näher die je in Rede stehende Dichtung an die Phase der Bekehrungszeit gerückt werden kann, kennzeichnet diese andere Richtung der Versuch, die behauptet frühen Texte in einer Zeit des Frühchristentums anzusiedeln, in der es bereits fest etabliert und nicht mehr nur unsicherer Glaube junger Konvertiten war[205]. Dieser Wechsel des historischen Rahmens hat jedoch nur zu einer leichten Verschiebung der angenommenen Entstehungsdaten geführt: etwa bis zur Mitte des Jahrhunderts bevorzugte man Daten bis zirka 750; heute herrscht die Meinung vor, daß die sogenannte »earlier poetry« zwischen zirka 675 bis höchstens 850 entstanden sei[206]. Fast verschwunden ist mit dieser veränderten Ausrichtung aber die ältere, abwertende Einschätzung des christlichen Einflusses auf die Dichtung, die Stanley für die Zeit bis zur Mitte dieses Jahrhunderts so eindrucksvoll dokumentiert hat: in diesem Teil literarhistorischer Forschung liegt der Akzent deutlich auf der Rolle klerikaler Vertreter als der Bewahrer, allenfalls der Zensoren alter »poetic traditions«, und nicht als deren »Verfälscher«[207]. Als beständig erwiesen hat sich dagegen auch hier die Vorstellung einer Mischung aus heidnischen und christlichen Elementen in der Dichtung sowie die Auffassung einer nur kurzen Blütezeit altenglischer Poesie zur Zeit der Bekehrung – die dann, literarisch gesehen, sehr schnell überleiten soll in den Verfall der Dichtkunst und den Aufbruch zu eher prosaischen Ufern[208]. In der Begründung der verwandten, historischen Bilder mag sich das Schwergewicht in der Weise verschoben haben, daß nun eher so disparaten Aspekten wie metrischen Defiziten oder dänischen Einfällen als vielmehr der Einführung des Christentums eine Schuld zugesprochen wird am vorgeblichen Verfall der Dichtkunst im 9. Jahrhundert[209]; zu einer grundsätzlich neuen Reflexion alter Annahmen hat diese mehr graduelle Abkehr von überkommenen Vorstellungen jedoch nicht geführt.

Eine zusammenhängende Darstellung der Argumente für die nur behauptete Verbindung der spät überlieferten Texte mit der Zeit des Frühchristentums in England wird folglich auch in keiner der Literaturgeschichten angeboten. Im Gegenteil: man geht von dem festgefügten Bild einer frühen und einer späten Phase altenglischer Literatur aus, die erste gekennzeichnet durch die Versdichtung, die zweite durch literarische Prosa. Beide Phasen werden in etwa mit zwei geistesgeschichtlich herausragenden Epochen angel-

205 Whitelock 1949:83-4; 1951:3-12, 21 und passim; vgl. auch Pearsall 1977:2.

206 Der Versuch der Erweiterung der Daten ist thematisiert in Whitelock 1951, bes. 22-30; Shippey 1972:210 Anm. 1 umreißt die vorherrschende Auffassung.

207 So z. B. Pearsall 1977:5.

208 Vgl. oben pp. 14-5 mit Anm. 27 zur gängigen Vorstellung von der Chronologie von Dichtung und Prosa. Zur Fusion z. B. Greenfield 1966:81-2, 144; Cross 1970:20-1; Pearsall 1977:1-2, 7-11; u. jew. passim.

209 Vgl. z. B. Whitelock 1951:24-6; Shippey 1972:83-5; Pearsall 1977:21, 57.

sächsischer Zeit verbunden, nämlich mit der »Northumbrian renaissance of the age of Bede« und dem »monastic revival of the tenth century«[210]. Welchen Hintergrund aber das historische Faktum beider Bewegungen für das Argumentationsgeflecht des Datierungskonstruktes beherbergt, das verdeutlichen einige Passagen aus einer neueren, literarhistorischen Darstellung, die sich sonst durch nüchterne Sachlichkeit und abgewogene Einschätzung auszeichnet.

> Zwei geistesgeschichtliche Bewegungen haben altenglische Literatur mitgeformt, das »goldene Zeitalter Nordhumbriens« (7./8. Jh.) und die Benediktinerreform (10./11. Jh.). Die erste hatte ihren Sitz nördlich des Humber, die zweite südlich der Themse. Die erste wurde aus Irland, die zweite aus dem Karolingerreich importiert. Beide Bewegungen brachten lateinische Bildung nach England, erstere gleichzeitig irische Bildung. Jede förderte auf ihre Weise auch die englische Literatur[211].

In einem Kapitel über die Chronologie der Literatur – das die Kriterien für die erstellte Chronologie wiederum hauptsächlich daraus gewinnt, daß die zeitliche Abfolge der Entstehung schon vorab entschieden ist[212] – haben die Autoren vorher bereits vorsichtig festgeschrieben, welche Art von Literatur jeweils gefördert worden sei.

> Mit einiger Vorsicht läßt sich die altenglische Literatur somit in eine frühere und eine spätere Periode gliedern. Aus der früheren Zeit überwiegen poetische Texte, seit dem 10. Jahrhundert die Prosatexte. Liegt das nur am Zufall der Überlieferung? Wir glauben eher an eine stärkere Pflege der Prosa in der Nachfolge der karolingischen Renaissance und der Benediktinerreform[213].

Die Trennlinie zwischen den beiden Epochen, die die nordhumbrische Blüte und die Benediktinerreform so sorgfältig scheidet, wird mit dem Bild des Bildungsverfalls unter Berufung auf die bekannten Zitate aus Alfreds Brief zur *Cura Pastoralis* nachgezeichnet, wobei wohltuend anzumerken ist, daß die Dänen hier nicht als die Zerstörer altenglischer Kultur hergenommen werden[214].

Wichtig für diese Scheidung in eine frühe (Vers-) und eine späte (Prosa-)

210 Pearsall 1977:20, 58.

211 Pilch/Tristram 1979:153.

212 Ibid. 135-6 gehen die Verf. von der traditionellen Interpretation linguistischer Daten aus; sodann unterscheiden sie aufgrund des Inhalts zwischen jüngeren und älteren Heldenliedern, aufgrund inhaltlicher und stilistischer Kriterien zwischen Caedmon- und Cynewulf-Schule, aufgrund gleicher Kriterien zwischen früher und später Dichtung. Zur Kritik an dieser gängigen Einteilung vgl. schon Schükking 1917. *Alle* Kriterien lassen sich *nur dann* als ›früh‹ oder ›spät‹ diagnostizieren, wenn man *schon zuvor* die Texte entsprechend zuordnet: ›früh‹ sind aber einzig und allein die drei früh überlieferten Texte.

213 Ibid. 137; es sollte unbedingt daran festgehalten werden, daß der »Zufall der Überlieferung« es genau anders herum haben will: nämlich Prosa (Alfred) *vor* Versdichtung (2. Hälfte 10. Jh.)!

214 Wiewohl sie natürlich erwähnt sind: ibid. 155-6.

Phase altenglischer Literatur ist nun aber das historische Bild beider Epochen, das nicht nur in dieser Darstellung angeboten wird, sondern immer wieder herhalten muß als Begründung für die Behauptung, ein großer Teil der altenglischen Versdichtung sei bereits in der Frühphase entstanden. Denn diese erste Blütezeit kennzeichnet eine heterodoxe Tradition, wesentlich geprägt von irischem Christentum und irischer Bildung, beeinflußt auch durch römisch-lateinische und germanisch-heidnische Elemente; dieser Einfluß lehrte die Engländer erst das, was als wesentlichstes Merkmal der ersten Epoche zu gelten hat und dann zum entscheidenden Kriterium in den Hypothesen über die frühe Entstehungszeit wird: Toleranz.

> Die frühe englische Kirche tolerierte während und nach der Missionszeit insbesondere in den unter dem Einfluß der keltischen Kirchen stehenden Gebieten die heidnischen Stoffe, so wie sie heidnische Bräuche der christlichen Religion anpaßte[215].

Im Gegensatz dazu kennzeichnet die andere, spätere Epoche orthodoxes Mönchtum, strenge kanonische Regel sowie einseitige Ausrichtung auf Instruktion und dogmatische Erziehung. Verständlich, daß nach dieser Rekonstruktion der historischen Bilder in solcher Zeit kein Platz bleiben kann für altenglische Versdichtung:

> Der Eifer der Reformer für die lateinischen, kanonischen Quellen wirkte auf die Dauer auch auf die Schaffenskraft altenglischer Dichter. Mit Ablauf des 10. Jahrhunderts war die Blüte der altenglischen Dichtung vorüber[216].

Immerhin wird hier der Reformzeit implizit noch eine gewisse, wenn auch undefinierte Blüte der Dichtung zugestanden: allerdings ist offenkundig, daß sich dies nur auf einige wenige Texte beziehen kann, denn die althergebrachte Verteilung der literarischen Werke ist auch in dieser Darstellung nahezu unverändert bewahrt[217]. Wesentlich drastischer zeichnet dagegen das Bild der vorgeblichen Intoleranz gegenüber volkssprachlicher Dichtung im 10. Jahrhundert Derek Pearsall: für ihn ist Aelfric Repräsentant einer fast pedantisch-einseitigen Ausrichtung auf Instruktion der Ungebildeten, auf dogmatische Indoktrination, der alles Heterogene und damit vor allem die Toleranz der früheren Zeit abgeht[218].

> The contrast with the old poetry is striking: there, a rich variety of treatment and address, here a pragmatic single-mindedness; there, a vigorous confidence in vernacular poetry and a free interchange with and within the Latin tradition, here a definite and necessary reaching down to a more ignorant audience. Ælfric's concern that doctrine should not be perverted by allowing lay access to the

215 Ibid. 154.

216 Ibid. 157.

217 Deutlich in der Zeittafel, ibid. 199-201, trotz der eingebrachten Vorbehalte gegenüber einigen Datierungen.

218 Pearsall 1977:58-9 zu Aelfric, bes. 58; vgl. 57-60 zum 10. Jh.

Scriptures is an aspect of a new and restrictive, though not yet repressive, orthodoxy which seems much more characteristic of the Middle Ages than the comparative freedom of the earlier poetry[219].

Es bedarf wohl keiner besonderen theoretischen und methodischen Schulung, um zu erkennen, in welcher Weise hier historische Bilder der beiden Zeiten entworfen sind: sie finden ihre behauptet *historische* Basis nur in der Literatur selbst, denn erst auf der Grundlage der Vorentscheidung einer Umverteilung der Texte in eine frühe und eine späte Zeit lassen sich diese Festlegungen erstellen und halten; was Begründung für die Entscheidung über die Datierung der Dichtung sein sollte, ist somit durch die Vorentscheidung selbst bedingt. Zwar schwächt Pearsall im folgenden den für das 10. Jahrhundert auf der Basis seiner zirkulären Argumentation erstellten, vernichtenden Vergleich etwas ab[220]; jedoch geht es hier ja nicht um die Frage, wie drastisch oder feinfühlig der Vergleich formuliert ist, sondern vielmehr um das Problem, wie die beiden Epochen qualifiziert werden und welche *historischen* Nachweise diesen vorgeblichen Kontrast belegen. Ein letztes Beispiel soll zeigen, wie man sich den Prozeß der Entwicklung von Toleranz zu Intoleranz vorzustellen hat, mit dem Literarhistoriker ihre Entscheidung über die Datierung der Texte begründen wollen; dieses Beispiel trägt deutliche Züge derjenigen Einschätzung, mit der eine frühere Forschung das Begräbnis der »authentic poetry« durch das Christentum geißelte. Demnach kennzeichnet die ältere Epoche eine allwaltende Mentalität von Toleranz:

Fremdes Gedankengut gliederte sich an oder trat an die Stelle von heimischem Erbgut. In keinem Fall aber wurde Vorhandenes gewaltsam ausgemerzt. Die Durchdringung mit christlichem Geist war vielmehr ein friedlicher, harmonischer Prozeß, der schon auf den ersten Stufen neuartige Ergebnisse erzielen konnte, für die wir in keinem europäischen Land eine Parallele finden. Besonders reizvoll ist das germanisierte Bild des christlichen Gottes, der Züge des heimischen Heerführers annimmt und daher sehr viel unmittelbarer auf Verstand und Gemüt der Germanen einwirken konnte[221].

Weil das Christentum jedoch auch neue, zunächst fremde Vorstellungen und Ideale einbrachte, die das Alte überlagerten, konnte die Demut schrittweise *thrym* ersetzen; da sich weiter damit das Verhältnis zu Mensch und Welt änderte, stehen am Ende des Prozesses letztendlich auch das Ende der Toleranz und eine neue Dogmatik für die Literatur.

Die heimische Sage wurde zurückgedrängt und hatte bald nur noch unter der Dorflinde eine Pflegestätte. Der mündliche Vortrag des Spielmanns degeneriert zur Unterhaltung des niederen Volkes, die eigentliche Dichtung wandelt sich zur Buch-

219 Ibid. 59.
220 Allerdings ist die Abschwächung nur relativ: ibid. 60.
221 Göller 1971:124.

> und Lesedichtung. Das *prodesse* steht nunmehr eindeutig im Vordergrund – alle Dichtung tendiert nun zur Predigt[222].

Präzise ist auch die Ausmalung, die der Verfasser für die geistliche Dichtung nach Alfred vornimmt, für die Zeit der Benediktinerreform also, in der »von jedem Christen . . . nun verlangt [wird], daß er *Pater noster* und *Credo* auswendig aufsagen kann«, in der der dogmatische Glaube zu einer weltfremden Ausrichtung führt, die das »tägliche Leben . . . und auch die Literatur der Zeit entscheidend formt«[223].

> Tod und Weltuntergang wurden zum modischen Gegenstand der Dichtung und Predigt, und mit wahrer Wollust ergötzte man sich an Leichengeruch, Verwesung und Würmern. Die Literatur wandte sich von der Welt ab, stand ihr sogar feindselig gegenüber. Ein guter Teil der heimischen weltlichen Dichtung ging dadurch unter. Heroische Stoffe wurden nicht mehr niedergeschrieben, sondern höchstens noch im Volke tradiert[224].

Die vorgeblich historische Beschreibung der beiden Epochen, die in Wahrheit auf der Basis einer vorab erfolgten Verteilung der Literatur beschrieben werden, führt somit zugleich auch zu der Auffassung vom angeblichen Verfall der Dichtkunst[225]. Auf wenige Kernformeln gebracht, lautet die Kontrastierung zwischen behaupteter Entstehungszeit und gesicherter Überlieferungszeit demnach: hie Toleranz, da Intoleranz, hie Fusion zweier oder mehrerer Welten, da christliche Dogmatik, hie freizügige Dichtung, da einseitige Doktrin; die Literaturgeschichtsschreibung bevorzugt da lieber die von ihr selbst so positiv gezeichnete, frühere Zeit. Prüfstein der Tragfähigkeit solch autoritativer Festlegungen müssen aber doch die *historischen* Nachweise sein, die für die jeweiligen Bilder ins Feld geführt werden. Belege aus der Dichtung, wie sie in den Darstellungen immer mindestens impliziert

222 Ibid.
223 Ibid. 124-5.
224 Ibid. 125.
225 Beispiele für den behaupteten Verfall der Dichtkunst auf der Basis des Paradigmas von Toleranz und Intoleranz bzw. Blüte und Verfall ergeben sich in fast allen Literaturgeschichten: sie sind expliziter dort, wo ausführlicher auf historische Bezüge eingegangen ist, seien sie auch noch so pauschal (z. B. Göller 1971; Pearsall 1977; Pilch/Tristram 1979). Die Assoziation von Blüte, Toleranz und Versdichtung einerseits, Verfall der Dichtkunst und Prosa andererseits zeigt sich selbst dort, wo fast kein historischer Bezug hergestellt wird (z. B. Cross 1970). Sie wird auch ohne Charakterisierung der späten Zeit als »intolerant« oder »doktrinär« noch deutlich in Malone 1967 (vgl. 15, 65 »golden age« mit 55-7 über *Maldon* und *Brunanburh*; 100 Chronologie von Versdichtung und Prosa); sie ist auch impliziert bei Wrenn 1967:195-6, verdeutlicht durch einen Vergleich mit ibid. 100; Shippey 1972:175-90 führt »decline« schon im Titel. Eine Ausnahme ist Greenfield 1966 wegen seiner werkimmanenten Betrachtungsweise; ibid. 166-7 spricht er sich explizit gegen die Meinung von einer Dekadenz der Dichtung im 10. Jh. aus.

sind, können nicht in die Funktion historischer Zeugnisse eintreten: die inhaltliche Beschreibung sozialgeschichtlicher Zustände der frühen Epoche mit der altenglischen Literatur setzt doch die Entscheidung bereits voraus, die ja erst aus der *Geschichte* begründet und getroffen werden sollte. Wenn die Toleranz der einen Zeit mit poetischen Texten belegt wird, um daraus abzuleiten, daß diese Texte dort ihren historischen Ort hätten, weil diese Zeit eben tolerant war: dann muß jegliche Einsicht in die Gültigkeit dieser Gleichung ausbleiben. An der Literaturgeschichtsschreibung wird offenkundig, daß dies jedoch eine vielbefolgte Rechnung ist: auf diesem Weg erst wird das, was doch eigentlich nur eine Reihe vielgestalter, aber nicht stichhaltig begründeter *Annahmen* ist, zum *Faktum* der Literarhistorie.

> When we talk of Old English poetry, therefore, we talk of a literature produced, apart from some isolated fragments and erratics, between 700 and 850. There is little to renew those former glories until the fourteenth century[226].

Das historische Bild der Toleranz. Einziger Nachweis für die Toleranz der frühen Zeit ist letztendlich, wenn auch selten als solcher genannt, der bei Beda zitierte Brief Gregors an Mellitus: seine Missionsanweisung soll dazu geführt haben, »daß die Missionierung in England anders vor sich ging als auf dem Kontinent«[227]. Allerdings bezieht sich die Anweisung Gregors zunächst auf die Umwidmung heidnischer Tempel für kirchliche Zwecke: die Götzen sollen zerstört, ihre Heiligtümer christlich geweiht werden; von einer Toleranz gegenüber irgendwelcher Literatur ist nicht die Rede.

> . . . uidelicet quia fana idolorum destrui in eadem gente minime debeant, sed ipsa quae in eis sunt idola destruantur, aqua benedicta fiat, in eisdem fanis aspergatur, altaria construantur, reliquiae ponantur. Quia, si fana eadem bene constructa sunt, necesse est ut a cultu daemonum in obsequio ueri Dei debeant commutari, ut dum gens ipsa eadem fana sua non uidet destrui, de corde errorem deponat, et Deum uerum cognoscens ac adorans, ad loca quae consueuit familiarius concurrat . . . Nam duris mentibus simul omnia abscidere inpossibile esse non dubium est, quia et is, qui summum locum ascendere nititur, gradibus uel passibus, non autem saltibus eleuatur[228].

226 Pearsall 1977:60. Pilch/Tristram 1979 assoziieren Bedas *multa carmina* mit irischem Christentum in Nordhumbrien und identifizieren sie dann mit altengl. Versdichtung (ibid. 154); an welche Epen gedacht ist, erhellt ibid. 122.

227 Göller 1971:15-6. Zitiert oder erwähnt wird der Brief bei Cross 1970:13; Wrenn 1967:166. Greenfield 1966:25-6 nennt Beda, Aldhelm, Alcuin als Bewahrer germanischer Tradition, spricht aber sonst nur gelegentlich von der Mischung heidnischer und christlicher Elemente (z. B. ibid. 81-2, 86, 230). Auch ohne Nennung der Quelle bleibt die Verbindung zwischen Brief und Deutung der Zeit erkennbar bei Göller 1971:15-6, 124, 177-8; impliziert ist sie auch bei Pearsall 1977:3-4, 11, 19-20. Benson 1967 dokumentiert das Interesse der engl. Kirche und einiger Könige am ›Heidentum‹ der kontinentalen Sachsen im 8. Jh.: eingegangen ist dies bei Pearsall 1977:11.

228 Beda *HE* Kap. 1.30; EHD I:654-5.

In der Tat offenbart diese Anweisung Gregors eine pädagogische Bereitschaft zur Geduld und taktisches Geschick; aber spricht sie davon, daß das erstrebte Ziel der Missionierung mit germanisierter, christlicher Dichtung erreicht werden soll? Selbst die missionspraktische Auswirkung von Gregors Direktiven bezüglich der Weihe heidnischer Tempel ist unklar und umstritten[229] – ganz ungeachtet der Frage, ob das Dokument eine stillschweigende Umdeutung in der Weise erfahren darf, daß man daraus auch eine Adaptation heidnischer Dichtung ablesen könne. Patrick Wormald hat diese letzte Möglichkeit entschieden verneint: er kann eine durchgehend orthodoxe Einstellung der Kirche zu volkssprachlicher Literatur aufzeigen, die sich in keiner Weise durch die Missonsanweisung Gregors beeinflußt zeigt[230].

Daß Theorie und Praxis auseinanderklafften, daß christliche Ideale und weltliche Ausrichtung der Kirche sich widersprachen, ist hinlänglich bekannt[231]. Aber folgt daraus – und das ist doch hier die entscheidende Frage – daß die Bekehrungszeit die einzige Epoche in angelsächsischer Zeit sei, zu der dies geschah? Belegen eine aus historischen Dokumenten beweisbare Toleranz der Frühzeit, eine heterodoxe Tradition aus irischem und römischem Christentum sowie aus germanischem Erbe die Existenz etwa des *Beowulf* im 7. oder 8. Jahrhundert, weil dem Text eine Festlegung auf christliche Dogmen fehlte, weil er – so wird doch behauptet – mit seiner komplexen Weltsicht den Missionsanweisungen Gregors entspräche[232]? Als Antwort auf solche Fragen verweisen die Literaturgeschichten wieder auf jene Argumente, mit denen ich mich bereits oben auseinandergesetzt habe: daß doch das Ingeld-Zitat Alcuins, daß doch die Anekdote von Aldhelm, der auf der Brücke seine weltlichen Lieder sang, daß doch seine Briefe oder der Wunsch Cuthberts nach einem Rottenspieler die Existenz dieser Dichtung belegten[233]. *Dieser* Dichtung? Ich brauche nicht zu wiederholen, aus welchen Gründen diese Art von Beweisführung über die Datierung der altenglischen Texte nicht akzeptabel ist; das Dilemma des Verlustes berechtigt nicht, die erkennbaren Lücken zu schließen mit Texten, die von ihrer Sprache und Niederschrift dem 10. Jahrhundert zugehören.

229 Ein Beispiel für Tempelreinigung verzeichnet Godfrey 1962:78, ein weiteres, allerdings sehr vages Wilson/Hurst 1957:149, Cramp 1957:71. Dagegen kann Whitelock 1965:24 zwei Berichte von Tempelzerstörung stellen; dasselbe bei Biddle 1971:405.

230 Wormald 1978:42-9 mit Belegen; dagegen sieht Kuhn 1960:416 wenig Zeugnisse für diese Meinung.

231 Z. B. Kuhn 1960:416-8; Wormald 1978:55.

232 So Pilch/Tristram 1979:145 im Kapitel über die heterodoxe Homiletik; Levine 1971:116-7 sieht im *Beowulf* ebenfalls ein Ergebnis gregorianischer Missionsanweisung.

233 Vgl. oben pp. 28-32. Zum letzten Beispiel, der Bitte Cuthberts, vgl. Pearsall 1977:21; EHD I:832.

Allerdings greift hier noch ein weiteres, historisches Argument ein, von großer Tragweite für Interpretationen der Literatur: denn dieselben Belege, die für die Existenz verlorengegangener Dichtung sprechen, werden dann auch herangezogen, um die altenglische Literatur für das Kloster zu reklamieren[234]. Diese Vereinnahmung hat weitreichende Konsequenzen: indem man sich auf die überragende Bildung nur *weniger* Persönlichkeiten bezieht (Aldhelm, Beda, Alcuin) und diese als Ausweis für einen *generell* hohen Bildungsstand hernimmt, indem man ferner das Beispiel *weniger* Bibliotheken (etwa: York, Jarrow) zum *allgemeingültigen* Paradigma für eine ganze Epoche erhebt, schafft man sich zuallererst selbst die Bedingung für die Möglichkeit, das gesamte patristische Schrifttum und die klassisch-lateinische Literatur der Erklärung und Interpretation altenglischer Dichtung dienstbar zu machen[235]. Allein: ergibt sich aus diesem selbstkonstruierten Nachweis, ergibt sich aus dem hohen Bildungsstand weniger und aus dem Vorhandensein weniger Bibliotheken eine überzeugende historische Begründung und damit eine zwingende Notwendigkeit, die in Rede stehenden Texte aus dem 10. Jahrhundert herauszulösen, weil dort angeblich ein solcher Bildungsstand nicht erreicht wurde? Indem man sie für die Klöster reklamiert und die Fülle des patristischen Schrifttums zur Grundlage des Verstehens der Texte macht, reserviert man nur mit bewundernswerter, *eigener* Belesenheit die Literatur für elitäre, klösterliche Zirkel, in denen als notwendige Voraussetzung des Verstehens offenbar gelehrte Bildungsbarrieren zu überwinden sind, die wohl nur von den gelehrtesten Zeitgenossen Bedas hätten bewältigt werden können. Besonders fragwürdig wird dieser Angang dort, wo allegorisch-typologische Interpretation immer neue Facetten der Werke offenlegen will, wo Beowulf zum Typus für Christus oder *Exodus* ein Beispiel für die Erlösung der Seele wird[236]. Historisch im eigentlichen Sinne wird das Argument erst wieder dort, wo es eine Stütze für seine Glaubwürdigkeit gewinnen will mit dem allgegenwärtigen Bild der Zerstörung der Kultur und der

234 So Pearsall 1977:18-22, 25-30; andeutungsweise Greenfield 1966:146-7.

235 Beda ist in den Darstellungen allgegenwärtig, so daß sich ein Beleg erübrigt; die Bibliotheken erwähnen als Beleg für das goldene Zeitalter u. a. Malone 1967:15; Wrenn 1967:62; Pearsall 1977:20. Gegen eine unzulässige Verallgemeinerung spricht schon Fisher 1952a, bes. 5-8. Pilch/Tristram 1979 bieten einen Überblick über die Zunahme der christologisch orientierten Interpretationen und über die Quellenforschung: ibid. 178-89.

236 Zur Diskussion um das exegetische Interpretationsverfahren vgl. u. a. Bloomfield 1958; Rollinson 1970; Greenfield 1972:133-59; Rollinson 1973; Whallon/Goldsmith/Donahue 1973; vgl. auch hier Kap. 3.3 passim. Prägnante Beispiele der Beowulf-Allegorese bieten McNamee 1960 und Goldsmith 1960, 1962, 1970; Kritik üben hier besonders John 1971:174-5; Greenfield 1972 loc.cit.; Rollinson 1973; John 1974: 394-9; Wormald 1978:41-2, 48, 92-4; Shippey 1978:59-60. Auf *Exodus* komme ich ausführlich zurück: vgl. unten Kap. 3.

Klöster durch die Dänen: indem es seinen Ausgang bei der unbewiesenen, historischen Annahme nimmt, derzufolge die Literatur ausschließlich im Kloster und für das Kloster geschrieben worden sei, verleiht es dem zweiten Argument erst seine Kraft; daß nämlich das Ende der Blütezeit für Versdichtung spätestens in der Mitte des 9. Jahrhunderts erreicht sei.

> The Danish invasions, the destruction of the monasteries and their books, the decline of the primarily monastic learning of the earlier centuries, are reason enough[237].

Ich kann mich der Vermutung nicht erwehren, daß hinter alledem, hinter der zirkulären Argumentation mit ihren unbewiesenen, historischen Annahmen, mit ihren plakativen Bildern von der frühen und der späten Zeit Vorverständnisse über *und* Wünsche an ein goldenes Zeitalter verborgen liegen. Das angelsächsische Frühchristentum fast ausschließlich durch seine Identifikationsfiguren Aldhelm, Beda und Alcuin zu sehen; diese Epoche nur zu zeichnen mit wenigen, positiven Quellen; sie hauptsächlich zu betrachten mit den Augen des Religions- und Kirchengeschichtlers; nur ihre Leistungen, nicht aber auch ihre Grenzen zu vermerken: dies alles wirft interessiertes Licht auf die frühe und vorverständigten Schatten auf die spätere Zeit. Eindrucksvoll kommt dies in dem Loblied zum Ausdruck, das Charles Wrenn geradezu enthusiastisch auf das goldene Zeitalter anstimmt.

> This period of literary history, which roughly covers the first half of the eighth century, *was indeed something of a golden age*, not only of English Northumbrian art, but also of Anglo-Saxon poetry. *Genesis A*, *Exodus* and *Daniel*, in their original forms, seem clearly to belong to this period: but it is probably true too that *much of the best of Anglo-Saxon poetry*, *including its greatest product*, *Beowulf*, originated in the eighth century – especially in its earlier years. As has been shown in the preceding chapter, the older poems of Germanic heroic tradition belong to this age (*Widsith* may be of a rather earlier date). *Some of the best pieces* in the Exeter Book, the so-called elegiac poems, are commonly attributed to the eighth century. The fragmentary verses of the runic inscription on the Ruthwell Cross in Dumfriesshire – definitely Northumbrian, of the age of Bede or at any rate of the eighth century, and possibly as early as Cædmon's time – are part of what must have been *one of the greatest* religious poems of the language, as is indicated clearly by its later expanded form in *The Dream of the Rood*[238].

Das ganze Licht der Superlative auf eine Epoche, in der doch nach Wrenns Aufzählung nur Beda und das Ruthwell-Kreuz »definitely Northumbrian« sind: hier scheinen mir alle Argumente in dem einen Ziel zusammenzulaufen, auch das Beste, das Größte aus der erst spät überlieferten Literatur noch teilhaben zu lassen am Glanz einer großen Zeit. Das Interesse an den anglischen Sprachformen der Texte, die zwar nicht aufschlußreich sein sollen

237 Pearsall 1977:57.

238 Wrenn 1967:106. Ähnlich, wenn auch nicht ganz so überschwenglich, Greenfield 1966:12; Malone 1967:65; Shippey 1972:189; etc.

für die Entstehungsdatierung, die aber dennoch immer gesondert notiert und ausgewiesen werden; das Interesse an Bedas Caedmon-Bericht; die nur hypostasierte, schriftliche Überlieferungskette, die doch die Hypothese von der Textidentität erst möglich macht; die einfachen, aber wirkungsvollen Bilder der Kulturzerstörung durch marodierende Dänen; das behauptete Unverständnis der Menschen des 10. Jahrhunderts gegenüber den literarischen Werken: all das zielt absichtsvoll ausschließlich auf eine Datierung der Werke in die Zeit nordhumbrisch-merzischer Hegemonie im 8. Jahrhundert und auf die gewünschte Assoziation mit einer Kultur, die als Ausweis eines goldenen Zeitalters gilt und – mit Einschränkungen und notwendigen Korrekturen – auch gelten darf[239]. Nur hier ist dann je nach Interesse eine Diskussion über heidnische und christliche Aspekte der Dichtung möglich; nur hier kann man einen revolutionären Prozeß der poetischen Adaptation germanisch-heroischer Dichtungsart für christliche Zwecke unterstellen; nur hier darf wegen des Mangels an historischen und literarischen Quellen beliebig Etymologie und altnordische Literatur eingesetzt werden, wo keine altenglische Prosa korrigierend herangezogen werden muß für die semantischen Übungen zwischen Skandinavien, Kontinent und England; nur hier kann man verbliebene Lücken nach Belieben füllen mit isländischer Saga oder patristischen Schriften. Dies alles – so sollen wir glauben – entspricht der heterodoxen Tradition einer Epoche, aus der historische Dokumente sonst nur sehr spärlich überliefert sind. Nach dieser Zeit aber, vor allem im 10. Jahrhundert, herrscht eine strenge christliche Doktrin, die »eigentliche Dichtung« verkümmert unter der Dorflinde. Die Nähe solcher plakativen Bilder zu älteren Forschungsauffassungen ist unübersehbar: der Unterschied zwischen ihnen ist nur noch einer der Zeit, denn auf die »productive power of epic poetry« wartet die christliche Kirche mit ihren Vertretern nun als Totengräber im 10. Jahrhundert.

Denn schauen wir auf die Kehrseite der glänzenden Medaille der nordhumbrischen Blütezeit und fragen, welche historischen Belege angeführt werden können für die Behauptung vom »subsequent decay« nicht nur der Kirche, sondern auch der Poesie, so entdecken wir dahinter fast nichts: daß das literarische Feld leergeräumt ist, muß nicht überraschen, da die ›besten‹ Texte zuvor in die frühere Zeit abtransportiert wurden. Aber ich frage ja auch nicht nach einer historischen Beschreibung des späten 10. Jahrhunderts durch seine Literatur, sondern nach *historischen* Nachweisen dafür, daß dort »little room for poetry« gewesen sei[240]. Als Antwort wird erneut eine nur oberflächliche Beschreibung geboten, wiederum auf nur wenige Personen zentriert, die paradigmatisch hingesetzt werden als repräsentative Vertreter aller gesell-

239 Fisher 1952a:7-8.
240 Pearsall 1977:58.

schaftlicher Gruppen für einen Zeitraum von rund siebzig Jahren, für einen geographischen Raum von der Größe Englands: Aelfric und Wulfstan. Ich will die Argumentation über strenge Dogmatik, über behauptete Einseitigkeit und Intoleranz gegenüber volkssprachlicher Dichtung wieder an einigen Beispielen verfolgen: dabei ist von vornherein unbestritten, daß es aus dem Bereich der historischen Fachwissenschaft exaktere Untersuchungen gibt; es geht hier jedoch, das sei noch einmal betont, um die historische Fundierung literaturwissenschaftlicher Meinungen, und noch nicht um die heute vorliegenden Ergebnisse der Geschichtswissenschaft selbst.

Das historische Bild der Intoleranz. Programmatisches Kennzeichen der zweiten, geistesgeschichtlichen Bewegung sind den literarhistorischen Darstellungen oft einige wenige Zeilen aus Aelfrics Vorwort zur Genesis bzw. zu seiner Homiliensammlung: daraus werden weitreichende Folgerungen für die Beschreibung dieser Epoche abgeleitet. Während der frühen Zeit eine tolerante und heterodoxe Tradition als herausragendes Merkmal eignen soll, sind in der zweiten und orthodoxen laut Pilch/Tristram apokryphe Stoffe sogar verboten[241]. Diese wichtige Erkenntnis gewinnen sie aus Aelfrics Vorwort zu seinen *Catholic Homilies*:

> ac forþan þe ic geseah and gehyrde *mycel gedwyld on manegum Engliscum bocum*, þe ungelærede menn þurh heora bilewitnysse to micclum wisdome tealdon (CH I, 2.8-11)[242].

Man beachte genau, wie Pilch/Tristram hier argumentieren: sie vergleichen die »heterodoxe Homiletik« (deren Beschreibung sie im übrigen ganz wesentlich mit der altenglischen Dichtung füllen: *Beowulf*, *Andreas*, *Genesis*, *Exodus*, *Juliana* etc.) mit der Aussage eines allerdings bedeutenden Abtes gegen Ende des 10. Jahrhunderts; dieser klagt, daß viele englische Bücher Irrtümer enthielten und daß die Botschaft des Evangeliums nur in lateinischen Schriften oder in den Übersetzungen Alfreds verfügbar sei. Implizit erfolgt also durch die Verfasser der literarhistorischen Darstellung eine Identifikation der apokryphen Stoffe mit der aufgeführten, altenglischen Versdichtung: nur aus solcher, natürlich unzulässiger Interpretation des Zitats läßt sich die Behauptung ableiten, es habe eine orthodoxe Aversion gegen altenglische Literatur gegeben! Gleichzeitige Bedingung für die weitreichenden Folgerungen ist die Erhebung der Äußerung Aelfrics in den Stand einer offiziell herrschenden Auffassung der Gesamtkirche; da Literatur Klosterprodukt sein soll, läßt sich somit ein ›Verbot‹ bestimmter Texte konstru-

241 Pilch/Tristram 1979:145.

242 Ibid. (Hervorh. im Text). Auch Pearsall 1977:59 verweist auf dieses Zitat, ohne jedoch den altengl. Text zu nennen oder zu zitieren. Der Kontext des Zitats ist unbedingt hinzuzuziehen: Aelfric *Homilies* (Thorpe) I:2; vgl. EHD I:924.

ieren[243]: mit solchen ›methodischen‹ Schritten wird ein neues, einheitliches (und einfaches) Bild einer Epoche gezeichnet, deren Komplexität die historische Forschung der letzten Jahrzehnte in steigendem Maße aufgedeckt hat. Auch ein Verweis auf die *Seasons of Fasting*, in denen davor gewarnt ist, die Lehren Moses und damit die des Alten Testaments zur Lebensnorm zu erheben, gestaltet das Bild nicht differenzierter: dieser Verweis soll nur die implizite Identifikation der in diesem Zusammenhang aufgeführten Bibelepen mit der angeblich nicht länger geduldeten, heterodoxen Tradition verstärken. Ich glaube von alledem kein Wort: hier wird erneut nur mit Hilfe der Literatur, noch dazu in großzügigster Quelleninterpretation, Geschichte auch der späten Zeit geschrieben; ein tragfähiges Argument für die vorgebrachten Auffassungen entsteht daraus nicht.

Bei Lichte besehen führen diese Argumente, die doch eigentlich die Assoziation zwischen frühem Christentum und altenglischer Versdichtung belegen sollen, eher zum Nachweis des Gegenteils: sie wären Indizien für die Bedeutsamkeit solcher Literatur im späten 10. Jahrhundert. Wenn Aelfric – so lautet doch wohl die Implikation – sich mehr oder weniger ausdrücklich gegen solche Dichtung wendete, so belegte dies nur ihre Virulenz in seiner Zeit: warum sonst sollte er sich gegen sie aussprechen? Keineswegs aber belegt es die Existenz der gemeinten Texte im 7. oder 8. Jahrhundert: dieses erwünschte Ziel wird mit solchen Kapriolen der Argumentation nicht zu erreichen sein. In der Folge schränken die Autoren die aufgebaute Identifikation von Zeit und Texten geringfügig ein: sie verweisen erneut auf Aelfrics Vorwort und zielen mit ihrer Einschränkung nun nur noch auf bestimmte Textsorten.

> Insbesondere hat er wohl die volkstümliche Hagiographie (wie die vitae der keltischen Kirche, etwa des Cuthbert von Lindisfarne und des Guthlac von Croyland) im Sinne ebenso wie die zahlreichen apokryphen Texte und ihre homiletischen Auslegungen, vielleicht auch die von Salomon angeführten Zauberbücher[244].

Und selbst der Hinweis, daß Aelfric »wahrscheinlich auf die englische Kirche vor der Reform« ziele, darf nicht darüber hinwegtäuschen, daß auch hier wieder die in Rede stehenden literarischen Werke in ihrer Gesamtheit gemeint sind: ihre Manuskriptexistenz verdanken sie nämlich nur »synkretistischer Sammeltätigkeit von Prosa und Poesie«, denn die reformierte Kirche wendete sich ausdrücklich »gegen alles Heidnische, gleich ob germanischen

243 Vgl. Pilch/Tristram 1979:144-5 (»Heterodoxe Homiletik«); auch das Kap. »Orthodoxe Homiletik« setzt neben einem Hinweis auf Quellen keine anderen, *historischen* Aspekte ins Argument. Sehr viel einleuchtender argumentiert Gatch 1977:9, 14-5 zu Aelfrics Vorwort; er identifiziert die angegriffenen Schriften vorsichtig mit Stoffen aus den Blickling- und Vercelli-Homilien.

244 Pilch/Tristram 1979:157.

oder klassischen Ursprungs«[245]. Geschult durch solche Argumentation fällt die Identifikation des »Heidnischen« als wesensmäßigen Bestandteils der heterodoxen Tradition der Frühzeit nicht schwer; überraschen muß dagegen die angeführte, quasi historische Begründung, mit der die behauptete Verurteilung altenglischer Literatur durch die reformierte Kirche der Spätzeit belegt werden soll: denn hier begegnen wir wieder der sattsam bekannten Gleichsetzung von sozialethischen (i. e. ›heidnisch-germanischen‹) Normen mit heidnischem Kult.

> Ausdrücklich wendet sich die reformierte Kirche gegen alles Heidnische, gleich ob germanischen oder klassischen Ursprungs. Besonders Wulfstan verwahrt sich gegen heidnischen Kult:
> þeah gif we ne awaciað, ac þurhwuniað on rihtan geleafan and *ælcne hæðenscipe* oferhogiað (Wlf IV. 90-92).
> Auch Ælfric verdammt die durch die Wikingereinfälle wieder aufgelebten Bräuche, Bäumen, Steinen und Quellen zu opfern . . .[246].

Im Ernst läßt sich so eine explizit oder implizit behauptete Intoleranz gegenüber der überlieferten altenglischen Dichtung historisch nicht glaubhaft machen: der Nachweis der Ablehnung heidnischen Kults oder auch derjenigen Handlungsweisen, die aus Aberglauben entstehen, kann doch nicht ausreichend sein als historische Stütze der Hypothese von der Existenz der gemeinten Texte im 7. oder 8. Jahrhundert. Der Bannstrahl der Kirche, der auf ›Heidentum‹, Magie und Aberglauben zielt, ist in seiner Tradition vom 7. bis zum 11. Jahrhundert und weit darüber hinaus historisch ununterbrochen zu belegen[247]: für die hier aufgeworfene Frage der Textdatierungen aber sind diese Nachweise schlichtweg irrelevant. Die angebliche Verbannung der Literatur aus dem Bereich der Lebensbedeutsamkeit in ein antiquarisches Dasein läßt sich auch nicht annähernd dadurch belegen, daß man auf Wulfstans Verdikt gegen das Absingen ›heidnischer Lieder‹ *im kirchlichen Bereich* verweist:

> And we lærað þæt man geswice freolsdagum hæþenra leoða and deofles gamena . . . And we lærað þæt ænig preost ne beo ealascop, ne on ænige wisan gliwige mid him silfum oðrum mannum, ac beo swa his hade gebirað, wis and weorðfull[248].

245 Ibid. 157, 156.

246 Ibid. 156-7 (Hervorh. im Text); es folgt das Zitat Aelfric *Lives* no. 17 Vv. 129-34, das natürlich auch keinen Hinweis auf Literatur enthält. Zu den angegriffenen Praktiken vgl. auch Wulfstan *Canons:* 4, 5 no. 16 und 26-7 Anm. 16 mit Quellen und Parallelen; verglichen werden sollte mit dem Zitat in Pilch/Tristram auch wieder die *vollständige* Passage aus Wulfstan *Homilies* 4.88-92.

247 Vgl. zunächst Grendon 1909:140-3; ergänzt werden sollten Haddan/Stubbs *Councils* III:363-4 (vgl. dazu EHD I:772; Chaney 1960:199), 449, 458-9 (vgl. dazu EHD I:772); weiter EHD I nos. 227, 112 (zu letzterem Dokument auch Chaney 1960:199 Anm. 16). Vgl. insgesamt auch Liebermann *Gesetze* II:502-3 s. v. *Heidentum.*

248 Wulfstan *Canons*:6, 14 nos. 18, 59; vgl. ibid. 28 Anm. 18 und 38-9 Anm. 59.

Was die Kirche oder ihre Vertreter als ›heidnisch‹ bezeichnen, muß nach anderen Maßstäben längst nicht ›heidnisch‹ sein: wo jedoch der Hinweis auf den Priester, der nicht als *ealascop* auftreten darf, der *einzige historische Beleg* für die behaupteten Einstellungen gegenüber der Literatur bleibt, da stellt sich auch keine Einsicht ein in die aus diesem einen Beleg gezogenen Schlüsse – daß nämlich zu dieser Spätzeit ein großer Teil des ›kontinentalen Materials‹ (i. e. die ›germanische Tradition‹) *getilgt* worden sei.

> Later in the tenth century, we are not only reaching the *terminus ante quem* for the necessary prototypes of our manuscript, but also the period in which the Carolingian currents that obliterated much of the continental material [. . .] were at their strongest in England[249].

Man hätte sich mehr gewünscht als nur diesen vagen Verweis: unschwer zeigt sich zwar hinter den »Carolingian currents« die ansonsten von Literaturwissenschaftlern angeführte »orthodoxe Doktrin« der reformierten Benediktiner, aber ein stichhaltiger Beleg für das zitierte Diktum werden sie damit nicht. Außer kontinentalen Zeugnissen bleibt Wulfstan Patrick Wormalds einziger Zeuge neben der auch nicht weiter belegten Meinung, Alfred und seine Nachfolger hätten eine Art »›crusading‹ atmosphere« geschaffen – dies soll dann die Komposition des *Beowulf* wegen der im Text gelegentlich praktizierten heidnischen Riten unmöglich gemacht haben[250]. Auch ein letzter Hinweis auf den literarisch anderen Stil der Darstellung heroischer Helden verfängt nicht: setzt doch diese Differenzierung wiederum eine bereits im voraus erfolgte Umverteilung der entsprechenden Literatur voraus, die doch erst historisch begründet werden sollte[251].

In diesem allgemeinen Dilemma der Begründungsnot behaupteter Intoleranz gegenüber volkssprachlicher Literatur kann auch Derek Pearsall nur einen weiteren Beleg anführen: orthodoxe Ausrichtung und Doktrin sollen damit *historisch* genauso nachgewiesen werden wie die Hypothese, daß Existenz und Funktion der poetischen Manuskripte nur als »acts of homage

Canons:14 no. 59 wird als einziges Argument angeführt von Wormald 1978:43, 78 Anm. 55, 94. Dagegen belegt die Anekdote über den Priester, der im Gottesdienst an Stelle der Liturgie »Swete lemman thin are« intonierte, ebenso wie die Erzählung über die Tänzer von Colbek bei Robert Mannyng, daß das Problem »heidnischer Lieder und teuflischer Spiele« *noch lange nach 1066* virulent bleibt: vgl. Giraldus *Gemma*:120; Mannyng *Synne* Vv. 9015-9252, ibid. auch Vv. 977-90.

249 Wormald 1978:94; die Auslassung betrifft einen Verweis auf voraufgehende Seiten.

250 Ibid. Vgl. zu den kontinentalen Quellen ibid. 78 Anm. 55, 79 Anm. 61-2. An Wormalds Bild der Kreuzzugsmentalität zweifelt bereits Niles 1983:285 Anm. 51.

251 Ibid. verweist Wormald auf Chadwick 1912:30-40, der diese Differenzierung anhand von *Beowulf* (»old poetry«) und *Maldon* (10. Jh.) vornimmt: vgl. bes. ibid. 32-4. Ich brauche wohl nicht zu betonen, daß auch hier zirkulär argumentiert wird.

to the past« verstanden werden könnten. Pearsall verweist dazu auf Aelfrics Vorwort zur Genesis: hier verleiht der Abt seiner Sorge Ausdruck, eine englische Version des Alten Testaments könne in der Weise mißverstanden werden, daß Ungebildete den literalen Inhalt des Bibeltextes zur Lebensnorm erheben könnten. Seine Sorge gilt also weniger einem heute behaupteten Bildungsnotstand der Laien seiner Zeit als vielmehr der Tatsache, daß solche ›Ungebildeten‹ (ohne lateinische Bildung? unreformierte Mönche?) nicht über die Methoden der Auslegung der Heiligen Schrift verfügten; das heißt: Ungebildete kennen nicht die patristische Tradition und damit nicht die Sinnunterschiede, die sich aus der Exegese ergeben. Genau dies ist die Befürchtung, die er gegenüber seinem Auftraggeber Ealdorman Aethelweard artikuliert.

> Nu þincð me, leof, þæt þæt weorc is swiðe pleolic me oððe ænigum men to underbeginnenne, for þan þe (ic ondræde, gif sum dysig man þas boc ræt oððe rædan gehyrþ, þæt he wille wenan, þæt he mote lybban nu on þære niwan æ, swa swa þa ealdan fæderas leofodon þa on þære tide), ær þan þe seo ealde æ gesett wære, oþþe swa swa men leofodon under Moyses æ[252].

Aelfric führt weiter aus, daß sein ehemaliger Lehrer – ein Meßpriester, dessen Lateinkenntnisse nur zum Teil, »be dæle« hinreichend waren – schon den Unterschied zwischen neuem und altem Gesetz erkannte, ohne ihn wirklich voll zu verstehen:

> Ful soð he sæde, ac he nyste, ne ic þa git, hu micel todal ys betweohx þære ealdan æ and þære niwan[253].

Sein Augenmerk gilt dann der nach altem Recht erlaubten Polygamie und den ›ungebildeten Priestern‹, die aus der Bibel gar einen Anspruch auf ein Eherecht für sich selbst ableiten wollen; aus all dem spricht eine tiefe Sorge, daß die Heilige Schrift in den falschen Händen zu falschen Zwecken mißbraucht werden könnte.

> Preostas sindon gesette to lareowum þam læwedum folce: nu gedafnode him þæt hig cuþon þa ealdan æ gastlice understandan and hwæt Crist silf tæhte and his apostolas on þære niwan gecyðnisse, þæt hig mihton þam folce wel wissian to Godes geleafan, and wel bisnian to godum weorcum. (We secgað eac foran to þæt seo boc is swiþe deop gastlice to understandenne, and we ne writaþ na mare buton þa nacedan gerecednisse. Þonne þincþ þam ungelæredum þæt eall þæt andgit beo belocen on þære anfealdan gerecednisse, ac hit ys swiþe feor þam[254].)

Was läßt sich daraus entnehmen? Doch wohl eben nicht, wie behauptet,

252 Aelfric *Preface*:76; die bei Pearsall 1977:59 zitierte Passage steht in ( ).
253 Ibid.
254 Ibid. 77; Pearsall loc. cit. zitiert nur die in () gesetzte Stelle; er übersetzt den ersten Teil »we must make it clear, here and now, that the book is very difficult to understand spiritually . . .«; ich übersetze: »Wir sagen schon zuvor, daß das Buch durch und durch geistig zu verstehen ist . . .« Gegen Pearsalls intentionales Mißverstehen des Vorworts ist auch zu beachten, daß Aelfric vom *»læwedum*

Intoleranz gegenüber vernakulärer Literatur! Der nur unterstellte *historische* Kontrast, den Pearsall so bildreich wie intentional in die frühe, vorgeblich nur tolerante, und die späte, angeblich nur doktrinäre Zeit hineinschreibt, findet keine Basis in diesem Textauszug, er hat kein historisches Fundament. Aelfrics Sorge um ein mögliches Mißverstehen einer englischen Version der Genesis findet ihre historische Begründung vielmehr in den Auseinandersetzungen innerhalb der Kirche der Zeit um die Benediktinerreform und ihre Konsequenzen; sie hat dazu historische Parallelen in der Diskussion um Bibelübersetzungen zu Wicliffs Zeit oder in der deutschen Reformation; sie mag darüber hinaus ein Motiv darin finden, daß der Abt nicht mehr seiner Kenntnisse vermitteln will, als dem jeweiligen Stand gebührt[255]. Dies mag man als orthodoxen Standpunkt bezeichnen, und auch in anderen theologischen Fragen wird man ihn Aelfric durchaus unterstellen können; seine Sorge belegt zudem, mit welchen Problemen sich die Kirche seiner Zeit konfrontiert sah. Aber zu meinen, daß ein mehrfach propagiertes, orthodoxes Lehr*programm* gleichbedeutend sei mit einer Beschreibung realer Zustände: dies bedeutet erneut, die Komplexität der Zeit zu verkennen, es bedeutet, die Absichten zweier herausragender Persönlichkeiten der (klösterlichen) Kirche gleichzusetzen mit einer Zustandsbeschreibung der Mentalität einer ganzen Gesellschaft, es heißt, Idealvorstellungen, interessierte Kritik und historische Realität nur als Eines zu sehen; hier ist wieder das Ungleiche im Zeitgleichen nicht erkannt. Pearsalls Kontrast zwischen »old poetry« und »new and restrictive orthodoxy«, zwischen »spirituality and learning« und »education and government«, zwischen »comparative freedom of the earlier poetry« und »pragmatic single-mindedness«, den er allein mit dem Zitat aus Aelfrics Vorwort historisch belegen will, ist ein Kontrast, wie er uns in späteren Jahrhunderten bei besserer Überlieferungslage immer wieder faßbar wird: es ist ein Kontrast zwischen der Imagination der Dichtung und der Doktrin der Predigten, zwischen weltzugewandten, poetischen Möglichkeiten der Fiktion und den weltabgewandten Zielen theologischer Eschatologie. Aber würden wir je behaupten wollen, es habe zu bestimmten Zeiten keine weltliche Dichtung gegeben – nur weil sich die Kirche oder einige ihrer Vertreter je gegen sie ausgesprochen haben?

Der Kontrast, der bei Pearsall und in anderen literarhistorischen Darstellungen zwischen angelsächsische Früh- und Spätzeit geschrieben wird, hat keine historische Substanz. Dieser behauptete Gegensatz findet sein Fundament ausschließlich in einer vorentschiedenen Verteilung der altenglischen *literarischen* Werke auf die beiden Epochen: wesentlich mehr Nachweise

folce« spricht, das die Priester unterrichten sollen; die ›Ungebildeten‹, die die Bibel nicht richtig auslegen, sind dagegen »*ungelærede*«.

255 So Gatch 1977:13 mit Anm. 12-4.

historischer Art sind erforderlich, um mich davon zu überzeugen, daß Aelfrics Publikum nur »ignorant« und »uneducated«, daß seine Zeitgenossen nur »single-minded« und »orthodox« gewesen wären. Die Verschiebung wesentlichster Teile der altenglischen Poesie ist zwingende Voraussetzung solcher Kontrastbeschreibung: da die Versetzung der Literatur aber doch erst historisch begründet werden muß und sonst nur auf der Basis unhaltbarer Annahmen geschieht, erledigt sich der Kontrast von selbst. Dieses Ergebnis meiner Überprüfung der historischen Argumente beläßt sicher Aelfric und Wulfstan ihre herausragende Stellung in der Reformbewegung ebenso, wie es dem 7. und 8. Jahrhundert die heterogene Synthese aus keltisch-irischem, römischem Christentum in ihrer Begegnung mit heidnischem Germanentum bewahrt; es lag nicht in meiner Absicht, dies zu bestreiten. Gleichzeitig aber gewinnt es der zweiten Hälfte des 10. Jahrhunderts etwas von dem *literarischen* Glanz zurück, der dieser sonst so glorreichen Zeit seit nunmehr über hundert Jahren wenig begründet bestritten wird. Ich stelle damit konsequent und entschieden in Abrede, was Pearsall stellvertretend für eine vielfach vorsichtiger vorgebrachte Forschungsmeinung auf die skandalöse Formel reduziert:

> If Bede had lived in the tenth century he would probably have emigrated[256].

2.3.3 *Aussagen auf der Basis der Archäologie.* Beenden will ich dieses Teilkapitel der Prüfung historischer Argumente dort, wo ich es begonnen habe: mit der Archäologie. Ich hatte erwähnt, daß das Grab von Sutton Hoo eine nicht unwesentliche Rolle in den Datierungsvorschlägen zum *Beowulf* gespielt hat; folglich sind die Argumente, die dabei Gewicht hatten, auch für die Datierung der übrigen Texte relevant, die sich ja mit dem *Beowulf* durch »große stilistische Einheitlichkeit« verbinden[257]. Die Vorstellung, daß einige der Funde von Sutton Hoo sogar identisch sein könnten mit den Schätzen oder Waffen, die sich im Text beschrieben finden, ist erstaunlich weit verbreitet; so weit, daß selbst Patrick Wormald bei der Datierung des Epos diesem Aspekt einen gewissen Entscheidungscharakter zugesteht: »Aspects of the poem's ›archaeology‹ [. . .] point towards an earlier rather than a post-Viking date«[258]. Prämisse für solche Deutungen ist die zweifelsohne richtige Annahme, auch poetische Imagination sei in ihrem Vorstellungsvermögen

256 Pearsall 1977:60. Pearsalls Meinung ist sicher extrem; wohltuend hebt sich dagegen Greenfield 1966 ab, der dem 10. Jh. zwar einigen Glanz, dafür aber fast keine Literatur beläßt. Neutraler noch können Malone 1967, Standop 1967, Cross 1970 verfahren, da sie kaum auf die sozialgeschichtlichen Bedingungen der Literatur eingehen.

257 Zitat aus Standop 1967:18.

258 Wormald 1978:94; die Auslassung betrifft einen Verweis auf eine voraufgehende Anm.

gebunden an gesellschaftliche Zustände: aber folgt aus der gesellschaftlichen Bedingtheit der Literatur, daß der Dichter den Text erstellt haben muß zu einer Zeit »while many of those who had witnessed the burial at Sutton Hoo were still alive«[259]?

Im August 1939 soll in der Untersuchungsverhandlung über Ansprüche der Krone an den Funden von Sutton Hoo die Lektüre und Erläuterung einiger Verse aus dem *Beowulf* die Mitglieder der Jury überzeugt haben, daß hier ein Schatz in kollektiver Zeremonie begraben worden war, um für immer ungestört zu ruhen[260]: seither hat es nicht an Versuchen gefehlt, sich ähnlich beeindruckt zu zeigen wie die Geschworenen und das Schiffsgrab oder Ehrenmal mit dem Epos zu verbinden. Man macht im extremsten Fall den Dichter sogar zum Augenzeugen des Ereignisses, oder man identifiziert in weitgehender Deutung der Funde Teile des Textes mit den Funden selbst[261]. Hier ist das gleiche Wunschdenken aufzuzeigen, das schon die Assoziationen zwischen Texten und »Bede's Northumbria« steuert: die Lücken in der historischen, in diesem Fall archäologischen Dokumentation förderten und fördern verständlicherweise eine Tendenz, Text und nur einmal belegtes, historisches Ereignis miteinander zu verbinden – so wie »Bede's Northumbria« gewöhnlich der Vorzug gegeben wird vor »Offa's Mercia«, allein wegen der besser dokumentierten Zeit[262]. Angesichts der Tatsache, daß die Deutung von Sutton Hoo noch viele Fragen offenläßt; angesichts der Tatsache, daß Hausbau, Waffen, kunstvolle Gestaltung von Schmuck nach Ausweis der archäologischen Funde bereits im 7. Jahrhundert auf einem hohen Stand waren; angesichts dieser historischen Befunde also sollte man sich verstärkt

259 Lindqvist 1948:131; vgl. ibid. 139–40. Kritik u. a. bei Whitelock 1951:22-3, 83-6; Cramp 1957:57, 58.

260 Die Darstellung einer Beowulf-Lektüre bei der Verhandlung verbreiten u. a. Lindqvist 1948:131; Wrenn 1959 in Nicholson 1963:312-4. Offiziell gehört sie wohl in den Bereich wissenschaftlicher Legendenbildung: vgl. die Anm. in Bruce-Mitford 1975: 722; zum gesamten Verfahren ibid. 718-31; weiter Biddle 1977:263-4.

261 Martin-Clarke 1950 möchte die ›Standarte‹ von Sutton Hoo mit dem *segen* aus *Beowulf* und anderer altengl. Literatur verbinden; vgl. ebenso Wrenn 1959 in Nicholson 1963:316-8. O'Loughlin 1964:15 hält es für wahrscheinlich, daß die Waffen von Sutton Hoo diejenigen sind, die Ongentheow abgenommen wurden. Sowohl Wrenn 1959 als auch Davidson 1980 zeichnet eine implizite Tendenz aus, archäologische Funde und Text gleichzusetzen: vgl. u. a. Wrenn art.cit. 319, Davidson art.cit. 363. Whitbread 1969 möchte die Häuser von Trelleborg über Vorstufen mit dem altengl. Werk verbinden: vgl. ibid. bes. 55-7, 60-2. *Beowulf*, Sutton Hoo und Yeavering verbindet auch Hope-Taylor 1977:315. Generell zu Sutton Hoo vgl. Bruce-Mitford 1975, 1978, 1979; Biddle 1977; zur Kritik an den weitgehenden Gleichsetzungen von Funden und literarischem Werk vgl. hier Anm. 259.

262 Vgl. oben pp. 69-72. Auf die Lücken in der archäologischen Dokumentation verweist warnend Cramp 1957:58-9.

davor hüten, in zirkulärer Argumentation sowohl anzunehmen als auch gleich zu bestätigen, daß Sutton Hoo und *Beowulf*, daß *Beowulf* und Yeavering der gleichen Zeit zugehören müßten. Verständlich, daß Sutton Hoo, »greatest national treasure«, solche Anziehungskraft entwickelt[263]; der Fund mag bestätigen, daß der alte Vorwurf skurriler dichterischer Phantasie gegen den *Beowulf* zu Unrecht erhoben wurde – obwohl sich ein solcher Vorwurf schon deshalb erledigt, weil dichterische Imagination eben mehr vermag als gesellschaftliche Realität bloß spiegelbildlich und wirklichkeitsgetreu abzubilden. Die Problematik solch vorschneller und direkter Identifikationen wird deutlich daran, daß z. B. C. L. Wrenn einerseits die Entstehung des Textes in East Anglia, andererseits in Northumbria postuliert hat: diese Postulate implizieren eine materialistische Literaturauffassung und Interpretation, wie sie Wrenn zutiefst fremd war[264]. Sie implizieren auch eine (historisch falsche) Tendenz, die archäologischen Funde von Sutton Hoo oder andernorts immer nur als *Schluß*punkt und nicht als *einen* Beleg *innerhalb* eines größeren historischen Prozesses zu deuten. In keinem Fall bestätigt nämlich der Fund, daß Kenntnisse über Waffen, Schätze, Riten nur durch ihn gewonnen werden konnten: solche Deutung übersieht die wichtige Rolle, die Schätze und Waffen in der gesamten angelsächsischen Zeit spielen; sie verkennt gleichzeitig die Bedeutung der Kontakte mit Skandinaviern im 9. und 10. Jahrhundert, wie denn auch bezeichnenderweise die sonst so oft bemühten altnordischen Quellen im Zusammenhang mit Bestattungsriten konsequent übergangen werden; Wulfstans Bericht im altenglischen *Orosius* belegt, auf welchen Wegen Kenntnisse von fremden Kulturen vermittelt wurden. Die Schiffsgräber von Gokstad und Oseberg, aus Balladoole und von anderen britischen Inseln, aus Dänemark und Schleswig datieren aus der Wikingerzeit[265]; daß man an solche Bestattungsriten auch in späterer Zeit noch erinnerte, belegt eine ausreichende Fülle von Quellen[266]. Erkenntnisse für die Datierung des Textes sind also auf dem Umweg über die Archäologie

263 Biddle 1977:264; diese Rezension vermittelt einen Eindruck über die noch ungeklärten Fragen zu Sutton Hoo, u. a. zu dem Problem, für wen das Grab bzw. der Zenotaph gedacht war (ibid. 257). Die Frage Grab/Zenotaph wird wieder aufgegriffen und zugunsten einer Leichenbestattung entschieden bei Evison 1979. Zu Yeavering (und *Beowulf*) vgl. u. a. Wilson/Hurst 1957:148-9; Cramp 1957:68-77; Davidson 1980:353-4; Rahtz 1976, bes. 65–8; Hope-Taylor 1977.

264 East Anglia: Wrenn 1959 in Nicholson 1963:325-7; Northumbria: Wrenn 1967:106, 108, und passim.

265 Zu Gokstad und Oseberg vgl. Brøgger/Shetelig 1951; zu den anderen Gräbern Wilson/Bersu 1966:91-2 und dort angegebene Literatur; zu Balladoole ibid. 1-12, 84-92 und Wilson 1967:38-9. Vgl. auch Müller-Wille 1970:70-110 (Großbritannien ibid. 92-3) und ibid. die Karten 8, 9 am Ende der Monographie.

266 Vgl. u. a. Garmonsway/Simpson 1980:341-9; EHD I:819; Lange *Texte*:153-6, bes. nos. 7, 22; Pertz *Leges* I:19–20.

nicht zu gewinnen: so muß denn auch heute noch ein Fazit Zustimmung finden, das Rosemary Cramp bereits 1957 gezogen hat.

> What archaeology brings to the poem is not yet a solution of its date; there is not a sufficient body of relevant evidence to do this. If enough of such evidence is ever forthcoming to prove that the poet muddled together objects and conditions of widely different dates, then the latest of these might give a clue to the poet's own time. However, even if all the background could be closely fixed to one era, it would still be necessary to refute or support the undoubted historical sense he sometimes shows. The archaeological evidence that is now available, however, can enrich considerably the study of the poem; it can supply relevant illustrations so that simple words such as ›hall‹ or ›sword‹ conjure up a precise picture in the mind of the modern reader[267].

2.3.4 *Zweites Fazit.* Jede literaturwissenschaftliche Aussage geht in irgendeiner Form von historischen Annahmen über den Kontext der literarischen Werke aus; dies ist selbst dort der Fall, wo solche Annahmen nicht weiter reflektiert, sondern stillschweigend unterstellt sind. Es war Aufgabenstellung dieses Kapitels, das historische Fundament der Annahmen der herrschenden Lehrmeinung über die angenommenen Entstehungszeiten auf seine Stichhaltigkeit und Glaubwürdigkeit zu prüfen. Für alle innerhalb des Datierungssystems angeführten historischen Argumente läßt sich das Ergebnis auf einen Nenner bringen. Die historischen Bilder, die als Basis für die Annahmen evoziert werden, haben fast durchweg zwei gravierende, methodische Fehler: zum ersten werden isolierte Einzelaspekte oder Einzelaussagen in den Stand von allgemein verbindlichen erhoben und unzulässig generalisiert. Dies gilt sowohl für die behauptete Zerstörung der Kultur im 9. Jahrhundert wie für das nicht bewiesene Postulat einer Mentalität von Feindschaft und Haß zwischen Dänen und Engländern; ebenso kennzeichnet eine Begrenzung des herangezogenen historischen Materials ganz wesentlich die Bilder, die in literarhistorischen Darstellungen von dem heterodox-toleranten Frühchristentum und der orthodox-doktrinären Benediktinerreform gezeichnet werden. Gerade diese letzten Bilder offenbaren den zweiten methodischen Mangel: sie gründen hauptsächlich auf einer vorentschiedenen Verteilung der Literatur auf die frühe und die späte Zeit, die doch erst aus der historischen Begründung heraus erfolgen sollte. Die behaupteten sozialgeschichtlichen Zustände von heterodoxer Tradition und Toleranz in der frühen Zeit sind somit ganz wesentlich aus der Literatur selbst abgeleitet: der *circulus vitiosus* schließt sich dann in der Folgerung, daß diese Literatur doch in die Frühzeit gehöre, weil die Zeit so heterodox und tolerant war. Solche Form historistischer Nutzung der Literatur für die Geschichtsschreibung

267 Cramp 1957:77; vgl. ibid. 57-60, 63, 67. Intensiv bezieht sich auf Sutton Hoo Wrenn 1967:1-6, 107-21 passim; vgl. weiter Göller 1971:14-8, 74, 149; Pearsall 1977:11.

bedingt dann zugleich auch das Bild der späten Zeit: wo keine »eigentliche Dichtung« mehr vorhanden (weil in einen kulturell besseren Kontext verschleppt), da können selbstverständlich nur noch theologisches Schrifttum mit kirchlicher Doktrin und Aussagen gegen heidnischen Kult zitiert werden. Falsche und vorverständigte Vorstellungen vom ›Heidentum‹ und ›Christentum‹ runden ein Bild ab, das als historische Grundlegung für die behauptete Entstehung der Literatur im 7. oder 8. Jahrhundert völlig unzureichend ist: zum allgemeingültigen Standard erhobene Aussagen von Beda, Alcuin, Alfred und Aelfric sowie Wulfstan können allein keine tragfähige Basis dafür erstellen. Um wie vieles differenzierter die historischen Prozesse gesehen werden müssen, die doch zuallererst Bedingung für die poetischen Möglichkeiten der altenglischen Literatur waren, erhellt ein kurzer Abschnitt aus einem Schreiben, das Aelfric zugesprochen wird; es belegt erneut die Vielfalt der Meinungen gegen die so oft behauptete Einseitigkeit, verdeutlicht aber auch, wie sorgfältig und detailliert historische Forschung einbezogen werden sollte in literarische Interpretation, anstatt – wie dies zu oft geschieht – sich auf Reduktionsformen, auf verzerrte Rumpfmodelle von historischen Bildern oder auf geistesgeschichtliche Klischees zu beschränken.

> Ic secge eac ðe, broðor eadweard, nu ðu me þyses bæde, þæt ge doð unrihtlice þæt ge ða engliscan þeawas forlætað þe eowre fæderas heoldon, and hæðenra manna þeawas lufiað þe eow ðæs lifes ne unnon, and mid ðam geswuteliað þæt ge forseoð eower cynn, and eowre yldran mid þam unþeawum, þonne ge him on teonan tysliað eow on denisc, ableredum hneccan and ablendum eagum. Ne secge ic na mare embe ða sceandlican tyslunge buton þæt us secgað béc þæt se beo amansumod þe hæðenra manna þeawas hylt on his life, and his agen cynn unwurþað mid þam[268].

2.4 Zwischenfazit

Nach der Prüfung der Interpretation historischer Daten, die zur Datierung der Texte in eine behauptete Entstehungszeit herangezogen werden, komme ich erneut zurück auf die Frage, die ich zu wiederholten Malen gestellt habe und deren Antwortmöglichkeiten nun eine letzte Einschränkung erfahren haben. Wenn es also praktisch unmöglich ist, altenglische Dichtung in historischer Perspektive als hypothetisch-diachronische Abfolge der Einzelwerke von zirka 700 bis etwa 1066 darzustellen, weil die Datierung der Manuskripte dagegenspricht, weil die im Caedmon-Paradigma verwandten Annahmen nicht ausreichend belegt werden können, sondern sich letztlich nur als sich gegenseitig stützende Hypothesen erweisen, weil die Sprache der

268 Aelfric *Homilies*: 56; vgl. Kluge *Brief*:62, EHD I no. 232. Zur Datierung Ker 1957 no. 332 art. 15, zur Zuordnung in den Aelfric-Kanon Aelfric *Homilies*:56-7.

Texte diejenige des 10. Jahrhunderts ist, und weil die zur Stützung der anderen Hypothesen herangezogenen historischen Bilder sich selbst auch als unhaltbare Annahmen erweisen –: was berechtigt dann eigentlich noch, aus dem Corpus des Überlieferten ein chronologisch abweichendes System der Literaturgeschichte zu machen?

Nichts.

Die kritische Frage nach den Annahmen, die dem geläufigen Datierungskonzept altenglischer Literatur zugrunde liegen, führt schlüssig zu dem Ergebnis, daß das gesamte Konzept der relativen und absoluten Chronologie nicht auf einer gesunden historischen Basis steht, sondern eher in einem Spinngewebe aus unhaltbaren Annahmen hängt: eine Art Gewebe von tradierten und immer noch herrschenden Lehrmeinungen, das denn auch seine wesentlichste Stütze in einem stillschweigenden, gemeinsamen Einverständnis erfährt. Man beharrt auf einem Konzept, das seine wichtigsten Konturen bereits im vorigen Jahrhundert erhielt, und dies trotz der Tatsache, daß immer wieder der eine oder andere der »confident standards which once placed [a] poem in a Northumbrian home in the late seventh or early eighth centuries« in Frage gestellt oder als unbrauchbar erwiesen wurde[1]. Allein vor dem letzten Schritt ist man konsequent zurückgewichen zugunsten eines ständig wiederholten Appells an die Übereinkunft in ein Konstrukt, dessen Schwächen gelegentlich eingestanden werden, dessen Haltbarkeit zwar auf Wünschen, jedoch nicht auf Fakten beruht, das aber natürlich im *consensus omnium* den unbestreitbaren Vorteil einer vorgeblich kollektiven Sicherheit bietet.

> Ein consensus omnium, von dem nur vereinzelte forscher, wie Chadwick abzuweichen wagen und der seinen übersichtlichsten niederschlag in der scheinbar selbständigen gruppierung Richters gefunden hat, verlegt beinahe die gesamtheit der ags. poetischen production ins 8. jh. Von dem ganzen reichtum der ags. poesie wäre nach 800 nichts von bedeutung entstanden[2].
>
> No direct evidence is available for dating Genesis A . . ., although the end of the seventh or the beginning of the eighth century is generally accepted as a probable time for the original composition of the poem[3].
>
> The dating of Old English poetry is, of course, one of our major problems. I will attempt an outline of the kinds of evidence on which the ›consensus of opinion‹, so often referred to in this connection, is based. In my opinion, the whole subject requires a thorough re-examination . . .[4].
>
> The dates of composition of the poems in these manuscripts . . . cannot be determined with precision; but critics generally agree upon an early period, ranging

1 Doane *Genesis*:25.
2 Schücking 1917:347.
3 ASPR I:xxvi (1931).
4 Whitelock 1949:79.

> from the late seventh to the early ninth century . . .; the period of Cynewulf, ninth century; and a ninth-tenth-century period . . .[5].
>
> Dating Old English poetry is notoriously difficult and uncertain, but virtually no one now thinks of *Beowulf* as post-825 . . .[6].
>
> Other kinds of evidence, external and internal, produce a multitude of sometimes conflicting theories, though there is a general consensus that most of the poetry, including *Beowulf*, was written in the eighth century[7].

Letztendlich belegt selbst die ständig wiederholte Beschwörung der Übereinkunft, mit der die Verantwortung für das hypostasierte Datierungskonzept an das anonyme Forscherkollektiv abgetreten wird, nicht mehr als nur die verdeckt vorhandene Unsicherheit und das Hypothetische der gesamten Konstruktion.

5 Greenfield 1966:78-9; vollständig oben p. 10.

6 Shippey 1972:210 Anm. 1.

7 Pearsall 1977:23. In die gemeinsame Übereinkunft, die über ein beträchtliches Alter verfügt, stimmen weiter ein u. a. Mürkens 1899:95 (zu *Beowulf*); Kennedy 1916:L (zu *Exodus*); Kennedy 1943:175 (erneut *Exodus*); Menner 1951:288; Irving *Exodus*:23; Irving 1959:1; Leslie *Wanderer*:47-8; Wrenn 1967:120; Fry *Finnsburh*:5; Wilson 1974:9; etc. etc.

3. Datierungsannahmen, Fragestellungen und Interpretationen

Die Forschung zur altenglischen Exodus

Bisher lag das Schwergewicht meiner Prüfung auf einer Analyse der Literaturgeschichtsschreibung: literarhistorische Darstellungen lieferten den Rahmen für die Disposition der Argumente, und sie lieferten die Argumente selbst. Nirgendwo werden sie mit solcher Deutlichkeit artikuliert: allerdings hat ihre Überprüfung ergeben, daß diese Argumente allesamt auf jeweils unhaltbaren Annahmen basieren. Die wesentlichen Konturen des Datierungskonstruktes, die den Argumentationen zugrunde liegen, entstammen der Forschung zur Datierung und Chronologie der altenglischen Dichtung aus der Zeit der Jahrhundertwende: was Richter oder Sarrazin, Trautmann oder Barnouw einst sicher erstellt zu haben glaubten, hat seither allein durch ständige Wiederholung den Charakter von Faktizität gewonnen.

> It sometimes happens that a well-argued theory, with the authority of a great scholar behind it, will, after a series of progressive repetitions by others who ignore the safeguards and reservations of the original propounder, acquire an axiomatic quality which that propounder would have been the first to deplore; and then, being handed on as incontrovertible fact, which it is not, it may block the line of advance and stand in the way of the true assessment of new evidence as this comes to light[1].

Vor allem die Aussagekraft und Interpretation der linguistischen Daten, mit denen man ja das althergebrachte Datierungskonstrukt im wesentlichen erbaut hat, wird als Grundlage der Möglichkeit von Altersbestimmungen der Texte inzwischen erheblich in Zweifel gezogen: obwohl es zudem nie an warnenden Stimmen fehlte, die eine Überprüfung des Datierungssystems forderten, liegt bis heute eine grundsätzliche, umfangreiche Prüfung wie Diskussion der Argumente und Annahmen nicht vor[2].

1 So beginnt Whitelock 1951:1 ihre Argumentation für eine spätere Datierung des *Beowulf* auf ca. 750-800.

2 Gegen das Datierungssystem argumentieren Schücking 1917 (*Beowulf*); Whitelock 1949:79 fordert eine »thorough re-examination«; Hofmann 1957 (*Genesis A*, *Exodus*; ähnlich Hofmann 1959, 1972). Irving 1959:11 fragt ». . . how recently have we assessed our own evidence and how well can it stand up to criticism?«; bis ca. 1980 kaum beachtet plädiert Reynolds 1955, 1957 u. a. für eine spätere Datierung des *Beowulf*, bes. 1957:178 (»reconsideration of the evidence. . . is overdue«). Langenfelt 1959 kommt in seiner Diskussion des *Widsith* zu der beachtlichen Feststellung, daß die Methoden der Forschung des vorigen Jh.s und eine nationalistisch gesonnene Ideologie Grundlage für die traditionelle Datierung des *Widsith* seien (ibid. 109); in Langenfelt 1961, 1962 hat er auch die Beowulf-Datierung in Frage gestellt und datiert »at about 800 or after« (1961:55). Mit allgemeiner

Das Konstrukt aus Argumenten und unbegründeten Annahmen dient jedoch als Ausgangsbasis für weitere Forschung: in Einzelbeiträgen zu den jeweiligen Texten wird das Datierungssystem dabei nicht mehr auf seine Argumentationskraft hin befragt. Allerdings wäre von solch isolierten Anfragen an das Konzept eine Neubesinnung auch deswegen nicht zu erwarten, weil dann immer nur das Datum eines einzelnen Werkes zur Debatte steht: wenn jedoch immer nur ein Poem dem Konzept zugeordnet werden soll, muß sich diese Zuordnung zwangsläufig nach den Vorgaben des gesamten Systems richten, das dabei selbst nicht auf den Prüfstand gestellt wird. Ein Einzeltext, als Mosaiksteinchen aus dem Datierungskonstrukt herausgelöst, läßt sich mithin immer nahtlos und leicht wieder in das Mosaik einfügen, weil alle Annahmen des Datierungssystems selbst konstant gehalten werden: eine weitere Bestätigung des Systems und des *consensus omnium* ist damit vorgeblich erreicht. Im folgenden will ich nun an einem exemplarischen Fall aufzeigen, wie dieses Deutungssystem mit seinen Argumenten und Annahmen fortwirkt in Fragestellungen und Interpretationen, wie es Texterstellung in gleichem Maße bedingend beeinflußt wie Textdeutung. Als exemplarischen Fall wähle ich die altenglische *Exodus* aus: wie kaum ein anderes Werk ist diese Bibeldichtung geeignet, die engen und nahezu undurchdringlichen Grenzen aufzuweisen, die der Forschung zur altenglischen Literatur durch die ungeprüften Vorgaben des Datierungskonstruktes gesetzt werden. Die Auswahl des Beispiels ergibt sich zunächst aus der Tatsache, daß die Datierung von Dichtungen der sogenannten »earlier poetry« erstrangig zur Debatte steht: ihre zeitliche Fixierung setzt zugleich den zeitlichen Rahmen für die Datierungen der übrigen Texte.

> The *terminus ad quem* [i. e. for *Exodus*] is probably about 800 since sufficient time must be allowed between the early poetry and the later, probably ninth-century poetry of Cynewulf and his group, which is often imitative of *Beowulf* and *Exodus*. Thus *Exodus* was probably composed in the eighth century at some time between the time of Bede and the time of Alcuin[3].

Es soll also die Forschung zu einem Text der »earlier poetry« als exemplarischer Fall hinsichtlich der Auswirkungen des Datierungskonstrukts auf Datierungsannahmen, Fragestellungen und Interpretationen analysiert werden: zu dieser Gruppe zählen gemäß des *consensus omnium* neben dem *Beowulf* und der *Exodus* noch *Genesis A* sowie *Daniel*, die sogenannten

Überlegung plädiert Blake 1977b für eine Datierung der »earlier poetry« nach Alfred; für eine spätere Datierung der Cynewulf-Dichtung argumentiert Ritzke-Rutherford 1979:224, 227. Mit Chase 1981 ist die Diskussion um die Beowulf-Datierung erneut aufgelegt.

3 Lucas *Exodus*:71; ähnl. Irving *Exodus*:23-5. Diese Argumente waren bereits vor 1900 gängig: vgl. z. B. Groth 1883:28-9, 35, 40-1 mit Anm. 2, und passim; Mürkens 1899:95-112 passim, bes. 112.

»Caedmonian poems«, während die Datierung anderer Werke wie der Elegien oder ausgewählter Rätsel, wie die von *Widsith* oder *Deor* immer umstritten geblieben ist[4]. Zu den Problemen der Beowulf-Datierung habe ich mich auf den voraufgehenden Seiten wiederholt geäußert; darüber hinaus habe ich an anderer Stelle erörtert, welches Sinnangebot das Heldenepos für ein aristokratisches Publikum zur Jahrtausendwende in England bereitstellen kann[5]. Aus den »Caedmonian poems« sticht nun die *Exodus* besonders heraus: zum einen folgt sie weniger als *Genesis A* oder *Daniel* der biblischen Vorlage; zum anderen wurde und wird sie mehr noch als die beiden anderen Texte von den zwei unterschiedlich interessierten Forschungsrichtungen für ihre jeweiligen Interpretationen reklamiert: sowohl Vertreter eines eher germanisch orientierten als auch die eines christlich-lateinisch und exegetisch argumentierenden Frageinteresses erheben den Anspruch, den richtigen Schlüssel zum Verständnis des Textes in ihren Händen zu halten. Dabei erlaubt *Exodus* auf den ersten Blick nur geringe Einsichten in die sozialen Zustände angelsächsischer Zeit: für eine voreilige, gesellschaftliche Verortung scheint sich der Text daher weniger als etwa *Beowulf* anzubieten, obwohl gerade seine von fast allen registrierte ›germanisch-heroische Diktion‹ immer wieder Anlaß und Ausgangspunkt zu Überlegungen hinsichtlich seiner vermutlichen Entstehungszeit gewesen ist. Da Grundlage des Werks der alttestamentarische Bibelstoff ist, lag unter den Bedingungen des Datierungskonstruktes die Annahme nahe, *Exodus* den Charakter eines Bekehrungsepos zuzuschreiben »through the medium of which [the poet] can, without undue alteration, bring to his audience (still perhaps semi-pagan) an immediate and comprehensible concept of a single, omnipotent God«[6]. Diese auf Vermittlung der Grundsätze christlichen Glaubens gerichtete Funktionsbeschreibung des Werks setzt als Annahmen unter anderen Textidentität, Zeit des Frühchristentums und ein weltliches Publikum voraus (›Fusion zweier Welten‹): im Gegensatz dazu stehen Deutungen, in denen *Exodus* zum historischen Beleg für die Existenz eines hochgebildeten, klösterlichen Publikums und einer alle Lebensbereiche umfassenden, christlich-lateinisch-exegetischen Tradition *zur gleichen Entstehungszeit* wird. In diesen Interpretationen wird vorausgesetzt, daß der Hörer oder lerneifrige Leser zur Frühchristenzeit der Angelsachsen bereits in der Lage gewesen wäre, mit Hilfe reicher Bibliotheken über den literalen Sinn des Bibeltextes hinauszudenken und zum Verständnis des poetischen Textes patristische Exegese zu nutzen: »[The poet] may have wished simply to underscore the presence of an allegorical level to the narrative which the sensitive reader, alive to the spiritual

4 Deutlich definiert u. a. Greenfield 1966:78 die frühe Phase als Entstehungszeit von »*Beowulf* and the Cædmonian poems«.

5 Zusammen mit R. Holtei in Busse/Holtei 1981a.

6 Kossick 1971:3-4.

resonance of the text, could be left to fill in more fully for himself«[7]. Auf *historische* Nachweise für den angenommenen hohen Bildungsstand und für die weite Verbreitung des erforderlichen Schrifttums – beides ist doch Bedingung für die Möglichkeit einer solchen Deutung – meint man dabei getrost verzichten zu können:

> To be sure, we cannot prove that all the works mentioned were known in England during the period of the Old English poetic tradition, but we do have proof that a majority of them were. The question as to what books were available to English scholars and poets is far from settled, and we may reasonably assume from what we know of the zeal for learning among the English that many more books were available than we have record of. The library burnings of the Danes in the late eighth century no doubt destroyed more than we know[8].

Unschwer lassen sich hinter den antinomischen Forschungspositionen zur *Exodus* jene oben analysierten, pseudo-historischen Bilder über die Zeit des Frühchristentums in England wiedererkennen: jenes von der heterodoxen, römisch- wie irisch-christlichen Tradition – die auch ›Germanisches‹ noch tolerierte, aber im Brandsturm der Dänen ihr Ende gefunden haben soll – muß ebenso wie jenes von dem nur leicht verschleierten Heidentum der Texte herhalten, um als vorgeblich historisch fundierte und dann generalisierte Annahme detaillierte Geschichtsforschung zu ersetzen. Auf diesem Weg wird der Autor zu einem »English scholar« stilisiert und sein Publikum zu lerneifrigen *studiosi*, oder die Poeten werden unter den Missionaren gesucht, die einem noch halb heidnischen Auditorium die christliche Lehre in dem ihm bekannten heidnischen Gewande vermitteln, »with little more than a thin veneer of Christianity«[9]. In diesem Forschungswiderspruch bildet *Exodus* den exemplarischen Fall, an dem sich die Annahmen des Datierungssystems und die aus diesen unhaltbaren Vorgaben abgeleiteten Interpretationen aufweisen lassen: Texterstellung und Textdeutung aus der Forschung zur *Exodus* sind insofern typisch für das Dilemma der Erforschung altenglischer Literatur. Attraktiver noch erscheint dieses Musterbeispiel, weil sein unstrittig christlicher Inhalt es nicht – wie *Beowulf* – aus der (geringen) Fülle altenglischer Dichtung als heldenepischen Einzelfall herausragen läßt; gleichwohl herrscht Einigkeit in der Meinung, daß wir es hier mit einem Meisterwerk zu tun haben, und mit einem eminent schwierigen Text[10].

7 Hermann 1975:242.

8 Wilson 1974:112. Die erwähnte Zeit der florierenden, poetischen Tradition wird ibid. 9 auf 650 bis 875 eingegrenzt: im Kontext des Zitats steht das 8. Jh., wie denn auch das Kap. richtiger »Exodus« als »Cædmon« hieße, da es fast ausschließlich um diesen Text geht (ibid. 110-40).

9 Kossick 1971:1; vgl. die Formulierung »thin veneer over the old heathen virtues« in Bentinck Smith 1907:64.

10 Zu *Exodus* als »Meisterwerk« äußern sich u. a. Schücking 1915:63, 1929:215, 216; Dobbie 1954:229; Robinson 1962:378; Shepherd 1966:30; Calder 1973:89; Ames

Die Forschungsbeiträge zur *Exodus* werde ich unter drei Aspekten analysieren: zunächst geht es auch hier um die Argumente, mit denen versucht wird, den Text für die frühe Entstehungszeit der sogenannten »earlier poetry« zu reklamieren; sodann erfolgt der Aufweis allgemeiner Forschungstendenzen in Texterstellung und Textdeutung, und schließlich geht es grundsätzlich um die neo-exegetische Schule, die neuerdings das Feld der Forschung zur *Exodus* beherrscht und für sich den Anspruch erhebt, über die allein richtige Methode der Interpretation dieses literarischen Textes zu verfügen: in allen drei Teilabschnitten kann der Bezug zu den oben kritisierten Datierungsannahmen eine Prüfinstanz bilden. Damit wird dann der mögliche Einwand abgewehrt, demzufolge die Hypothesen des Datierungssystems sich lediglich als bedingende Vorgaben in literarhistorischen Darstellungen und nicht etwa in sonstiger Forschung niederschlügen; zugleich wird der Nachweis über die engen Grenzen erbracht, die das geschlossene System des Datierungskonzeptes für das Nachdenken über und für mögliche Einsichten in die literarischen Werke zieht: das unhaltbare Datierungskonstrukt erweist sich somit zugleich als ein Deutungssystem, das die Interpretationen vorverständigt beeinflußt.

3.1 Forschungsmeinungen zur Exodus-Datierung

Seit im vorigen Jahrhundert die relative Chronologie altenglischer Versdichtungen erstellt wurde, ist nach meiner Kenntnis nur ein einziges Mal in Erwägung gezogen worden, die Entstehung der altenglischen *Exodus* (mit dem Argument nordisch-dänischer Einflüsse) nach der Zeit der Wikingereinfälle zu datieren. Anderswo regte sich niemals Zweifel, daß das Werk in die hypostasierte Entstehungszeit der »earlier poetry« gehöre. Meinungsverschiedenheit entstand einst lediglich über die Frage, ob der Beowulf-Dichter vom *Exodus*-Text beeinflußt sei oder umgekehrt: von dieser Streitfrage hat die neuere Forschung zugunsten eines Kompromisses der Unentscheidbarkeit endgültig Abstand genommen. Abhängigkeitsverhältnisse und gegenseitige Beeinflussung aufgrund einiger verbaler Ähnlichkeiten oder Identitäten feststellen zu wollen, ist vor allem nach den Erkenntnissen der *oral formulaic theory* ein zwiespältiges Unterfangen[1]. Geblieben ist aus der Kontroverse und

1977:45-6; etc. Zu *Exodus* als »schwierigem Text« vgl. u. a. Holthausen 1954:468; Wrenn 1955:184, 187, 188; Brodeur 1968:109-11; Farrell 1969:401; Vickrey 1972a:119; Hauer 1981:77; etc.

1 Zweifel an der für sicher erachteten Datierung äußert neben Hofmann 1957 implizit auch Clemoes 1975:104. Im Zentrum der erwähnten Kontroverse standen vor allem

aus den Festlegungen der relativen Chronologie jedoch eine beständige Koppelung der Datierungsvorschläge für *Exodus* und *Beowulf*:

> In any event the controversy has at least focussed attention on the fact that ›in proportion to its length, *Exodus* contains a much greater number of poetic compounds, and of verses, in common with *Beowulf* than does any other poem‹. It is probable that the two poems were first composed in the same general period[2].

Folglich sind die Probleme der hypothetischen Entstehungsdatierung kein Thema mehr in der *Exodus*-Forschung: seit etwa 1930 findet sich eine Diskussion der herangezogenen Argumente nur noch – mit einer Ausnahme – in Editionen des Textes; dort wird in aller Regel auf die bekannten Annahmen zurückgegriffen, neue Einsichten werden nicht hinzugefügt. So kann etwa im Hall in seiner Rezension der jüngsten Ausgabe (1977) vermerken, daß die Beiträge des Herausgebers zu Sprache, Datierung und Herkunft der *Exodus* zwar »very competent« seien, »but [they] offer little that is new«[3]. Ähnliches läßt sich über die neue Einleitung zur Edition von Edward B. Irving sagen: dem Kapitel »Dialect and date« fügt Irving lediglich einen Abriß seines Datierungsdisputs mit Dietrich Hofmann hinzu[4]. Der *consensus omnium* zur Altersbestimmung des Textes ist somit seit zirka 1900 unverändert:

> *Exodus* has traditionally been considered one of the earliest English poems, possibly earlier than *Beowulf*, which is usually assigned to the eighth century[5].

Die Argumente für diese Position des *consensus* sind in drei Datierungsbeiträgen und in den entsprechenden Teilabschnitten der Editionen zusammengetragen: ansonsten ist die Entstehungsdatierung des Textes nur eine Randbemerkung wert oder aber für den Leser bestenfalls noch zu erschließen aus der Zusammenstellung von Argumentationsversatzstücken, die er aus der übrigen Datierungsdiskussion kennt; erkennbar bleibt sie auch an der Auswahl des Quellenmaterials, das zur Erläuterung des Textes in Editionen wie Interpretationen herangezogen wird. Allerdings finden wir darunter all diejenigen Annahmen wieder, die ich in den voraufgehenden Kapiteln unter den Stichworten des Caedmon-Paradigmas und der Interpretation linguistischer wie historischer Daten zusammengetragen habe. Die Assoziation der *Exodus*

die Verse *Exodus* 58, 313b und *Beowulf* 1410: vgl. u. a. Sarrazin 1888, bes. 158–60; Schücking 1915:17-8, 37-44; Klaeber 1918; Imelmann 1920:382-420; Klaeber 1926:202-3; Schücking 1929; Irving *Exodus*:25-7; Lucas *Exodus*:69-71. Kritik an der »Parallelstellentheorie« als der Möglichkeit einer Klärung von Abhängigkeitsverhältnissen der Texte übt schon Kail 1889 in seiner Replik auf Sarrazin; er formuliert dabei Ansätze zu einer Formeltheorie vor Parry und Lord: vgl. bes. ibid. 30, 32, 37-40.

2 Lucas *Exodus*:71; Lucas zitiert Brodeur 1968:109. Vgl. Irving *Exodus*:25, 27.

3 Hall 1978 a:49-50.

4 Irving 1974:209, mit Bezug auf Hofmann 1957, Irving 1959, Stanley 1969.

5 Lucas *Exodus*:69.

mit dem Namen Caedmons ist dabei schon so alt wie die erste Edition des Manuskriptes: Franciscus Junius war von der Autorschaft des Hirten so überzeugt, daß er die Texte 1655 als *Caedmonis monachi paraphrasis poetica Genesios ac praecipuarum sacrae paginae historiarum* edierte. Ihm folgten 1832 Thorpe und darauf andere Editoren noch recht bedenkenlos auf der Basis des Denkanstoßes, der mit suggestiver Kraft von Bedas Katalog der Arbeiten Caedmons ausgeht – obwohl schon bald nach Junius' Ausgabe Zweifel an dieser Zuordnung laut wurden[6]. Vor allem wegen der Unterschiede zwischen den einzelnen Gedichten des Junius MS, die gewöhnlich als Unterschiede des Stils, der Diktion und der mehr oder weniger freien Behandlung der biblischen Vorlagen charakterisiert werden – vor allem wegen der Unterschiede also steht die Autorschaft Caedmons für *Exodus* seit etwa der Jahrhundertwende nicht mehr zur Debatte. Beharrlich festgehalten wird jedoch an der Assoziation mit Caedmon und der nordhumbrischen Blütezeit, da man sich nun auf die Caedmon-Schule als Herkunftsort des Textes eingeschworen hat.

> No one would now identify the *Exodus* with Bede's reference to Cædmon's poem ›De egressu Israel ex Aegypto‹, but it should be borne in mind that the historian adds that others after Cædmon, in the English nation, sought to make pious songs (›religiosa poemata‹). The present poem may have been known to Bede, and included in the latter category. Anyhow, it was not the work of the unlettered Cædmon[7].

An dieser Position hat sich bis heute nichts verändert: noch immer wird auf Bedas *Historia* verwiesen, wenn es darum gehen soll, das kulturelle Milieu des Textes zu beschreiben und damit seine vorgebliche Entstehungszeit festzulegen[8]. Zwangsläufige Konsequenz dieser gefestigten Assoziation sind – wie schon dargelegt – Annahmen über die Textidentität und eine schriftliche Überlieferungskette: sie sind überall dort grundlegend, wo sprachliche Formen des Textes diskutiert, wo Hypothesen über Bearbeitungen in seiner Transmission aufgestellt oder Aussagen zur Überlieferung gemacht werden; sie sind immerzu stillschweigend impliziert, wenn *Exodus* im Kontext der nordhumbrischen Blütezeit interpretiert wird. Auf der Suche nach der Textidentität stand bis zur ersten Hälfte dieses Jahrhunderts das Ringen um einen definitiven Text im Zentrum der wissenschaftlichen Diskussion: ausgehend von der Überzeugung, daß wir selbst aus der Manuskriptversion »noch

6 Durch Hickes und Wanley: vgl. Wrenn 1946:280-1. Einen Überblick über die Ansichten zum Ende des vorigen Jh.s bietet Balg 1882:5-9.

7 Gollancz 1927:lxviii.

8 Vgl. u. a. Balg 1882:45-6; Groth 1883:25-7; Blackburn *Exodus*:xviii, xix; Klaeber 1910:106-7; ASPR I:ix, xxvi-xxvii, xxxi; Marquardt 1940:153-4; Irving *Exodus*:23, 28; Larès 1964:14-7, 46-7; Lucas *Exodus*:71; Nazareth 1979:1-4; Thundy 1980:298-9; etc.

manchen lehrreichen aufschluss über das thun und denken der alten Germanen« gewinnen können, wurde auch *Exodus* getreu der Tradition des Umgangs mit anderen Texten zunächst chirurgisch in ›echte‹ und ›unechte‹ Teile zerlegt, wurden behauptete Interpolationen ausgeschieden, die man als das Werk von Redaktoren und Nachahmern verwarf[9].

> Und wie man an einem monumentalen bauwerk, an welchem generationen gearbeitet haben, auf die altersdifferenz der einzelnen teile aus dem stile und dem angewandten material zu schließen vermag, so werden wir auch leicht in unserer dichtung durch eine etwaige abweichung der darstellungsweise und des sprachgebrauchs auf die verschiedenheit der urheber und der abfassungszeiten hingeführt werden[10].

Die grundsätzliche Einstellung zur Frage von Textidentität und Textüberlieferung ist hier leicht zu fassen: man ging von der Annahme aus, daß der ›echte‹ Text durch das Streichen von »unerträgliche[m] Schwulst« und anderen unnötigen Stellen rekonstruiert werden könne, da der Interpolator leicht zu entlarven war, weil er »seiner Interpolation durch Verwendung formelhafter Ausdrücke den Schein des echten zu geben« versuche[11]. Hier ist klar impliziert, daß der uns erhaltene Text *in toto* nicht identisch sein kann mit dem, der ursprünglich nur »verse mit so volkstümlicher frische« enthielt[12]. Aber auch die Scheidung in Echtes und Unechtes beläßt ja dem verbliebenen ›Echten‹ immer noch Identität mit dem, was rund dreihundert Jahre nach der angenommenen Entstehungszeit in das Manuskript geschrieben wurde: das ›Echte‹ hat somit auch gemäß dieser Auffassung die Transmission unverändert überdauert.

Nach Mürkens Beitrag verschob sich das Schwergewicht der Meinungen zur Textidentität zwar eindeutig zuungunsten der Interpolationstheorien, eine definitive Position wurde jedoch erst in jüngster Zeit erreicht[13]. Je mehr

9 Rau 1889:3.

10 Groth 1883:2–3.

11 Strobl 1875:304; gegen Rekonstruktionen von ›Originaltexten‹ wendet sich schon Groth 1883:8.

12 Groth 1883:24. Über ›echte‹ und ›interpolierte‹ Teile der *Exodus* diskutierten u. a. Strobl 1875, Groth 1883, Mürkens 1899; mehrere Verfasser in der überlieferten Version entdeckten Balg 1882 (bes. 9-27, 44), Graz 1894 (bes. 36-40). Nach Mürkens steht nur noch die ›Echtheit‹ der 6. Fitte (Vv. 362-446) zur Disposition: Strobl, Balg, Groth, Graz, Mürkens erachteten sie als »durchaus störend und fremdartig« (Mürkens 1899:65), als integraler Bestandteil des Textes wurde sie u. a. verteidigt von Ebert 1882 und Wülker 1893:229. In der Editionspraxis folgen den Disintegratoren u. a. Kluge *Exodus*:93 oder Sedgefield *Exodus*: letzterer lehnt neben der 6. Fitte auch Vv. 519b-48 ab; noch radikaler verfährt Craigie *Exodus*: seine Interpolationstheorien legt er in Craigie 1925:5-11 dar (alle Versangaben orientieren sich an Lucas *Exodus*).

13 Einen vollständigen MS-Text edieren Blackburn *Exodus* und Krapp *Exodus*; Irving *Exodus* modifiziert die Reihenfolge der Vv. 516-90, nimmt diese Modifikation in

allerdings die Gesamtheit des Textes als ein von einem Autor geschaffenes Poem in den Blick geriet, desto deutlicher konturierte sich auch die stillschweigend eingebrachte Annahme, daß es sich bei dem überlieferten Manuskripttext bis auf einige Verderbtheiten um genau jenes Gedicht handele, das in der Caedmon-Schule des 8. Jahrhunderts entstanden sein soll. Man spricht nunmehr nur noch davon, daß der überlieferte Text spät aufgezeichnet, daß er in das Westsächsische des späten 10. Jahrhunderts transkribiert worden sei, daß er in der Transmission gelitten habe. Denkbare Veränderungen, Umarbeitungen, aktive Neuschöpfungen, wie sie in der Forschung des vorigen Jahrhunderts deutlich erkennbar angenommen wurden (wenn auch unter dem negativ gemeinten Begriff von der »christlichen Interpolation«), sind mit der Gewinnung der Integrität des Textes reduziert worden zu seinem passiven Leiden. Dem wichtigen und grundsätzlichen Problem, in welcher Form und in welchem Umfang ein Text seine Gestalt und seinen Sinn verändert, wenn er über Jahrhunderte hinweg von einer regionalen Varietät des Englischen in eine andere und damit gleichzeitig von einem kulturellen Kontext in einen anderen übermittelt worden sein soll: diesem Problem werden in der Forschung nur noch textkritische Bemerkungen zuteil. Man hat es leicht beiseite zu schieben vermocht mit der Annahme einer schriftlichen Überlieferungskette über mehrere Jahrhunderte, für die es keinen materiellen Beleg außer dem Paradigma des Caedmon-Hymnus gibt: der Text soll zwar seine phonologische und morphologische Struktur, nicht jedoch seine semantische Mikro- und Makrostruktur verändert haben. Sein Leiden beschränkt sich demnach auf *cruces*, auf Textstellen, an denen der neuzeitliche Interpret zu leiden vermag, die sich aber mit dem allzeit bereitstehenden Hilfsmittel der Hypothese lösen lassen, einer Annahme diesmal über den fehlgehenden, unwissenden Schreiber in spätaltenglischer Zeit[14].

> This text is difficult to read, principally because of the numerous errors committed by the scribe . . .
>
> The corruption of the quaint-looking *hleopandra* into *helpendra* seems natural enough, particularly in a MS, teeming with mistakes.
>
> The copyist has read *a* as *ci*, confused *s*, *p*, *r* with each other, and omitted *c* or *cg* owing to the closely following *c* of *ic*.

Irving 1972:320 jedoch zurück. In Irving 1974:204 ist die Umstellung nachträglich gerechtfertigt als Versuch »to make the new conclusion resemble that of many OE poems in closing with a very general homiletic passage«: angesichts der Datierungsvorstellungen Irvings ist dies eine eklatant anachronistische Textbehandlung, da die »many OE poems« alle erst *nach Exodus* entstanden wären. Zur Kritik an den modernen Vorverständnissen zur logischen Textstruktur vgl. u. a. Wrenn 1955:184, Farrell 1966:369 mit Anm. 1, Farrell 1969:413, Lucas *Exodus*:30-3.

14 Die neuzeitlichen, paradoxen Auffassungen über die kompetenten und zugleich so inkompetenten Schreiber sowie das Problem der Übermittlung der Sprache ist schon behandelt in Busse 1981.

The text has many errors of transmission, including careless omission and repetition of words.

Wenn der Herausgeber auch nicht aller Schwierigkeiten dieses schlimmen Textes Herr geworden ist, so darf doch seine Arbeit als die beste auf diesem dornenvollen Gebiete bezeichnet werden.

The wretched condition in which the text has come down to us is certainly responsible for much of the difficulty of the poem and accounts for many of the seeming *hapax legomena* which contribute to its obscurity.

However, the confusion could have occurred with the noun in certain circumstances: if, in a lost earlier manuscript, the noun was divided by a line-end, thus *scel/des*, a copyist might have ›corrected‹ *scel* to *sceal* and then added *des* without further thought.

But it seems very likely to me that an *ealdor*- compound may have been corrupted by a scribe who did not recognize the word.

[Such an emendation] requires only the substitution of »g« for »t« to correct an error which could easily have been made by a scribe copying from an unfamiliar hand[15].

Die willkürliche Zusammenstellung der Zitate kann der unterschiedlichen Qualität der einzelnen Beiträge natürlich nicht gerecht werden: allein sie eint ein signifikantes Merkmal insoweit, als alle Verfasser von der Prämisse einer schriftlichen Überlieferungsgeschichte ausgehen, für die es zunächst keinen manuskriptexternen, materiellen Beleg gibt. Daß die *Exodus*-Niederschrift im Junius MS nicht sozusagen eine Ausgabe erster Hand ist, scheint wohl nachweisbar, wenn man nicht hypostasieren will, der Text sei für diese Kollektion gedichtet worden. Glaubhaft und wahrscheinlich dagegen ist, daß die Zusammenstellung der Texte für das Manuskript nach einem vorgefaßten Plan erfolgte, so daß die Texte wohl – vermutlich auch in schriftlicher Form – bereits vorlagen[16]. Erneut: so weit, so gut. Doch rechtfertigt diese Erkenntnis die weitere Annahme, das ›Original‹ sei zur Zeit seiner vorgeblich letzten, für uns dagegen faßbar *ersten* Niederschrift bereits zwei- bis dreihundert Jahre alt gewesen? Berechtigt irgendetwas zu der zusätzlichen Annahme, gerade die poetischen Texte enthielten eine Vielzahl von »unusual and difficult words, *certainly unkown* to the tenth-century West-Saxon scribes«, die deswegen gezögert hätten »to modernize the diction regularly or change dialectal words«? Und ist dies *offensichtlich* so, und ein *Faktum*[17]? Ist hier nicht die weitere, gravierende Annahme impliziert, die Texte seien wegen ihrer »obscure words« schon zur Zeit der Niederschrift nicht mehr verstan-

15 Zitate in der Reihenfolge aus Bright 1912a:13; Kock 1919:306; Sedgefield 1921:60; Kennedy 1943:175; Holthausen 1954:469; Brodeur 1968:109; Lucas 1970:308; Irving 1972:296; Ferguson 1978:4.

16 Vgl. u. a. ASPR I:xi-xii; Wrenn 1967:104; Hall 1973, 1976; Allen 1976 passim.

17 Menner 1947:588; Menner 1951:290-1 zitiert *Exodus* Vv. 281 (*tane*), 471 (*basnian*) als Belege anglischen Wortschatzes: beides sind Emendationen, von denen der Menner-Schüler Irving die erste (MS *tacne*) zunächst verwirft, dann aber akzeptiert: vgl. Irving *Exodus*:85 Anm., Irving 1972:309.

den worden, die »West-Saxon scribes« hätten die Sprache ihrer Zeit nicht gekannt? Ausgangspunkt aller Überlegungen und Hypothesenbildung zur Vorgeschichte des Textes müssen doch wohl die einzig greifbaren, historischen Fakten bleiben: nämlich die Datierung des Manuskriptes und die Sprache des aufgezeichneten Textes. Jede weitere Annahme außerhalb dieses Rahmens nährt sonst eher den Verdacht, *crux* sei nur die Bezeichnung für unsere eigenen Verständnisschwierigkeiten und Emendation das Mittel, sich ihrer möglichst elegant zu entledigen[18].

Was außer den genannten Annahmen über Textidentität und schriftliche Überlieferung, über den Denkanstoß des Beda-Katalogs und die Unwissenheit der Schreiber bleibt denn wirklich für *Exodus* an greifbaren Fakten, was berechtigt zu der Behauptung, der Text sei wohl aus nordhumbrischem Dialekt »through a West Mercian recension« in den spätwestsächsischen transmittiert worden, »via a West Mercian centre such as Worcester or Lichfield«[19]? Der letzte Herausgeber von *Exodus* muß unumwunden zugeben: ». . . the evidence for these suggestions is thin.« Und deutlicher noch: »But the possibility that the poem was first composed after 800 cannot, on the available evidence, be eliminated«[20]. Doch die Suggestionskraft des althergebrachten Modells und die vorgebliche Sicherheit in der Forschungsgemeinschaft des *consensus omnium* sind zu groß, als daß sich Peter Lucas ihnen verschließen könnte: Argumente der ›germanisch-heroischen Diktion‹, Argumente dialektaler Formen und historische Bilder von nordhumbrischer Blüte, dänischer Zerstörung und benediktinischer Intoleranz gegenüber heterodoxen Traditionen mit ihrer ›Fusion zweier Welten‹ bestimmen die Forschungsmeinung zur Datierung der *Exodus* wie die der anderen poetischen Texte. Wiewohl dabei die Suche nach germanischen Altertümern in der überlieferten Literatur im wesentlichen eine Vorliebe des vorigen Jahrhunderts war mit seiner romantischen Ansicht, die Poesie sei mit dem Ende des ›Germanentums‹ der Angelsachsen aufgezeichnet und habe »nicht ohne

18 Tupper 1910:166: »If the critic is to be trusted, the copyist was always a person of the feeblest intellect, not only ignorant of learned languages but quite unable to recognize the simplest forms of his own«; zur Annahme, daß poetische Sprache im 10. Jh. nicht mehr verstanden worden wäre, vgl. ausführlicher oben pp. 46-61 passim, und Busse 1981:203-7.

19 Lucas *Exodus*:39. Geographisch unpräziser verwenden die Hypothese einer schriftlichen Überlieferungskette explizit oder implizit u. a. Mürkens 1899:86-7 und passim; Craigie 1925:5-7; Robinson 1962:368 (»faulty transmission«); Larès 1964:14 Anm. 3, 27; Rosier 1966:345 (»scribe . . . influenced by *ca*-nanea or fol-*ca*«); Irving 1972:302 zu V. 121 (Emendationen als Ausweis angl. Herkunft); Irving 1974:209; Vickrey 1975:49-50 (die Beispiele für »morphemic loss« in Anm. 87 beruhen ausschließlich auf Emendationen: zu diesen vorgeblich defekten Vv. vgl. Busse 1981:200-2); etc.

20 Lucas *Exodus*:39, 71.

matten widerschein ... ihre säfte noch einmal um[gesetzt] und ... ihren nahen tod [verkündet]«, haben sich Relikte der Auffassung bis heute erhalten, auch *Exodus* erlaube über die ›germanisch-heroische Diktion‹ Einblick in die Lebenswelt an der Grenze zwischen Heiden- und Christentum[21]. Da wird Moses zum germanischen »Retter und Befreier des Volkes«, das »Exodusepos ... die Dichtung eines Germanen über einen großen Volksführer«, so wie der Dichter »als Germane« es sich vorstellte: denn »die gleichen Kenningar, die für den germanischen Fürsten in seiner Eigenschaft als Schützer des Volkes angewandt werden«, sind auch auf Moses appliziert[22]. Da wird ein Herausgeber getadelt, weil er die »traditional associations from Germanic mythology« in einem Lexem des Textes übersehen habe, oder die »early connections with magic« in einem anderen[23]. Da sähe einer noch gerne Wotan als Wüter in den Wogen des Roten Meers, weil traditionelle Assoziationen schließlich zählebig seien (»-and how excellently this passage would serve as a description of Woden making a furious attack!«[24]), während man an anderer Stelle zwar die »essentials« der Bibelvorgabe bewahrt sieht, aber doch »traces of pagan thought« im Text zu entdecken glaubt[25]: bei so viel Germanentum ist dann natürlich auch Tacitus als Beleg für sozialhistorische Zustände nicht fern[26].

Natürlich hat sich die Einschätzung der vorgeblich ›germanischen‹ Aspekte des Textes gewandelt: sie ist nicht mehr jene unverhohlen nationalistische der Jahrhundertwende und früher, die in *Exodus* den Ausdruck nationalen Gedankenguts[27] und in jedem Krieger »siegesfrohe deutsche Kämpfer« sah, wenn auch »nicht nach hebräischer, sondern nach angelsächsischer sitte«[28]. Mit gutem Recht trauert man solcher naiven Anverwandlung mittelalterlicher Literatur für die eigene, politische Situation nicht länger nach. Streicht man jedoch die Verfaßtheit nationalistisch gesonnener und germanisch orientierter Ideologie, so werden erstaunliche Parallelen zu heutigen Deutungen offenbar, die nur noch graduelle Unterschiede bestehen lassen. Eines ist sofort

21 Jacob Grimm, Vorwort zu *Andreas und Elene* (Cassel 1840); zitiert als Motto bei Groth 1883:1, zitiert auch in Stanley 1975:125 Anm. 45.
22 Marquardt 1940:154.
23 Wrenn 1955:188 zu Vv. 164, 402.
24 Cassidy 1972:99 zu Vv. 487b-95.
25 Kossick 1971:4 gibt als Beleg *metod* V. 52 an. Eine Fusion von Ideen christlicher und heidnischer Provenienz zur Bekehrung von heidnischen Vorstellungen entdeckt im Text auch Thundy 1980:298-300.
26 Tacitus wird zur Erläuterung des Textes herangezogen in Strobl 1875:300 zu V. 240; Rau 1889:7-8 (zu Vv. 100, 202, 344) und passim; Lucas *Exodus*:76 zu Vv. 12-4, 100 zu V. 157, 109 zu Vv. 233-46.
27 Strobl 1875:297; Rau 1889:4.
28 Dietrich 1856:343; auch Rau 1889:27-36 sieht in *Exodus* siegesfrohe Kämpfer »*unseres* altertums« (29), die »froh und kühn ... hinaus in den kampf« ziehen, »eines jeden herz mit lust« erfüllt (32).

offenkundig: mit der Veränderung der Einschätzung des Christentums als Bewahrer und nicht als Verfälscher alter »poetic traditions« hat man sich zwar die Sicht geöffnet für eine Neubewertung der christlichen Inhalte der Dichtung, nicht jedoch für neue Einsichten in die Bewertung ihres sogenannten ›germanischen Kolorits‹[29]. So ist noch für den neusten Herausgeber *Exodus* trotz aller christlichen Bezüge auch ein »poem in the *Germanic* tradition«, das in der Betonung von Erstgeburt und Verwandtschaft einen »well-established trait of *Germanic* heroic society« offenbare, das »*Germanic* concept of lineage« verwende und auch noch andere »features of *Germanic* heroic poetry« verarbeite[30].

> Thus when Abraham was told to kill his *frumbearn*, Isaac, it was the hardest test of obedience God could have set, though in accordance with ideal Germanic custom Abraham puts loyalty to his Lord before loyalty to his son, a variation of the common AS theme of *comitatus* before kinship[31].

In dieser Forschung mit christlich-lateinisch orientiertem Frageinteresse wird dann auch konsequent jeder Bezug zur historischen Situation in der angestrebten Datierungszeit vermieden. ›Germanisch‹ wird so zu einem entleerten Begriff, zu einem blinden Versatzstück aus einem verzerrenden Spiegel: das Verhältnis zur sozialen Wirklichkeit bedarf keines historischen Nachweises mehr, weil der verwandte Begriff selbst in den Datierungsannahmen schon fast synonym steht für die Zeit des Frühchristentums in England, für die Bekehrungszeit, für das 7. und 8. Jahrhundert. Was in den Texten und hier in Sonderheit in *Exodus* an weltlichem Gepräge, an welt- und nicht jenseitsbezogener Diktion unverkennbar vorhanden ist, erhält stereotyp den Stempel ›germanisch‹: eine weitere Begründung oder gar Definition für diese Kategorie selbst scheint nicht erforderlich, die Frage drängt nicht in den Vordergrund, ob denn diese vorgeblich ›germanischen‹ Züge am Ende nicht gar Bestandteile des sozialen Gefüges der Gesellschaft des 10. Jahrhunderts sein könnten, in deren Sprache doch der Text aufgezeichnet ist. Die eigenartige und reizvolle Verbindung weltlicher Rede- und Verhaltensweisen mit christlichen Zielen und Idealen, die uns immer wieder auch in späterer mittelalterlicher Literatur begegnet – man denke nur an die Darstellung von Christus als Ritter – ist in Deutungen der *Exodus* dagegen Ausweis für immer nur eine

29 Vgl. ausführlicher zu beiden Forschungsrichtungen oben, pp. 104-34.
30 Lucas *Exodus*:64-5.
31 Ibid. 65; weitere germanische Aspekte entdeckt Lucas ibid. 80 zu V. 43, 103 zu Vv. 170-1, 106 zu V. 199, 132 zu Vv. 454-5a (vgl. jeweils Anm.). Häufig ohne expliziten Hinweis auf die Datierung sehen Germanisches auch z. B. Groth 1883:41; Cosijn 1894:458 (»ächt altgermanisch« V. 15); Bright 1912a:17 (»spirit of the *comitatus*« Vv. 323-6); Bright 1912b:99 (»Germanic coloring«); Irving *Exodus*:30; Kossick 1971 passim; Lucas 1976:193; etc.

historische Zeit: die Bekehrungszeit[32]. Sie wird hergenommen als Beleg für eine Adaptation der »verbal resources of the ancestral Germanic tradition« für christliche Zwecke, für eine Umsetzung christlicher Lehre in die »aristocratic heroic diction of the scops«[33], für eine »cultural ›translation‹ of the materials« im oben geschilderten Sinne der »Caedmonian revolution« im Nordhumbrien des 7. und 8. Jahrhunderts[34]. In solcher Einschätzung der Sprachverwendung im Text, in der Deutung der Applikation weltlicher Bilder auf biblische Inhalte unterscheidet sich die heutige Forschung nurmehr partiell von jener des vorigen Jahrhunderts, die noch explizit formulieren durfte, was nach heutiger Erkenntnis über Sprachwandel und seine sozialen Bedingungen undenkbar ist – will man nicht *Exodus* als archäologische Ausgrabungsstätte falsch verstandener Etymologie mißbrauchen:

> So finden wir in diesem worte [i. e. mearcweardas V. 168a] einen jener nachklänge des heidentums, welche wir dem konservativen geiste der sprache verdanken, die uns an längst verschwundene sitten und gebräuche erinnern kann[35].

›Germanisch‹ oder ›heidnisch‹, ›secular‹ oder ›heroic‹: solange wie diese Begriffe nur als Bezeichnungen für Redeweisen in der Dichtung verwandt werden, haben sie keinerlei Aussagekraft als Beleg für das vorgebliche Alter der Texte; wer glaubt, eine zeitliche Verschiebung der *Exodus* aus der Zeit ihrer Niederschrift in das 8. Jahrhundert auch mit dem Argument ihres »characteristically Germanic colouring« stützen zu können, täuscht sich nur selbst über die historische Unzulänglichkeit dieses Unterfangens und enthüllt seine Vorverständnisse über Sprache und ihre Verwendung im 10. Jahrhundert.

Wenn überhaupt auf historische Bezüge zurückgegriffen wird, wenn je versucht wird, mit historischen Bildern den vorgeblichen Ort und die behauptete Zeit der Entstehung der *Exodus* zu umstellen, so geschieht auch dies nur in der schon bekannten, pauschalen Weise und in einer Form der Selbstverständlichkeit, die beim Leser die Kenntnis der Datierungsargumente für die gesamte altenglische Literatur voraussetzt, will er die knappen Hinweise mit Inhalten füllen. So kann sich Irving das kulturelle Milieu des Dichters nicht anders denken als in jenem Bild von der ›heterodoxen Tradition‹, dessen Unbrauchbarkeit für die Datierung der Texte ich schon aufgezeigt habe:

> We may believe that he lived in an exciting intellectual atmosphere where strange lore of all kinds was everywhere and had as yet been scarcely formulated or digested.

32 Bekehrungszeit als Entstehungszeit offenbart sich auch in der Meinung, der Text gehöre in die Frühzeit, weil er keine ›Doktrin‹ verkünde: Irving *Exodus*:23; Timmer 1955:112.

33 Lee 1972:45.

34 Fowler 1976:110.

35 Rau 1889:8.

> It was in all probability the early years of the so-called Northumbrian Renaissance, in which Bede was later to be the great figure[36].

In dieser gedrängten Formulierung sind fast alle Versatzstücke enthalten: die ›heterodoxe Tradition‹ als »exciting intellectual atmosphere«, der Anklang an eine Fusion verschiedenster Traditionen (»strange lore . . . scarcely formulated or digested«), der Hinweis auf die nordhumbrische Blütezeit, der mit der Nennung Bedas allein den Glanz dieser Epoche aufleuchten lassen soll. Es bleibt Irvings späterem Beitrag vorbehalten, diesen Katalog um das Argument dänischer Zerstörung zu erweitern[37]. Kein Wort der Rechtfertigung für die Existenz des Manuskriptes, kein verbindender Brückenschlag von nordhumbrischer Renaissance zur Zeit der Benediktinerreform in der quasi historischen Begründung für die Entstehungszeit des Textes, denn eines scheint gewiß:

> If the poem did originate in a Northumbrian monastery then its assignation to the eighth century *would tend to be confirmed* since it is likely to have been composed and transmitted before the Viking attacks on the monasteries became widespread[38].

In den Editionen werden Standpunkte zusammengefaßt, die andernorts in der Forschung nur noch in Randbemerkungen aufscheinen: da ist nichts mehr zu spüren von einer etwa verbliebenen Ungewißheit. Das Problem der historischen Einordnung des Textes und die Frage nach seinem sozialgeschichtlichen Kontext erschöpfen sich in Behauptungen über die Relevanz herangezogener Quellen: deren Bedeutung für *Exodus* wird dann stereotyp immer nur im Milieu der ›heterodoxen Tradition‹ des 8. Jahrhunderts gesucht. So will McLoughlin die Rolle der Liturgie als Quelle für die »exegetical tradition of the Greek and Latin fathers, which informs the poem« historisch belegen durch einen Hinweis auf die *Historia Abbatum*, auf Beda und Alkuin[39]; für sie ist das »milieu in which *Exodus was* composed« gekennzeichnet von einer besonders toleranten Form des Christentums »which did not entirely reject the native culture«: »Such a mode of Christianity was particularly characteristic of Ireland and England in the seventh and eighth centuries«[40]. Da sind für andere die »authors of the eighth and ninth centuries . . . more or less contemporary with the author of the *Exodus* poem«[41], da sorgt man sich gelegentlich um die Zeitgemäßheit einer Quelle für das 8. Jahrhundert[42], oder man ist sich immerhin sicher, daß eine Quelle vor die anvisierte Entstehungszeit der *Exodus* zu datieren sei:

36 Irving *Exodus*:34.
37 Irving 1959:1-2 (implizit).
38 Lucas *Exodus*:72; vgl. ebenso Larès 1964:14 Anm. 3; Wilson 1974:112.
39 McLoughlin 1969:658-9 mit Anm. 1 auf 659.
40 Ibid. 666.
41 Vickrey 1975:45.
42 Earl 1970:550 Anm. 2 (Pseudo-Bede); ähnlich ibid. 564-5 (Rupert of Deutz). Weiter Hall 1981a:164.

The Book of Wisdom (ca. 100 B.C.), which was very important in the liturgical development of the Church, well antedates the composition of the Old English poem *Exodus* (8th c.) in Ms. Junius 11[43].

Natürlich kann man angesichts solcher Sachlage von *historischer* Situierung des Textes im eigentlichen Sinne nicht mehr sprechen: es handelt sich bei diesen verstreuten Verweisen lediglich um die Evozierung der bekannten Bilder, um die einfache Wiederholung und damit vorgebliche Bestätigung des schon vor der Diskussion der Argumente feststehenden Ergebnisses: daß nämlich auch *Exodus* in der vorliegenden Form ein Text des 8. Jahrhunderts sei und daß als »attractive cultural context« eben nur jene nordhumbrische Blütezeit in Frage komme. Bei solcher Selbstverständlichkeit bezüglich des Ortes und der Zeit der Entstehung sind dann weitere, historisch ›passende‹ Annahmen über den Autor und sein Publikum geradezu eine Notwendigkeit. Weil der Text immer nur vor den Hintergrund der ›heterodoxen Tradition‹ gestellt wird und die quasi historische Füllung dieses Bildes fast ausschließlich über Bedas *Historia* erfolgt, liegen weitere historische Annahmen in der Konsequenz der traditionellen Datierung: das Kloster allein wird zum Ort des Autors und seines Publikums; in dieses Bild läßt sich dann auch Alkuins berühmtes Zitat über Ingeld noch einfügen[44]. Vorstellungen der Art, daß »der dichter eine hörerschaft vor sich hatte, in deren herzen heidnische gelüste noch nicht erstorben waren«, sind heute demnach nicht mehr aktuell[45]: an ihre Stelle tritt das Bild des Textes als eines »highly sophisticated piece of poetry which appeals at a cerebral and at an imaginative level«[46], das Bild eines Autors, der fast nach Belieben über Quellenmaterial verfügte, das Bild eines »learned Medieval writer« also, eines Dichters »in one sense much more learned« als man je zuvor angenommen hatte[47]; hinzu tritt auch das Bild eines gebildeten Publikums, das diesen überragenden Fähigkeiten des Autors gerecht werden konnte. Glaubt man den Aussagen solcher Forschungsmeinungen, dann bestand sein Publikum nur aus »careful reader[s] of the Bible«, nur aus »sensitive reader[s]«, die als »*gelærede*« oder als »erudite clerics« auch noch die verborgensten Allusionen verstanden haben müssen[48]. Aber selbst »unlearned clerics« oder sogar »some laymen« würden noch in den Versen 71–97 der *Exodus* »the cloud over the tabernacle« erkannt haben[49], denn patristische Exegese und typologische Deutung, so versichert uns derselbe

43 Keenan 1973:218. Ähnlich Moore 1911:104 (Comestor); Lucas *Exodus*:57-8.
44 Lucas 1976:194.
45 Groth 1883:41; eine späte Ausnahme bildet Kossick 1971:3-4.
46 Lucas 1970:311.
47 In der Reihenfolge der Zitate: Earl 1970:560; Irving 1974:209.
48 In der Reihenfolge der Zitate: Earl 1970:560; Hermann 1975:242; Vickrey 1975:50; Lucas 1970:308.
49 Lucas 1970:308.

Kritiker als Herausgeber des Textes, »was second nature to any informed Christian living under the early or medieval Church«[50]. »The instructed Christian«, »a learned Christian« oder »any well-read Christian«[51]: dies ist das neue Klischee und Versatzstück für Annahmen über das historische Publikum, es ist zum Ersatz für historische Nachweise und Detailforschung in dieser neuen Interpretationslehre geworden. Dabei muß gar nicht verwundern, daß Belege für den angeblich hohen Bildungsstand aller Angelsachsen in den Klöstern des frühen oder späteren 8. Jahrhunderts ausbleiben: sind doch diese Annahmen über die »informed Christians« ganz wesentlich das Produkt der jeweiligen Interpretationen und – wie sich noch zeigen wird – eher Rückprojektionen der eigenen Forschungssituation auf die angenommene Entstehungszeit des Textes; als historisches Fundament für eine Vordatierung der *Exodus* vor die Überlieferungszeit reichen sie allemal nicht hin[52].

In Ermangelung jedweden Nachweises der Stichhaltigkeit von Argumenten für eine frühe Entstehungszeit des Textes muß sich das Interesse notwendig auf jene Kontroverse um die Datierung richten, in der einmalig in jüngerer Zeit die vorgeblich frühe Entstehung des Textes erneut zur Debatte gestanden hat. Diese Debatte wurde im wesentlichen auf der Basis der linguistischen Daten des Textes geführt; sie wurde ausgelöst durch einen Beitrag von Dietrich Hofmann, der 1957 für eine spätere Entstehung von *Genesis A* und *Exodus* plädierte als gewöhnlich angenommen: ich beschränke mich auf denjenigen Teil seiner Argumente, der die *Exodus* betrifft. Ausgangspunkt für Hofmanns Überlegungen war der auch von anderen notierte, auffällige Stil des Textes:

> In der Exodus sind es vor allem einige stilistische Erscheinungen, die eine Rolle spielen. Ihr Stil weicht in verschiedenen Punkten von dem der übrigen altenglischen Dichtung in auffälliger Weise ab, worauf vor allem Schücking nachdrücklich hingewiesen hat ... Das Gedicht steht freilich durchaus in der Tradition der altenglischen Stabreimdichtung, nicht nur durch seine äußere Form, das alliterierende Langzeilenmaß, sondern auch durch die Verwendung zahlreicher traditioneller Wortprägungen und Formeln, zu denen auch die Beziehungen zum *Beowulf* zu rechnen sind ...[53]

Zu den stilistischen Auffälligkeiten rechnet Hofmann dann im einzelnen die Bezeichnungen für die Wolkensäule, darunter besonders *bælc* V. 73, *halig net* V. 74, *fana* V. 248, sowie *feldhus* V. 85 und die zugehörige Rahe mit Tauen und Segel (Vv. 80-90), weiter die Seemetaphorik (u. a. Vv. 105-6a,

50 Lucas *Exodus*:55.

51 Cross/Tucker 1960b:123, 124.

52 Annahmen über das Publikum beklagt auch Mitchell 1975:14; Irving 1974:212 differenziert zwischen Gebildeten und relativ Ungebildeten im monastischen Refektorium: siehe dazu auch unten pp. 195-6.

53 Hofmann 1957:19; Hofmann bezieht sich auf Schücking 1915:12-8, Hecht/Schükking 1930:17.

133a, 223a, 331-3): für ihn wirkt das »ganze ... wie ein preziöses Spiel der dichterischen Phantasie«[54]. Als Vorbild dieses eigenartigen Stils vermutet Hofmann die altnordische Skaldendichtung und dabei besonders die Kenningar sowie die »darin zum Ausdruck kommend[e] Haltung des Dichters dem zu Schildernden gegenüber«[55]: folglich deutet er die Auffälligkeiten der *Exodus* als Erinnerung an die Metaphorik der skaldischen Kenning und als »Sprechen auf zwei Ebenen«, nämlich auf der Ebene der wirklichen Erzählung, die von einer zweiten, künstlichen Ebene überlagert werde[56]. Bemerkenswert findet Hofmann die Bilder aus der Seefahrt in *Exodus* auch deswegen, »weil man sonst aus den Quellen nicht den Eindruck hat, daß die Angelsachsen viel von der Seefahrt gehalten hätten«: er will hier den Einfluß »der mit dem Meer und dem Seeleben so viel mehr vertrauten Nordleute« entdecken[57]. Im folgenden glaubt Hofmann, dieses Einflusses auch in einigen Lexemen habhaft zu werden: Ausweis dafür ist ihm die Bedeutung »Seefahrer« für altenglisch *flota*, das nur hier und in *Brunanburh* (V. 11) sowie *Maldon* (Vv. 72, 227) in dieser Bedeutung belegt sei; in gleicher Weise deutet er das Vorkommen von *wicing* in *Exodus* V. 333[58]. Den »Verdacht nordischen Einflusses« will Hofmann dann auch bei *onnied* (V. 139), *mismicel* (V. 373), *rofen* (V. 464), *ungrund* (V. 509) und *hildecalla* (V. 252) nicht ausschließen[59]:

> Nimmt man alle diese Erscheinungen in der Exodus zusammen, die sprachlichen und die stilistischen, dann ergibt sich eine so große Wahrscheinlichkeit, wie man sie bei der Art der Überlieferung und des Inhalts überhaupt erwarten kann, für die Annahme, daß hier tatsächlich nordische Einflüsse vorliegen[60].

Hofmann zeichnet dann noch ein umrißhaftes Bild der Kultur im *Danelaw* mit einem nach ihm zwar intakten, aber dennoch in kulturellen Bildungsaspekten defizienten Christentum, dazu das Bild von einem Geistlichen als Dichter: seine Gelehrsamkeit habe die »notwendige Beherrschung des Lateins«, Bibelkenntnisse und einige »Stellenauslegungen« der Bibel umfaßt[61]. Schließlich nimmt er noch recht frühe »Berührungen zwischen der Skaldik und der kirchlich-lateinischen Dichtung« an, als deren Vermittler er die »Angelsachsen, z. T. wohl auch die Iren« sieht:

54 Ibid. 22; vgl. 19-22.
55 Ibid. 23.
56 Ibid. 23-7; Zitat ibid. 25.
57 Ibid. 27, 28.
58 Ibid. 28-30.
59 Ibid. 30-1.
60 Ibid. 31; Hofmann schlägt keine exakte Datierung vor: » ... Exodus könnte ... theoretisch erst kurz vor der Zusammenstellung des Junius-Manuskriptes entstanden sein ...« (ibid. 18).
61 Ibid 31-3.

> Nach allem, was sich an sprachlichen und stilistischen Indizien aus der Exodus ergeben hat, sind wir bei aller Vorsicht doch berechtigt, dieses Gedicht als einen für uns sehr wertvollen Beitrag zum Bild der Danelag-Kultur von der englischen Seite her zu betrachten[62].

Die Schwäche einiger Argumente Hofmanns tritt deutlich zutage: das Sprechen auf zwei Ebenen«, einer realen und einer metaphorischen innerhalb des Textes, ist nicht nur Kennzeichen skaldischer, sondern auch altenglischer und christlich-lateinischer Dichtung; die angeführten Parallelen sind zu allgemein, um durchschlagend zu überzeugen. Aus literarischer Konvention ohne einen wirklichen, historischen Nachweis auf eine Abneigung der Angelsachsen gegen die Seefahrt schließen zu wollen, heißt zudem, Literatur mit Leben gleichzusetzen: überdies fehlen auch überzeugende Belege aus der Literatur selbst dafür, daß der Sachverhalt wirklich so ist wie von Hofmann dargestellt. Die im eigentlichen Sinne historischen Argumente bleiben pauschal wie die derjenigen, deren Position Hofmann angreift. Verdienst kommt dem Beitrag daher allenfalls in der Weise zu, daß er als einer von wenigen den Finger auf eine alte Wunde legt; konkreter wird die Arbeit jedoch nur dort, wo sie am Beispiel einzelner Lexeme altnordischen Einfluß oder Ursprung nachweisen will: dabei bleiben jedoch nur die Deutungen zu *flota* und *wicing*, eventuell auch zu *hildecalla* beachtenswert.

Die Schwächen des Beitrags nutzt in seiner Antwort zwei Jahre darauf Edward B. Irving für die Darstellung der Position des *consensus omnium*. Er geht ausführlich auf den Stilvergleich ein: angesichts der blassen Argumente Hofmanns fällt ihm eine Entgegnung nicht schwer[63].

> The truth is that it is virtually impossible to »imitate a little« in such circumstances. If the poet of *Exodus* had known either Latin poetry or scaldic poetry well enough to understand such subtle literary devices and to put them to use – and this would suggest considerable familiarity with it – we would almost inevitably have had a far more Latinate or scaldic poem than we have; there would have been little doubt about the influence. In any case, the examples which Hofmann offers of narrative or patterns of imagery on two levels in scaldic verse seem quite remote from anything in *Exodus*[64].

Bedeutsamer aber als diese Entgegnung sind die Grundvoraussetzung, unter der Irving zur Diskussion antritt, sowie die ständig wiederkehrende Struktur des Gegenarguments. Irving stellt nämlich von Beginn an klar, daß die gängige Annahme einer frühen Datierung auf »hardened assumptions« beruhe, daß es sich dabei um »hypotheses« und »conjectures« handele.

62 Ibid 34; zu Skaldik und kirchlich-lateinischer Dichtung ibid. 33-4.
63 Irving 1959:5-8.
64 Ibid. 6-7.

Yet we must be sure that the new hypotheses are not based on even less evidence than the older conjectures[65].

Allein diese Feststellung des hypothetischen Charakters der eigenen Ausgangsposition hat keinerlei Konsequenz für Irvings Argumentation. Denn welches die ›evidenten‹ Belege für die »[old] hypotheses« sind, habe ich oben ausführlich dargelegt: Irving, der diesen Vorgaben deutlich erkennbar folgt, verlangt »clear and positive evidence« nur von jeder *anderen* Position[66]. Jedem einzelnen von Hofmanns Argumenten bezüglich der altnordischen Herkunft oder des altnordischen Einflusses auf einige Lexeme der *Exodus* begegnet er dann mit der immer gleichen Argumentationsstruktur: gegen die Vermutungen Hofmanns setzt er eigene, für die er eine gleiche Wahrscheinlichkeit beansprucht.

It seems probable that both *reofan* and *bereofan* were old words which fell out of use early except in the one special formula [i. e. *golde (since*, etc.) *berofene*] . . .
But there is no need to look for a derivation from ON *ogrynni* [for *ungrund*], as Hofmann suggests . . . The similar *ungrynde* occurs in *The Riming Poem* 49, a poem thought to be fairly early by Krapp and Dobbie . . .
If there is not enough evidence to rule out *mismicel* entirely, neither is there any evidence to show that ON had any influence[67].

Immer wieder zieht sich Irving somit auf die Position des *consensus omnium* zurück: sei es, daß er implizit die angenommenen Entstehungsdaten anderer Texte ins Feld führt[68], sei es, daß er sich explizit auf andere Forschungsmeinungen beruft[69], sei es, daß er eine hypostasierte Vorgeschichte ohne Belege vermutet[70]. Es geht dabei nicht so sehr um die Qualität der einzelnen Vermutungen, sondern um die grundsätzliche Tatsache, daß Irving anderen »clear and positive evidence« abverlangt, selbst aber nicht in der Lage ist, »clear and positive evidence« für die eigene Position bereitzustellen. Die von Hofmann vorgetragenen Argumente sind für ihn zwar rundheraus »historically improbable«: den bekannten Argumenten für eine frühe Datierung kann er selbst jedoch nicht eines von Tragweite hinzufügen.

As was said earlier, it would take impressive evidence to persuade one of the validity of Hofmann's hypothesis, itself so improbable historically. What he has offered

65 Ibid. 1; vgl. auch ibid. 1-2, 11.
66 Ibid 2.
67 In der Reihenfolge der Zitate: ibid. 8, 10, 11.
68 So ibid. 9 (zu 2a. *-wulf*: ». . . common in both early and late poetry«; zu 2c. *flota*: Datierung *Solomon and Saturn*).
69 So ibid. 10 (zu 2d. *ungrund*); vgl. Zitat hier p. 160.
70 So ibid. 8 (zu 1a. *reofan*: »words probably old or obsolete«), ibid. 9 (zu 1b. *-calla*: ». . . good evidence for a native word«; vgl. dazu hier, pp. 161-3), ibid. 10 (zu 3a. *onnied*: »is not an unusual kind of formation«). In diese Kategorie gehören auch die Argumente ibid. 10-11 (zu 3b., 3c.): hier möchte Irving lieber emendiert wissen, nimmt also einen Fehler in der hypostasierten Textübermittlung an.

turns out to be of little real value when examined closely. Still his attempt does present a challenge to those of us who believe in the traditional dating of these poems, and of others: how recently have we assessed our own evidence and how well can it stand up to criticism[71]?

Eine Dekade nach Irving greift Eric Gerald Stanley als einziger die Herausforderung auf: er untersucht die Herkunft von altenglisch *-calla*, *-ceallian*, belegt nur in *Exodus* V. 252 (*hildecalla*) und in *Maldon* V. 91 (*ceallian*). Hofmann hatte angenommen, daß *-calla* »wohl kaum von dem altnordischen, ins Englische entlehnten Verbum *kalla* ›rufen‹ zu trennen ist, das zuerst im Maldon-Gedicht (V. 91) auftaucht«[72]; Irving setzte dagegen: »But there is good evidence for a native word, perhaps with the narrow meaning ›make announcement in battle‹«[73]. Die Überprüfung des behaupteten »good evidence« enttäuscht: denn auch E. V. Gordon, auf den sich Irving beruft, bietet zu *ceallian* nur Zweifel an der möglichen altnordischen Herkunft und Vermutetes.

The sense here corresponds closely with that of the native English noun *hildecalla* ›herald in battle‹, and *ceallian* may be a survival of an old poetic word that had fallen out of colloquial use, until restored by the wide adoption of *callen* from ON *kalla* in Me[74].

So über vorgeblich gute Belege getäuscht zu werden, muß verstimmen: Gordon bietet darüber hinaus nicht einen Hinweis für die Behauptung, daß *hildecalla* »native« sei. Eric G. Stanley dagegen führt die Diskussion wieder auf die Fakten zurück: aufgrund der Distribution von *callen* im Mittelenglischen isoliert er eine Kollokation *he gan. . . calle*, die sich mit altenglisch *ongan ceallian* vergleichen läßt. Zwar ist ihm dies noch kein Beweis für heimische Herkunft von *ceallian*:

However, it is sure that the auxiliary use of *gin* in Middle English is not due to Norse influence: we seem to be dealing with a set phrase *he gan*(. . .) *calle* derived from OE *ongan ceallian*, for which mixed origin is possible but not likely[75].

Die Verwendung von *he gan . . . calle* in Kampfbeschreibungen stimmt mit dem Beleg aus *Maldon* überein; aus der altenglischen Form *ceallian*, charakteristisch für die Region um London[76], schließt Stanley daher auf die Existenz eines heimischen Wortes:

And it looks as if *ceallian*, a lexical survivor from the heroic age, was indigenous in south-east England in Byrhtnoth's day[77].

71 Ibid. 11.
72 Hofmann 1957:31.
73 Irving 1959:9.
74 Gordon *Maldon*:49 zu V. 91.
75 Stanley 1969:97.
76 Ibid. 98.
77 Ibid. 99.

Was bedeutet dies nun für *hildecalla*, denn schließlich geht es ja um die Datierung und Lokalisierung der *Exodus*? Stanley ist sich hier sicher, daß anlautendes /k/ allein kein Test für die skandinavische Herkunft eines Lexems sein kann. Er erklärt dagegen *-calla* zum Beispielfall für entweder eine bewußt bewahrte, poetische Form aus anglischem Dialekt oder für das Ergebnis von Lautveränderungen durch Nebenton des zweiten Elements eines Kompositum[78]: die Nähe dieser sprachlichen Deutung zu der Position des *consensus omnium* ist unübersehbar. Die Möglichkeit altnordischen *Ursprungs* möchte er somit ausgeschlossen wissen, obwohl er im folgenden die Distribution des mittelenglischen *callen* vor allem im Norden, aber auch im östlichen und möglicherweise im westlichen Mittelland ganz wesentlich dem *Einfluß* des Altnordischen zuschreibt:

> The Middle English distribution of the word *calle* does not support the view that ME *calle* is of Scandinavian origin, though clearly, if *ceallian* and **callian* were native words rare in Old English, the existence of a cognate in Norse (cf. OIcel *kalla*), close in form to the Anglian **callian* and in common use, is sure to have had an influence on the revival in late Old English and later English of **callian*[79].

Wir sind somit wieder am Ausgangspunkt angelangt: die Kontroverse über die Herkunft von *-calla* wirft für die Datierung der *Exodus* keine wesentlichen Einsichten ab. Es ist zu belegen, daß ein Verb *ceallian* um 1000 in Gebrauch war; das Mittelenglische legt nahe, daß es zur gleichen Zeit auch die Form **callian* gegeben haben mag, daß altnordischer Einfluß daran beteiligt gewesen sein kann. Ein Substantiv *-calla*, belegt nur in *hildecalla,* ist da nicht ungewöhnlich: es sagt dagegen nichts über ein Entstehungsdatum der *Exodus* vor 1000 oder über die geographische Herkunft des Textes aus, wenn nicht andere sprachliche Merkmale hinzugezogen werden können.

Einige Jahre nach Stanleys Beitrag ist jedoch für Irving erwiesen, daß altnordischer *Einfluß* aufgrund der Erkenntnisse Stanleys nunmehr endgültig ausgeschlossen werden könne und daß damit »the traditional assumption of a relatively early date for *Exodus*« ebenso endgültig etabliert sei. Aus Hofmanns Liste von Lexemen ist ausgerechnet jenes übriggeblieben, gegen das er nur den »Verdacht« nordischen Einflusses – wenn auch einen starken – geäußert hatte. So konstatiert Irving über die Kontroverse lediglich:

> One of his claims, for example, that the second element in ›hildecalla‹ (*Exo* 252) shows the *influence* of the common ON word ›kalla‹ has since, I think, been refuted by the evidence for the native origin of the word collected by E. G. Stanley[80].

Es sei erinnert, daß Stanley nur aus der Kollokation *ongan ceallian* auf die heimische Herkunft schließt und »mixed origin«, das heißt altenglische

78 Ibid. 94, unter Berufung auf Björkmann 1900/02:214, soweit anlautendes /k/ gemeint ist.

79 Ibid. 95; vgl. 95-6.

80 Irving 1974:209.

Konstruktion, aber altnordisches Lexem, ausschließen möchte: bei Irving hat diese Folgerung mit ihrer Hypothese über die Herkunft des Lexems jedoch bereits den Charakter des Faktischen gewonnen. Verwundern kann deshalb nicht mehr, daß die Kontroverse um die Datierung von *Genesis A* und *Exodus* schließlich in einer Fußnote endet[81].

Gibt es überhaupt sprachliche, textinterne Hinweise, die auf die lange Textgeschichte Rückschlüsse erlaubten, wie sie für die behauptete Textübermittlung von Northumbria nach Wessex ja angenommen werden müßte? Hofmann hatte vorgetragen, daß unter anderem auch die Verwendung von *-wicing* und eine besondere Bedeutung von *flota* auf nordischen Einfluß verweisen könnten[82]. Anläßlich *-wicing* bemerkt schon in den zwanziger Jahren Sedgefield: »The occurrence of the word *sæwicingas* makes us pause before admitting, with most scholars, an early date for the poem«[83]. Irving will jedoch beides, die Argumente Hofmanns und die Deutung Sedgefields, nicht gelten lassen: für altnordisch *flotnar* sei die Bedeutung »Seefahrer« nicht belegt, und *sæwicingas* ist für ihn unstrittig »one of the earliest occurrences of the word *wicing* in OE«:

> The poem cannot be considered later than the traditional date on the evidence of one word, however; and it is unlikely that this word was added by any late interpolators, since it is typical of the poet's preoccupation with nautical figures of speech[84].

In der Tat helfen beide Lexeme in der Diskussion nicht weiter. Denn die festgefahrenen Positionen (»traditional date«) verstellen den Blick für die viel wesentlichere Frage, wie denn überhaupt auf der Basis unsicherer Datierung in dieser Weise Sprachgeschichte geschrieben werden kann: angesichts der Beleglage für altenglische Sprache und ihre Dialekte geht es doch *nota bene* gar nicht um das Problem, ob ein Lexem altnordischer oder heimischer Herkunft ist, oder ob eine spezielle Bedeutung nur unter altnordischem Einfluß entstanden sein könnte; Deutungsmöglichkeiten bestehen da in beiden Richtungen, es bliebe reine Spekulation, die eine oder die andere Möglichkeit ausschließen und auf diesem Weg die Datierung eines im späten 10. Jahrhundert aufgezeichneten Textes stützen zu wollen. Die Antwort auf die Frage, zu *welchem* Zeitpunkt *Exodus* Belege für die Sprachgeschichte bereitstellt, hat sich nach den Fakten, nicht nach unsicheren Vermutungen zu richten: als einziges Faktum verbleibt hier, daß der Text auch in diesem Punkt kein Abweichen vom Sprachgebrauch des späten 10. Jahrhunderts zeigt[85]. Wo das Lexem *sæwicingas* in *Exodus* als »one of the earliest

81 Doane *Genesis*:36 Anm. 18; vgl. auch Lucas *Exodus*:111 zu V. 252.

82 Hofmann 1957:28-30.

83 Sedgefield *Exodus*:181 zu V. 333.

84 Irving *Exodus*:88 zu V. 333; vgl. auch Lucas *Exodus*:120 zu V. 333a. Zu *flota* vgl. Irving 1959:9.

85 Ae. *-wicing* ist in frühen Glossen als »pirata« belegt, sonst mehrfach in der *ASC*, im

occurrences of the word *wicing* in OE« gedeutet wird, da sucht man vorverständigt nach »evidence« für eine sonst nicht begründbare Meinung: es sind das traditionelle Datierungskonzept und dazu der *consensus omnium*, die solche Deutungen fordern und fördern, nicht die sprachlichen Fakten selbst. *Sæwicingas* den Status eines der frühesten Belege zuzuschreiben, enthüllt das zugrundeliegende Wunschdenken hinsichtlich des Entstehungsdatums, das auf der unbeweisbaren Annahme fußt, der Text habe so früh in vorliegender Form bereits existiert[86]. Ließen sich nordische Einflüsse sprachgeschichtlich schlüssig nachweisen, dann könnte man eine frühe Entstehung durch einen solchermaßen gesicherten *terminus post quem* wohl ausschließen. Umkehrbar ist diese Folgerung jedoch nicht: handelte es sich um heimische Lexeme und Bedeutungsaspekte, ist damit noch längst nicht frühe Komposition des Textes erwiesen.

Wir sind somit zurückgeworfen auf jene sprachlichen Kriterien des Textes, die auch Kennzeichen aller anderen poetischen Texte sind, Merkmal der sogenannten »literary *koiné*« des Spätaltenglischen – einer literarischen Varietät also, die vor angenommenen Dialektgrenzen nicht haltmacht und offensichtlich eine Verständigung auch nicht erschwerte: anders lassen sich das Auftreten oder die Bewahrung einzelner dialektaler Formen und Lexeme wohl nicht erklären. Zu meinen, sie seien deswegen aus frühester Zeit im Text erhalten, weil ein unverständiger Schreiber sich nicht anders zu helfen wußte, als sie Zeichen für Zeichen nachzubilden: dies heißt gleichzeitig anzunehmen, daß literarischen Texten der Status von quasi historischen Dokumenten zugekommen wäre, daß sie in der Zeit ihrer Niederschrift aus bloß antiquarischem Interesse neu aufgezeichnet wurden – obwohl doch ihre Sprache nachweislich der des 10. Jahrhunderts entspricht. Bei der Nachprü-

Orosius, bei Aelfric und Wulfstan, in *Maldon*, in Landurkunden; die selbst in *Maldon* noch relativ wertneutrale Verwendung des Lexems schließt für *Exodus* erst recht eine Argumentation aus, die *-wicing* als Feindseligkeitsbezeichnung verstanden wissen will, dabei auf der Annahme von kollektivem, nationalen Haß aufbaut und deshalb für die Bibeldichtung ein höheres Alter und eine Entstehungszeit reklamieren möchte, zu der »der Engländer keinen Grund [hatte], den Dänen besonders gram zu sein« (Göller 1971:170 zur *Beowulf*-Datierung). Die frühen Glossen sind verfügbar in Pheifer *Glosses* 39, 108 (ibid. Anm. 736 wird auch gleich *Exodus* als »recorded before the Viking period« vereinnahmt); Lindsay *Glossary*:138; zur Datierung der MSS vgl. Ker 1957 nos. 36, 114, App. 10. Zur relativ neutralen Bedeutung von *-wicing* in *Maldon* vgl. Cross 1965:106-9; anders dagegen Britton 1965, Blake 1965:333-4. Kühlwein 1967 behandelt *-wicing* nicht.

86 Zitat bei Irving *Exodus*:88 zu V. 333; vgl. Lucas *Exodus*:120 zu V. 333a, der Björkmann 1900/02:258 als ›Beleg‹ zitiert. Björkmann wiederum beruft sich auf Kluge 1901:935, der seinerseits auf die frühen Glossen verweist. Nota bene: es geht hier letztlich nicht um die Frage, woher das Lexem stammt und ob es schon *vor* der Invasionszeit belegt ist; sondern darum, ob *Exodus* einen der *frühesten* Belege bereitstellt.

fung stellt sich überdies heraus, daß ein nicht unerheblicher Teil der vorgewiesenen anglischen Formen und Lexeme in *Exodus* erst in jüngster Zeit auf dem Wege der Emendation in den Text gelangt ist. So führt denn die Annahme, der Text sei früh entstanden, zusammen mit der weiteren Annahme, er müsse aus merzischer oder nordhumbrischer Region stammen, zuallererst zur ›Fülle‹ der Belege, die dann gar als Nachweise dafür hergenommen werden, daß *Exodus* ›wahrscheinlich‹ in ihrer Textgeschichte den hypostasierten Weg genommen haben müsse: ein klassischeres Beispiel für einen Zirkelschluß, für eine *petitio principii* kann man sich kaum vorstellen. Wie unsicher und trotz des *consensus omnium* umstritten solche Beweisführung ist, erhellt allein aus der Tatsache, daß Emendationen nur in den seltensten Fällen zu durchweg akzeptierten Lösungen führen. So argumentiert unter anderen Menner mit *Exodus* V. 281 in der Form *tane* (MS *tacne*) als Beleg für »Anglian words«: Irving lehnt diese Lesart zunächst ab, da die Manuskriptlesart akzeptablen Sinn ergebe[87]. Einige Jahre später jedoch ist ihm die Lesung des Manuskriptes dann ein »affected phrase« und die emendierte Form neben anderen nunmehr Ausweis für die Herkunft des Textes aus anglischem Sprachgebiet, zugleich auch Beleg für »a West Saxon scribe's troubles with Anglian (poetic?) forms and words«[88]. Was hier zunächst noch »other *possible* evidence« für eine solche Deutung ist, wird später dann zu »fairly *good* evidence« dafür, daß das Gedicht »originally« anglischer Herkunft (das heißt immer auch: früh entstanden) sei:

> For instance, the Anglian-poetic element ›heoru-‹ seems to be mangled three times in the poem, appearing as ›heora‹, ›here‹, ›huru‹; the chiefly poetic word ›cyrm‹ turns into the prose word ›cyre‹; the Anglian word ›tane‹ becomes ›tacne‹, and so on[89].

Erwähnenswert bleibt angesichts solch vorverständigter Festsetzung immerhin, daß *tacne* vor dem jüngsten Herausgeber wieder Gnade findet und auch andernorts vehement verteidigt wird[90]; erwähnenswert ist auch, daß behauptetes »heoru-« in *heorawulfas* V. 181, *herebleaðe* V. 454 und *huru* V. 505 Emendationen an Textstellen verlangt, wo die Manuskriptlesart jeweils ausreichenden Sinn erstellt[91]. Schließlich gilt gleiches für *cyre* V. 466, wo weniger Verständnisschwierigkeiten eine Rolle spielen als vielmehr die

87 Menner 1951:290-1; Irving *Exodus*:85 zu V. 281.

88 Irving 1972:309 zu V. 281, 302 zu V. 121.

89 Irving 1974:209; Zitate zuvor aus Irving 1972:309 und 1974:209.

90 Lucas *Exodus*:114 zu V. 281; ebenso Hermann 1975:241-2.

91 Zu V. 181 *heorawulfas* als spätae. Variante von *heoru-* vgl. Brunner 1965 § 44, Campbell 1969 § 377; so auch erklärt bei Lucas *Exodus*:36, 104 zu V. 181. *Exodus* V. 454 *herebleaðe* ergibt als »heerängstlich« (subst. Adj. oder präd. Adj.) ebenso ausgezeichneten Sinn wie V. 505 *huru* (»dennoch wollte er, Pharao, mit Umklammerungen den Kampf entscheiden«).

Tatsache, daß *cyre* sonst nur in der Prosa belegt ist: hier entscheidet also die gängige Annahme von zwei chronologisch deutlich getrennten sprachlichen Systemen (hie frühe Poesie, da späte Prosa) über die Lesart des Textes und etabliert ein weiteres Beispiel von »fairly good evidence« für anglische (und damit immer impliziert: frühe) Herkunft des Textes. Denn – so scheint die allgemeine Übereinkunft bezüglich des Auftretens der Prosaherkunft verdächtigter Lexeme zu lauten – der Dichter würde doch wohl nicht ein »humble prose-word« in seinem Text gestattet haben[92].

Bei allen Vorbehalten, die man gegenüber den methodisch unsicheren, nur quasi sprachwissenschaftlichen Argumenten anmelden muß, will ich keineswegs behaupten, daß etwa in Rede stehende Formen und Lexeme *nicht* aus anglischem Dialektgebiet stammen könnten. Solange lediglich die geographische Herkunft eines Poems zur Debatte steht, können solche sprachlichen Zeichen vielleicht einigen Aufschluß über die in Frage kommende Region geben: man muß sich aber nur einmal die historische Situation Englands im 10. Jahrhundert konkreter vergegenwärtigen, um sich mit der Ausdehnung westsächsischer zu englischer Königsmacht die Sprachmischung vorstellen zu können, die notwendig bei einem Reisekönigtum, bei der unterschiedlichen geographischen Herkunft der Mitglieder der führenden Schicht entstand und die ihren Ausdruck auch in dem Versuch findet, das Westsächsische als Amtssprache zu etablieren[93]. Auf den Prüfstand gestellt ist hier jedoch wie schon oben die unhaltbare, aber permanent vorgenommene Koppelung der Dialektfrage mit der Zeitfrage: die Behauptung nämlich, daß dialektale Formen notwendig große Zeitsprünge in der hypostasierten Übermittlung

92 Robinson 1962:369 Anm. 1 (Zitat ibid.) verwirft das »common prose-word *wer* ›weir, dam‹« V. 487a zugunsten des »poetic term *wær* ›sea‹«. Wegen des ›Prosacharakters‹ von *cyre* emendieren auch Irving 1972:317 zu V. 466, Lucas *Exodus*:133 zu V. 466b; Irving *Exodus* liest dagegen noch *cyre*.

93 Notwendigen Sprachkontakt zwischen Sprechern verschiedener Dialektgebiete belegt u. a. die Liste der Orte, in denen sich im 10. und 11. Jh. die Ratgeber des Königs zum *witenagemot* trafen: vgl. Karte in Keynes 1980:36. An anderer Stelle habe ich das Problem in der Frage formuliert, ob denn ohne Sprachkontakt und auch Sprachmischung (also ohne einen überregionalen ›Standard‹) etwa Aethelred mit dem *thegn* Morcar aus Mittelengland konferiert haben kann (Busse 1981:214-5). Natürlich gibt es Registerunterschiede zwischen Literatur- und Alltagssprache: das Problem der Entwicklung von Interferenzen gilt jedoch für beide Systeme. Zu den methodischen Problemen und den prozeßbegleitenden und -bestimmenden Faktoren bei Sprachkontakt und Sprachmischung vgl. u. a. Haugen 1950, Weinreich 1953, Vogt 1954, Oksaar 1972, Winter 1973, Juhász 1980, Munske 1980; zur Ausbreitung des Westsächsischen als ›Standard‹ vgl. Gneuss 1972. Inwieweit dabei der lokale ›Standard‹ Winchesters noch eine Sonderrolle spielt, erhellt aus Gradon 1962: damit verbietet sich die Annahme von großflächigen und homogenen Sprachgebieten, wie sie im *consensus omnium* des Datierungskonstruktes ja auch impliziert ist.

voraussetzten. Welche wirkungsmächtige Tradition hinter dieser gedanklichen Verbindung steht, belegt der nahtlose, geradezu unkritische Übergang von der Aufzählung der behaupteten anglischen Lexeme zum Verweis auf die »traditional assumption of a relatively early date for *Exodus*« in Irvings letztmaliger Diskussion[94]. Auch in anderen Fällen werden die sprachlichen Fakten in solchem Sinne gedeutet: auf die Feststellung, daß sich diese oder jene sprachlichen Daten als »non-West Saxon« charakterisieren lassen, folgt immer der Schluß, daß daher ›höchstwahrscheinlich‹ *Exodus* im Norden und im 8. Jahrhundert entstanden sein müsse. Die Sicherheit, mit der diese Folgerungen gezogen werden, steht dabei in kapitalem Widerspruch zur vagen, zeitlich keineswegs festgelegten Zuordnung der sprachlichen Merkmale zu ebenso nur pauschal umrissenen, geographischen Räumen. Nach der Auflistung solcher Merkmale muß der letzte Herausgeber des Textes trotz der stillschweigend eingebrachten Annahme von homogenen Sprechergemeinschaften in großen geographischen Gebieten für seinen traditionellen Vorschlag zur Herkunft und Entstehungszeit des Textes formulieren:

> It is exceedingly difficult to draw any firm conclusions from this linguistic information. One of the chief difficulties arises from the possibility that there was a general OE poetic *koiné* of a mixed dialect character and that poems were written or transmitted in this ›literary dialect‹[95].

Das traditionelle Datierungskonzept zwingt jede Überlegung immer nur in die eine Richtung: nämlich von dem schon feststehenden Datum aus zusätzliche Argumente, zusätzliche Informationen heranzuziehen, die dann das schon Gewußte erneut und vorgeblich umso sicherer bestätigen sollen. So glaubt Lucas, neue Hinweise auf den Herkunftsort des Manuskriptes zusammengetragen zu haben: auch diese, keineswegs überzeugende Information wird sofort in den Dienst des herkömmlichen Entstehungsdatums gestellt.

> *Nevertheless*, the language of the text, *when* considered in conjunction with the newly discovered information about the probable origin of MS Junius 11, may yield sufficient *hints* to permit some *tentative suggestions* concerning the *earlier* history of the text[96].

Uneingestandene Vorverständnisse prägen somit schon die Analyse der sprachlichen Fakten: emendierte Formen werden dabei ebenso vorbehaltlos herangezogen wie vereinzelt auftretende Erscheinungen (die noch dazu gele-

94 Irving 1974:209.

95 Lucas *Exodus*:38-9.

96 Ibid. 39; daß die Struktur des Arguments ebenfalls traditionell ist, ergibt sich oben, pp. 40-3. Gegen die »newly discovered information« über die Herkunft des MS aus Malmesbury (ibid. 38-41; vgl. Lucas 1980, 1981) vgl. u. a. Hall 1978a:49 (Identität der Illustratoren); Raw 1976:135 (zur Deutung des Portraits im MS); Irving 1980:171; Shippey 1980:616-7. Pollard 1975:136 belegt zudem nicht die Behauptung, daß das MS in Malmesbury gebunden worden sein müsse.

gentlich andere Deutungen zulassen), um zu ›Belegen‹ gemacht zu werden, zu »hints« für das bereits feststehende Ergebnis[97]. Allerdings halten solche Aufstellungen kritischer Betrachtung nicht stand: eine ganze Reihe von Lucas' Beispielen für »non-WS features« müssen allein deswegen außer Betracht bleiben, weil sie nicht distinktiv für merzischen, nordhumbrischen oder westsächsischen poetischen Sprachgebrauch sind, sondern »common in poetry«[98]. Daneben fällt von den »few linguistic features«, die nach Lucas »notably« für eine merzische Rezension des Textes sprechen sollen, *dægsceldes* aus dem Rahmen: denn die Form beruht »unfortunately« auf einer Emendation; und beim Beleg »non-WS (9)« übersieht Lucas unter dem Einfluß des Vor-Urteils seines anvisierten Ergebnisses einer frühen, nordhumbrischen Entstehung des Textes völlig, daß der Wechsel zwischen den Graphien ⟨ea ~ eo⟩ Kennzeichen auch des Spätnordhumbrischen ist[99]; auf gewagter Spekulation allein beruht schließlich die Deutung zu Merkmal (5)[100]. An anderer Stelle will Lucas noch metrische Aspekte und das Fehlen von Formeln »which are characteristic of the *later* Christian poetry« für hohes Alter ins Feld führen[101]: ich brauche nicht zu wiederholen, daß nur eine vorab erfolgte, vorverständigte Einteilung in »early« und »late« solche ›Erkenntnisse‹ zu Tage fördern kann.

Es gerät folglich nicht die Frage in den Blick, ob denn die sprachlichen Merkmale Aufschluß geben können über eine bestimmte Region, über die geographische Verteilung dieser Merkmale *im 10. Jahrhundert*: die assoziative Wirkung von Bedas ›Goldener Zeit‹ mit all den dabei implizierten, zusätzlichen Annahmen über Textgeschichte, über Textidentität, über »Caedmonian revolution«, über feststehende, historische Bilder schließt von vornherein jede andere Möglichkeit aus. So kann auch Lucas nur wieder zum »traditional date« zurückkehren, trotz des Eingeständnisses, daß die Beleglage für diese Deutung »thin« sei und die Möglichkeit einer Entstehung der *Exodus* nach 800 deswegen nicht ausgeschlossen werden könne[102]. Daß der Herausgeber diese Eingeständnisse seiner Unsicherheit nicht wirklich als *Möglichkeiten* für neue Frageansätze verstanden wissen will, ergibt sich deutlich, wenn er sich im Widerspruch zu dieser Unsicherheit sicher gibt und *sæwicingas* als einen der frühesten Belege für das Simplex im Altenglischen

97 Die Liste der »non-WS features« in Lucas *Exodus*:37-8 enthält nach meiner Zählung *dreizehn* Emendationen.

98 So ibid. 37-8 unter nos. 1, 2, 4, 6, 10.

99 Ibid. 39; zu *dægsceldes* vgl. ibid. 37, zu »non-WS (9)« ibid. 38. Zum Wechsel von ⟨ea ~ eo⟩ vgl. oben pp. 60-1 mit Anm. 66-7.

100 Ibid. 37 zur Deutung von MS *ealdwerige*; vgl. meine Kritik an dieser Deutung in Busse 1981:210-1 mit Anm. 29.

101 Ibid. 71 mit Rückverweis auf ibid. 40.

102 Ibid. 39, 71.

notiert; dasselbe erhellt aus der Sorgfalt, mit der er patristische Schriften als mögliche Quellen für den Text ausgeschlossen wissen will, die nach dem »traditional date« entstanden[103].

Die Diskussion der Datierung von *Exodus* enthüllt, daß die Ergebnisse in geradezu erschreckendem Maße vorverständigt bedingt sind durch die Annahmen, deren ausschließlich hypothetischen Charakter und deren historische Ungenauigkeit ich oben aufgezeigt habe. Die uneingestandenen Vorverständnisse über Germanentum und »heroic diction«, über unwissende Schreiber und nahtlose Textübermittlung, über Sprache und Sprecher, über hohen Bildungsstand im Zeitalter Bedas beeinflussen weitestgehend die Fragen wie die Antworten, die in diesem Sektor der Forschung gestellt und gegeben werden. Das Interesse richtet sich lediglich auf eine erneute Bestätigung des *consensus omnium*: nicht einmal von gewaltsamer Verdrehung der vorliegenden linguistischen Daten wird Abstand genommen. Da als Ausgangspunkt für die Frage nach der Entstehungszeit und dem Entstehungsort von *Exodus* immer wieder dieselben ungeprüften Hypothesen gesetzt werden, können die Ergebnisse kaum anders ausfallen: somit dreht man sich seit nunmehr fast einem Jahrhundert nach den Regeln eines überholten Systems im Kreis. »The traditional date for *Exodus*« ist nichts anderes als eine stillschweigende Übereinkunft, das einmal hypothetisch gesetzte Datum nicht weiter zu hinterfragen: als Spekulation bleibt es Spekulation, selbst wenn es unentwegt und ohne kritische Prüfung immer wieder ›bestätigt‹ wird[104].

3.2 Tendenzen der Forschung zur Exodus

Vertraut man jüngsten Stimmen aus dem Lager der exegetischen Interpretationsrichtung, so ist die Geschichte der *Exodus*-Forschung fast bis auf die letzte Dekade eine Geschichte der Irrungen und Wirrungen, dem heute forschend Suchenden vor allem verleidet durch jene »phonological flights of fancy«, in denen durch das »*beneficium restaurationis*« der großzügigen

103 Ibid. 120 zu V. 333a, ibid. 58 zu den Quellen.

104 Die vorgebliche Bestätigung ergibt sich schon durch einfache Setzung des Datums oder des historischen Kontextes, u. a. bei Dietrich 1856:350; Ten Brink 1877:56; Groth 1883:33 Anm. 2; Mürkens 1899:112; Binz 1903:357; Moore 1911:104; Tolkien 1932:186; Tolkien 1934:111; Timmer 1955:112; Potter 1956:33; Huppé 1959:220; Schabram 1960:239; Rosier 1966:354; Farrell 1969:405; Keenan 1970:459 Anm. 1; etc. Die einzige Ausnahme scheint Eric Stanley zu bilden: vgl. Stanley 1969:95.

Konjektur die von den Schreibern verhunzten Verse durch das »vorsetzen eines wörtchens« oder »durch umstellen« geheilt wurden[1]. Noch 1968 kann daher verlangt werden, »[that] the poem deserves eventually to receive a full treatment of its art«[2]; kurz darauf wird vehement der konfuse Zustand beklagt »which even recent scholarship represents«[3], und selbst am Ende der siebziger Jahre sind die Wogen der Entrüstung über den Umgang mit dem Text nicht endgültig geglättet:

> *The Old English Exodus* has suffered considerably at the hands of editors who have altered the manuscript in order to make it fit an interpretative thesis[4].

In der Tat ein gravierender Vorwurf: er trifft in eine Forschungssituation, in der bis etwa 1960 das Bemühen um die Erstellung eines definitiven Textes eindeutig im Vordergrund stand. Kennzeichen dieser jüngeren Textübermittlung der *Exodus* in der Forschung sind uneingestandene Vorverständnisse, sind erneut die Annahmen über »scribal errors« in der älteren Textüberlieferung des Manuskriptes, über die Metrik als oberste Norm für einen ›korrekten‹ Vers, über sprachlichen Wandel als Zeichen von Verfall und Dekadenz, über Germanentum oder Christentum, über den Vorsprung unserer heutigen, philologischen Weisheit vor der Borniertheit alter Schreiber.

> Is there any other Old English poem of comparable length that provides such a prolific hunting-ground for enterprising emendators[5]?

Die Fülle der Beiträge, in denen mit größerer oder geringerer Plausibilität Textverbesserungsvorschläge unterbreitet und wieder verworfen werden, ist kaum noch zu übersehen[6]: sie ist natürlich auch Ausweis dafür, daß die

1 Earl 1970:542; sinngemäße Zitate aus Holthausen 1912:165, Trautmann 1914:354. Einen Überblick über die Forschung vom jeweils eigenen, methodisch-theoretischen Standpunkt aus bieten Earl 1970:541-3; Nazareth 1979:13-27 (ibid. 13 auch Teilzitat von Earl loc.cit.).

2 Isaacs 1968:151.

3 Earl 1970:547, gegen Irving *Exodus*, Deutung und Abfolge der Vv. 516-90.

4 Letson 1979:195; ibid. Anm. 2 zeigt, daß Earl 1970:550-1, 541-3, 547-8 offensichtlich mißverstanden wurde: Earl hat Irvings Umgang mit dem Text entschieden attackiert.

5 Potter 1956:32.

6 Vgl. neben den Anmerkungen in den Editionen u. a. Dietrich 1856:338-55; Cosijn 1894:457-61, 1895:98-106; Graz 1895:2-7; Mürkens 1899:113-7 und passim; Bright 1902; Klaeber 1904:146-7; Holthausen 1905; Bright 1912a; Sisam 1917; Thomas 1917; Kock 1918a:16-8, 24-7, 1918b:121, 1919:305-7, 1920:251-2; Sedgefield 1921; Kock 1922a:5-10, 1922b:184-5; Craigie 1925:5-11; Sisam 1946:37; Schaubert 1949:41-2; Holthausen 1951:16; Dobbie 1954; Holthausen 1954; Wrenn 1955; Robinson 1962; Clubb 1965:163; Farrell 1966; Robinson 1966:356-9; Rosier 1966:344-5; Meritt 1968:18-9; Schabram 1968; Lucas 1969a, 1969b, 1971; Irving 1972 passim; Bammesberger 1975; Vickrey 1975:40-2, 49-50; Ferguson 1978; Greenfield 1979; Letson 1979; Vickrey 1980; Kretzschmar 1982; Hall 1983, 1984; etc. etc. Lucas *Exodus*:81 zu V. 45b beruft sich auf Cross 1974b:187 für seine

Beschäftigung mit hauptsächlich textlichen Problemen ihre Ursache zunächst in den sprachlichen Schwierigkeiten findet, vor die uns dieser Text immer wieder stellt. Naheliegend ist deshalb der Versuch, dieser Schwierigkeiten Herr zu werden, um zu einem gründlicheren Verständnis des Gedichts als literarisches und poetisches Produkt zu gelangen. Aber offensichtlich nicht so evident scheint die Notwendigkeit, die jeweils dabei verwandten, meist stillschweigend eingebrachten Annahmen zu reflektieren: auf ihrer Basis werden ja Entscheidungen für die eine und gegen die andere Konjektur gefällt, ob nun die »liebe metrik« die einzige und letzte Entscheidungsinstanz ist[7] oder das »feeling for the language« und die »nose for significant philological matters«[8], die schon Sarrazin für verläßlicher hielt als die »Neuerungssucht moderner, junger Dissertationenschreiber«[9]. Die Geschichte der Texterstellung und Textdeutung ist somit auf das engste verwoben mit der Geschichte der jeweils vorherrschenden, theoretischen und methodischen Ansätze, unter denen ein Text betrachtet wird: auch an *Exodus* und den in Forschungsbeiträgen vorgeschlagenen Textvarianten bewahrheitet sich die Überlegung, »daß Veränderungen der Kommunikationssituation bzw. auch nur einiger ihrer Faktoren, den in ihr lebenden Text nicht unberührt zurücklassen«[10].

3.2.1 *Tendenzen der Texterstellung*. Mit anderen Worten: die Suche nach germanischen Altertümern in *Exodus* produziert einen anderen Text als etwa die Suche nach *oral formulas*, und wieder anders entkommt das Gedicht der Applikation patristischer Exegese: einige Beispiele werden dies verdeutlichen. Dabei ist der Einfluß germanisch interessierter Forschung auf die Texterstellung zu deutlich, als daß er noch besonderer Dokumentation bedürfte: Nachwirkungen der Interpolationstheorien sind selbst am Ende der siebziger Jahre noch zu spüren[11]. Aber auch im Detail, nicht nur in der Auslassung großer Passagen erweist sich der Eingriff in den Text als interessegesteuertes Vorgehen: so formuliert Dietrich angesichts MS *dryrmyde*

Emendation; dort ist aber von *Exodus* V. 45 nicht die Rede. Das Bemühen um einen definitiven Text kommentiert auch Nazareth 1979:14.

7 Vgl. den leicht ironischen Unterton gegen die »liebe metrik« bei Cosijn 1895:100 zu V. 249, 106 zu V. 524; gegen ihre strengen »gesetze« verstößt man jedoch nicht: Graz 1895:7 zu V. 524.

8 Wrenn 1955:188 spricht Irving diese Fähigkeit ab.

9 Sarrazin 1913:1; vgl. vollständiges Zitat oben p. 44 Anm. 14.

10 Haubrichs 1973:14. In welcher Weise Texterstellung durch Vor-Urteile beeinflußt ist, habe ich in Busse 1981 aufzuzeigen versucht; zum gegenwärtigen Stand der Editionstechnik und -geschichte mit Bezug auf die ae. Literatur vgl. u. a. Gneuss 1973; Cross 1974a, bes. 84-6; Godden 1977.

11 Noch Isaacs 1968:151-9, Farrell 1969, Ferguson 1981 und Hauer 1981 verteidigen die Vv. 362-446 bzw. 447-515 als integralen Bestandteil des Textes.

V. 40, daß »auf die spur des richtigen . . . die beobachtung [führt], dass ags. dichter es lieben an frischen leichen besonders auf dem schlachtfeld ein rauchen zu schildern«, emendiert zu »drysmyde« und übersetzt »das land dampfte von den leibern der todten«[12]. So ergänzt Rau nach Greins Textausgabe die Verse 161–2 mit der Halbzeile »*hræfen gol*«: den Vorstellungen seiner Zeit entspricht es, nach solchen germanischen Aspekten zu suchen, weil es

> Zu einer regelrechten angelsächsischen kampfesschilderung gehört, dass der schwarze rabe, der raubgierige wolf ihre lauten töne erschallen lassen. Es ist dies durch und durch heidnisch und versetzt uns zurück in die älteste poesie unserer vorzeit[13].

Ebenso ändert Mürkens MS *hergas on helle* V. 46 in »hergas on healle«, »als scharen oder leute in der halle, wo sich bei den alten das leben namentlich abspielte«, und vermutet eine Verderbnis der Handschrift in Vers 49, wo er an Stelle von *fæsten* (»Gefängnis«) lieber »fæhðan . . . fehde (feindschaft)« lesen würde[14]; germanenorientiertes Vorverständnis möchte schließlich auch verantwortlich sein für den Vorschlag Brights, MS *manum treowum* V. 149 (»durch falsche Versprechen«) umzuändern in »manum tweonum«, »the two men engaged in the *anwig*«, damit dem Widerpart »national significance«, eine »epic prominence of the ›duel‹« und »national hatred« zukomme, die durchaus in Einklang mit der Dichtung, ihrem Geist, ihrer Struktur und ihrem »theme of contest and warfare« stünden[15]. Solchermaßen gesteuerte Texterstellung schafft sich den Text, den sie für ihre Zwecke benötigt: auf der Basis des Vorverständnisses einer frühen Datierung finden sich dann verständlicherweise auch Belege für die Fusion germanischen und christlichen Gedankenguts, für einen Dichter, der sich einerseits »in dichterischem schwunge oft zur höhe eines echten volksdichters emporzuheben vermag, auf der anderen seite doch nicht die natur eines echten, frommen geistlichen verleugnen kann« und der, noch echt germanisch, »seine kriegerische, auf kampf gerichtete gesinnung« nicht unterdrückt; einem auf solchen Vorurteilen erstellten Text eignet dann auch die entsprechende »jugendlich[e], daher noch höchst sinnlich[e] sprache«[16]. In einem geradezu beängstigenden Ausmaß verzahnt sich so Texterstellung mit Textdeutung: daß *Exodus* in diesen Fällen für eine vorgegebene Interpretation zurechtgemacht wird, kann wohl nicht bestritten werden.

12 Dietrich 1856:339. Alle Versangaben beziehen sich auf Lucas *Exodus*.
13 Rau 1889:9.
14 Mürkens 1899:70, 113.
15 Bright 1912a:15-6; germanisches Kolorit des Textes ist auch ibid. 17 und in Bright 1912b:99 festgehalten.
16 Mürkens 1899:85, 70, 112; kriegerische Erfahrung des Dichters nehmen auch an Groth 1883:19; Kennedy 1916:lxviii-lxix.

Unter der Prämisse, daß der Text in der angenommenen Übermittlungsgeschichte von Northumbria nach Wessex gelitten habe, wird der überlieferte Manuskripttext jedoch nicht nur von Vertretern eines germanisch orientierten Interesses ›gebessert‹: Hand in Hand mit der Annahme einer schriftlichen Überlieferung geht die Vorstellung eines zunehmenden Verfalls der Sprache, eines ständig sich vergrößernden Defektes sozusagen, die auf der Basis weniger, gesicherter Beispiele Platz greift und dann auf andere Stellen des Textes appliziert wird. Daß Zeichen sprachlichen Wandels nicht neutral als Fakten, sondern als Verfall verstanden werden sollen, erhellt aus der Bezeichnung »common error« für solche Indizien des Wandels[17]: es stellt sich somit eine Textverbesserungsideologie ein, die zu allen anderen schon eingebrachten Annahmen letztlich auch noch die Hypothese impliziert, daß im 10. Jahrhundert bereits ein orthographischer Standard als kodifizierte Norm bestanden hätte, der dem Standard unserer Zeit vergleichbar wäre[18]. Die ›ungewöhnliche‹ Form, und das kann doch angesichts einer Überlieferung von rund 30000 Versen nur heißen: die *selten belegte* Form, bleibt dabei zugunsten der häufig belegten auf der Strecke: »irregularities«, seien dies nun metrisch seltene Muster, behauptete »scribal errors« oder sogenannte *hapax legomena*, werden mit dem Stigma des Abartigen belegt und häufig genug leichtfertig eliminiert[19]. Da in den seltensten Fällen die behaupteten »irreg-

17 So z. B. in Robinson 1962:366 Anm. 3 zum Wechsel von ⟨hw-~w-⟩ am Wortanfang; neutraler als Zeichen von Wandel deuten dies Brook 1959:285 oder Blake 1961. Der graphische Wechsel in dieser Gruppe und der Gruppe ⟨hn-⟩ ist eines der stärksten Argumente für eine Niederschrift nach Diktat und gegen eine Abschrift von einer Vorlage.

18 Offensichtlich ist die Hypothese einer ›normgerechten‹ Orthographie in allen Emendationen impliziert, bei denen ›Schreibfehler‹ angenommen werden: dagegen ist wahrscheinlicher, daß angesichts unterschiedlicher *Konventionen* auch trainierte Schreiber Variation zulassen. Es steht daher zumindest in Frage, ob etwa die MS-Form *gehæged* V. 169 nicht auch eine Variante von »geheged« sein kann: dies verwirft Lucas *Exodus*:103 zu V. 169b wegen der »required quality . . . of the root vowel«, obwohl er ibid. 136 zu V. 485b-7 für seine Deutung von *werbeamas* V. 487 eine solche Variation ansetzen muß.

19 Weitere Beispiele ließen sich in Fülle anführen; ich beschränke mich auf drei willkürlich ausgewählte Fälle. Vgl. z. B. Lucas 1971:283, der ein metrisch seltenes Muster zugunsten eines häufigeren ›bessert‹ (V. 265); weiter Irving 1972:303, der das *hapax legomenon leomægen* V. 128 zugunsten des oft belegten »leodmægen« ablehnt (MS-Lesart verteidigt und erklärt von Robinson 1966:356-9); weiter Ferguson 1978:4, der mit dem Argument einer hypostasierten Vorlage mit ›ungewöhnlicher‹ Handschrift V. 109 *setlrade* emendiert; etc. etc.
Das Argument, daß im Text etwas emendiert werden müsse, weil es andernorts (an anderen Textstellen, in anderen Texten) genauso vorkomme, führt zur Nivellierung der Texte auf ein behauptetes Muster hin: Beispiele für solche Emendationen bieten u. a. Wrenn 1955:188 zu V. 345 (mit Bezug auf eine andere Textstelle); Rosier 1966:342 zu V. 444 (mit Bezug auf *Paris Psalter*); etc. Dabei ist oft auch die trügerische Annahme einer Koexistenz der Texte impliziert: Aelfric, *Maldon* oder

ularities« überzeugend in ihrem Entstehen analysiert werden (und werden können), ist der Spekulation ein weites Feld überlassen: genährt wird sie auch in diesem Bereich jedoch vornehmlich aus dem Vorverständnis einer frühen Entstehung und einer angenommenen, langen Textgeschichte in schriftlicher Form, für die es zwar keinen Beleg gibt, deren Annahme aber zu weitreichenden Konsequenzen für die Texterstellung führt. Ohne sie könnte es endlich möglich werden, nach mehr als einem Jahrhundert der Anpassung des Textes an die Annahme zu entgehen und seiner Sprache vorbehaltloser gegenüberzutreten, als erst durch Text-›Verbesserung‹ einen nicht unerheblichen Teil *der* Basis selbst herzustellen, auf der angeblich die Glaubwürdigkeit der Annahme ruht. Daß *Exodus* auch unter diesem Aspekt nach wie vor für eine vorgegebene Interpretation (der linguistischen Daten und des historischen Kontextes) zurechtgemacht wird, dürfte aufgrund der Beleglage wohl außer Frage stehen.

Es ist offensichtlich, daß Texterstellung in mehr oder weniger großem Umfang immer auch beeinflußt ist durch Textdeutung: kritisch wird dieser Sachverhalt dort, wo vorverständigte Interpretation in unzulässigem Ausmaß in die Entscheidung über Lesarten eingeht. Auf diesen wunden Punkt legt Letson mit der oben zitierten Kritik den Finger: impliziert ist dabei, daß mit dem zum Ende der fünfziger Jahre erfolgten Wechsel im Paradigma der Interpretation die Lesarten des Manuskriptes als Basis für den erstellten Text einen neuen Wert gewonnen haben. Die Lösungsformel für schwierige Lesarten heißt seither »unrealistic collocation«: es wird sich noch zeigen, welche weittragenden Konsequenzen sich aus dieser neuen Orientierung der Texterstellung und Deutung des solchermaßen erhellten Textes ergeben haben[20]. Die Kritik einer ganzen Forschergemeinschaft entzündet sich dabei weniger an einzelnen Vorschlägen, die seit Thorpes Edition von 1832 in der Diskussion vorgebracht worden sind: ihre Schmäh trifft vielmehr fast ausschließlich einen einzelnen Wissenschaftler, der in seiner eigenen Ausgabe des Textes gewagt hatte zu formulieren »[that] no sane reader would be likely to call *Exodus* a poem about baptism«[21]. Vor allem diese Behauptung war es, die Irving immer noch Anwürfe der neo-exegetischen Schule einträgt: dies

Paris Psalter werden so zu sprachlichen Parallelbelegen für die doch vorgeblich viel früher entstandene *Exodus*. Kritik an der übertriebenen Textverbesserungsideologie üben u. a. Kock 1904:219-20, Tupper 1910:176-7, Hoops 1932:4-9, Hulbert 1938:533-4, Schabram 1960:229-32, 238, Stanley 1963:51-3, Mitchell 1975:12-3, Blake 1977b:15-6 (alle zu Emendationen *metri causa*); Kritik am Umgang mit selten belegten Formen übt auch Mitchell 1975:12, 20, 27.

20 Der Begriff ist eingeführt und erläutert von Cross/Tucker 1960b.

21 Irving *Exodus*:15.

muß man wissen und sehen, wenn man die Kritik an seiner Textbehandlung richtig einschätzen will[22].

Das Beharren auf Manuskriptlesarten ist dabei ganz wesentlich von der Überzeugung bestimmt, daß der Text nur im Zusammenhang der patristischen Tradition gelesen oder überhaupt verstanden werden kann: »unrealistic collocations« sind diesen Interpreten sprachliche Signale des Textes, die sie zugleich als Rechtfertigung verstanden wissen wollen, tieferliegende Bedeutungsebenen hinter der Schale des literalen Sinns aufzudecken.

> It is becoming increasingly recognized that Anglo-Saxon religious poets were brought up in this tradition, which shapes the exegesis of scripture from earliest times . . . In these circumstances it is reasonable to accept the influence of allegorical tradition particularly to illuminate *unrealistic collocations* in the poem[23].

Sicher ist nach den programmatischen Beiträgen von Cross/Tucker und Huppé einiges geleistet worden, um den Text verständlicher zu machen[24]: darüber hinaus tritt diese Schule jedoch mit dem Anspruch auf, daß auch sprachliche Schwierigkeiten des Textes – ob nun behauptete oder wirkliche – nur auf dem methodischen Weg dieser neuen Interpretationslehre zu lösen seien. So nennt zum Beispiel Vickrey die »lexical, grammatical, and textual problems« der Verse 135-53 von *Exodus* »formidable«; sie sind jedoch ausschließlich »problems of interpretation«: denn ihre Lösung ist »through reference to patristic writing« zu erreichen, die als »fruitful mode of inquiry« hilft, alle Obskuritäten des Textes zu erhellen.

> In particular, a number of passages which have seemed vague or confusing or quite

22 Vgl. u. a. Earl 1970:541-2, 547 u. ö.; Keenan 1970:459-60; Lucas 1970:305-8 passim; Vickrey 1972b:159 Anm. 3; Trask 1973:297 Anm. 8; Rendall 1974:507 Anm. 28; Helder 1975:5-6 u. Anm. 7; Vickrey 1975:26, 37-8 Anm. 47; Hermann 1976:2 Anm. 6; Ferguson 1977:i; Letson 1979:195-6; Luria 1981:600 mit Anm. 2 und passim; etc. Neo-exegetische Kritik an Irving zeigt sich auch in der Verweigerung, nach seiner Edition zu zitieren: kommentarlos u. a. bei Vickrey 1972a:120 Anm. 4, 1972b:159 Anm. 1, Calder 1973:85 Anm. 2, Hall 1975a:243 Anm. 1, 1975b:620 Anm. 2, Kretzschmar 1982 (alle zitieren nach ASPR); Hill 1974:204 Anm. 1 bevorzugt Blackburn *Exodus* (»the most conservative modern edition«!). Erst Hall 1977 zitiert Irving *Exodus* in Verbindung mit Irving 1972, kehrt aber in Hall 1982, 1984 zur ASPR-Edition zurück. Alle neo-exegetische Kritik an Irvings Deutungen und Lesungen ist letztlich motiviert durch sein Beharren auf dem literalen Sinn des Textes.

23 Cross/Tucker 1960b:123; Hervorh. im Text. Implizit oder explizit beziehen sich auf dieses Konzept der *unrealistic collocations* u. a. auch Thundy 1980:298; Ferguson 1981:282-3; Hall 1981b, 1982:146-7; Martin 1982 passim; etc.

24 Vgl. Huppé 1959:217-8.

intractable to analysis when considered only as literal narrative have shown clarity and consistency when considered as typological statements[25].

Es ist unübersehbar, daß in solcher Position Texterstellung als Textkritik und Textdeutung als Interpretation weitestgehend ineinander verwoben sind: dieser Standpunkt muß sich daher erst recht an seiner eigenen Forderung nach Respektierung der Handschriftenlesarten und nach exakter Textbehandlung messen lassen; und dies vor allem dann, wenn gerade aus dieser Forschungsrichtung der Vorwurf laut wird »that textual study can founder without literary insight«[26].

Es ergibt sich jedoch, daß auch Vertreter der neo-exegetischen Schule sich nicht freihalten können von der Versuchung, einen Text zu erstellen, der intendierte Interpretationen bestätigt: dabei zeigt sich in besonders einsichtiger Weise, daß Texterstellung nicht nur die Entscheidung für die eine oder die andere Lesart meint, sondern natürlich in die Bedeutungsfestlegung (selbst unstrittiger Lesarten) eingeht und damit die gesamte Textdeutung beeinflußt. So interpretiert James Earl die Verse 565-9 als einen Vorgriff des Dichters auf die Ereignisse im Gelobten Land deswegen, weil er MS *on hild godes* anders versteht als bisher angenommen:

When the poet says in line 567 that »folc waes on lande«, the implication is not just that the Israelites have finally reached dry ground, but that they have reached the Promised Land at the same time ... That the »beam of glory« had led the »holy troops in God's battle« is more reminiscent of the series of holy wars conducted later in the exodus than the crossing of the sea ... it should be further noted that the concept of God's army at the Red Sea is itself anachronistic[27].

Diese vorgebliche ›Manipulation‹ des Dichters zur Chronologie der Bibelereignisse löst sich allerdings auf, wenn man berücksichtigt, daß nach unserer Kenntnis der altenglischen Sprache *hild* hier nicht das Femininum (»Kampf«) sein kann (Dativ/Akkusativ *on hilde*), sondern das Maskulinum sein sollte (»Schutz«): wo Earl »Kampf« und damit anachronistische Stückelung sieht, findet sich somit nur die naheliegende und für die Situation gerechtfertigte Feststellung, daß die Israeliten »in Gottes Schutz« geführt worden sind[28]. Die Auswirkungen dieses offensichtlichen Fehlers in der Texterstellung bleiben für die Deutung genauso relativ gering wie das – allerdings erstaunliche – Versehen von Hugh T. Keenan, der die Verse 516-48 als »Moses' speech about Judgment Day ... delievered [sic] after the successful Crossing«

25 Vickrey 1975:26-7. Berücksichtigung patristischer Tradition bei der Erstellung von Textlesarten verlangen u. a. Huppé 1959:217-8; Cross/Tucker 1960b:125; Robinson 1968a:28-9; Robinson 1968b:162, 171; Earl 1970:547; Vickrey 1975:46-7; Lucas 1976:205; Lucas *Exodus*:44; etc.

26 Lucas *Exodus*:31.

27 Earl 1970:557-8; vgl. auch ibid. 566.

28 Als einziger kritisiert m. W. Irving 1972:322 zu V. 557 (*recte* 569) diese Lesart Earls.

verstanden wissen will und insistiert, daß diese Passage logisch richtig plaziert sei »as it is placed in the mouth of Moses, the type of Christ for whom a Judgment Day speech is appropriate«[29]. Der Text dagegen leitet von der Situation am Roten Meer direkt über in die Gegenwart der Zuhörer, die Relevanz der Geschichte für das Publikum wird herausgestellt, die größeren Erkenntnismöglichkeiten (gegenüber früheren Zeiten) werden unterstrichen: eine Rede Moses ist auch deshalb ausgeschlossen, weil innerhalb der Passage auf ihn als dritte Person Bezug genommen wird[30].

Schwerwiegender als solche Detailinterpretationen sind jedoch die Versuche, große Teile von *Exodus* für einen vorverständigt intendierten Sinn textkritisch zurechtzumachen: dabei ist eine Tendenz unübersehbar, dem Werk zunehmend »unrealistic collocations« zu unterstellen, um damit die angestrebte Texterstellung und Deutung auf eine vorgeblich sichere Basis stellen zu können. So leugnet etwa John F. Vickrey weitgehend den literalen Sinn für Passagen der *Exodus*, die er für seine These von einer ›Schlacht‹ im Roten Meer umdeuten muß. Ausgehend von einer Textstelle, die sich als Vorausschau des Dichters auf die Rolle des Stammes Judah in den Kämpfen im Gelobten Land beziehen läßt (Vv. 323-30, vgl. 314b-8), kommt Vickrey zu dem Ergebnis, daß diese Verse einen Kampf ankündigen, der zwar im Text nicht explizit beschrieben ist, für den es aber in der verlorenen Passage zwischen den Versen 446 und 447 weitere Indizien gegeben haben soll.

> For the battle in the sea, unlike other ›unrealistic collocations‹ in the poem, is largely inferential. We must turn to the text of the poem itself to demonstrate the thesis and to clarify those passages by which, reciprocally, the thesis is proven[31].

Im Zuge der ›Klärungen‹ für die These, daß als »supreme example of ›unrealistic collocations‹« die behauptete Schlacht im Roten Meer zu gelten habe[32], etabliert Vickrey neue Lesungen für eine Reihe von Stellen der *Exodus*. So muß MS *wiðforon* V. 574 von »went away, escaped« neu interpretiert werden zu »had gone against the army«[33]; ebenso ist MS *sæmanna sið* V. 479 neu zu deuten als »journey of the seamen« mit *sið* im Nominativ, parallel zu MS *brim berstende* V. 478 und damit als Subjekt von MS *hweop* in demselben Vers, mit einer neutralen Bedeutung »Weg, Pfad«[34].

29 Keenan 1970:460 Anm. 1. Moses als Sprecher der ganzen Passage sehen ebenso u. a. Lucas 1976:194; Ames 1977:44-5; Green 1980:259-60.

30 Vgl. *Exodus* Vv. 519b-22, 531 für deutliche Gegenwartsbezüge; Moses ist V. 521b als »him« erwähnt. Vgl. unten Kap. 3.3.4, pp. 262-9.

31 Vickrey 1972a:123.

32 Ibid. 121.

33 Ibid. 126.

34 Ibid. 127-8. In der Regel zitiere ich nach Lucas *Exodus*, gelegentlich ohne dessen überflüssige Emendationen; ich übersetze Vv. 477-81: »Es war die blaue Luft blutrot gefärbt. Berstende See bedrohte mit Blutschrecken der Seeleute Reise, bis der wahre Schöpfer durch Moses' Hand Kraft freisetzte, weit jagte, mit Wasserum-

> This approach raises the question why the ›path‹ or ›way‹ (in the sense almost of ›track‹) of the Israelites should be said to threaten with blood horror. The problem is not so serious as to compel us to the view that the Israelites fought in the sea. The point is just that this hypothesis explains the lines rather more easily than does the usual assumption that they did not. For the *sæmanna sið* threatening with bloodhorror, with *sið* understood in the very common sense of ›journeying‹ or ›journey‹, expresses the essence of the hypothesis. The *sæmanna sið*, ›the journey of the seamen‹ into baptism, was in fact both the cause and the occasion of the struggle[35].

Mit ähnlicher Akrobatik überwindet dann Vickrey jedes Hindernis auf dem Weg zum Ziel: aus MS *helpendra pað* V. 488 (»Lauf der Helfer«, i. e. Wellen) werden die Engel, die den Christen in der Taufe im Kampf gegen die Sünden beistehen, das parallele MS *merestreames mod* V. 489 (»Kraft des Meeresstromes«) wird zum gesegneten Taufwasser[36]: mit solcher Deutung im Hintergrund lassen sich dann auch die Verse 19-22, die gewöhnlich ebenfalls als Vorausschau auf die Kämpfe im Gelobten Land aufgefaßt wurden, endlich verstehen als die neue Gefangenschaft, in die Christus die Menschheit führt; und die Verse 54-62 mit ihrer literalen Schilderung des Durchzugs der Israeliten durch Wüste und feindliches Land präsentieren demzufolge dann »major types of redemption«[37]. Heraus kommt ein Gedicht, dessen bisher verkannter Sinn in Wirklichkeit in Taufe und Erlösung liegt, in dem die Ägypter unsere Sünden, die Israeliten die Täuflinge und die im Text nicht vorhandene ›Schlacht‹ den Sieg in uns selbst über Teufel und Versuchung symbolisieren:

klammerungen fegte . . . « Vickreys Deutungen gehen von der Annahme aus, daß die ›Seeleute‹ hier die Israeliten sein müßten, weil sie auch zuvor als Seeleute bezeichnet wurden (Vv. 105, 133, 223, 331, 333), während die Ägypter als Gegenpart ›Landleute‹ waren (Vv. 136, 142, 179, 190, 444); nach der Vernichtung sind die Israeliten »on lande« (V. 567), während die Ägypter »der Meerestod verschlang« (V. 513). Angesichts der sonst immer betonten »grim irony« in ae. Dichtung verwundert, daß Rollentausch und damit Wechsel der Bezeichnung nicht in Betracht gezogen wird: allerdings widerspräche diese Deutung auch eklatant den neo-exegetischen Interpretationen der Ägypter als »Teufel, Sünder« o. ä.

35 Vickrey 1972a:127-8.

36 Ibid. 128-9.

37 Ibid. 129-31, 132-9 (Zitat ibid. 134). Vv. 19-22 lauten in meiner Übers.: »Hoch war der Lohn, und ihnen gab der holde Herr Gewalt der Waffen gegen den Schrecken der Feinde; er besiegte mit dem Kampfe viele Verwandte, (zerstörte) das Volksrecht der Feinde.« Lucas *Exodus* befürchtet einen Bruch des Kuhnschen Gesetzes und schließt die erste syntaktische Einheit daher nach V. 19 *frea*.
Vv. 54-62: »Das Heer war bereit, tapfer der, der ihren Stamm führte, ein kühnsinniger Führer. Er durchwanderte mit dem Heer eine Zahl von Bergfesten, Land und Gebiet haßvoller Männer, schmale, einsame Wege, unheimliche Pfade, bis sie gegen die Kampfmärker Waffen trugen: es waren ihre Länder mit dem Lufthelm bedeckt, die berg-geneigten Markhöfe. Moses führte durch diese vielen Hindernisse das Heer.« In meiner Version folge ich Schücking 1915:63-4 und Irving *Exodus*, Irving 1972:297 zu Vv. 61b-2.

> At no time, therefore, does the account of the drowning describe conflict between the Israelites and the Egyptians; we are only to infer that the drowning *must be understood* as such a conflict[38].

Natürlich erfolgt diese Texterstellung mit gleichlaufender Deutung auf einer Ebene der Abstraktion: gegen solche Abstraktionen im Sinne patristischer Exegese der Bibel wäre wenig einzuwenden, wenn sie nicht einherginge mit dem Anspruch der Notwendigkeit, literarische Texte ihres literalen Sinns entheben zu müssen, weil Sinn auf der literalen Ebene vorgeblich nicht herstellbar sei; weiter mit der Behauptung, daß der Text genau an jenen Stellen des narrativen, literalen Sinns entbehre, die Vickrey für seine Thesen dringend zurechtstellen muß[39]. Es bedarf dann des ganzen Instrumentariums christlicher Exegese, um das abstrakte Sinnangebot der *Exodus* noch erfaßbar zu machen. Literatur ist in solchem Zugriff auf den Text nur noch die Chiffrierung patristischen Gedankenguts auf allegorischer Ebene allein: die Leugnung jeglichen literalen Sinns durch behauptete »unrealistic collocations« stellt sie auf eine Stufe mit der Bibel selbst und ihrer Exegese, reduziert ihre vielfältigen Möglichkeiten auf einen einfältigen Sinn und verkürzt sie um ihre eminent wichtige, gesellschaftliche Funktion. Mit der Kritik an solcher Verfahrensweise sind wir schon weit vorgedrungen in die Fragen und Probleme der Deutung[40]: allein die neo-exegetische Schule zwingt den Text nicht nur durch abstrahierende Umdeutung, sondern auch durch direkte Eingriffe in die Gestalt des Textes auf dem Wege der ›Textverbesserung‹ in ihren Dienst[41].

So will Vickrey – trotz seiner Verteidigung der Manuskriptlesart *twig* V. 145 durch eine Fülle patristischen Schrifttums – die Stelle letztendlich doch emendiert wissen, weil die Basis der Darstellung in *Exodus* »typological, not literal« sei[42]: dabei wird wiederum eine Reihe anderer Passagen umgedeutet[43], so daß schließlich die Emendation »ymb anfeald twig« (MS *ymb an twig*) als notwendige Lösung einer *crux* erscheint.

> On the literal level of the poem ›a bunch of hyssop‹ for the whole tenth plague is at best an extreme synecdoche. Yet we have already seen that there is a good deal in the

38 Vickrey 1972a:123. Das Fazit seiner Untersuchung nimmt Vickrey ibid. 122-3 vorweg; vgl. auch ibid. 135.

39 Literaler Sinn wird bestritten in Vickrey 1972a:123, 129, 131, 137; Vickrey 1973:46 (zu Vv. 41-8); Vickrey 1975:33–4, 36, 38, 47, 51.

40 Vgl. unten, Kap. 3.3.

41 Lucas *Exodus*: 5 und 20 zu V. 519, 20-1 zu V. 50; weitere Beispiele ibid. 18-20.

42 Vickrey 1975:34; vgl. auch ibid. 25-33: dort wird behauptet, daß die poetische Version nur typologisch zu verstehen sei, weil die angeführten Textstellen »no literal referent whatsoever in the biblical account« hätten (ibid. 33-4). Demnach entstünde literaler Sinn nur in wörtlicher Entsprechung zur Bibel!

43 So etwa V. 147 »sie (die Ägypter) fraßen den Vertrag«: ibid. 36 wird daraus der Teufel mit seinem Angriff auf Christus.

poem which literally considered makes little sense. Such is the case in lines 144-145. It is only on the figural level that their meaning can be understood[44].

Es ist aufschlußreich zu sehen, welchen Weg dabei das Verfahren exegetischer Texterstellung nimmt: aus der Fülle patristischen Schrifttums werden zunächst arbiträr Gedankengänge isoliert, zurechtgestellt, das Passende ausgewählt; sodann wird der Text bis zur Identität seiner vorgeblichen Quelle angepaßt. Vickrey nimmt seinen Ausgangspunkt bei Exodus 12.22, wo von den Büscheln Ysop die Rede ist, mit denen die Ältesten Israels Oberschwellen und Pfosten der Häuser mit Blut bestreichen sollten; dann wird über andere Bibelstellen die Bedeutung »ritual of purification« und deren Interpretation durch die Kirchenväter als allegorische Deutung von *hyssopus* herausgestellt und sodann ohne weitere Begründung die Entscheidung für nur eine Möglichkeit des Verstehens gefällt:

Hyssop, say the Fathers, betokens humility, especially the humility of Christ, or it means baptism, or penitence, or faith, or fortitude. But humility, indeed the humility of Christ, is perhaps the one most satisfactory rubric[45].

Da *hyssopus* also Demut signalisiert und die Demut wiederum den Teufel in Rage versetzt (die Ägypter aus Vers 145 sind ja in Wahrheit die Teufel), ergibt sich, daß *twig* »Zweig« in derselben Zeile nur dieses Zeichen der *humilitas* sein kann, von Augustinus als »herba brevis atque humilis« bezeichnet und daher im ›Originaltext‹ sicher als »anfeald twig« enthalten[46]: diese Emendation ergibt sich also laut Vickrey trotz weiterer Annahmen von selbst[47].

Den gleichen Weg der Anpassung des poetisch-literarischen Textes an patristisches Gedankengut wählt auch Ferguson, wenn er MS *ingere* V. 33 (»besonders«) in »ingerec«, »chaos, confusion« gebessert und verstanden haben will als Beleg »that the Egyptians are embodiments of chaos and confusion«, weil »various commentaries« den Ort Rameses (der im übrigen in *Exodus* gar nicht vorkommt) als »confusio« und »commotio« deuten:

Thus the proposed emendation *would be consistent* with the patristic tradition[48].

Auch an anderer Stelle paßt Ferguson seine Texterstellung der vorgegebenen patristischen Interpretation an: er emendiert MS *syllic æfter sunnan setlrade beheold* V. 109 (»wundervoll nach der Sonne befolgte es, i. e. das Himmels-

44 Ibid. 42.
45 Ibid. 43; vgl. 42-3.
46 Ibid. 43-9; Augustinus-Zitat ibid. 46.
47 Vickrey nimmt »morphemic loss« an, »that at some point in the transmission of the text the second element was skipped in copying«: ibid. 49. Für die erwünschte Bedeutung werden dann Belege aus Alfred und Aelfric sowie aus späten Glossen zitiert (ibid. 50): und dies für einen Text, der laut Vickrey (ibid. 45) in das 8. Jh. gehört!
48 Ferguson 1977:178-9; alle Zitate ibid. 179.

zeichen, den Sitzweg«) zu »seglrade«, »wondrous in the manner of the sun (it) held to the sailroad«, weil dies dann »a much more concise epithet for the Red Sea« sei als MS *setlrade*, zu verstehen als Echo von MS *seglrode* V. 83 (»Segelrahe«) und damit als Symbol und Suggestion dafür »that the way across the Red Sea is the way of the cross«[49].

Es ergibt sich aus alledem, daß exegetische Texterstellung trotz unzweifelhaft größeren Beharrens auf den Lesarten des Manuskriptes nicht freizusprechen ist von dem Vorwurf, den ihre Vertreter selbst erheben. Die sicherlich richtige Feststellung, daß *Exodus* in anderen Fällen einer vorverständigten Interpretation unterlegen sei, die jeweils Textlesarten für ihre Deutung zurechtgestellt habe, holt die neo-exegetische Schule mit ihrem Anspruch des Erstellens eines ›richtigen‹ Textes wieder ein. Wenn patristisches Schrifttum zum alleinigen Gradmesser der Lesarten des Manuskriptes und ihrer Deutung wird, muß die Frage gestellt werden, ob nicht hier Bibelexegese mit Literaturinterpretation und Literatur mit der Bibel verwechselt werden. So steht außer Zweifel, daß auch hier *Exodus* textlich in eine vorgegebene Interpretation eingepaßt ist: es soll noch geprüft werden, welche theoretischen und methodischen Prämissen dabei uneingestanden vorausgesetzt sind. An dieser Stelle mag der Nachweis genügen, daß die auf der Abstraktionsebene der »figural or allegorical meanings« gesetzten Bedeutungen den Text in die Nähe der Beliebigkeit der Interpretation rücken, wenn der literale Sinn dabei zugunsten einer anderen Bedeutungsebene geleugnet wird[50].

> The conventions of the second signification allow it to change the term of the *sensus litteralis* in a very arbitrary manner, which depends not so much on what the meaning of the literal sense of a text is as on what meaning the interpreter wishes the text to have[51].

Patristische Exegese, dies zeigen vor allem die jeweils herangezogenen Quellen für Texterstellung und -deutung, fördert Beliebigkeit der Interpretation auch in der Weise, als sie den Text in die Nähe der Zeitlosigkeit rücken läßt: trotz aller gegenteiligen Beteuerungen einer frühen Entstehung gerät der Zeitbezug zur nordhumbrischen Blütezeit mehr und mehr in den Hintergrund; dennoch läßt die Konzentration der Quellenauswahl auf die Zeit Bedas doch deutlich werden, daß das heraufbeschworene »mental climate« der »allegorical tradition« immer noch in Beziehung zur angenommenen Entstehungszeit gesetzt ist, in der Beda allein der Garant für die

49 Ferguson 1978:4 mit Anm. 14: selbstgesetzte Bedingung für die Möglichkeit der Emendation ist »scribal error«.

50 Weitere Beispiele u. a. bei Helder 1975:10, 13; Lucas 1976:200; Luria 1980; Thundy 1980 passim; Ferguson 1981:282-3; Hall 1981b (implizit); Luria 1981 passim; Martin 1982 passim; Lucas *Exodus*:61 und passim.

51 Rollinson 1970:15; vgl. ibid. Anm. 24.

Richtigkeit weiterer Annahmen über die Verfügbarkeit von Quellen und den vorgeblich hohen Bildungsstand von Dichter und Publikum wird[52].

3.2.2 *Tendenzen der Textdeutung.* Zeitlosigkeit in diesem Sinne offenbaren dann auch die Deutungen zur *Exodus*: schaut man auf ihre Geschichte, so ist hier wohl am ehesten die Feststellung angebracht, sie sei »short and unhappy«, wenn auch in einem anderen Sinne, als James Earl dies meinte[53]. Es stellt sich nämlich alsbald heraus, daß Deutung zunächst immer verstanden ist als Texterklärung, meist auf Quellenstudien fußend: das Sinnverstehen des Textes reduziert sich so auf die Angabe griffiger Formeln (»help of God« etc.), die sich im Trivialen erschöpfen oder den ›Sinn‹ des Textes mit seiner angeblichen Quelle zu verrechnen suchen. Von Textinterpretation kann dabei noch keine Rede sein: selbst Irvings Neuausgabe, jüngst als »turning point in *Exodus* criticism« qualifiziert[54], kann hierzu nur bescheidene Anfänge liefern[55]. In den frühen Beiträgen vom Ende des vorigen Jahrhunderts – soweit sie sich nicht auf sprachliche oder metrische Aspekte konzentrieren oder der Autorenfrage nachgehen – wird immer nur generalisierend und staunend festgestellt, daß *Exodus* »einen ganz verschiedenen Charakter« im Vergleich zu anderen Texten offenbare.

> Hierzu steht ihm [i. e. dem Dichter] nun eine reiche epische Phraseologie zu Gebote. Von der Form der Variation im engern und weitern Sinne macht er eine wahrhaft verschwenderische Anwendung. Seine Darstellung ist viel ausführlicher und detaillirter als die des Genesisdichters, aber auch sinnlicher und bildlicher, mit einem Wort poetischer[56].

52 Dies wird deutlich z. B. in Cross/Tucker 1960b:122-4 anhand der ausgewählten Quellen, »however much earlier than Ælfric« der Dichter der Exodus gelebt habe; Earl 1970:564 datiert implizit auf ca. 670-730 (Rupert von Deutz ca. 400 Jahre nach *Exodus*). Großzügig in der Quellenauswahl verfahren u. a. Robinson 1962:373-4 und 374 Anm. 1: hier sind Orosius, Isidor, Alfred und Aelfric Autoritäten für die Bedeutung und Deutung von Aethiopia »in the poet's time«; Aelfric bemüht auch Calder 1973:88, während Rendall 1974:508 Anm. 30 sogar einen Text des 14. Jh.s zitiert als Beleg für die gewünschte Bedeutung »through the Old English period«; Hermann 1976:2 mit Anm. 7 nimmt Zeno bis Aelfric als Exegeten »of the period« her, so daß *Exodus* von ca. 370 bis rund 1000 immer paßt! Da dennoch die Assoziation mit der nordhumbrischen Blütezeit als angenommener Entstehungszeit des Textes letztlich Bestand hat, offenbart sich in der bunten Quellenauswahl nur die Doppelbödigkeit dieser Art von »*historical* understanding«.

53 Earl 1970:542; zitiert auch bei Nazareth 1979:13.

54 Nazareth 1979:14.

55 Irving *Exodus*:12-20, 28-35.

56 Ten Brink 1877:56, 57; ähnlich Brandl 1908:1028-37 passim; Brooke 1925:315-24; Gollancz 1927:lxviii-lxix; Kennedy 1943:175-83; etc. An sprachlichen Untersuchungen sind u. a. noch zu erwähnen Sievers 1872 (Lesartenaufstellung); Ziegler 1883 (rhetorische Figuren, Synonyma); Hofer 1884 (syntakt. Konstruktionen mit Dativ/Instr.); Sievers 1885b (zur vorgebl. kentischen Herkunft der Texte); Kempf

Daß dergleichen Beschreibung nicht als Interpretation eingestuft werden kann, dürfte sofort einsichtig sein. Neben einigen unvollständigen Quellenstudien beginnt somit die Forschung zur *Exodus* erst nach Irvings Edition von 1953, sich auch den Fragen und Problemen der Deutung zuzuwenden[57]: mit gutem Recht kann daher Mitte der fünfziger Jahre festgestellt werden

> that of late the *Exodus* has been singularly neglected by students of Old English, and a search of the MHRA and PMLA bibliographies for the past twenty years fails to turn up a single item under the heading »Exodus«[58].

In den sechziger Jahren kommt dann, in der Folge der programmatischen Beiträge von Huppé und Cross/Tucker, langsam Bewegung in die erstarrten Positionen zur Deutung der *Exodus*[59]: die erste umfangreichere Untersuchung greift dabei in einer eklatanten Weise auf fast alle Annahmen des gängigen Datierungskonzeptes für ihre Fragestellung und für die daraus gewonnenen Einsichten zurück, wie es danach mit solcher Eindeutigkeit nicht wieder geschieht. Micheline Maurice Larès betrachtet nicht nur *Exodus* selbst, sondern das gesamte Junius Manuskript in der überlieferten Zusammenstellung als eine Produktion der nordhumbrischen Blütezeit, genauer sogar des Klosters von Whitby zur Zeit des »milieu caedmonien«[60]: als Gründe dienen ihr eine Identifikation des »aelfwine« aus dem Portrait des Manuskriptes mit Aelfwine, dem Bruder des nordhumbrischen Königs Ecg-

1888 (Syntax); Konrath 1889 (zu Vv. 352, 353); Barnouw 1902:80-9 (Datierung); Williams 1909 (zu Vv. 59, 69); Schücking 1915:12-8 und passim (Bedeutung einzelner Lexeme); Tolkien 1932, 1934 (zu V. 69). Um die Metrik des Textes bekümmerten sich vor allem u. a. Graz 1894; Schmitz 1910, bes. 26-7, 217. Die Verfasserfrage steht im Vordergrund bei Götzinger 1860; Strobl 1875; Balg 1882; Groth 1883; Gollancz 1927 passim. Neben Kennedy 1916 liefern eine ne. Übers. des Textes u. a. Johnson 1903, Gordon 1954, eine deutsche u. a. Grein 1857.

57 Quellenstudien finden sich u. a. in Groth 1883:17-8; Mürkens 1899: 68-77; Holthausen 1905; Moore 1911 (gegen Mürkens); Bright 1912b (vgl. die Kritik bei Huppé 1959:218); etc.

58 Woolf 1954:463; ähnlich Timmer 1955:111.

59 Irvings Ed. erschien 1953, rezensiert von Dobbie, Holthausen, Shepherd und Woolf (jeweils 1954), von Timmer und Wrenn (1955) sowie von Potter 1956; es folgt dann die Datierungsdebatte Hofmann 1957, Irving 1959 sowie der Beitrag Huppés (1959), dann der von Cross/Tucker (1960b). In der Folge werden zunächst Lesarten und Erläuterungen diskutiert (Robinson 1962, 1966, 1968a, 1968b; Farrell 1966; Rosier 1966; Schabram 1968; Lucas 1969a), weitere Quellenstudien mit Interpretationsansätzen vorgelegt (Larès 1964; Mirsky 1967; McLoughlin 1969; Lieberman 1969) oder Bekanntes wiederholt (Shepherd 1966:30-1). Knappe Erwähnung findet *Exodus* u. a. bei Utley 1963:207-9; Creed 1967b:69-73; Brodeur 1968:109-13. Wall 1968 schließlich bietet statistische Stilanalyse zwischen narrativen Passagen und direkten Reden des Textes. Die eigentliche Interpretationsgeschichte beginnt mit den Quellenstudien und Isaacs 1968, Farrell 1969, Lucas 1969b.

60 Larès 1964:46-7; Zitat ibid. 14 u. ö.

frith (670-685), der 679 in der Schlacht zwischen Merziern und Nordhumbrern am Trent im Alter von achtzehn Jahren ums Leben kam; weiter eine vermutete Beeinflussung von Inhalt und Struktur der altenglischen, alttestamentarischen Texte durch eine Osterliturgie aus Jerusalem (5. Jh.), die sie nur in armenischen Lektionarien aus dem 10. Jahrhundert und später vergleichen kann; letztlich noch die Tatsache, daß die Christus-Darstellung des Frontispiz im Manuskript in der Hand Christi (Gottes) kein Buch, sondern eine Schriftrolle zeige[61]. Larès kommt zu dem Ergebnis, daß die Junius-Texte als liturgische Texte für die Osterwoche geschrieben und unter dem Einfluß syro-byzantinischer Riten von Theodorus von Tarsus in Auftrag gegeben wurden, der im Zuge der Missionierung 669 nach England kam.

> Ces circonstances pourraient appuyer, en ce qui concerne le *Junius*, l'hypothèse d'un office syro-byzantin introduit, remanié, romanisé par Théodore, qui en aurait alors confié le texte à une équipe comportant traducteur et rédacteur. Cette hypothèse (que l'on pourrait appeler théodorienne) mériterait d'être mise à l'épreuve, de même que quelques autres afin de déceler si possible quels éléments pourraient les départager[62].

Bei der Prüfung der Hypothesenbildung geht Larès absichtsvoll von allen gängigen Annahmen der Datierung aus und baut Hypothese auf Hypothese, die sie gelegentlich sogar als Fakten verstanden wissen will: da wird ein fast romantisches Bild des Dichters Caedmon gezeichnet, der im Schatten des Klosters und der Synode von Whitby nicht nur beim Bier »des chants populaires ... du vieux folklore germain plus ou moins dépaganisé« hört, sondern auch beim Kirchgang die religiösen Offizien, »tout au moins les plus importants du cycle liturgique, avec leurs traditions de lecture solenelle ou de chant«[63]. Einmal auf wundersame Weise zu religiöser Dichtung berufen, ist es demnach Caedmons Aufgabe, seine Zuhörer zu instruieren und wie Aldhelm zu erbauen »en les charmant ... par ces moyens suaves«, durch alliterierende Dichtung nämlich, deren Sinn und Funktion allein in der Missionsarbeit liegt:

> Cette apparition d'une forme de poésie scriptuaire en langue vulgaire vient illustrer les exigences missionaires de l'heure dans une Angleterre encore très imparfaitement christianisée[64].

Larès entwirft dann genau jenes Bild der nordhumbrischen Blütezeit mit Whitby im Zentrum der ›heterodoxen Tradition‹ als »véritable pépinière de savants et d'évêques«, das so gern aufgezeigt wird als der einzig angemessene, historische Rahmen für die sogenannte »earlier poetry«; der Verfasserin ist diese Zeit Ausweis für einen »cosmopolitisme northumbrien«; besonders das

61 Vgl. ibid. 28-31 (Portrait), 32-8 (Parallelen), 38-43 (Einfluß byzant. Kunst).
62 Ibid. 43.
63 Ibid. 15, 16.
64 Ibid. 16, 17; Aldhelm ist ibid. 17 erwähnt.

kulturelle Klima Whitbys ist ihr »un véritable carrefour«, wo keltische, römische, byzantinische Einflüsse unter königlichem Patronat zusammenlaufen[65].

> Tout ce brassage, cette multiplicité d'ouvertures (sur l'Europe et l'Orient), laisse supposer que le patrimoine de la Northumbrie et de Whitby ne manqua ni de richesse, ni de diversité[66].

Die Exaktheit des historischen Bildes, allein auf der Basis von Bedas *Historia* erstellt, soll hier nicht geprüft werden: in welcher Weise aber kann solche Einsicht in eine vielgestalte Tradition überhaupt Berechtigung sein, Texte aus einem Sammelmanuskript des späten 10. Jahrhunderts in die frühe Zeit zu versetzen? Auch hier entgegnet Larès mit bekannten Hypothesen: daß doch die alttestamentarischen Texte der Liste des Beda-Katalogs über Caedmons Werke entsprächen; daß in der Sprache »traces angliennes« vorhanden, allerdings nicht aussagekräftig genug seien, bestenfalls Ausweis für eine »copie intermédiaire«; daß dagegen das Fehlen jeglicher exegetischer Doktrin für eine Entstehung im 7. Jahrhundert spreche[67]. So schließt Larès: »rien *a priori* ne s'oppose a une hypothèse caedmonienne de ces textes anonymes«. Folglich eröffnet die späte Manuskriptzeit Möglichkeiten der Vordatierung: aber eben auch hier nur in der einen, vorverständigt beeinträchtigten Festsetzung, denn

> ... on ne voit guère ce qui pourrait dévaloriser l'hypothèse d'une rédaction exécutée beaucoup plus tôt que le manuscrit lui-même – *par exemple, au cours du VIIe* siècle[68].

Was nun die drei angeführten Gründe für diese hypothetische Zuteilung anbetrifft, so deutet Larès alle ihr verfügbaren, historischen Einsichten immer nur in der einen Absicht, Texte und »un contexte northumbrien à l'époque qui nous intéresse« zusammenzustellen[69]. Es muß ein nicht identifiziertes Bildnis auf einem Medaillon, bei Ausgrabungen in Whitby gefunden, herhalten als verbindende Klammer zwischen Manuskriptportrait und nordhumbrischem Prinzen, weil man auf dem Medaillon auch »un visage

65 Zitate in Reihenfolge ibid. 19, 23, 24; vgl. ibid. 18-25.

66 Ibid. 25; vgl. auch 32-3, 47.

67 Ibid. 26-7; u. a. beruft sich Larès auf Gollancz 1927:lxii für die Behauptung, daß ein Teil der Werke des Junius MS Werke Caedmons sein könnten: Gollancz hält jedoch nur *Genesis A* für Caedmons Arbeit und schließt op.cit. lxxviii *Exodus* ausdrücklich aus.

68 Zitate ibid. 27. Vgl. auch ibid. 14 Anm. 3, wo »vieil-anglais« als Periode von ca. 450-1100 definiert ist, wo Wikingereinfälle und Klosterzerstörung für den Verlust von Dokumenten verantwortlich gemacht werden, obwohl die wichtigen, kostbaren, berühmten Texte (wie z. B. die Vorlagen des Junius MS) angeblich in sicheren Verstecken verwahrt wurden (». . . que l'on avait mis à l'abri«)!

69 Zitat ibid. 42.

très jeune, à la chevelure abondante et souple« findet[70]. Trotz aller Bedenken gegen solche Deutung erstellt sich für Larès nur eine Identifikationsmöglichkeit: das Portrait des Manuskriptes zeigt ihrzufolge eben jenen nordhumbrischen Prinzen, dessen Kommemoration dann vorgeblich Anlaß und Funktion eines zu hypostasierenden Prototyps des Manuskriptes gewesen wäre[71]. Spekulativ wie diese Interpretation bleibt auch die konstruierte Parallele zwischen den Texten des Manuskriptes und der jerusalemitanischen Perikopenordnung: denn wie käme eine jerusalemitanische Perikopenordnung des 5. Jahrhunderts im 7. Jahrhundert nach Nordhumbrien? Anspielend auf die Missionstoleranz Gregors des Großen, wie sie ja von Beda propagiert wird, hat auch hier Larès die passende Antwort parat: die »hypothèse théodorienne« hilft weiter, die Vermutung nämlich, daß Erzbischof Theodorus aus Tarsus zwar skrupulös den Weisungen Roms folgte, daß er jedoch gelegentlich auch auf andere als Quellen der Kurie in Rom zurückgriff[72]. Offenkundig wird somit, welches Interesse diese Quellenstudie steuert, warum Larès so vehement in das nordhumbrische 7. Jahrhundert drängen will: könnte sie nicht historisch glaubhaft machen, daß das »milieu caedmonien«, daß der »cosmopolitisme northumbrien« die Basis bildeten für die Fusion verschiedenster Einflüsse (andernorts ›heterodoxe Tradition‹ genannt), dann wäre der ›Fund‹ ihrer Quelle vergeblich. Nur die Beschränkung auf das historische Bild Bedas – der mit seinen Hinweisen auf keltische, römische und griechische Einflüsse für Spekulationen dieser Art den Weg öffnet und zugleich den Blick auf andere Zeiten verstellt hat – nur solche historische Beschränkung erlaubt die Annahme, unter den verfügbaren Quellen der vielgestalten Traditionen des späten 7. Jahrhunderts könnten auch diejenigen liturgischen Texte gewesen sein, die Larès meint; für diese intendierte Deutung setzt sie sich leichtfüßig über mögliche Einwände hinweg[73].

70 Für ihre Deutung des Medaillons bezieht sich Larès u. a. auf Peers/Radford 1943:55; eine Lektüre dieser Stelle und ibid. 72 (beide über Objekt 33) enthüllt, daß Verf. hier nach ihrem eigenen Interesse ausgewählt und verschwiegen hat: Peers/Radford sehen das Medaillon in fränkischem Kontext, halten es für importiert und entdecken im Portrait selbst die Nachbildung eines römischen Kaiserportraits.

71 Vgl. zum Portrait u. a. Wormald 1952:56 Anm.; vgl. auch Ker 1957 no. 334 (»addition in the margin«); zur Kommemoration des Prinzen vgl. Larès 1964:29-31. Im Portrait einen Hinweis auf den MS-Besitzer zu sehen, hält Verf. für ausgeschlossen, weil Ker 1957:559-62 (Index von Eigentümern, deren Besitz an MSS *gesichert* ist!) den Namen Aelfwine nicht aufführt! Raw 1976:135 geht davon aus, daß das MS für gebildete Laien geschrieben wurde, möglicherweise für den »Aelfwine« des Portraits als Auftraggeber des MS.

72 Larès 1964:32-4; Datierung des Lektionars ibid. 34 Anm. 4, Bezeichnung »hypothèse théodorienne« ibid. 43.

73 Ibid. 35 Anm. 1 will Verf. den naheliegenden Einwand ausschließen, daß *Genesis B* als spätere Produktion nicht ihren liturgischen Quellen und ihrer Datierung entspricht; Unterschiede in der Abfolge der Texte und der liturgischen Lesungen

Was an Parallelen zwischen den Texten tatsächlich übrigbleibt, ist trivial: es beschränkt sich auf die Abfolge der Bibelabschnitte in den entsprechenden Werken, sei es im Junius Manuskript, sei es in den Lektionarien; solche Parallelen sind auch in anderen und vor allem späteren, altenglischen Texten nachgewiesen[74]. Nichts spricht hier also für eine Zuordnung der poetischen Texte zum 7. Jahrhundert, nichts für diese ›Quelle‹, nichts für die anderen, historischen Hilfsargumente, die Larès zurechtbaut: außer jenem Vorverständnis eben, das ohne Prüfung an die Texte herangetragen wird und ihre Erklärung und Deutung somit weitgehend beeinflußt. In diesem Sinne präjudiziert ist auch das letzte der Argumente der Verfasserin: der vorgebliche Einfluß byzantinischer Kunst nämlich, den sie zunächst in einem Detail des Frontispiz erkennt und dann gleich auf das ganze Manuskript ausgedehnt wissen will; für den sie wiederum nur »l'époque qui nous intéresse« heranzieht und dessentwegen erneut Belege zurechtgesetzt werden. Vage Parallelen zwischen dem Evangeliar Augustins und den Illustrationen des Junius Manuskriptes »en registres superposés« evozieren für sie erneut nur den Missionskontext; obwohl sie *a priori* die Hypothese einer »iconographie surajoutée« nicht ausschließen kann, sind ihr doch der Nachweis byzantinischen Einflusses in nordhumbrischen Steinkreuzen und die Beziehungen von Theodorus zur nordhumbrischen Königsfamilie schon historische Basis genug für ihre »hypothèse théodorienne«, derzufolge dann Texte wie Illustrationen Produkt des späten 7. Jahrhunderts werden[75].

Auf der Basis dieser kurzatmigen Hypothesen und der zurechtgestellten historischen Befunde kommt Larès dann zu dem Ergebnis, daß die Texte – nach Ausweis der im Manuskript gesetzten Akzente – für die liturgische Lektüre zum Osterfest gedichtet worden seien, »propre sans doute aux *missarum sollemnia* si fréquemment attestées dans l'*Historia Ecclesiastica* de Bède«[76]. Der Beitrag endet dort, wo er begann: bei der absichtsvoll und vorverständigt vollzogenen Verbindung zwischen den Texten und Caedmon. Für liturgische Zwecke geschrieben, Überarbeitung einer Vorlage von Texten einer Osterliturgie aus Jerusalem, mit dem Portrait Aelfwines versehen: so interpretiert, reduziert Larès das komplexe Problem der historischen Situ-

werden ibid. 37-8 als irrelevant abgetan; ibid. 45 Anm. 1 will Larès auch die »accent marks« des MS Junius noch für das 7. Jh. gewinnen.

74 Vgl. u. a. McLoughlin 1969 (Antiphonar aus Bangor); Day 1974 (Augustinus, Boethius, Homilien als Muster für die katechetische *narratio*); ebenso Hall 1973:55-63, Hall 1976:189-203 (Augustinus, Wulfstan als Modell für Struktur der »salvation history«).

75 Larès 1964:38-40 zum byzantinischen Einfluß; engl. Parallelen zur Darstellung mit Schriftrolle anstelle des Buchs finden sich erst im späten 10. Jh.: vgl. Raw 1976:138. Zum Vergleich mit dem Evangeliar Larès art.cit. 40-2: vgl. hierzu die ibid. 42 zitierte Einschätzung, daß der Stil der beiden MSS »toutefois très différent« sei.

76 Ibid. 44; vgl. 43-5.

ierung des Manuskriptes und der Texte auf die Frage nach Caedmon oder seinen Schülern als den Verfassern der Dichtungen.

> Rien ne pourrait évidemment préciser que le Caedmon dont nous parle Bède ait été effectivement l'auteur de ces transpositions, et il serait pour le moins prématuré d'incliner trop nettement en ce sens. Par ailleurs, Caedmon, nous le savons, eut des émules – on peut presque dire qu'il fit école, nous dit Bède (ajoutant, il est vrai, que personne ne pouvait l'égaler). Il serait donc plus prudent de conclure sur une probabilité plus large: les textes du Liber I, tout au moins, pourraient bien être l'œuvre d'un ou de plusieurs religieux northumbriens, poètes scriptuaires en langue vulgaire – en un mot, un monument littéraire de type caedmonien[77].

Es erübrigt sich der besondere Hinweis, daß diese Deutung der altenglischen Bibeldichtung die Bedingung ihrer Möglichkeit ausschließlich in den oben dargelegten Annahmen über die Datierung der Texte findet.

Die Geschichte von Deutungen der *Exodus* beginnt somit nicht gerade vielversprechend: der Kasus erhellt, zu welchen Ergebnissen Untersuchungen führen müssen, wenn sie sich wie in diesem Fall in geradezu extrem expliziter Weise beeinträchtigen lassen von den ungeprüften Vorgaben des althergebrachten Datierungskonzeptes. Denn was anderes als die dort festgeschriebenen Annahmen über das Caedmon-Paradigma, über die sprachlichen Daten der Texte und über die historischen Befunde sollte Larès gezwungen haben, eine angenommene frühere Entstehungszeit ausgerechnet »au cours du VIIe siècle« zu suchen? Selbst die Fragestellung: welche Quelle etwa als ›passende‹ für den vorgegebenen historischen Kontext in Frage käme und für welchen Zweck überhaupt die Produktion des Manuskriptes beabsichtigt gewesen sein könnte, zeigt sich in erheblichem Maße durch die Vorgaben beeinflußt. Allenfalls kann positiv angerechnet werden, daß hier versucht worden ist, allen Texten des Manuskriptes einen konkreten und im eigentlichen Sinne historischen Kontext zu geben; daß dieser Versuch so gründlich fehlschlägt, liegt ausschließlich am vorverständigt beeinträchtigten Frageinteresse. Mit meiner Kritik an der Deutung von Micheline Larès soll gar nicht die Möglichkeit abgewiesen werden, daß liturgische Textmuster Modell gestanden haben könnten für die Disposition des Textmaterials durch den Autor: diese Erkenntnis allein aber, daß nämlich die Abfolge von Handlungsschemata in *Exodus* liturgischen Einflüssen unterlegen haben mag, ist doch noch keine Würdigung des Textes selbst als eines poetischen Produktes, wie denn auch *ohne* eine solche Deutung und Würdigung die Annahme nicht berechtigt ist, das Gedicht sei zum Zweck der liturgischen Lesung in Ostergottesdiensten geschrieben[78]. Das Auffinden einer Quelle kann doch den

77 Ibid. 46. Die einzige Kritik an Larès' Beitrag finde ich bei Irving 1974:222 Anm. 21.

78 Vgl. die Kritik bei Irving 1974:205-6. Anders mag dies sein, wenn der Verwendungszweck des gesamten MS zur Debatte steht: liturgischen Gebrauch sehen hier

Kritiker nicht aus der Frage entlassen, warum eine mögliche Quelle gerade so und nicht anders in den Text eingearbeitet sei: enttäuschend an all den Vorschlägen für vorgebliche Quellen zur *Exodus* ist demnach auch die Tatsache, daß sie selten über das Aufzeigen allgemeiner Parallelen oder auch identischer Formulierungen hinausführen[79]. Dabei mangelt es nicht an kühnen Behauptungen: so ist etwa für Aaron Mirsky eine Reihe von allgemeinen Parallelen schon der Beleg dafür, daß der Dichter der *Exodus* ganz bestimmte, exegetische Schriften hebräischer Tradition benutzt habe, dazu den babylonischen Talmud. Mirsky verweigert dem Autor die Anerkennung jeglicher Originalität: er will z. B. an MS *foran* V. 172 verdeutlichen, daß der Dichter es eher der ›Quelle‹ Mekilta des Rabbi Ishmael aus dem 2. Jahrhundert als seiner eigenen Phantasie oder lebenspraktischen Erfahrung verdanke, wenn er in *Exodus* Vv. 172-3 den König (Pharao) seiner Truppe vorausreiten läßt (weil die Bibel dergleichen nicht festhält, muß – so lautet die Implikation – der Autor eine andere Quelle gehabt haben)[80]. Zudem unterstellt Mirsky dem Dichter letztlich weiteres Unvermögen: aus der Bibeldarstellung selbst ableiten zu können, daß die Israeliten zwischen Rotem Meer und Ägyptern eingeschlossen wurden (*Exodus* Vv. 209-10), lag nach seiner Ansicht offensichtlich weniger an den Möglichkeiten dichterischer Erfindungsgabe als an der Darstellung in einer frühen, hebräischen Quelle[81]. Endgültig ins Abseits gerät dieser Versuch der Verhaftung poetischer Imagination an den vorgeblichen Quellen dort, wo sich Mirsky aus der Verantwortung stiehlt zu erklären, auf welchem Vermittlungsweg denn die – mit Sicherheit zufälligen – Parallelen aus den Quellen in die Texte gekommen sein sollen:

> Where did the poet get all the legends *which he made use of*? Did he read them in the Hebrew original or did he draw them from any written or oral translation? These questions still await solution[82].

implizit Thornley 1954:183, 197, 200-1, explizit Wells 1976:4 (unter Berufung auf Shippey 1972:137, 206 Anm. 7, der sich seinerseits wieder auf Thornley und Larès 1964 bezieht).

79 Kritik an der Heranziehung liturgischer ›Quellen‹ üben wegen der zu allgemeinen Parallelen auch Hall 1973:51-4, 1976:187-9; Allen 1976:30-4. Das wahre Dilemma solcher Quellenforschung begründet sich anders: vgl. unten pp. 227-8.

80 Mirsky 1967:395; daß nach Ansicht Mirskys der Dichter die aufgeführten Texte als ›Quellen‹ benutzt hat, ergibt sich ibid. 397.

81 Ibid. 396; vgl. 396-7, wo selbst die Plurale *wegas* Vv. 283b, 458b und die Vv. 314b-8 (über den Lohn Gottes für den Stamm Judah) auf ähnlich abenteuerliche Weise zu hebräischen ›Quellen‹ zurückgeführt werden.

82 Ibid. 397; außer für *Exodus* behauptet Mirsky solche ›Quellen‹ auch für *Genesis*. Lieberman 1969 erkennt ebenfalls starken hebräischen Einfluß in *Exodus* und vergleicht den ae. Text mit der Exodus-Version in *Sefer Shemoth*: wie Mirsky sieht er keine Veranlassung, sich über den Übermittlungsweg von Quellen und Quellenkommentaren Gedanken zu machen, denn wie der Dichter an das laut Lieberman

Von anderer Qualität ist da eher der Versuch McLoughlins, *Exodus* mit dem Antiphonar aus Bangor in Verbindung zu bringen. Auch hier bleiben die Parallelen zufällig, sind eher Reminiszenzen der gleichen christlichen Tradition als Ausweis für direkten Einfluß: solchen will McLoughlin denn auch weniger als Erkenntnis ihrer Untersuchung sehen als vielmehr den Nachweis eines Einflusses irisch-christlicher Kultur auf das »milieu in which *Exodus* was composed«[83]. Demnach ist Ausgangspunkt für die Frage nach den Einflüssen auch hier die vorverständigte Einbindung des Textes in den historischen Kontext der ›heterodoxen Tradition‹ des frühen angelsächsischen Christentums: wo die Verfasserin nach den Wegen der Übermittlung fragt und dabei patristische Kommentare ausgeschlossen wissen will, weil diese in der sonst zitierten Fülle wohl »beyond the resources of monastic libraries accessible to the composer« gewesen seien, da setzt sie ihr (ja nicht neues) Frageinteresse in genau jener historischen Zeit in Quellensuche um, die den tradierten Paradigmen entspricht[84]. Die aufgezeigten ›Parallelen‹ bestätigen somit vorgeblich ein Bild, das selbst ja schon in klassisch zirkulärer Weise die Auswahl der herangezogenen Texte bestimmt hat: die Zeit, in der nach McLoughlin *Exodus* entstand (»was composed«), ist denn auch jene der toleranten Kirche und eines Christentums

> which did not entirely reject the native culture, but allowed the discovery and expression of harmonies between Christian and Northern tradition[85].

Irisch-christliche Kultur des 7. und 8. Jahrhunderts ist als Einflußfaktor in England historisch nachgewiesen und bedarf keines weiteren Kommentars. Daß der Nachweis dieses Einflusses jedoch zugleich eine Begründung für die Entstehung der *Exodus* in dieser Zeit sein soll, daß oberflächliche Parallelen dies belegten: das bleibt reine Spekulation. Die Untersuchung McLoughlins dokumentiert als vorläufig letzte das Scheitern des Versuchs, für die altenglische Bibeldichtung *Exodus* mit Hilfe liturgischer Texte als vorgeblicher Quelle den historischen Kontext der heterodoxen Tradition zu beschwören: es gelingt auf diesem methodischen Weg nicht der Nachweis der frühen Entstehung der Dichtung, die Quellenforschung führt auch nicht zu tieferen

von ihm genutzte Material gelangt sein soll »is not part of the present study« (ibid. 117). Zum Vergleich von Text und vorgeblichen Quellen s. bes. ibid. 91-117.

83 McLoughlin 1969:666; Parallelen zwischen den Texten sind für diese Verf. dann auch nur »curious resemblances« (ibid. 659), »hints« (662) etc. Ibid. 664 behauptet Verf., daß *Exodus* dem Antiphonar in der »keynote . . . of exultation« gleiche und genauso ende, »the note on which, as it stands in the manuscript, the poem closes«: sie zitiert nach Irving *Exodus* und übersieht dabei völlig, daß Irving die Vv. 516-48 an das Ende des Textes gesetzt hat, daß also ihr Verweis auf Vv. 542-6 demnach der MS-Version Vv. 575-9 entspricht.

84 Ibid. 658. McLoughlin folgt Bright 1912b und Larès 1964: anders als diese sucht sie auch im geographischen Sinne nach ›näherliegenden‹ Quellen.

85 Ibid. 666.

Einsichten in das Sinnangebot des Textes. Sie enthüllt lediglich, in welchem Maße Fragen wie Ergebnisse durch die unhaltbaren Vorgaben des Deutungssystems vorverständigt bedingt sind[86].

Auf der Suche nach sinnreichen Deutungen des Textes verbleiben somit aus den sechziger Jahren die Beiträge von Isaacs, Farrell und Lucas: ersterem geht es noch 1968 um einen gelungenen Nachweis der Echtheit der Verse 362-446 (Noah-Abraham Episode), weiter um die Anordnung der Schlußverse (516-90), die Irving in seiner Edition mit dem Vorwurf einer fehlenden logischen Struktur in der Manuskriptordnung in eine andere Abfolge gebracht hatte. Auch Isaacs beginnt wie fast alle Vertreter der exegetischen Richtung seine Untersuchung mit dem *Ende* der *Exodus*: diese Verse enthielten den expliziten Hinweis, daß der Text auch als Typus für das Jüngste Gericht zu verstehen sei.

> In a sense, then, it is possible to attribute the readily apparent unity of the whole poem to the underlying motif of judgment day and to the wholly effective way in which the details of the exodus cohere as a type of judgment day . . . the traditional associations of judgment day maintain the violently physical aspect of the action[87].

Als »explicit theme« des Textes erkennt Isaacs die Thematik des Bundes zwischen Gott und Israeliten: daher sei die Rede Moses in Vv. 554-64 an der richtigen Stelle plaziert, sie enthalte eine »thematic rather than dramatic climax«[88]. Diese thematische Verbindung (als Erkenntnis über den Text wegen der häufigen Wiederholung des Themas im Text eher trivial) sieht Isaacs auch in der *digressio*, die von Noah, Abraham und deren Bund mit Gott handelt: selbst der Hinweis auf Davids Tempel (sic!) ließe sich als eine »commemoration of God's covenant with Abraham« verstehen[89]. So bindet Isaacs die einzelnen Teile des Gedichtes auf einer thematisch abstrakteren Ebene zusammen: weder ist diese Erkenntnis neu, noch führt sie uns wegen der Reduktion auf einen zentralen thematischen Aspekt näher an eine sinnstiftende Deutung des Textes heran[90].

Auch Robert Farrell ist die Frage der Integrität der *Exodus* noch eine Verteidigung wert, auch er bindet die Einzelteile unter einem abstrakten Generalthema zusammen:

86 Den Einfluß der Liturgie und liturgischer Texte auf *Exodus* betonen auch Earl 1970:558-9; Lee 1972:43-5; Rendall 1974:508; Lucas 1976:203-5; Ames 1977:36-7 und passim; Lucas *Exodus*:59-60 und passim. Weitere Quellenstudien legen u. a. vor Hall 1979; Green 1980; etc.

87 Isaacs 1968:155-6; vgl. ibid. 152-6 zu Vv. 516-90.

88 Ibid. 156-7.

89 Ibid. 159, vgl. 158-9; in V. 389b ist von Salomos Tempel die Rede.

90 Schon Irving *Exodus*:9 nennt den Bund ein zentrales Thema des Textes. Die Einsicht, daß der Bund ein wiederkehrendes Thema des Textes sei, ist als *Deutung* der *Exodus* trivial.

> Noah in the Flood, Abraham in exile, Isaac threatened by his father, Moses in the hands of Pharao, and Israel in Egypt are all linked as a series of Old Testament figures which exemplify the theme of the Help of God[91].

Diese Thematik möchte Farrell dann als zentrales Problem des 8. Jahrhunderts und dort besonders populäres Thema begriffen wissen: er hebt diesen historischen Kontext heraus als den besonderen Ort für die Entstehung der *Exodus*, obwohl er zugleich die Popularität der Thematik in Liturgie und Ikonographie *während des gesamten* Mittelalters (»both in the early and late medieval Church«) zugestehen muß. Die angeführten Quellen belegen bei Farrell zwar nur den Zeitraum vom 3. bis hin zum 8. Jahrhundert, das Fortleben dieses ›Themas‹ ließe sich jedoch ohne Schwierigkeiten bis in unsere Tage verfolgen[92]. Mit dem Aufweis der Thematik allein wird überdies die oberflächliche historische Situierung der *Exodus* nicht gerechtfertigt – außer erneut und uneingestanden durch die Vorgaben des traditionellen Datierungskonzeptes. Auf Farrells Deutung selbst hat die Festlegung der Entstehungszeit nurmehr geringen Einfluß, weil lediglich die Reduktionsformel »Bund« als zentrale Deutung gilt: Gottes Hilfe ist bereit für diejenigen, die sich an diesen Bund halten[93]. In diese Thematik ist dann auch die Noah-Abraham-Passage eingebunden: Farrell teilt somit Standpunkte, die vor ihm bereits Isaacs und Irving artikuliert hatten[94]. Neue Einsichten sind nicht geliefert: sie sind wohl auch dann nicht zu erwarten, wenn der Sinn eines Textes auf eine Zentralformel reduziert und damit zu universeller Verfügbarkeit geführt wird. Auf dem Hintergrund solch weitgehender Abstraktion ist dann die unbegründete Zuweisung der *Exodus* zum 8. Jahrhundert kein Ausweis für deren frühes Entstehen, sondern lediglich für die Befangenheit des Verfassers im sicheren Hort des *consensus omnium*. Beide Beiträge leiten zudem die Berechtigung ihrer Fragestellung aus der lange Zeit kontrovers geführten Diskussion über die Integrität und logische Struktur des Textes ab: der Ursprung solcher Fragestellungen in den Interpolationstheorien des vorigen Jahrhunderts bleibt kaum verborgen[95]. Der Einfluß des Datierungssystems ist so auch hier noch spürbar: gäbe es nicht jene Vorurteile einer vorgeblich frühen Entstehung der Texte in der Zeit der Fusion zwischen

91 Farrell 1969:404; die abstrakt-generelle Textaussage »help of God« oder »salvation« finden aufgrund ihrer Deutung u. a. auch Hauer 1981; Allen 1983.

92 Ibid. 404. Zu den Quellen und der absichtsvollen Festlegung auf das 8. Jh. vgl. ibid. 404-6; ibid. 414 Anm. 2 möchte Farrell auch noch ein typologisches Verständnis von Geschichte besonders für dieses Jh. reklamieren; den Nachweis, daß dies im 10. Jh. dann etwa anders verstanden worden wäre, tritt Farrell nicht an.

93 Ibid. 406-12, 415-6.

94 Vgl. hier Anm. 90 und Farrell 1969:410-2; weiter Ferguson 1981; Hauer 1981.

95 Dies ergibt sich aus den Verweisen auf die Textgeschichte zu Beginn dieses Jh.s: vgl. Isaacs 1968:153 mit Anm. 14, 158 mit Anm. 18; Farrell 1969:401-3 mit Anm.; Hauer 1981:78-9; etc.

christlicher und heidnischer Welt, könnte das ebenso nur vorgeblich vorhandene Problem der Integrität des Textes wohl kaum noch ein Thema sein.

Peter Lucas' Beitrag einer Interpretation der Verse 46-53 aus dem Jahr 1969 leitet dann die Fülle der patristisch-exegetisch orientierten Forschung zur *Exodus* ein, auf deren Charakteristika ich in einer Kritik der Grundlagen dieser Interpretationsschule im nächsten Kapitel ausführlicher eingehe. Mit immer neuen ›Quellen‹ zu immer neuen Einzelaspekten des Textes werden immer neue Anstöße zu immer neuen Beiträgen gegeben, die die Aussagen des Textes von ihrer literalen Ebene abheben auf einen typologisch-allegorischen Sinn, wird so *Exodus* zum Gegenstand nicht der literarischen Analyse, sondern biblischer Exegese gemacht[96]. Aus der Masse solcher Beiträge ragen zunächst diejenigen Untersuchungen heraus, die *Exodus* als integralen Bestandteil des Gesamtmanuskriptes und seines Verwendungszweckes im 10. Jahrhundert deuten wollen: doch auch in solchen Fällen bleiben Einflüsse des *consensus omnium* noch spürbar, auch hier wird nach Methoden patristischer Exegese vom historisch-literalen Sinn des Textes abstrahiert[97]. Darüber hinaus verdienen lediglich drei Beiträge aus der letzten Dekade Berücksichtigung in einer Geschichte der Deutungen von *Exodus*: als erster setzt der von Shirley Kossick den Text konsequent in die Bekehrungszeit der Angelsachsen um[98]. Für sie offenbart *Exodus* auf eklatante Weise eine Fusion zwischen heidnisch-germanischer und christlicher Welt, »[in which] biblical characters simply take the place of the old heroes, and God absorbs the functions of ›Wyrd‹ or fate«. Kossick beschränkt ihre Analyse auf Teile des Textes »which can be termed heroic« mit dem erklärten Ziel, den poetischen Effekt zu enthüllen, der durch die Fusion (»superimposition«) zwischen angelsächsischen Werten und biblischem Original entsteht[99]. Es ersteht so unter ihrer Feder ein neuer Text in martialischem Gewand, der dem noch halbheidnischen Publikum bessere Möglichkeiten der Identifikation geboten haben soll.

96 Lucas 1969b nimmt für seine Interpretation der Ägypter als ›Teufel‹ explizit Bezug auf Cross/Tucker 1960b.
Aus der jüngeren Vergangenheit vgl. an exegetischen Analysen, die vom literalen Sinn des Textes abstrahieren oder diese Sinnebene implizit oder explizit negieren, u. a. Hall 1979; Green 1980; Luria 1980; Thundy 1980; Vickrey 1980; Ferguson 1981; Green 1981; Hall 1981a, 1981b; Hauer 1981; Luria 1981; Hall 1982; Martin 1982; Allen 1983; etc.

97 Den Verwendungszweck des MS untersuchen Hall 1973, 1976, und Allen 1976: Allen nimmt ibid. 1-24 hauptsächlich Bezug auf das 8. Jh., nur ibid. 24-5 auf das 10. und die MS-Zeit; jedoch ist ihr letztlich eine konkrete Datierung des Entstehens der *Exodus* überflüssig: vgl. ibid. Hall 1973:158-80 bietet lediglich eine Zusammenfassung der bis dato vorliegenden Meinungen; Hall 1976 ist eine überarbeitete Fassung von 1973:50-98 und Teilen von ibid. 1-49.

98 Kossick 1971.

99 Ibid. 1-2.

An Anglo-Saxon audience would more readily have identified themselves with a martial emigration which they could compare with their own migratory history[100].

Wiewohl die Einbeziehung der Überlegung begrüßenswert ist, die Identifikationsangebote der *Exodus* zu untersuchen, geschieht dies hier nur in einer Bestimmung ihrer Funktion im Rahmen der Bekehrungsgeschichte; diese Bestimmung ist entscheidend beeinflußt vom Vorverständnis der frühen Entstehung des Textes und den damit assoziierten Vorstellungen, die die Verfasserin an den Text heranträgt. So werden die Ägypter noch zu Mitgliedern des tacitäischen *comitatus*, wird die Noah-Abraham-Passage schlichtweg überflüssig: zurück bleibt ein Text, dessen zwei Höhepunkte allein in Kossicks Lesung der Betrachtung wert sind[101]. Genug, um solche Deutung zu akzeptieren[102]? Wohl kaum: anders als in der Fülle exegetischer Deutungsversuche wird zwar hier von einer Produktion des Textes für ein Laienpublikum ausgegangen; jedoch reduziert die vorverständigte Funktionsbestimmung des Textes als eines Poems im Einsatz zur Bekehrung das Gedicht fast auf die Hälfte seiner Verse, schließt demnach wichtige Teile aus der Betrachtung aus. Überdies wird in der unzulässig textklitternden Lesung auch die Tatsache verkannt, daß *Exodus*, will man sie verstehen, Kenntnisse der biblischen Geschichte bereits voraussetzt, die ja nach Kossicks Deutung doch erst mit Hilfe des Textes vermittelt werden sollten[103]. Folglich stellt dieser Beitrag einen verspäteten Versuch dar, leicht modifizierten Germanen- und Interpolationstheorien wieder zu neuem Leben zu verhelfen: beachtenswert bleibt allein, daß dabei erstmals von der Möglichkeit zur Erfahrung von Welt durch Identifikation mit und in einem literarischen Text andeutungsweise die Rede ist.

Die Möglichkeit religiöser Erfahrung durch Partizipation an Gefühlen wie Angst, Schrecken und Trost sieht in einer anderen Interpretation der *Exodus* Edward B. Irving als wesentlichen Aspekt der Wirkung des Textes. Für ihn zielt das Gedicht zunächst und einzig auf die *literarische* Möglichkeit der Teilhabe an solchen Erfahrungen: darin sieht Irving den eigenständigen literarischen Wert der Dichtung begründet.

100 Ibid. 3.

101 Zu *comitatus* ibid. 4, 7 und passim; zur *digressio* der Vv. 362-446 ibid. 8. Folglich besteht der Text für Kossick nur aus zwei wichtigen Passagen: dem Aufmarsch der Ägypter (ibid. 5-7) und ihrer Vernichtung (ibid. 8-11).

102 Mit falschen bibliographischen Angaben rezensiert den Beitrag Kossicks Trahern 1973:37: er berücksichtigt dabei weder den Einfluß der Vor-Urteile auf die Textanalyse noch den erstmals ins Gespräch gebrachten Aspekt der Identifikation. Die falschen bibliographischen Angaben finden sich schon in *OEN* 6.2 (1973):35 und *ASE* 2 (1973):310; den dort jeweils s. n. Beeton aufgeführten Beitrag gibt es nicht.

103 Zum Laienpublikum vgl. Kossick 1971:3, 11; zur Bekehrungsfunktion des Textes ibid. 3-4, 11.

> . . . a narrative poem of this kind is aesthetically effective not because it obtrusively keeps drawing our attention to its similarity to another story, but because it is first of all a vivid and ›true‹ literary experience in itself[104].

Deutlicher als bei Kossick wird hier die rezeptive Seite des Textes als Bestandteil einer umfassenderen Deutung ins Recht gesetzt: dazu rückt Irving erstmals den poetischen Charakter der *Exodus* wieder umfangreicher ans Licht[105]. Er setzt sich damit ab von dem Bemühen der neo-exegetischen Schule, die sich ausschließlich um die möglichen, vorgängigen (literarischen) Traditionen der Dichtung bekümmert und erst *und nur hinter* dem literalen Sinn ihre wahre Bedeutung finden will[106]. In einer Analyse der verwandten Symbolik und der Thematik sowie einer textfolgenden Lektüre deckt Irving Möglichkeiten der Teilhabe des Publikums auf: er gibt vor, daß die Wirkung poetischer Sprache nicht durch exegetische Analyse vielfachen Sinnes entstehe, sondern in eben jenen Möglichkeiten der Erfahrung von Emotionen, die den Zuhörer – wie die Israeliten im Text – von Unwissenheit zur Kenntnis führten und somit die explizite, didaktische Botschaft des Textes unterstützten: »the good news of salvation, addressed to all men«[107]. Eine Identifikationsmöglichkeit für diese Erfahrung erwächst laut Irving dabei vor allem aus der Darstellung der Emotionen der Israeliten:

> They are not godlike but entirely human, by turns scared, despairing, confident. It is their emotions we are asked to share, as we can see if we look back over the narrative once more from this point of view[108].

Der heroische Aspekt der Sprache und des Gedichtes gerät Irving dann natürlich nicht, wie den Exegeten, zum Kampf mit den eigenen Sünden oder dem Teufel: hier zieht er Verbindungen, die am ehesten Anklänge wecken an jene angenommene Entstehungszeit des Textes, die er andernorts für *Exodus* postuliert. Da wird auf die heroische Tradition angespielt, in der *Exodus* stehe[109], da ist die Rede von starken theologischen Polaritäten im frühen Christentum (›heterodoxe Tradition‹)[110], von »mediterranean Christians of the poet's own time«, das offensichtlich im Kontext von Irvings Meinung über die Entstehung der *Exodus* auf die römische Kirche des 8. Jahrhunderts anspielt[111]. Jedoch sind dies mehr Allusionen auf ein bekanntes Konzept, das

104 Irving 1974:211.
105 Ibid. 220 und 209-20 passim.
106 Ich lasse hier allgemeine Beiträge zur Auseinandersetzung mit der neo-exegetischen Methode wie etwa Greenfield 1972 zunächst außer Betracht und beziehe mich allein auf die Forschung zur *Exodus*; Shippey 1972:134-43 gelingt diese Richtigstellung nur in Grenzen.
107 Irving 1974:211.
108 Ibid. 218.
109 Ibid. 211, 217, 220.
110 Ibid. 217.
111 Ibid. 211.

in Irvings Interpretation lediglich in der Betonung des heroischen Elements deutlichere Konturen gewinnt: aufs Ganze gesehen kommt so seine Deutung vordergründig ohne eine historische Situierung des Textes aus. Als Publikum sieht der Verfasser eine Zuhörerschaft (im Kloster?), die seiner Interpretation der *Exodus* entspricht: um sie zu stützen, differenziert er zwischen zwei Ebenen der Verständigung über den Text, einer einfach-literalen (die seiner Lesung gleicht) und einer wissend-typologischen; für beide Ebenen glaubt Irving, Adressaten finden zu können.

> It is not essential to identify subtle symbolic meanings in order to understand and respond to the poem. While we know nothing of the original audience, we may imagine that the poem might have been effective on two levels: for a relatively unsophisticated group and for a more learned group which may have appreciated recognizing many allusions ... But the poet's impressive use of these themes as *poetic* devices ... would have been clear to an attentive reader or listener with only the barest knowledge of Christian doctrine (and doubtless there were many like this even in a monastic refectory)[112].

Mit diesem Beitrag erweist sich Irving als Rufer in der Wüste angesichts der vorherrschend exegetischen Deutungen des Textes[113]: an seiner Interpretation haben sich dennoch alle folgenden zu messen, weil hier ernsthaft der Versuch unternommen wird, dem Gedicht in seiner Funktion als literarischem Werk näher zu kommen. Irving bleibt jedoch auf halbem Wege stehen: in der Analyse der poetischen Wirkung ist zu vieles an der Oberfläche und ungenau; die vage historische Situierung erweist sich als Bumerang, mit dem der Vorwurf bloß naiver Horizontverschmelzung zurückkehrt. So erscheint zweifelhaft, ob nicht die Differenzierung des Publikums eher die gegenwärtige Forschungssituation kennzeichnet denn ein historisches Publikum und sein Verständnis des Textes im (angenommenen) 8. Jahrhundert, ob nicht die Partizipation an Gefühlen – wenn sie so wenig aus dem Text heraus begründet wird wie bei Irving – eher unseren Respons auf den Text beschreibt. Die gewollte Absetzung von exegetischen Deutungsmustern läßt Irving Aspekte des Textes übersehen, die so offenkundig sind, daß sie nicht einfach – wie dort geschehen – übergangen werden können: so wird zum Beispiel die Funktion der sogenannten »unrealistic collocations« nicht annähernd geklärt, wiewohl die Ausdifferenzierung des Publikums durchaus einen Schlüssel zum Verständnis geboten hätte. Dennoch ist hier ein Weg beschritten, der erfolgversprechend scheint: daß dem Zugang zum Text in Irvings Arbeit tiefere Einsichten noch versperrt bleiben, mag so eher in einer

112 Ibid. 212; Hervorh. im Text.

113 So Nazareth 1979:25; unter den jüngeren Beiträgen findet sich dann lediglich einer, in dem ausdrücklich vor voreiliger, exegetischer Analyse aufgrund vorgeblicher »unrealistic collocations« im Text gewarnt wird: vgl. Boyd 1981, die eine Textstelle (Vv. 41b-53) literal interpretiert.

Befangenheit in den vorgegebenen Mustern der traditionellen Datierung und in methodisch-theoretischen Fragen begründet liegen als in der Sache selbst[114].

Nach Irvings Beitrag wirkt die Untersuchung von Ruth Ames wie ein Rückschritt: ebenfalls gegen exegetisch-typologische und allegorische Deutungen gerichtet betont sie den historischen Charakter der alttestamentarischen Erzählung, in der sie allerorten die Präexistenz Christi als der zweiten Person der Trinität belegt sieht[115]. Mit diesem erkenntnisleitenden Interesse sind ihr folglich die in der *Exodus* verwandten Bezeichnungen für ›Gott‹ eher solche für ›Christus‹: ausschließlich in der Rolle Christi sieht sie denn auch das verbindende Glied zwischen den Hebräern des Textes und den historischen Angelsachsen, auf seine Bedeutung für die Menschen in angelsächsischer Zeit sieht sie die Wirkung der Dichtung beschränkt. Rechtfertigung für ihre abstrahierende Interpretation sind ihr Liturgie und Ikonographie der frühchristlichen Kirche, die sie in einer Synthese aus frühchristlichen mit judäo-christlichen Traditionen als Ideenwelt an die angelsächsische Bekehrungszeit und an *Exodus* anlegt, ohne dabei die Relevanz dieser historischen Konstruktion aus einer früheren Zeit für die angenommene Entstehungszeit des Textes zu prüfen.

> To the Anglo-Saxons, the Israelites were neither actors in a remote drama nor pallid prefigurations of the Church, but their ancestors according to the spirit. They believed that the same Christ and Lord who had revealed himself to the Israelites and called them, the Gentiles, from the darkness of idolatry to the light and *lifweg* of the Hebrews, to the knowledge of the same God, of His Creation, and His law. United with the Israelites through Christ, the cornerstone, they participated imaginatively in the history of the patriarchs and prophets and people. The leader of all was Christ, and the necessity for loyalty to Him and obedience to His laws was strong upon all[116].

So auf die Trivialität eines Themas »help of God [hier: Christ]« zurückgeholt, harrt der Text noch immer einer Deutung, die nicht nur mit neuen, von den unhaltbaren Vorurteilen des Datierungskonzeptes befreiten Fragestellungen sich seiner annehmen könnte, sondern die auch in der Lage wäre, die unbestreitbar vorhandenen Einsichten verschiedener Ansätze zu integrieren. Die Geschichte der Texterstellung wie der Textdeutung zeigt, welchem Einfluß *Exodus* durch die fast immer stillschweigend eingebrachten Vorverständnisse unterlegen ist: nur innerhalb des Rahmens, der vom *consensus omnium* mit seinen Annahmen vorgegeben wird, bewegt sich die Forschung zur *Exodus*, innerhalb dieser engen Grenzen des Konzeptes entkommt das Gedicht je verschieden der Applikation der Vorgaben – aber eben immer nur

114 Auf Irvings Interpretation komme ich unten zurück: vgl. pp. 230-70 passim.
115 Ames 1977 passim.
116 Ibid. 45-6.

in den Akzentverschiebungen, die das Deutungssystem erlaubt. Die je verschieden hergestellten Texte und ihre jeweiligen Interpretationen sind somit eher Belege für die wissenschaftsgeschichtliche Überlieferung und Adaptation des Textes seit dem vorigen Jahrhundert denn Ausweis für seinen authentischen Sinn, wie sich dieser in der konkreten historischen Situation der Entstehung der Dichtung entfaltet haben könnte. Aus diesem enggezogenen Kreis des Datierungssystems hat auch die neo-exegetische Schule nicht herausgefunden, die doch für sich den Anspruch erhebt, Einblick in die »rihte stræte«, den rechten Weg der Interpretation gewonnen zu haben. In solchermaßen begründeten Beiträgen wird auf teilweise hohem Abstraktionsniveau die literale Sinnebene des Textes verlassen, ja sogar negiert; wird die Textaussage ebenfalls reduziert auf allgemeingültige Formeln christlicher Verherrlichung von »salvation« oder »sacrament of baptism« durch den Text; wird eine konsequent typologische oder allegorische Textaussage konstruiert, deren Rechtfertigung nicht aus dem Gesamtzusammenhang des Textes, sondern immer nur aus isolierten Textteilen abgeleitet ist[117]. Aus der folgenden, generellen Kritik dieser Interpretationsmethode, die als theoretische und praktische Kritik zugleich auch die Ergebnisse exegetischer Textanalyse in Frage stellen will, wird sich dann eine sinnreichere Deutung von *Exodus* ermöglichen.

3.3 Exodus in der neo-exegetischen Schule: Kritik der typologisch-allegorischen Anverwandlung von Literatur[1]

Als Kenneth Sisam 1965 schrieb, »*lucus a non lucendo*« sei ihm nicht besonders beliebt, artikulierte er sein Unbehagen über christologische Interpretationen des *Beowulf*[2]; er setzte Widerstand gegen die zunehmende Tendenz, alt- und mittelenglische Literatur nach den Verfahren biblischer Exegese zu lesen und zu deuten, obwohl er selbst die theoretischen Implikationen seines Unbehagens nicht weiter diskutiert hat. Seither wuchs sich diese Tendenz zu einer Totalität aus, die endlich auch in der Mutter Gottes, in Judith und Wealhtheow für uns das Bild der Braut Christi zu entschlüsseln

117 Vgl. z. B. Green 1980; Hill 1980; Luria 1980; Thundy 1980; Ferguson 1981; Green 1981; Hall 1981a, 1981b; Hauer 1981; Luria 1981; Hall 1982; Martin 1982; Allen 1983; etc.

1 Eine um Teile der Interpretation und der historischen Erläuterung gekürzte Fassung dieses Kapitels ist erschienen in Busse 1984.

2 Sisam 1965:20.

und zu identifizieren vermag[3]: seit rund 1960 hat patristische Exegese altenglischer Literatur an der Forschung einen solchen Anteil gewonnen, daß inzwischen mit einiger Berechtigung von einer »revolution« gesprochen wurde, die zu einer »vast new industry of commentary on the Christian background of medieval poetry« geführt habe[4]. Unter den methodischen Verfahren der Textinterpretation beansprucht der patristisch fundierte Zugang zu mittelalterlicher Literatur nunmehr einen vorherrschenden Rang.

Dazu wird dieses Verfahren von einigen seiner Verfechter mit dem Anspruch verbunden, als hermeneutische Methode – als Theorie der Dichtung gar – den einzig ertragreichen Zugang zu vernakulärer mittelalterlicher und in Sonderheit zu altenglischer Literatur zu eröffnen, die ganz unter dem allumfassenden Bann patristischer Exegese gestanden haben soll.

> The Christian theory of poetry was clear and definite; it was subscribed to by all Christians. The practice of Latin Christian poetry was in accord with the theory. Caedmon's English poetry was also in accord with the theory. Since the body of OE poetry is Christian, it should be studied, whatever its subject, from the point of view of basic Christian theory and practice. It may well be that when the relation of such poetry to biblical symbolism has been explored fully it will be possible to see clearly the place of OE poetry in relation not only to Latin Christian poetry, but to late medieval poetry as well. It may become possible to speak of one great, universal tradition of Christian poetry, written by men who sought rather to drink from the well of living water than from the springs of Helicon[5].

Natürlich werden nicht alle, die patristisches Material in ihren Texterklärungen und -deutungen verwenden, die extremen Ansprüche von Robertson und Huppé unterzeichnen wollen: folglich ist diese Interpretationsschule nicht so homogen, wie es von einigen gesehen wird. Für die Zwecke meiner Kritik reicht vorläufig die Feststellung hin, daß Unterschiede innerhalb der Schule aus folgendem Faktum resultieren: nicht *alle* ihre Vertreter interpretieren *alle* Literatur ohne Rücksicht auf ihren Inhalt »from the point of view of basic Christian theory and practice«.

Dennoch ergibt sich ausreichende Konformität innerhalb der Gruppe insofern, als vermutlich alle ihre Vertreter den Anspruch artikulieren würden, daß zumindest zum Verständnis der mittelalterlichen, religiösen Literatur Kenntnis und Nutzung der patristischen Tradition unerläßlich sei, daß weiter gelegentlich auch Bilder und Themen weltlicher Literatur im Lichte dieser Tradition gelesen werden müßten, um allererst verständlich zu sein. Dieser Aspekt von Gemeinsamkeit in der neo-exegetischen Forschung hat zu Versuchen geführt, ihr einen passenden Namen zu geben, der alle Richtungen innerhalb der Schule abdecken könnte. Ihr erster Theoretiker nannte die

3 Helder 1975:21-2 mit Anm. 45 betrachtet die literarischen Figuren im Bild der Braut Christi aus dem Hohen Lied.

4 Scragg 1978:87.

5 Huppé 1959:239.

von ihm initiierte Richtung »*historical* criticism«, um sich mit dem Namen deutlich und scharf vom »modern criticism« unserer Tage abzugrenzen[6]; andere benutzten oder empfahlen Etiketten wie »pan-allegorical« oder »typological approach«, »exegetical theory and practice«, »patristic criticism« und so fort; ich selbst bevorzuge dagegen aus drei Gründen die Bezeichnung ›neo-exegetische Schule (Lehre)‹. Erstens: mit dem Präfix neo- will ich verdeutlichen, daß trotz der Behauptung des Gegenteils auch diese Forschungsrichtung und ihre Vertreter den Einflüssen *neuzeitlicher* Traditionen unterliegen, wobei Tradition hier im hermeneutisch-philosophischen Sinne verwandt wird. Jeder Versuch, literarische Texte einer sehr viel früheren Zeit zu verstehen, ist (wie Verstehen überhaupt) gebunden an die historische Situation des Interpreten, ist beeinflußt durch Faktoren, die seine eigene Geschichtlichkeit bedingen. Wer diesen Einfluß nicht sehen will oder ihn gar leugnet, läuft Gefahr, falsch zu verstehen: das Mißverständnis ergibt sich daraus, daß er sich seiner eigenen Vorverständnisse nicht länger bewußt bleibt, der Vorverständnisse nämlich, die ganz notwendig in dem Prozeß einer Interpretation als Versuch des Verstehens involviert sind[7]. Zweitens: mit der Bezeichnung dieser Forschungsrichtung als ›neo-exegetisch‹ will ich zugleich unterstreichen, daß in dieser Schule und mit ihrer Methode sich ein *historischer* Zugang zu mittelalterlicher Literatur nicht eröffnet; es ist in dieser Forschungsrichtung bisher nicht der Versuch unternommen worden, den historischen Kontext eines literarischen Werks zu rekonstruieren und dabei den Blick auf das zu lenken, was seine singuläre Historizität ausmacht. Eher sind Neo-Exegeten (fast *per definitionem* ihres Angangs an Literatur) interessiert an universell verfügbarer Bedeutung, an zeitlosen und unveränderlichen Wahrheiten; die sozialgeschichtlichen Bedingungen des einzelnen Werks geraten dabei notwendig aus dem Blick. Mit dem Etikett ›neo-exegetisch‹ will ich folglich den Anspruch abweisen, daß dort ›*historical* criticism‹ betrieben würde; in dem Präfix neo- ist impliziert, daß der Blick auf mittelalterliche Literatur in dieser Lehre letztlich zutiefst ahistorisch ist. Drittens: der Begriff deckt auch Differenzierungen innerhalb der Forschungsrichtung noch ab; so meint ›neo-exegetisch‹ eine Methode der Interpretation, die die Bedeutung, das Sinnangebot eines Textes dadurch verhaften will, daß sie ihn ausschließlich mit denjenigen Vorstellungen von Welt und der Exegese der Bibel verrechnet, die sich in der patristischen Tradition dokumentiert finden; oder, in einfacheren Worten: neo-exegetische Interpretation will mittelalterliche Texte nur noch mit den Augen von Augustinus,

6 Robertson 1950.

7 Den Einfluß der *modernen* Traditionen auf die Forschung des Interpreten will Robertson 1969 leugnen.

Alcuin oder Beda lesen[8].

Meine eigene Kritik an dieser Schule geht von einer kritisch-hermeneutischen Position aus: bevor ich die Konsequenzen diskutiere, die sich aus der philosophisch-hermeneutischen Theorie des Verstehens ergeben und die zugleich eine theoretische Kritik der neo-exegetischen Ansprüche ermöglichen, werde ich zunächst kurz auf diese Ansprüche und ihre Kernsätze eingehen (3.3.1); dann werde ich vorgängige Kritik besprechen, vor allem die von Stanley Greenfield und R. S. Crane (3.3.2). Der Darstellung meiner eigenen, theoretischen Prämissen (3.3.3) wird ein praktisches Beispiel aus der altenglischen Literatur folgen, das die theoretische Kritik substantiieren soll (3.3.4).

3.3.1 *Positionen neo-exegetischer Interpretation.* Was hat es nun auf sich mit dieser klaren, eindeutig genauen Theorie der Dichtung? Hat sie, wie Huppé unterstellt, die gesamte mittelalterliche Literatur durch den Einfluß einer einzelnen, überragenden Persönlichkeit der christlichen Schriftexegese (nämlich Augustinus) beherrscht? Was veranlaßt denn, auch heute nach den Wirkabsichten mittelalterlicher Literatur zu fragen, ferner zu fragen, welche Sinnangebote sie für ihre zeitgenössischen Zuhörer oder Leser bereithielt? Und in welcher Weise können wir, die wir doch erst fast tausend Jahre nach ihrer Erstellung dem Sinn altenglischer Versdichtung nachspüren und sie zu verstehen versuchen, in welcher Weise also können wir am Lebenswasser des richtigen Brunnens partizipieren, ohne den Versuchungen des Bergs der Musen und seiner Quellen zu erliegen?

Mit dieser Wendung seiner programmatischen Aussage hat Bernard Huppé eine zutiefst moralische Frage aufgeworfen, und eine religiöse dazu, die leicht eine Glaubensfrage zu werden droht. In ihrer Folge könnten dann eher christliches Dogma und Glaubensstandpunkte als die Gesetze der Logik über richtige und falsche Theorien der Literatur oder über ihre wahren und verfehlten Deutungen entscheiden. Oder anders: sind wir überhaupt berufen und als Christen in der Lage, Augustinus wegen seiner Auffassung von weltlicher Literatur zu kritisieren? Wenn es sich um eine Glaubensfrage handelt: dürfen wir dann fragen, ob Augustinus und seine Nachfolger überhaupt kompetent über volkssprachliche Literatur, über ihre Absichten und die affektiven Wirkungen auf ihr Publikum urteilen konnten? Ist uns dann auch erlaubt zu fragen, ob nicht seine *eigene* Befangenheit in geschichtlichen Zusammenhängen und seine christlichen Dogmen Augustinus zu Vor-Urteilen geführt und ihm damit den Blick verstellt hätten für andere Möglich-

8 Im folgenden wird der Terminus ›historical criticism‹ nur in Verbindung mit der Kritik benutzt, die andere gegen die neo-exegetische Lehre vorgebracht haben.

keiten dieser Literatur: für mögliche andere Absichten, für ihre gesellschaftliche Funktion? Die *modernen* Theoretiker alter, exegetischer Praxis wollen uns die Berechtigung zur Kritik an patristischen Auffassungen auf der Basis *moderner* Theorien rundheraus versagen: für sie ist neuzeitliche Literaturwissenschaft eher eine Trübung der Augen, wo es um mittelalterliche Literatur geht; patristische Exegese allein verhilft dazu, so lautet die Implikation, mit klaren Augen zu sehen und dann mit offenen Ohren zu hören. Folglich wird nötig sein, die Kernsätze dieser Lehre zu untersuchen um herauszufinden, ob durch diese theoretische Grundlegung unser Blick auf Intentionen, Funktionen und Effekte mittelalterlich volkssprachlicher Literatur *zur Zeit ihrer Entstehung* wieder geklärt werden kann.

Die Zahl der Beiträge mit theoretischer Diskussion der Prämissen der neo-exegetischen Schule ist gering. Schon die ersten Manifeste lassen diese moderne Theorie mittelalterlicher Literatur und die Methode ihrer Interpretation als bewußte Abkehr von Theorien post-romantischer Prägung erkennen, als eine Gegenbewegung vor allem gegen den ›new‹ oder ›rhetorical criticism‹ und dessen Ästhetik des schönen Scheins[9]. Kernpunkt der exegetischen Theorie über Wesen und Funktion der Literatur im Mittelalter – und der Praxis ihrer Interpretation – ist die Auffassung, daß jene Literatur uns ihren wahren Sinn und ihre Absichten nur im Lichte und in der Lesart patristischer Bibelexegese enthülle; und daß die literarischen Werke dies auch – und nur dies! – für ein zeitgenössisches Publikum intendierten. Dargelegt ist dieser Kernpunkt neo-exegetischer Theorie in den Arbeiten von Robertson und Huppé: in dem programmatischen Beitrag »Historical Criticism«, in dem – fälschlicherweise – »The Method« benannten Einleitungskapitel der Untersuchung zu *Piers Plowman* und in den Beiträgen von Huppé zur altenglischen, von Robertson zur mittelenglischen Literatur[10]. Die Theoretiker gehen aus von Augustinus' Darlegungen über wahre Ziele und Zwecke des Lernens überhaupt; von seinen Äußerungen über den Modellcharakter göttlich inspirierter Sprache in der Bibel für menschliche Sprache; und von seinen Ausführungen über den richtigen Umgang, das richtige Verstehen der Heiligen Schrift, ihrer Lesung und Deutung. Auf der Basis dieser aus der *De Doctrina Christiana* abgeleiteten Position Augustins bescheiden uns die

9 Vgl. Robertson 1950. Damit sind wir sofort in Glaubensfragen: denn das Studium der Sprache eines poetischen Textes um ihrer selbst willen ist ein Mißbrauch der Schönheit – so jedenfalls deutet es diese Theorie in der Nachfolge des Augustinus.

10 Robertson 1950; Robertson/Huppé 1951:1-16; weiter u. a. Huppé 1959, bes. 3-27 und passim; Robertson 1962, bes. 286-390 und passim. Die Lektüre des Kapitels »The method« enthüllt den Fehlgriff im Titel: nur Robertson/Huppé 1951:1-3 handeln von der Methode, der Rest des Kap. von den medialen Schwierigkeiten des Interpreten *unserer Tage* und von ersten Interpretationen. In allen Beiträgen wird der Anspruch auf Gültigkeit der neo-exegetischen Theorie für *alle* mittelalterliche Literatur mehr oder weniger explizit erhoben.

modernen Theoretiker, daß die Lehren des Kirchenvaters nicht nur für die Lektüre der Bibel selbst intendiert gewesen seien; die gleichen Regeln hätten auch für die Produktion und Rezeption volkssprachlicher Literatur des Mittelalters zu gelten.

> Since it would be manifestly absurd to read the word of God for the letter rather than for meaning, the Bible (and serious literature in general) was not to be read »for the story«, or for »charm of style«, which afford false and deceiving pleasures in that they imply an attempt to enjoy an object of creation for itself . . . Aesthetic pleasure derives, according to Augustine, from the very discovery of hidden meanings; the quality of the pleasure has a direct relation to the difficulty of the ambiguities to be resolved. As the mind is exercised it is prepared to receive with warmth and delight the dogmatic truth which stated plainly might be accompanied by no pleasurable movement of the mind[11].

Obwohl inzwischen als Faktum hinlänglich bekannt, muß doch erneut betont werden, daß in den theoretischen Erörterungen des ›historical criticism‹ die Aufdeckung verborgenen Sinns immer nur an den Schriften der Kirchenväter und ihrer Exegese dunkler Bibelstellen festgemacht werden kann: folglich – und niemand würde dies bestreiten wollen – ist die Notwendigkeit der Auslegung, der exegetischen Interpretation der Bibel bei den *patres* nachzuweisen. Dieser Nachweis von der Notwendigkeit exegetischer Deutung der Bibel wird dann allerdings nicht von den Kirchenvätern selbst, sondern von den neuzeitlichen Theoretikern auf mittelalterliche volkssprachliche Literatur übertragen. Die Unterscheidung ist wichtig, verdeutlicht sie doch erneut das Faktum, daß wir es hier mit zwei *verschiedenen* historischen und kulturellen Kontexten zu tun haben: mit dem der Kirchenväter nämlich und dem der *modernen* Theoretiker der neo-exegetischen Lehre. Mit ihren Zitaten aus patristischer Literatur über die Auslegung der Bibel wollen sie implizieren, daß sie ein *objektives* Kriterium zur Hand hätten, das zum wahren und objektiven Verständnis mittelalterlicher Literatur führe. Dabei wird jedoch übersehen, daß die Übertragung des Verfahrens der Exegese von der Bibel zur volkssprachlichen Literatur bereits eine Interpretation impliziert: daß diese Interpretation sich aus der heutigen und *eigenen* Interpretation mittelalterlicher Weltsicht, mittelalterlicher Ideenwelt ergibt. Solche Weltsicht ist daher notwendig eine *moderne* Rekonstruktion der mittelalterlichen Welt, eine *neuzeitliche* Antwort auf die Frage, wie Menschen im Mittelalter auf Literatur reagierten, wie sie ihr Selbstverständnis definierten. Auch diese Feststellung ist von Bedeutung: sie weist den Anspruch zurück, demzufolge die neo-exegetische Theorie des Verstehens sich nur aus mittelalterlichen Theorien des Verstehens ableite, daß sie unbeeinflußt sei von modernem Denken. Daraus ergibt sich, daß die Kernthese neo-exegetischer Theorie nichts weiter ist als eine Hypothese; und als

11 Huppé 1959:23-4.

Hypothese kann sie zunächst nicht mehr Erklärungskraft für sich beanspruchen als andere Hypothesen, die auf anderen modernen Theorien über Art und Funktion der mittelalterlichen Literatur fußen.

In ihren extremeren Ansprüchen stellen einige Vertreter der Schule als weitere Hypothese die Bedingung auf, daß *alle* Literatur im christlichen Mittelalter (wie die Bibel) immer nur die Botschaft der *caritas* propagiere und propagieren müsse, eine Botschaft, die als eines der grundlegendsten Dogmen des Christentums »all written attempts to set forth truth« inspiriert und kontrolliert habe[12]. Wenn nun diese Botschaft (ähnlich wie in vielen Passagen des Alten Testaments) nicht sofort offensichtlich sei, wie dies etwa in *Beowulf* oder Chaucers *Miller's Tale* der Fall wäre, so müsse auch der literarische Text (wie die Bibel) überdacht werden »›until an interpretation is found which promotes the reign of charity‹«[13]. Auf diesem Weg kann somit jedes Werk der Literatur – soweit es nicht schon das christliche Dogma expositorisch darlegt – umgedeutet werden in das, was beide neuzeitlichen Theoretiker immer wieder »serious literature (poetry)« nennen. Von »serious literature« zu reden, scheint eine Alternative zu implizieren, scheint zu meinen, daß wir es gelegentlich auch mit ›non-serious poetry‹ zu tun haben könnten. In Wahrheit aber läßt diese zweite Maxime der Theorie keine Alternative zurück, da ›non-serious poetry‹ uns ja nur abverlangen würde, erneut über die Bedeutung solcher Dichtung nachzudenken: und zwar so lange, bis wir eine Bedeutung gefunden haben, die das Dogma der *caritas* bestätigt[14]. Dieser Kernsatz neo-exegetischer Theorie, der von den ›historical critics‹ allein vertreten wird, läßt uns also mit dem Ergebnis zurück, daß der *literale* oder historische Sinn solcher Texte ›non-serious‹ sei, die nicht schon an ihrer Oberfläche das Dogma propagieren: wenn der Text überhaupt einen literalen Sinn hat, so ist dieser null und nichtig.

Folgerichtig führen diese Hypothesen zu einer weiteren, radikalen Maxime dieser modernen Theorie des Verstehens mittelalterlicher Texte: die dritte Hypothese folgt zwangsläufig aus der zweiten; zugleich schließt sie einen zentralen Kernsatz der Praxis neo-exegetischer Interpretation ein. Die Hypothese scheint zudem den Vorteil zu haben, einer mittelalterlich-patristischen Praxis Kontinuität zu verschaffen: sie nutzt letztlich das Verfahren der Kirchenväter aus deren Umgang mit klassisch-antiker Literatur. In den Worten von Robertson ist die Hypothese folgendermaßen formuliert:

> Medieval Christian poetry, and by Christian poetry I mean all serious poetry

12 Vgl. z. B. Robertson/Huppé 1951:11-2, bes.: »Charity is thus an informing principle of medieval thought, providing the inspiration for and controlling the bent of all written attempts to set forth truth.« Erneut sind wir damit in Fragen des Glaubens, nicht bei Problemen der Literaturtheorie und -kritik.

13 Augustinus-Zitat aus Huppé 1959:24.

14 Daß die implizierte Alternative keine echte ist, erkennt schon Parmisano 1966:275.

written by Christian authors, even that usually called ›secular‹, is always allegorical when the message of charity or some corollary of it is not evident on the surface[15].

Natürlich entspricht dies dem Umgang der Kirchenväter mit klassisch-lateinischer und griechischer Literatur: in ihren Interpretationen von Vergil oder Homer wollten auch sie verborgenen, christlichen Sinn hinter der harten, heidnischen Schale aufdecken. Sie entnahmen den Texten eine Botschaft im Einklang mit christlicher Doktrin, die sie auf ihre eigene historische Situation anwenden konnten; oder, mit anderen Worten: sie versuchten zu zeigen, was Homer oder Vergil ihnen und ihrer *eigenen* Zeit noch zu sagen hatten. Durch ihren interessierten Umgang mit den Texten haben sie unbewußt dazu beigetragen, klassisch-antike Literatur zu bewahren, so daß die Texte bis in unsere Zeit gelangen konnten. Aber niemand würde doch wohl heute behaupten wollen, daß diese Texte für solchen Zweck geschrieben worden wären: sie wurden nicht für ein Publikum geschrieben, das Jahrhunderte nach der Textentstehung lebte, sie wurden nicht geschrieben, um im Lichte patristischer Exegese interpretiert zu werden. Statt dessen sind sie verfaßt worden für ein zeitgenössisches Publikum in einem früheren und *unterschiedenen* historisch-kulturellen Kontext. Es ergibt sich, daß der Angang der Kirchenväter an die klassisch-antike Literatur einen fehlgeleiteten Versuch des Verstehens darstellt, der ins Mißverstehen führt: die *patres* waren nicht an der Bedeutung der Texte *in deren jeweiligem historischen Kontext* interessiert, sie waren vielmehr darauf aus, sich diese Texte anzueignen, sie für ihre eigenen Interessen zu nutzen.

Nun will ich damit nicht zugleich implizieren, daß diese Feststellung des Mißverstehens ohne weitere Modifikationen auch die neo-exegetische Forschung trifft; immerhin scheint es fundamentale Unterschiede zu geben. Zunächst: wo die Kirchenväter klassisch-antike Literatur sich aneigneten, da redeten sie über Dichtung, die für sie heidnisch war; in ihren Interpretationen klassisch-antiker Texte setzen sie heidnische Normen und Werte in christliche um. Wo in neo-exegetischer Forschung dagegen mittelalterliche Literatur über den Weg patristischer Exegese gelesen und interpretiert wird, da handelt es sich um Dichtung von grundsätzlich christlichem Charakter, eine Transformation von Werten ist also nicht involviert. Weiter: das Beispiel des Umgangs der Kirchenväter mit klassischer Literatur belegt, daß sie nicht an historischem Verständnis der Texte interessiert waren, sondern ›heidnische‹ Dichtung für ihre eigene Zeit aktualisieren wollten. Dagegen ist neo-exegetische Forschung vorgeblich nicht daran interessiert, sich alte Literatur für die eigene Zeit anzueignen: hier wird eher verlangt, diese Literatur mit den Augen des ›mittelalterlichen Menschen‹ zu lesen. Impliziert ist, daß dieser Angang zu historischem Verstehen führt, weil die Augen des ›mittelalterli-

15 Robertson 1950:14; vgl. Huppé 1959:23-4.

chen Menschen‹ uns, die Neuzeitlichen, befähigen sollen, sich vom behaupteten Subjektivismus moderner Literaturerfahrung, moderner Theorien und Methoden zu befreien, um so zu objektiveren Kriterien literarischer Deutung und Wertung Zugang zu finden[16]. Verglichen mit dem Zugriff der Kirchenväter auf klassische Literatur scheint neo-exegetische Theorie also im Recht, wo sie verlangt, daß wir bei *unserer* Interpretation die Welt des *Textes* zu respektieren haben, seinen historischen Kontext, seine Situierung in einer anderen Zeit. Und drittens: in ihren Auslegungen der Bibel und der klassischen Literatur nutzten die *patres* eine Interpretationsmethode, die *post festum* entstand; sie wurde erst entwickelt, nachdem die Bibel geschrieben und klassisch-antike Dichtung geschaffen war. Hier unterscheidet sich neo-exegetische Literaturkritik insofern, als die *sententia veritatis*, die universale Wahrheit hinter der rauhen Schale des literalen Sinns, als prä-existente behauptet wird: es ist impliziert, daß sie bereits von Autoren und Dichtern intendiert sei, bevor diese noch über ihre Dichtung nachzudenken begannen; und damit ist zugleich gesagt, daß auch die Bedeutung, der Sinn der Dichtung in derselben Weise prä-existiert. Obwohl dieser Unterschied für meine gegenwärtige Argumentation nicht wesentlich ist, verdient er festgehalten zu werden, da er später relevant sein wird[17].

Vor dem Hintergrund dieser drei Modifikationen scheint es, als sei neo-exegetische Theorie und die Praxis ihrer Interpretation im Grundsatz im Recht: es wird die Historizität der literarischen Werke betont, das heißt: daß Dichtungen von historischen Faktoren bedingt sind, die dem neuzeitlichen Interpreten nur durch Rekonstruktion zugänglich sein können; denn der Verständnisrahmen, auf den sich die Texte beziehen, ist nicht länger sein eigener, ist ihm fremd. Folglich scheint der neo-exegetische Zugang zu vernakulärer Literatur sich radikal vom Zugriff der Kirchenväter auf klassische Literatur zu unterscheiden. Jedoch: im Ergebnis der zunächst theoretisch unterschiedenen Wege laufen beide Verfahren wieder zusammen. Denn die Resultate der Interpretationen führen in beiden Fällen des Umgangs mit volkssprachlicher Literatur zu einer Reduktion der Sinnangebote literarischer

16 Deutlichst in Robertson 1950 und 1962:3-137; vgl. ebenso Robertson 1969. Robertson/Huppé 1951:3 sehen exegetische Deutungen der Bibel als *objektives* Beurteilungskriterium für die Deutung von *Piers Plowman*; Huppé 1959 formuliert das Prinzip der Sicht auf die Literatur durch die Augen des mittelalterlichen Menschen; vgl. u. a. ibid. 103 (»what Bede saw in the *Hymn*«), 108 (»what might Bede have perceived in this argument?«), etc. Kritik an dieser Sichtweise ist impliziert in Creed 1960:603: » . . . we become aware that the piety and determination of a Bede have been reborn in Huppé, that Huppé is a most useful guide to the analysis of the *Hymn* or *Genesis A* precisely because he has so saturated himself with the ways of medieval thought that he speaks with the voice of Bede.« Nach Huppé liest Bolton 1979 den *Beowulf* ›mit den Augen Alcuins‹.

17 Vgl. unten, pp. 215-9, 225-8.

Werke auf universale Wahrheiten; und es ist dieses Ergebnis, das mich an dem neo-exegetischen Beharren auf ›historischer‹ Interpretation irritiert. Mit Bezug auf mittelalterliche Literatur sollte ›historische‹ Interpretation bedeuten, daß in einer spezifischen und in Grenzen einzigen, historischen Situation (die durch mehrere soziale und kulturelle Traditionen, durch das Wissen der Menschen, ihre Erfahrung und Interaktion, durch Normen und Werte ihrer Gesellschaft, durch politische Machtverhältnisse, durch Ängste, Aberglauben und Religion bestimmt ist – um eklektisch nur ein paar *denkbare* historische Faktoren zu nennen), daß also in solch einer spezifischen und in Grenzen einzigartigen historischen Situation ein literarischer Text entsteht, der Relevanz beansprucht; der seinem spezifischen historischen Publikum etwas zu sagen hat; der gehört werden will; der auf Erfolg und Wirkung dessen abzielt, was er vermitteln will. Ist es dann denkbar, daß Absicht und Wirkung sich immer und grundsätzlich erschöpften in der Vermittlung abstrakt-universaler Werte, die ihre Relevanz für eine Generation, für ein Jahrhundert, gar für ein Jahrtausend behalten sollten – und dies angesichts all des Wandels, der sich in jedem historischen Prozeß ereignet? Doch genau dies ist es, was neo-exegetische Forschung für *alle* Literatur unterstellen will: denn für ihre Vertreter heißt ›Geschichte‹ nur ›patristische Tradition‹, die vorgeblich einzig und allein das »informing principle« (d. h.: der bedingende, historische Faktor) in der gesamten mittelalterlichen Geschichte vom späten 4. bis zum ausgehenden 15. Jahrhundert gewesen ist. Nur die Reduktion komplexer Geschichte auf ›patristische Tradition‹ versetzt den Neo-Exegeten in die Lage, zugleich auch die Bedeutung von Literatur auf universell verfügbare Wahrheiten zu reduzieren, so wie in gleicher Weise die Kirchenväter den Sinn klassischer Literatur auf Reduktionsformeln einengten. Nur die Reduktion von komplexen historischen Prozessen auf ›patristische Tradition‹ allein führt dazu, daß das Eigenrecht einer literalen Bedeutungsebene der Texte (z. B. in Texten, deren literaler Sinn eben nicht das Dogma der *caritas* propagiert) in beiden Fällen so konsequent bestritten wird; literales Sinnangebot wird dort zugunsten einer Glaubenswahrheit hinweginterpretiert. So auf dogmatische und moralische Zwecke reduziert, werden vernakuläre, literarische Werke (mittelalterliche wie klassisch-antike), die doch an einer spezifischen und einzigartigen historischen Kommunikation teilhatten, universell verfügbar für die Vermittlung der christlichen Glaubensinhalte – damals wie heute.

In der Praxis also, wenn auch nicht in der Theorie, ist das Verfahren der Kirchenväter in ihrem Umgang mit klassischer Literatur in unserer Zeit wieder aufgenommen von neo-exegetischen Literaturkritikern in ihrem Umgang mit mittelalterlich volkssprachlicher Literatur – trotz des unterschiedlichen Beharrens auf ›Geschichte‹. Oder, in anderer Darstellung: da sie nur, wie die Kirchenväter, auf die *zeitlose* Kontinuität einer einzigen, wenn auch bedeutsamen, Tradition in der mittelalterlichen Gesellschaft schauen, da sie nur das *Beständige* inmitten beständigen Wandels erkennen wollen, entlassen sich neo-exegetische Interpreten selbst aus der mühevollen Arbeit wahren, historischen Verstehens. Folglich impliziert neo-exegetische Theorie wie Praxis der Interpretation letztlich ein ahistorisches Verständnis von Literatur, so ahistorisch wie das der Kirchenväter selbst. Jedoch ergibt sich aus dem Vergleich der Verfahren nicht nur Identität der Ergebnisse: es läßt sich auch identisches Erkenntnisinteresse aufweisen. Denn so wie sich die Kirchenväter klassische Werke für ein eigenes Interesse aneigneten, so führt neo-exegetische Interpretationspraxis zwangsläufig zur Antwort auf die Frage, ›was uns diese alten Texte heute noch zu sagen haben‹: impliziert ist auch hier ein Interesse an Aneignung, das seinen Ausgang *bei uns*, nicht bei den ›mittelalterlichen Menschen‹ nimmt. Es folgt daraus, daß beide Verfahren im Prinzip identisch sind: beide vernachlässigen die Historizität des Textes, beide wollen sich den Text für ein eigenes Interesse anverwandeln.

Dieses Interesse der Anverwandlung von Literatur ergibt sich aus den Interpretationsergebnissen neo-exegetischer Praxis; es ist zudem in der Theorie selbst impliziert. Daß solches Interesse nicht etwa von mir in die Grundlagen des Verfahrens hineinprojiziert wurde, erhellt aus Alvin Lees Versuch einer Synthese zwischen »mediaeval and modern theories and practices«, mit der er den Graben zwischen ›historical‹ und ›modern criticism‹ überbrücken will[18]. Der Versuch wird mit dem erklärten Ziel unternommen »to explore some of the possible implications of exegetical theory and practice for the study of Old English poems in modern times«[19]; Lee versucht weiter aufzuzeigen, daß patristische Exegese des Mittelalters in Theorien der Neuzeit ihre Fortsetzung findet. Bei näherem Zuschauen zeigt sich allerdings hinter seinem vorgeblichen Pluralismus von »other critical and scholarly hypotheses also now current« nur das Bestreben, die mittelalterliche Exegese des vierfachen Schriftsinns mit Northrop Fryes Symboltheorie zur Synthese zu bringen. Für Lee wird Fryes Theorie damit zum Sinnbild moderner »Theorie und Praxis« schlechthin[20]: hier findet er »similarities, at times surprisingly fundamental, between the mediaeval and modern theories and practices«; Fryes Theorie scheint ihm schließlich aus der mittelalterlichen Exegese in einer

18 Lee 1975:48-9.

19 Ibid. 47; Lee übersieht dabei den früheren Versuch von Hinton, mittelalterliche Literatur mit der Archetypenlehre Fryes und der Lehre der Jungianer zu verbinden: vgl. Hinton 1966, bes. 67-71.

20 Lee 1975:48: »Since, moreover, Frye's ›Theory of Symbols‹ is first of all a description and analysis of the theory and practice of the major schools of modern criticism and scholarship, it can hardly be disregarded as idiosyncratic or the work of only one theorist among many.« Noch bald zwanzig Jahre nach Fryes *Anatomy of criticism* dort Kenntnis der laufenden, theoretischen Diskussion zu suchen zeigt die Theoriefeindlichkeit einiger neo-exegetischer Interpreten auf.

Weise abgeleitet und erwachsen, die es erlauben müßte, ihr im kulturellen Leben unserer Zeit eine Stellung vergleichbar derjenigen patristischer Exegese im Mittelalter einzuräumen[21]. Als Ziel seiner Synthese schwebt Lee eine Gleichgewichtigkeit zweier daraus abgeleiteter Bewußtseinsinhalte vor,

> . . . the one a product of the painstaking work of the literary historian, achieved through laborious recreation of perspectives and meanings from the past, the other the possession of the modern critic both cognizant of the thought forms and sensibilities of his own time and *interested in describing the significance for modern men of Old English poetry*[22].

Es ist offenkundig, daß Lees Hauptinteresse an altenglischer Literatur in der Aktualisierung dieser Literatur für die Gegenwart liegt. Die Begründung für dieses Interesse findet er in einer Fähigkeit der Literatur, unveränderliche Wahrheiten zu formulieren, die sich dem nur historisch Interessierten letztlich sogar verschließen. Der neuzeitliche Interpret dagegen verfüge mit der Theorie Fryes zugleich über eine Kompetenz, die ihn zu einem »substantial measure of *genuine* understanding« alter, literarischer Texte führe; er erreicht dies, so ist impliziert, mit Hilfe der theoretischen Fundierung letztlich auch ohne historische Kenntnis[23]. Das Konstante also, das, was ich zuvor das Zeitlose oder Beständige genannt habe, liegt im Erkenntnisinteresse Lees; und gerade in dieser Auffassung der Literatur als eines Corpus zeitloser Erkenntnis befindet er sich in tiefer Übereinstimmung mit Fryes Theorie der Symbole und Archetypen. Es ergibt sich, daß die universelle Verfügbarkeit literarischer Texte somit zum erklärten Erkenntnisziel dieser Synthese aus ›historical‹ und ›modern criticism‹ wird.

Solange Lee sich dem Problem des Zusammenhangs von literal-historischem Sinn und sprachlich-ästhetischer Struktur der Texte widmet, gelingt ihm eine deutliche und notwendige Korrektur des einseitig von der sprachlichen Form als eines ästhetischen Produkts sich abwendenden ›historical criticism‹: allerdings ist dies eine zwangsläufige Folge der Kritik, die am häufigsten gegen die neo-exegetische Lehre geäußert wurde[24]. Wo Lee sich dann jedoch den anderen Ebenen der *sententia* zuwendet, bleibt seine Synthese ganz der neo-exegetischen Lehre verhaftet, derzufolge erste und oberste Aufgabe des interpretierenden Verstehens das Aufspüren unveränderlicher, religiöser, moralischer Wahrheiten ist. Auch für Lee steht *a priori*

21 Ibid. 48-49, 49.
22 Ibid. 49.
23 Ibid.
24 Ibid. 50-8, z. B. 53: »By taking only the literalness of the *sensus literalis*, what Frye would call the descriptive meaning, and ignoring the rhetorical and aesthetic subtleties also embraced by the term (Frye's words as motif), the modern exegete undercuts and impoverishes his account of mediaeval poetic texts.« Zu früherer Kritik dieser Art vgl. u. a. Dunning 1961:412; Murphy 1961:201; Payne 1963:270; weiter bes. Greenfield 1972 passim.

fest, daß »a knowledge of the Bible *in its typological dimensions*« erstes und unersätzliches Hilfsmittel zum Verständnis altenglischer Texte sei; die Bibel, so führt er aus, als »vast, unified structure of wisdom and energy within which to think about human experience« gebe exakt den gedanklichen Rahmen ab, in dem sich poetisches Schaffen vollzogen habe[25]. Deshalb, so weiter, sei auch ein ganz anderes Verhältnis der literarischen Texte und ihrer Dichter zur Realität, zu exemplarischem Handeln, zur Stellung des Menschen im Universum gar anzusetzen: anders, so meint dies, als in unserer Zeit. Nach Lee begriffen altenglische Dichter sich und ihre Werke als Teil eines universalen Heilsplans, der weit über das Situative ihres jeweiligen historischen Ortes hinausführe.

> From a modern perspective, the interpreting of human life in terms of angels and devils, and of saint-like heroes and demonic monsters, may not be too convincing as an »imitation of nature« or of »the order of Creation«. But from such imaginings we can begin to understand how these early artists and thinkers, working within the Christian religion, were able to vest historical or literal meanings with a deeper and more mysterious significance that transcended, even as it worked with, the facts and words of human history. Such activity was a crucial means for bringing into existence in Anglo-Saxon England what Gregory the Great called »the edifice of faith«. In the world of the imagination revealed in the Old English poetic version of biblical or sacred history, then, we can see at work a power that contains morality, beauty, and religious truth, making possible a vision of spiritual freedom and the redemption of man[26].

Nach Lees Synthese aus mittelalterlicher Exegese mit Fryes Theorie partizipieren in diesem universalen Heilsplan alle altenglischen, literarischen Texte aneinander in einem quasi rituellen Bestreben »to be either a direct or a displaced version of the myth of the ongoing war between Christ and Satan«, in der Präsentation archetypischer Verhaltensweisen also, die letztlich als ethische Konstanten auch unsere Kultur und Zivilisation noch bestimmten[27]. Konsequent mit Frye führt die Synthese auch Lee notwendig zur Auffassung von einem »›self-contained literary universe‹«, in dem

> . . . in poem after poem, the reader's attention is lifted from the human to the divine perspective, from tropology to anagogy, from the ruined guest-halls of middle-earth to the perfect security and *dream* of the heavenly *dryht* . . . In this containing, informing structure of biblical myth the ideal forms of an Anglo-Saxon, Germanic civilization centred on the gift-hall simultaneously show their historical uniqueness and their identity with the cultural realities pointed to by Christian anagogy[28].

Außer Frage steht, daß Lee den Finger auf wunde Punkte legt, wo er zwei Extreme kritisiert: nämlich einerseits die einseitige Beschränkung literari-

25 Lee 1975:60-1; Zitate ibid. 61. Vgl. ibid. 59-65.
26 Ibid. 64; vgl. 63-5.
27 Ibid. 66-70, Zitat ibid. 69.
28 Ibid. 72-3; vgl. 70-3.

scher Analyse auf die sprachliche Organisation der Texte und andererseits das historistische Verfahren, altenglische Literatur ausschließlich als Steinbruch für ein *eigenes*, historisches Interesse zu betrachten – wenn auch einige dieser Wunden, wo solch einseitiges Interesse überholt ist, bereits heilen[29]. Richtig erkannt ist auch, daß Literatur eine fiktionale Sehweise von Welt präsentiert; allerdings will Lee diese Erkenntnis nicht umgesetzt wissen in eine gründlichere Analyse des Verhältnisses von fiktiver Welt des Textes und seiner historischen Umwelt: er nutzt sie nur als Waffe gegen ›historische‹ Deutungen altenglischer Literatur[30]. Ansonst kehrt Lee zu der wenig ertragreichen Position ein, daß zwar jeder Wissenschaftler seine eigene Wahl unter den modernen Theorien treffen könne – wähle er jedoch eine andere als Lees Synthese, so sei dies gleichbedeutend mit einer Vernachlässigung von »all such early theory«, das heißt »the main lines of mediaeval exegetical theory and practice«. Mit einem Wort: nur die Verbindung aus patristischer Exegese und Fryescher Archetypenlehre hilft wirklich weiter. Die Synthese ist daher in Wahrheit keine: Lee befindet sich in völliger Übereinstimmung mit neo-exegetischer Theorie und besonders mit dem ›historical criticism‹. Selbst wenn Lee diese Bezeichnung für die von ihm propagierte Theorie und Praxis der Interpretation nie wählt, wird ›historical criticism‹ doch von ihm erneut in sein volles Recht gesetzt[31]. Es braucht daher auch nicht besonders betont zu werden, daß die bisher gegen die neo-exegetische Theorie vorgebrachte Kritik in gleicher Weise für diese behauptete Synthese aus »mediaeval and modern theories« gilt.

3.3.2 *Vorgängige Kritik*. Von allem Anfang an war neo-exegetische Theorie wie ihre Praxis der Interpretation der Kritik einer wachsenden Zahl von Mediävisten ausgesetzt. Am häufigsten wurde gegen sie vorgebracht, daß sie historische Wirklichkeit in der Weise verfälsche, als sie die von Augustinus bezogene Position in den Status einer allgemein verbindlichen Norm für das gesamte Mittelalter erheben wolle und dabei Widersprüchlichkeiten und unterschiedliche Tendenzen der Zeit zugunsten eines simplizistisch pauschalisierten Bildes verschweige.

> Finally, the assumption of the organized use of the symbolic method in medieval literature is essentially simplistic. It imposes a non-historical order and system on what was in fact disordered and unsystematic ... actually there was never any consistent application of that theory anywhere at any time, except for particular biblical passages, in Christian medieval exegesis and, above all, in literary composi-

29 Gegen ›new criticism‹ und Historismus vgl. ibid. 55-6, 65-6.
30 Bes. ibid. 56.
31 Ibid. 73. Lee spricht konsequent von »mediaeval exegetical theory (and practice)« und bezeichnet als »historical criticism« jenes antiquarische Interesse an den Texten, das in ihnen einen expliziten Spiegel angelsächsischer Gesellschaft sieht.

Weiter ist eingewandt worden, daß der im wesentlichen auf der Basis von Augustinus erarbeitete Ansatz einen dogmatischeren Anspruch verträte als Augustinus selbst dies je gemeint habe; daß nur Teile seiner Argumentation bei der Ausformulierung der Theorie berücksichtigt seien; daß gar ernsthafte Mißverständnisse in der Rezeption der *De Doctrina Christiana* durch die modernen Theoretiker vorlägen; daß mittelalterliche philosophische Konzepte falsch wiedergegeben worden seien[33]. Es wurde der literale Sinn als auch von Augustinus für notwendig erachtete Sinnstruktur eingeklagt oder seine Vernachlässigung durch die neo-exegetische Theorie und Praxis der Interpretation als fragmentierende Mißachtung des rhetorisch-ästhetischen Aspektes der Texte gerügt[34]; weiterhin wurden und werden sprachliche (morphologische, semantische) Fehler in den Deutungen alt- und mittelenglischer Texte vehement angeklagt, gar als Ausweis für einen notwendig der Theorie und ihrer Praxis anhaftenden Defekt angesehen[35]. Schließlich ist auch Unbehagen geäußert worden ob des Totalitätsanspruches, mit dem einige Vertreter dieser Schule die *gesamte* volkssprachliche Literatur als durch diese Theorie beeinflußte Produktion ansehen; einzelne Interpretationen wurden als überzogen bezeichnet, andere abgelehnt, weil sie in die Texte Sinnstrukturen hineininterpretierten, die dort gar nicht vorhanden wären[36].

All dies trifft als Kritik oder bloße Vermutung jedoch nicht die Theorie oder Praxis des neo-exegetischen Verstehensmodells mittelalterlicher Texte in ihrem Kern, in ihren Prämissen. Die Kritikpunkte zielen im wesentlichen immer auf Fehler in der Anwendung der Theorie, meinen also Fehler der Praxis, die nicht die Theorie als solche invalidieren können. Schon früh

Albertson 1962:217-9; Payne 1963:271; Parmisano 1966:274-5; John 1971:174-5; Greenfield 1972:138; John 1974: 398-405; etc.

33 Vgl. z. B. Bloomfield 1952:245-7; Quirk 1953:253; Cross 1960:564; Dunning 1961:409-10; Murphy 1961; Payne 1963:271; Parmisano 1966:277-8; Donahue in Whallon/Goldsmith/Donahue 1973:292-3; etc.

34 Vgl. u. a. Frank 1953:195; Neuijen 1953:81-3; Dunning 1955:24 und passim; Bloomfield 1958:75-6; Donaldson 1958:1-5; Dunning 1961:410, 412; Murphy 1961; Parmisano 1966:275-6; Greenfield 1967:141-2; Rollinson 1970:5-6; Bloomfield 1972:311-7; Greenfield 1972 passim; Donahue in Whallon/Goldsmith/Donahue 1973:294-6; Silverstein ibid. 296-7; Rollinson 1973:282; Greenfield 1977; etc.

35 Vgl. u. a. Brook 1953:151; Frank 1953:195-6; Quirk 1953:253-4; Clemoes 1960:363-4; Timmer 1961:464; Neuijen 1967:166-7; Greenfield 1977; etc. Den Defekt der Methode entdeckt Cross 1960:563-4 in Fehlern der sprachlichen Analyse Huppés: » . . . the author's method causes him to ignore other factors in the composition of OE poetry; and this, to my mind, leads to irrelevance and inaccuracy and suggests an error in his premises« (ibid. 562); vgl. auch Timmer 1961:464, der seine Ablehnung der »unproven and doubtful premise« mit »doubtful translations« begründet.

36 Vgl. u. a. Brook 1953:150; Frank 1953:195; Neuijen 1953:80; Bloomfield 1958:76-7; Clemoes 1960:363-4; Cross 1960:562; Donaldson 1958:1-5; Timmer 1961:464-5; Parmisano 1966:274-8 passim, bes. 277; Rollinson 1973:275-6; etc.

wurde folglich erkannt, daß die Kritik eine im Grundsatz theoretische sein müsse: Payne hat dies in einer Rezension von Robertsons *Preface* zutreffend formuliert.

> ... we now have before us an extensive formal statement, heavily illustrated and documented, of a theory for critics of mediaeval literature. *It must be accepted or rejected on theoretical grounds.* This, I think, is the real debt which mediaeval literary studies will owe to the work of Professor Robertson and others of his persuasion long after their theories have been confuted. They have helped to force us to an open reconsideration of fundamental issues in critical procedure[37].

Die Herausforderung der neo-exegetischen Schule zu einer theoretischen Auseinandersetzung mit ihren Prämissen hat, Anfang der siebziger Jahre erst, Stanley B. Greenfield im Feld der altenglischen Literatur angenommen[38]: nach Lektüre des Buchs und gründlichem Studium seines »critical framework« muß man sagen, daß er dabei seine eigenen Ansprüche nicht einlöst[39]. Es zeigen sich im wesentlichen zwei Gründe für das Scheitern, neo-exegetische Theorie zu widerlegen. Erstens ist der Anspruch nicht erfüllt, der neo-exegetischen Theorie selbst auf theoretischer Basis zu begegnen; zweitens kann Greenfield diesem Analyseverfahren kein anderes, *überzeugendes* Verstehensmodell entgegensetzen. Da nicht einmal im theoretischen Teil der Untersuchung wirklich theoretisch argumentiert wird, macht Greenfield Anleihen bei verschiedenen Theoretikern, borgt Einsichten bei Hirsch oder Krieger, bei den Linguisten, ja sogar – wenn auch mit Vorsicht – bei den ›historical critics‹: und dies alles trotz der Tatsache, daß die dort jeweils gewonnenen Einsichten auf theoretischen Prämissen beruhen, die sich zum Teil gegenseitig ausschließen[40]. Es liegt in der Konsequenz dieser Verfahrensweise, daß seine eigene »theory of expectations and implications« nirgendwo klar formuliert ist[41]; es ist ebenso konsequent, daß er in der Applikation seiner Theorie, das meint: in seinen eigenen, praktischen Analysen der Texte, keinen Versuch unternimmt »to use the critical framework ... in any systematic way«[42]. Die Schwierigkeit in der praktischen Verwendbarkeit

37 Payne 1963:269; Payne selbst löst diesen Anspruch nicht ein, sondern beschränkt sich auf eine »descriptive review« (ibid. 270).

38 Greenfield 1972:1-29, 133-59.

39 Rezensionen von Greenfield aus dem weitgefächerten, neo-exegetischen Lager tendieren zu harscher Kritik: vgl. u. a. Goldsmith 1973, Cross 1974, Kaske 1974; vgl. auch Campbell 1975. Positiver sehen den Versuch Gradon 1973, Mitchell 1973, Shippey 1974. Mitchells Überzeugung, daß Greenfield »a much-needed blast against the selectivity, circularity, and rigidity of some allegorical interpretations of Old English poems« erteilt habe, berücksichtigt nicht die involvierten, theoretischen Probleme.

40 Greenfield 1972:1-29, bes. 4-6, 11-7, 25-9.

41 Vgl. die je verschiedenen Verwendungen des Begriffs »expectation« ibid. 12, 16, 18, 25-7.

42 Ibid 29.

seiner Termini »expectation« und »implication« resultiert aus der Tatsache, daß Greenfield wohl die dabei implizierten Probleme zu kennen scheint; daß er aber in seiner Analyse der Texte die historische Bedingtheit des Textes *und* die des Interpreten nicht mehr trennt[43]. Ohne also die Historizität auch des Interpreten zu berücksichtigen, bezeichnet Greenfield beständig seine *eigenen* Einsichten in die Texte als »expectations« und »implications« eines angelsächsischen Publikums[44]; er stellt dabei nicht das Faktum in Rechnung, daß des Kritikers »imagination« ein Produkt *unserer* Zeit ist, daß es *anderen* historischen Bedingungen unterliegt als die »imagination« einer angelsächsischen Zuhörerschaft.

Zudem kehrt Greenfield direkt im Anschluß an seine theoretische Diskussion wieder bei Positionen des ›new criticism‹ ein[45]. Dort, in den ahistorischen und idealistischen Prämissen dieser Schule und in ihrer Sprachtheorie, findet seine praktische Analyse ihre wirkliche, theoretische Basis[46]. Zwar will er über diesen nur intrinsischen Ansatz hinausführen und einem »›contextualist‹ view of literature« zum Recht verhelfen, der »from the poem itself to ›history‹« führe; freilich machen sowohl die praktische Anwendung seiner »theory« als auch die Verwendung von »history« klar, daß Greenfield eben nicht, wie behauptet, »outwards from a poem to its contemporary cultural environment« arbeitet. Statt dessen werden sogenannte intrinsische und extrinsische Perspektiven ständig vermischt, dabei die historische Differenz zwischen dem Text und seinem Interpreten völlig übersehen; so bleibt Greenfield trotz gegenteiliger Beteuerung jenem subjektiven Lesen des »poem *qua* poem« verhaftet, das den ›new criticism‹ kennzeichnet[47]. ›Geschichte‹ scheint für diesen Theoretiker nur dort Funktion für seine Arbeit zu gewinnen, wo es um die Vermeidung von »modern meanings« für die alten Worte im Text geht. In seiner Kritik des ›historical criticism‹ (eine Bezeichnung, die Greenfield sowohl für neo-exegetische wie historistische Interpretationen verwendet) greift er nicht auf neuzeitliche historische Forschung zurück, um simplizistische Entwürfe oder Reduktionsformen von

43 Vgl. z. B. ibid. 5: »For it is one thing to be attracted to a work of former times, say the Old English *Wanderer*, by what seems to be a timeless and universal theme of loss and transiency applicable to our modern lives; but it is another to write criticism as if the poem *were* a product of our times«; vgl. ebenso ibid. 2, 6-7. Greenfield spricht auch von »past (historical) significance« und »present meaning (significance)«, obwohl die Unterscheidung zwischen beiden Kategorien dann unklar bleibt: z. B. ibid. 27, 30, 133 und passim; vgl. auch ibid. 8 zur Relevanz der Texte, die laut Greenfield »both historical and modern« sein muß.

44 Zur Anwendung der Kategorien vgl. Kap. 2-5 der Monographie.

45 Ibid. 30.

46 Zur Kritik an der Sprachtheorie des ›new criticism‹ und an seinen ahistorischen, idealistischen Prämissen vgl. u. a. Pfeiffer 1974:4-8, 20-5, 108-30 und passim.

47 Zitate ibid. 27-8; zur Lektüre der »poems *qua* poems« vgl. ibid. Kap. 2-5.

mittelalterlicher Welt abzuweisen; er beschränkt sich vielmehr darauf, warnend auf zwei Beispiele zu verweisen, in denen der komplexe historische Kontext auf stereotype Klischees reduziert ist[48]. So kommt die Unterscheidung zwischen »present and historical meaning«, von der beständig die Rede ist, in der praktischen Analyse nicht mehr zum Tragen; sie führt statt dessen zu derselben Reduktion des Sinnangebots eines literarischen Werks auf universale Wahrheiten, die auch in den Interpretationsverfahren der neo-exegetischen Schule zu beobachten ist.

> Relevance can and must be both historical and modern, *focusing upon that* aspect of text and context *which has a special resonance in our own moral and aesthetic consciousness* without, at the same time, falsifying or distorting historical probability[49].

Selbst dort, wo Greenfield mit seiner »fallacy of similarity« die wichtige und notwendige Einsicht formuliert, daß Bedeutung nicht einfach von einem Text auf einen anderen übertragen werden dürfe, ist diese Einsicht nicht auf der Basis theoretischer Überlegung gewachsen[50]. Sie ist vielmehr abgeleitet aus dem Vorverständnis von der Autonomie des literarischen Kunstwerks; diesem Kunstwerk kann sich der Interpret, so Greenfield, letztlich nur auf der Basis seiner *eigenen* literarischen Erfahrung verstehend nähern.

> For example, our understanding of the relationship between the so-called ›palinode‹ to Chaucer's *Troilus and Criseyde* and all that has preceded it in the poem is, first of all, a question of interpretation, though evaluation lags not far behind: is it a superficial, irrelevant, tacked-on, conventional recantation of the courtly-love values the poem has celebrated? is it an ironic negation of those values which it has only pretended to celebrate? is it a juxtaposed second perspective that recognizes the superiority of supramundane values without condemning worldly ones? is it something else again? Literary and cultural historical knowledge will take us only so far towards establishing ›Chaucerian‹ meaning; thereafter we must resort *to our own experience* with literature, *to our own sensitivity* to tone, word-meaning, characterization and structural patterns[51].

Mit einem Wort: was Stanley Greenfield gegen die Theorie der neo-exegetischen Schule ins Feld führen will, ist letztlich nur individualisierendes *close reading.*

Eine bedeutendere Kritik der theoretischen Prämissen neo-exegetischer Lehre ist schon vor Greenfields Versuch aus der Position des kritischen Rationalismus der *Chicago School* von R. S. Crane vorgebracht worden. Mit seinem Beitrag verläßt die Auseinandersetzung den engeren Bereich anglisti-

48 Ibid. 6-11.
49 Ibid. 8.
50 Zur »fallacy of similarity« vgl. ibid. 17-25. Greenfields »fallacy of homogeneity« (ibid. 9–11) ist Kritik historischer Simplifizierung, wie sie auch andernorts geäußert wird: vgl. oben, p. 211 mit Anm. 32.
51 Ibid. 7.

scher Mediävistik und bewegt sich in das Gebiet der Philosophie: damit ist nicht gesagt, daß philosophische Diskussionsbeiträge weniger oder gar nicht relevant seien für mediävistische, literaturwissenschaftliche Forschung. Im Gegenteil: das Problem des Textverstehens, die Analyse von Verstehen überhaupt ist ein eminent philosophisches Problem. Crane fragt nach dem logischen Status der neo-exegetischen Annahme, daß nur die Kenntnis der patristischen Tradition der Bibelexegese den geeigneten Schlüssel sinngemäßen Verstehens mittelalterlicher Literatur bereithalte: dieser Grundannahme schreibt er den Status einer Arbeitshypothese zu, die jedoch von einigen Vertretern der neo-exegetischen Schule zur »ruling hypothesis« hochstilisiert worden sei[52].

> On the one hand, they have presented the »exegetical tradition« not simply as one important and neglected element in the general »intellectual background« of medieval poetry but as, in effect, the one »background« essential for understanding that poetry, thus giving it priority over other possible sources of literary inspiration in this period. On the other hand, they have assumed its relevance, as the essential explanatory principle, not merely to many medieval poems, but to »all serious poetry« of the Middle Ages »written by Christian authors, even that usually called ›secular‹« . . . They have thus transformed what is at most only a general working hypothesis – one capable of suggesting particular hypotheses about the possible meanings and devices of medieval poems, which then have to be tested independently – into a ruling hypothesis, or what my colleague, Elder Olson, has called a subsumptive hypothesis[53].

Crane holt so das umfassende Gesetz neo-exegetischer Interpretationstheorie zurück auf den Status der privilegierten Hypothese, das heißt einer Arbeitshypothese, der *a priori* mehr Wahrscheinlichkeit eingeräumt wird, zu richtigem Verstehen zu führen, als allen anderen, denkbaren Hypothesen[54]. Aus dem extremeren Anspruch des ›historical criticism‹, daß Texte allegorisch zu deuten seien, wenn die Botschaft der *caritas* nicht an der Oberfläche der Werke erkennbar ist, ergäbe sich dann, daß wir es eher mit einer Glaubensfrage als mit Problemen von Logik und Vernunft zu tun haben; der Glaubensgrundsatz entzieht die privilegierte Hypothese der Falsifizierbarkeit, macht sie letztlich unwiderlegbar, sobald man den Glauben an sie teilt[55].

> There is no way of showing it to be wrong with respect to any individual poem to which it is applicable, that is, any serious poem of the Middle Ages written by

52 Crane 1967:236-60, bes. 254-8. Die verschiedenen Hierarchiestufen von Hypothesen sowie das Postulat der Falsifizierbarkeit, das sich aus den Prämissen des kritischen Rationalismus ableitet, sind ibid. 236-46 beschrieben.

53 Ibid. 255.

54 Ibid. 238-41, 251-2.

55 Ibid. 256-8. Daß auch Crane die *Cortex-Nucleus*-Hypothese des ›historical criticism‹ als Glaubensgrundsatz einschätzt, ergibt sich aus Formulierungen wie »article of their historical faith« (ibid. 256) oder »this we must believe . . . before we can think ourselves competent interpreters« (ibid. 257).

> a Christian author. That is precluded by the assumption that if the message of charity is not explicitly present in a given poem of this class, it, or »some corollary of it«, will be present allegorically, that is, »by interpretation« according to rules laid down in the hypothesis itself[56].

In der Konsequenz dieses Vorgehens ergeben sich »determinant judgments«: ihre logische Ursache, so Crane zunächst, hätten sie in der Unmöglichkeit, diese Hypothesen in quasi naturwissenschaftlichen Experimenten zu falsifizieren. Im Nachtrag zu diesem Gedankengang gelingt ihm jedoch eine wichtige Korrektur: die »determinant judgments« ergeben sich nämlich vielmehr aus dem »postulated background«, aus dem ungeprüften Setzen eines kulturellen Milieus nämlich; es ist dies ein Postulat, das nicht mehr aus den literarischen Texten selbst abgeleitet werden kann. So gelingt Crane der Ausweg aus dem eigenen Anspruch auf Falsifizierbarkeit der Hypothesen und damit ein wesentlicher Aufweis: daß nämlich das Scheitern neo-exegetischer Sinndeutung ableitbar ist aus dem *eigenen* und *neuzeitlichen* Postulat eines »background«, in den dann die literarischen Texte eingepaßt werden[57].

Cranes Kritik ist ausschließlich theoretisch; sie ist zugleich die bisher weitestgehende Entgegnung auf die dogmatischen Ansprüche der neo-exegetischen Schule, spezieller des ›historical criticism‹. W. E. Rogers führt in seiner Erörterung nicht über Crane hinaus: ihn beschäftigen vielmehr der logische Status von und die Relation zwischen analytischer und kausaler Erklärung sowie die Rolle, die beide in den Hypothesen des ›historical criticism‹ spielen[58]. Zu weitergehenden Einsichten führt dagegen seine Diskussion der Werturteile über Literatur, wie sie in der neo-exegetischen Forschung gefällt werden: als Minimalforderung steht dort ja der Anspruch im Raum, mit Hilfe dieses Interpretationsverfahrens Kohärenz und Konsistenz eines Kunstwerks wiederherzustellen, das auf der literalen Sinnebene vorgeblich bedeutungslos ist. Rogers argumentiert, daß die Suche nach einer bestimmten Art von Kohärenz (hier: der patristisch-exegetischen) den Interpreten in logische Schwierigkeiten führe.

> For the patristic critic *knows ahead of time*, prior to his definitive experience of the work, *that he is looking for a particular kind of coherence*. It is doctrinal coherence . . .[59]

Da diese besondere Art der Kohärenz, die *a priori* als einziger Wertmaßstab festgelegt wird, natürlich das Verstehen des Textes bedingt, ergibt sich ein *circulus viciosus*: denn der Interpret wird dann seine Deutung des Textes hernehmen, um die Kohärenz des Textes zu beweisen.

56 Ibid. 257.
57 Ibid. 259; vgl. 258-60 mit seinen Argumenten ibid. 236-58.
58 Rogers 1980; zur Diskussion der analytischen und kausalen Erklärungen vgl. ibid. 264-71.
59 Ibid. 274; vgl. 271-5.

Rogers Einsichten in die Erstellung von Werturteilen in neo-exegetischer Forschung sind von Bedeutung: sie erhellen die theoretischen Implikationen des Konzeptes der ›unrealistic collocations‹, das zur Zeit in neo-exegetischen Beiträgen zur altenglischen Literatur auffällig Erfolg hat[60]. Gegenwärtig, so läßt sich fast sagen, ersetzt dieses Konzept bis zu einem gewissen Grad den extremeren Anspruch der ›historical critics‹, daß *alle* Literatur dann allegorisch zu interpretieren sei, wenn die Doktrin der *caritas* an der Textoberfläche nicht bereits erkennbar ist. Da dieser Anspruch erhebliche Kritik hervorgerufen hat, wird nun nach ›unrealistic collocations‹ auf der literalen Sinnebene der Texte gesucht. Wenn man nämlich zeigen könnte, daß eine Phrase, eine Verszeile, ein Satz in einem Text ›unrealistisch‹ sei, so soll daraus folgen, daß der Text auf der literalen Ebene weniger bedeutungsvoll, wenn nicht gar bedeutungslos und deswegen inkohärent ist; wohingegen sich auf der allegorischen oder typologischen Ebene Bedeutung und damit auch Kohärenz wiederherstellen ließen. ›Unrealistic collocations‹ wären also, so scheint es, quasi zeitgenössische Belege dafür, daß ein Text nur auf einer höheren Abstraktionsebene verständlich bleibt; und zeitgenössisch heißt hier, das sei festgehalten: zeitgleich mit der Dichtung[61]. Aber: folgende Frage muß im Zusammenhang mit den ›unrealistic collocations‹ doch gestellt werden: wer entscheidet, wo und warum etwas auf der literalen Ebene ›unrealistisch‹ ist? Der Interpret. Folglich ist sein Verstehen des Textes erneut vorverständigt sowohl durch sein eigenes Verständnis dessen, was ›unrealistisch‹ sei, als auch durch sein Vorverständnis der doktrinären Kohärenz. Denn was belegt uns, daß die neuzeitliche Auffassung von Realismus identisch sei mit der einer angelsächsischen Zuhörerschaft? Der Interpret wird deshalb das herausfinden, was er zuvor schon wußte, sogar schon wußte, bevor er einen Text liest. Dieser Interpretationsgang berechtigt folglich logisch Rogers abschließendes Urteil: daß nämlich neoexegetische Praxis der Interpretation bis heute nur zu der beschränkten Einsicht führt »that the literary work merely *reproduces* a pre-existing *sententia* in terms of pre-existing symbols«[62].

Vor dem Hintergrund dieser vorgängigen Kritik läßt sich jetzt fragen, wie

60 Das Konzept wurde eingeführt von Cross/Tucker 1960b.

61 Als ein Beispiel mag vorläufig Vickrey 1972 genügen: dort wird der »Kampf« im Roten Meer als »supreme example of ›unrealistic collocations‹« gedeutet (ibid. 121).

62 Rogers 1980:276; vgl. 275-6. Barkley 1974 stand mir nicht zur Verfügung: dem Abstract in *DAI* 36(1975):2788A entnehme ich, daß auch Barkley den ›historical criticism‹ Robertson'scher Prägung auf bescheidenere Ziele zurückführen und zugleich die Gründe klären will, die zum Entstehen dieser theoretischen Richtung in unserer Zeit geführt haben; die Gründe entdeckt er im Verlust eines homogenen Weltbildes. Vgl. dazu auch Howard 1972:105: »We have lost our religion, and we want so badly to have it back, or to have a substitute, that some of us turn to the Christian past with insatiable longing and see Christianity in every stone or plowshare.«

Verstehen generell und im besonderen das Verstehen mittelalterlich volkssprachlicher Literatur möglich wird; beabsichtigt ist, mit den Antworten auf diese Fragen zu einer Theorie des Verstehens und der Interpretation altenglischer Literatur zu gelangen, die den Texten ihren historischen Kontext zurückgibt.

3.3.3 *Verstehen und Interpretieren.* Wenn wir einen Text interpretieren, versuchen wir, ihn zu ›verstehen‹, nämlich uns einzulassen auf das, was er mitteilen will, welches sein Sinn, was das von ihm Gemeinte ist[63]. Verstehen ist somit Verständigung über etwas, das heißt: ein *Dialog*. Im alltäglichen Leben setzen wir üblicherweise voraus – selbst wenn wir schriftlich kommunizieren – daß der Dialog und damit die Verständigung in unproblematischer Weise zustandekommen. Doch wo wir mit mittelalterlicher Literatur zu schaffen haben, wird der Dialog kompliziert aufgrund der Tatsache, daß ganz unterschiedliche Sinnwelten zueinander reden: ihr Aufeinandertreffen ist charakterisiert dadurch, daß sie sich ›fremd‹ sind; gegenseitiges Verstehen ist dabei nicht mehr ›selbstverständlich‹, wir greifen zur Interpretation, um Verständigung und damit Verstehen wiederherzustellen. Interpretation setzt hier also voraus, daß Verstehen zum Problem geworden ist: das Problem läßt sich nur auf indirektem Wege lösen insofern, als wir das Bedeutete auf umständliche Weise erst herstellen müssen. Ein Beispiel: wir müssen historisches Wissen sprachlicher, sozialer, religiöser Art erst rekonstruieren, um auf dem Umweg über die Rekonstruktion das zu lernen, was der Autor eines literarischen Werkes der frühen Zeit als selbstverständlich voraussetzen konnte – weil es eben selbstverständlicher Teil seiner eigenen Welt war, Teil seiner eigenen Sprache und damit auch Teil der Welt seines Publikums. In gleicher Weise setzen wir im Prozeß der Verständigung stillschweigend einen ganzen Bezugsrahmen voraus, wenn wir mit anderen kommunizieren. Interpretation ist also ein Beleg dafür, daß Verständigung und Verstehen behindert sind; sie ist das Mittel, Verstehen wiederherzustellen.

Der Grund für das Fehlen einer unproblematischen Verständigung über mittelalterliche Literatur liegt darin, daß *alles* Verstehen gebunden ist an ein

63 Im folgenden greife ich zurück auf Beiträge zur philosophischen Hermeneutik und Sprachphilosophie: eine gut lesbare Einführung bietet Hoy 1978 (mit profunder Kritik von Hirschs *Validity in interpretation* in Kap. 1); weiter bieten Übersicht und Diskussion der Grundlagen Bleicher 1980, Howard 1982. Eine englische Übers. von Gadamers *Wahrheit und Methode* (2. Auflage) ist als Gadamer 1979 herausgegeben worden. Einige der Konsequenzen philosophischer Hermeneutik für die Literaturwissenschaft sind diskutiert in Jauss 1970:144-207, jetzt in englischer Übers. in Jauss 1982b:3-45. Meine eigene Auffassung von der gesellschaftlichen Funktion mittelalterlicher Literatur ist beeinflußt von Kaisers Diskussion des hochmittelalterlichen Literaturbegriffs in Kaiser 1978:9-46. Hilfreich bei der Klärung einiger Probleme waren auch Pfeiffer 1974 und Böhler 1978.

›schon Verständigtsein‹: das meint ein umgangssprachliches Verständigtsein, auf das alle Prozesse des Verstehens sich beziehen und das seine Bedingungen aus der jeweiligen konkreten, historischen Situation des Verstehenden erfährt. Als historische Subjekte, die in einer Sprachgemeinschaft leben, beziehen wir alles Neue immer auf das, was wir schon wissen; wir passen es unserer vorgängigen Erfahrung an, die selbst wiederum durch Tradition, durch unsere historische Bedingtheit beeinflußt ist. In dieser Weise läßt sich unser Vorwissen, das sprachlich und materiell vermittelt ist (oder das, in Wittgensteins Worten, an den Sprachspielen der Gesellschaft teilhat), als Vorverständnis im hermeneutisch-philosophischen Sinne begreifen. Ohne solche Vorverständnisse sind wir unfähig zu verstehen: wenn Verständigung überhaupt bedeutungsvoll werden soll, so muß sie notwendig von solchen Vorverständnissen ausgehen. In gleicher Weise ist jedoch auch die Möglichkeit für Mißverständnisse an Vorverständnisse gebunden; denn nur, wenn wir unser Vorverständnis kritisch einsetzen und beständig prüfen, nur wenn wir die Fähigkeit bewahren, es im Prozeß der Kommunikation über etwas (z. B. einen literarischen Text) zu ändern oder zu korrigieren, können wir Mißverständnisse vermeiden.

Ich kehre für einen Moment zurück zu dem Umgang der Kirchenväter mit klassisch-antiker und dem neo-exegetischer Forschung mit mittelalterlicher Literatur; es wird dann deutlicher, wie Mißverständnisse entstehen. In beiden Verfahren wird die Kategorie der Historizität auf fundamentale Weise vernachlässigt. Die Interpretationen klassisch-antiker Literatur bei den Kirchenvätern sind dogmatisch insofern, als sie die Texte gewaltsam ihren Interessen anpaßten: sie wollten nicht hören auf das, was diese frühen Werke mitzuteilen hatten, sondern verrechneten sie bruchstückhaft mit ihren Vorverständnissen von christlicher Doktrin und christlichen Dogmen, die sie im Prozeß der Aneignung der Texte nicht korrigieren konnten. Sie wollten nur erkennen, ›was uns der Text noch zu sagen, zu bedeuten hat‹; sie eigneten sich die Texte für ihre eigenen Interessen und Bedürfnisse an. Dagegen geht neo-exegetische Interpretationslehre von der Annahme aus, daß der Interpret den Text besser verstehen könne, wenn er sich mit ihm zeitgleich macht; er soll dabei zeigen, ›wie es wirklich war‹, und soll den Text mit den Augen der Zeitgenossen lesen. In solchem Zugang zu den literarischen Werken des Mittelalters ist die Behauptung impliziert, man könne den fremden Text ganz *ohne* Vorverständnisse der *eigenen* Zeit lesen und verstehen. Indem sie sich so in die Vergangenheit versetzen, lassen neo-exegetische Interpreten *sich selbst* außer Betracht; sie leugnen ihre eigenen Vorverständnisse, ihre eigene, historische Bedingtheit; sie versuchen somit, die historische Differenz auszuschalten, die Text und Interpreten voneinander trennt[64]. Beide Wege zum

64 Der mangelnde Respekt der historischen Situierung *des Textes* in neo-exegetischer Sinndeutung, der hier außer Betracht bleibt, ist identisch mit der Ausblendung des

Verständnis eines Textes aus einer anderen historischen Zeit führen zum Mißverständnis: es fehlt ihnen das Bewußtsein der historischen Bedingtheit. In beiden Verfahren werden *eigene* Wahrheiten in die Texte hineingelesen, in beiden wird nicht ernsthaft der Versuch eines *historischen* Verstehens unternommen. Mißverstehen resultiert dabei aus der Tatsache, daß die historische Differenz nicht beachtet wird, die uns, den neuzeitlichen Interpreten, das Sinnangebot eines mittelalterlichen Textes fremd macht; weder die Kirchenväter noch neo-exegetische Interpreten respektieren diese Differenz, sind folglich auch unfähig, von ihr zu profitieren. Andernfalls hätte ihnen aufgehen müssen, daß diese Differenz uns befähigen kann, die eigene Interpretation als historisch bedingt und deshalb als relativ zu erkennen; daß wir also kein Recht haben, über das Fremde, das Andere, in vor-urteilender Weise zu verfügen.

Geschichte und historische Differenz sind also fundamentale Kategorien in der Theorie des Verstehens der philosophischen Hermeneutik. Die historische Differenz, die uns von den mittelalterlichen Texten trennt, bewirkt zumindest eine gestörte und deshalb schwierigere Verständigung: da wir nicht länger die gleichen Vorverständnisse mit dem mittelalterlichen Text teilen, können wir nicht mehr wie selbstverständlich verstehen, was ein solcher Text mitzuteilen hat; Interpretation des Bedeuteten ist erforderlich. Doch eines ergibt sich zwingend: Verständigung und Verstehen können nicht einfach dadurch wiederhergestellt werden, daß man die eine Welt zugunsten der anderen aufgibt. Statt dessen ist die Möglichkeit des Verstehens eines alten literarischen Werks *zuerst* an die Bedingung des kontrollierten und bewußten Einsatzes der eigenen Vorverständnisse gebunden: weder die Aufgabe der eigenen, in geschichtlichen Zusammenhängen bedingten Sinnwelt hilft weiter (sich also zeitgleich zu machen mit dem Text), noch darf der anderen, fremden Sinnwelt des Textes die eigene übergestülpt werden (sich ihn für eigene Interessen anzueignen, zu zeigen, ›daß er unvermindert Aktualität besitzt‹). Im Gegenteil: nur wenn im Prozeß der Interpretation *beide* Welten, Gegenwart und Vergangenheit, in einen Dialog eintreten, nur wenn sie verständnisvoll miteinander reden, wird es möglich, die eigenen Vorverständnisse als hypothetische zu erfahren; sie können dann geändert, im Prozeß der Interpretation korrigiert werden. Eine weitere, *zweite* Vorbedingung für das Verstehen mittelalterlicher Texte ist das Zugeständnis des Eigenrechts an den Text: man muß ihn in seiner eigenen Welt hören wollen. Über den und mit dem Text zu reden bedeutet daher, daß wir als neuzeitliche Interpreten die Vorverständnisse des Textes zu respektieren und in Rechnung zu stellen haben, das meint: den historischen Kontext, in den er eingebunden

historischen Kontextes von antiker Literatur durch die Kirchenväter: vgl. oben, 204-8, und unten, 222-5.

ist. Da die historische Differenz uns aber von diesem früheren Kontext trennt, heißt dies: wir müssen weitestgehend und minutiös die historischen Bedingungen, die Vorverständnisse, auf die der Text wie selbstverständlich verweist und die zu seinem Verstehen genauso selbstverständlich gehören, mit Hilfe neuzeitlicher, historischer Forschung rekonstruieren.

Bisher habe ich stillschweigend vorausgesetzt, daß ein mittelalterlicher literarischer Text immer mit der Intention geschrieben wurde, Relevanz für sich zu beanspruchen für das, was dem zeitgenössischen Publikum mitgeteilt werden sollte. Oder, anders ausgedrückt: daß kein mittelalterliches literarisches Werk je mit der Intention gedichtet wurde, »um philologisch von Philologen gelesen und interpretiert zu werden«[65]. Literatur wandte sich eher an den geneigten Leser oder Hörer, der bereit war, sich auf sie einzulassen, sich betreffen zu lassen von dem, was sie zu sagen hatte; der bereit war, interessiert und kompetent zu reagieren; der mit dem Text eine Reihe von Vorverständnissen teilte, aber auch willens war, über seine eigenen Vorverständnisse zu reflektieren. Ein literarischer Text verlangte also, respektiert zu werden: wenn dieser Anspruch akzeptiert wurde, eröffnete er eine Dialogsituation zwischen Text und Publikum. In altenglischer Literatur wird in gleicher Weise Relevanz für die Welt und das Leben der Zuhörer gefordert: die Texte wollten Kommunikation über Welt initiieren; über kollektive Einstellungen; über mögliche oder tatsächliche Selbstverständnisse der Menschen – kurz: sie beanspruchten Bedeutsamkeit für die Lebenswelt ihrer Zuhörer, indem sie ihnen Welt- und Lebensdeutungen anboten. Das Beispiel altenglischer, religiöser Literatur zeigt dies schon ausreichend deutlich: sie will zwischen ihrem Publikum und Gott vermitteln, und diese Intention des Vermittlungsdienstes darf als Ausweis für die Intention gelten, das Verhalten der Menschen durch literarisch-fiktive Bilder zu beeinflussen; dazu wird christlicher Glaube bestärkt, werden Deutungen der Welt entworfen. Weltliche Literatur will in gleicher Weise in die Lebenswelt ihres Publikums hineinwirken: auch in ihr sind Verhaltensmuster dargeboten, dort wird aufgefordert, Ansichten und Einstellungen der fiktiven Sozietät des Textes zu teilen, sie zu verwerfen oder zu diskutieren[66]. Wenn jedoch solche Wirkab-

65 Walther Bulst, zitiert nach Jauss 1970:168.

66 Mit Rainer Holtei habe ich an anderer Stelle versucht zu zeigen, daß auch in *Beowulf* und *Maldon* eine Intention aufzuweisen ist, die Verhaltensweisen der Hörer zu beeinflussen: vgl. Busse/Holtei 1981a, 1981b. Der pauschale Einwand von Colin Chase, daß die Beowulf-Interpretation »nothing new in the way of interpreting the poem« enthalte, berücksichtigt weder die ganz andere Fragestellung noch das dort erstmals aufgewiesene Modell des sozialen Aufstiegs; gänzlich fehl geht schließlich sein Verlangen nach Belegen für die Veränderung des Textes im ja nur *denkbaren* Prozeß seiner Übermittlung; zudem ist in der Untersuchung nicht die Behauptung aufgestellt »that the poem was constantly changed in the course of the tenth century«: vgl. Busse/Holtei 1981a, bes. 300-5, 286-9, und Chase 1982:69.

sicht explizit artikuliert ist (z. B. *swa sceal man don, gehyre se þe wille* o. ä.) oder sonst aus den Texten deduziert werden kann, dann ist es für den Interpreten um so mehr erforderlich, die historischen Bedingungen der Möglichkeit einer Kommunikation über Welt und Gesellschaft im Medium mittelalterlicher Literatur zu erforschen, sie zu rekonstruieren. Der sozialgeschichtliche Kontext, in dem literarische Texte an solchen Prozessen der Kommunikation teilhatten, in dem sie solche Prozesse auch initiierten, in dem sie ihrem Publikum neues oder verändertes Verständnis von Welt vermitteln wollten: dieser sozialgeschichtliche Kontext gehört notwendig zur Voraussetzung eines besseren Verstehens der literarischen Werke.

Wir haben es also mit dem Problem zu tun, wie wir den selbstverständlichen Verständigungsrahmen rekonstruieren können, den Text und Publikum teilten; der selbstverständliche Rahmen kann wiederum dem neuzeitlichen Interpreten helfen, den Dialog über die Welt des Textes und des Publikums zu verstehen. In diesem Problemkreis hilft nun der von Gert Kaiser in die germanistische Mediävistik eingeführte Begriff der »Kommunikationsgemeinschaft als Resonanzraum literarischer Werke« weiter[67]. In solchen Kommunikationsgemeinschaften bestimmt sich das Selbstverständnis des einzelnen als Teilhabe am gesellschaftlichen Selbstverständnis von Gruppen; dies schuf Identitäten, die als Selbstverständnisse den historischen Subjekten meist »in der *interpretierten* Form eines Verbunds von Normen bzw. in dem Wunsch, sich ein als angemessen verstandenes Normengefüge zu schaffen (oder zu verschaffen)« verfügbar waren und die, so sei schon hier hinzugefügt, für den Interpreten durch historische Rekonstruktion wieder faßbar werden können[68]. Die gesellschaftliche Identität des einzelnen und der Gruppen verlangt im Mittelalter nach ständiger Repräsentation: um identifiziert zu werden und sich identifizieren zu können, wurde Status durch Kleidung, Waffen, Geräte, Verhalten angezeigt. Gesellschaftliche Identität ist daher »in alle kommunikativen Lebensäußerungen ostensibel eingewirkt«:

> Was das Verstehen von Äußerungen – in unserem Fall von literarischen Äußerungen – angeht, so heißt das: die Zugehörigkeit zu derlei sozial bestimmten Gemeinschaften (bzw. die Fähigkeit, sich in ihr Normengefüge hineinzuversetzen) schafft die Disposition zum Verstehen der gesellschaftlichen Dimensionen der literarischen Werke[69].

67 Kaiser 1978:43; vgl. für das Folgende ibid. 29-46. Kaisers Verwendung des Begriffs der Kommunikationsgemeinschaft setzt Apels transzendental-hermeneutische Annahme voraus, daß Kommunikationsgemeinschaften die Bedingung der Möglichkeit und Validität aller Verständigung sind: vgl. Apel 1980:93-135, Apel 1967, 1968a, 1968b (alle aufgeführt bei Kaiser 1978:43 Anm. 61); vgl. auch Apel 1980:136-79.

68 Kaiser 1978:31.

69 Ibid.

Ein literarischer Text mußte auf solche gesellschaftlichen Identitäten Bezug nehmen, auf ihr Normengefüge, wenn er als Dialogpartner selbst verstanden werden, wenn er bei seinem Publikum Relevanz beanspruchen wollte. Dabei ist impliziert, daß Autoren die Vorverständnisse ihres Publikums kannten. Kaiser folgert die Vertrautheit eines Autors mit den Prädispositionen seiner Rezipienten aus zwei Faktoren. Zunächst: es gab, anders als heute, keinen Markt für literarische Produktionen; folglich waren die Publikumskreise relativ klein und deutlich konturiert. Dann: weitverbreitetes Analphabetentum führte zur vorwiegenden Rezeptionsweise des gemeinschaftlichen Hörens, das wiederum eine besonders intensive Gemeinschaftserfahrung bewirkte: die Hörenden konnten sich als Gemeinschaft von Betroffenen erfahren, die Möglichkeit individueller Interpretation eines Textes wurde dadurch erheblich vermindert[70].

Intensive und von allen geteilte Gemeinschaftserfahrung findet aber auch darin die Bedingung ihrer Möglichkeit, als in die Texte gesellschaftliche Identität »ostensibel eingewirkt« ist: den Rezipienten begegneten Momente eigener Lebenserfahrung, Momente eigenen Verhaltens in den Texten wieder. Das Wiedererkennen solcher Momente eigener Erfahrung initiiert Identifikationen, die eine notwendige Bedingung der gesellschaftlichen Wirkung von Literatur ausmachen[71]. Solche Angebote der Identifikation zeigen sich schlagend in der quasi anachronistischen Adaptation alter Geschichten oder vergangener historischer Ereignisse an die Gegenwart des Publikums: die Heldentaten Beowulfs z. B. finden sich belohnt im institutionellen Rahmen angelsächsischer Herrschaftshierarchie; Beowulf erhält 7000 Hufen Land, wird damit zum führenden Magnaten in der fiktiven Welt des Textes, ist aber als solcher einem angelsächsischen *ealdorman* vergleichbar. Identifikationsangebote zeigen sich auch im Gegenwartsbezug der Bibeldichtung, in der etwa Abraham und sein Volk auftreten wie ein angelsächsischer Fürst mit seinem Gefolge; und, um ein letztes Beispiel zu zitieren, der Trojaner Troilus aus Chaucers Roman bewaffnet sich und kämpft wie ein mittelalterlicher

70 Walther Bulst, zitiert nach Jauss 1970:168

71 Kaiser nutzt hier das von Jauss in die theoretische Diskussion eingeführte Konzept der »vorreflexiven Primärerfahrung« literarischer Texte: es meint eine ästhetische Erfahrung, die »als Voraussetzung für ästhetisch vermitteltes gesellschaftliches Lernen dient« und »Grundbedingung für die gesellschaftliche Wirkung literarischer Texte« ist (ibid. 34; vgl. 33-8 zu Formen von Identifikation und ihrer Steuerung durch die Texte). Jauss hat dieses Konzept eingeführt in Jauss 1975 (gekürzte engl. Fassung in Jauss 1974); die dort festgehaltene Position zur ästhetischen Identifikation als wichtigem Faktor in der prä-reflexiven, ästhetischen Erfahrung wurde modifiziert in Jauss 1977:137-9, ohne daß dabei die grundsätzliche Bedeutung der Kategorie ›Identifikation als Vorbedingung für die gesellschaftliche Wirkung der Texte‹ in Frage gestellt wird. Letztmalig ist diese Position fixiert in Jauss 1982a (engl. Fassung Jauss 1982c).

Ritter. In dieser naiven Anverwandlung alter Geschichten und vergangener Geschichte auf die eigene Lebenswelt erweist sich das Fehlen jeder historischen Distanz zum Erzählten. Der neuzeitliche Interpret hat diese Distanz zu erkennen und zu respektieren, will er nicht Altes in gleicher Weise für sich bloß aktualisieren; das Fehlen der Distanz in mittelalterlicher Literatur offenbart jedoch für unser Verstehen solcher Texte, daß dort genau diese Bereitschaft zur Aneignung vorhanden ist. Das Publikum war folglich prädisponiert, sich vom Erzählten betreffen zu lassen, sich zu identifizieren, es als neue (oder verstärkte alte) Einsicht und Erfahrung in der eigenen Lebenswelt zu verwenden[72]. Auf diese Weise konnten Identifikationen von einem Text angestoßen, problematisiert, wieder aufgehoben werden oder mit dogmatischer Forderung einhergehen: der Literatur stand hier eine ganze Bandbreite von Möglichkeiten offen. Bedingung für diese Möglichkeit der Identifikation bleiben jedoch Gemeinsamkeiten zwischen erzählter Welt und Lebenswelt: schließlich ist die Assimilation auch Bedingung für Verstehen überhaupt, insofern als das Neue an ein schon Verständigtsein anknüpfen muß[73]. So konturierte Bedingungen der Möglichkeit zur Verständigung über die eigene Lebenswelt im Medium der Literatur führen dann folgerichtig zu einer grundsätzlichen Forderung:

> Wenn es denn richtig ist, daß Kommunikationsgemeinschaften des Mittelalters entscheidend durch soziale Gemeinsamkeiten gebildet und strukturiert sind, und wenn es weiter richtig ist, daß literarische Texte auf Wirkung in diesen Kommunikationsgemeinschaften angelegt und angewiesen sind, dann sollte der Philologe nicht mehr dispensiert werden von der Aufgabe, mit Hilfe der zünftigen historischen Forschung den kommunikativen Wirkungsbereich zu rekonstruieren, den der Text anvisiert. Ohne seinen zugehörigen gesellschaftlichen Resonanzraum bleibt der Text stumm, oder er wird beliebig interpretierbar[74].

Wenden wir uns mit diesem aus Sprachphilosophie und kritischer Hermeneutik abgeleiteten, theoretischen Rahmen nun wieder der ›Theorie‹ und ›Praxis‹ der neo-exegetischen Lehre zu (die ich nun ein ›Verstehensmodell‹ nennen werde), so läßt sich vorgängige Kritik in einigen Punkten präzisieren, gleichzeitig aber auch das Mißverstehen dieses Verstehensmodells definieren. Augenfällig ist, daß in der Tat der postulierte »background« das entscheidende Kriterium zur Bewertung des Modells abgibt. In der Struktur des Modells ist es angelegt, daß dieser postulierte Verstehenshintergrund nicht im Sinne eines *eigenen* Vorverständnisses, als selbsterkanntes Vorverständigtsein über den gesellschaftlichen Rahmen der Texte in den Verständigungsprozeß eingebracht wird; er ist als quasi axiomatische Setzung, als Vor-Urteil im Dialog mit dem Text vorausgesetzt.

72 Vgl. ausführlicher Kaiser 1978:20-9.
73 Vgl. oben pp. 219-20; dazu Kaiser 1978:27-8 mit Anm. 38.
74 Ibid. 40-1.

The Christian theory of poetry was clear and definite; *it was subscribed to by all Christians*. The practice of Latin Christian poetry was in accord with the theory. Caedmon's English poetry was also in accord with the theory[75].

Das an Augustinus gewonnene und von Beda, Aldhelm und wenigen anderen bestätigt gefundene Modell wird somit dogmatisch verabsolutiert zum einzig möglichen Verstehensmodell[76]: da es nicht als *eigenes* und auf den Text appliziertes Vorverständnis erkannt wird, muß der folgende Dialog mit dem Text fast notwendig zu Mißverständnissen führen; das Vorverständnis (als Vor-Urteil) kann folglich im Interpretationsprozeß nicht mehr relativiert, kann nicht in dialogischer Kommunikation mit dem Text überprüft werden. Mit Hilfe des Postulats *produziert der Interpret selber*, was er für den quasi objektiv gegebenen Wahrheitshorizont hält; in diesem Horizont wird der Sinn allemal schon bereitgehalten, er steht bereits vorab fest. Daraus folgt, daß auch der Sinn der Texte immer schon festliegt, bevor sie überhaupt entstanden oder bevor sie von dem Interpreten gelesen worden sind. Der postulierte Verstehenshintergrund bildet ein geschlossenes System, in dem für einen mittelalterlichen Autor allenfalls auf der literalen Ebene der Darstellung Möglichkeiten der Auswahl, Möglichkeiten der poetischen Imagination des Dargestellten blieben. Seine Möglichkeiten konnten (oder besser: durften) demnach *nicht neuen*, *veränderten* Sinn stiften, da wegen der Geschlossenheit des Systems die *sententia* als Sinndeutung der *littera* immer präexistent gewesen wäre.

We see that the *littera* is an open system, like any plot, capable of extension in any direction and for any length. But the *allegoria* and *moralia* are closed systems, offering completed structures whose instance depend on the *littera*. In one sense, all allegorical stories are one story, since the story of the Christ and the Church, and of the Vices and Virtues, are unchanging. But from what aspect they will be approached, and which sections are of major relevance, depend on the literal level and what uses it makes of this material.[77]

Sinndeutung wird in diesem Verstehensmodell technologisch verfügbar: es ergibt sich daraus der quasi naturwissenschaftliche Experimentcharakter von Interpretation, in der dann Verstehen nicht auf dem Wege eines dialogischen Verständigungsprozesses wiederhergestellt wird und somit zur Annäherung an Sinn führt; Sinn ist hier schon gefunden, wenn die richtige Quelle, das richtige Bild oder Thema aus dem verfügbaren Material, dem Index patristischer Schriften, aussortiert ist. Dies führt konsequent zu einer Verrechnung

75 Huppé 1959:239; vollständiges Zitat oben p. 199.

76 Es sollte erinnert werden, daß diese Einsichten als falsches Verstehen der patristischen Tradition kritisiert worden sind: vgl. oben, pp. 211-2 mit Anm. 32-6.

77 Hinton 1966:64-5. Auf der Basis patristischer Exegese und mythischer Analyse geht Hinton dann vom allegorischen und moralischen Sinn zum anagogischen über, d. h. zu jenen ahistorischen, metaphysisch-ontologischen Wahrheiten, die letztlich unerkannt bleiben müssen: ibid. 67-71.

von Identitäten, zur Verrechnung des literarischen Textes mit Details der patristischen Tradition; Mißverständnisse sind dann allenfalls ›Rechenfehler‹, allenfalls ›Meßungenauigkeiten‹, solange die ›richtige Lösung‹ noch nicht aufgefunden ist. Es ist in der Konsequenz dieses Modells angelegt, daß solche ›Rechenoperationen‹ eines Tages als ›Sinndeutung‹ dem Computer überlassen werden können.

In der Zwischenzeit zeigt die Praxis wissenschaftlichen Arbeitens in einer Schwemme von immer neuen Quellenstudien das Bestreben nach Verhaftung des ›Sinns‹. Das Dilemma solcher Arbeiten resultiert aus der Tatsache, daß sie nie bis zur gewünschten, totalen Identität von vorgeblicher Quelle und literarischem Text vorstoßen können; es ist jedoch *nicht*, wie so häufig vermutet, in fragmentarischer Überlieferungslage begründet (i. e. Verlust der ›wirklichen‹ Quelle): es liegt vielmehr darin, daß in solchen Studien wie im gesamten Modell das Verhältnis von ›Quelle‹ und Text eben *nicht* als dialogisches, nicht als gegenseitiges und interpretierendes Verstehen aufgefaßt wird. Statt dessen ist das Verhältnis von Text und Quelle als Monolog gesehen, in dem das Eine (Quelle) dem Anderen (Text) seinen Sinn überstülpt[78]. In Ermangelung einer so verstandenen ›echten Quelle‹ verführt das Modell notwendig zu Textklitterung und zur Verrechnung von Details, die dann auf einer höheren Abstraktionsebene mit Hilfe patristischer Exegese als ›Textsinn‹ wieder zusammengesetzt werden zu griffigen Formeln wie »caritas«, »ritual of birth and resurrection«, »theme of salvation«, und so weiter und so fort.

Die Konsequenz dieses Modells für das Handeln des *neuzeitlichen* Interpreten wird damit klar: da er nicht im Dialog mit dem Text kommuniziert, muß er nicht mehr dialogisch mit sich selbst umgehen, muß sich nicht mehr kritisch prüfen, muß nicht das Setzen des Verstehensmodells als *eigenes* Vorverständnis reflektieren und damit auch das eigene Umgehen mit dem Text nicht mehr in einem dialogischen Verständigungsprozeß relativieren und korrigieren. Da ihm das geschlossene System mit seiner geschlossenen Methode eine Relativierung und damit Infragestellung seiner selbst nicht zugesteht, bewegt er sich in einem ständigen Regelkreis, in dem der Interpret nur das herausfinden wird, was zuvor eingegeben wurde. Innerhalb eines solchen Regelkreises schreitet die neo-exegetische Schule von Selbstbestätigung zu Selbstbestätigung fort. Logisch konsequent ist, daß die Ergebnisse für andere außerhalb des Kreises nur dann nachvollziehbar werden, wenn sie sich der gleichen Dogmatik unterwerfen: wie Crane richtig bemerkt, »we can know it to be correct, and a literal hypothesis about the poet's meaning

78 Richtig erkannt hat die Struktur des Dialogs im Verhältnis von Quelle und Text Rogers 1980:276.

wrong, only . . . ›by the methods of historical criticism‹«[79]. Der ›Sinn‹ eines Textes ist so auch für den heutigen Interpreten nach diesem Verstehensmodell noch verfügbar als technologische Ableitung aus dem dogmatisch postulierten und vorgeblich objektiven ›Wahrheitshorizont‹:

> The medieval audience, *by virtue of the vast store of images and commentary that they held in common*, would not necessarily need to know the precise source of the allusion; nor would the poet necessarily need to cite a specific commentator (although at times he may do so) to communicate his meaning. *The modern critics*, however, who no longer hold this body of images in common *are forced to rely upon exegetical material as an index to these images*[80].

Die historische Differenz, die uns von den mittelalterlichen Texten trennt, ist in diesem Modell konsequent auf eine bloße Bildungslücke reduziert, die leicht und schnell aufgefüllt werden kann durch die Suche nach dem entsprechenden Material in diesem ›Index‹: so reicht denn auch gelegentlich ein Verweis auf den Index zu Mignes *Patrologia Latina* hin, um ›Sinn‹ durch Quellenaufweis für die Interessierten verfügbar zu machen[81].

Es liegt des weiteren in der Konsequenz dieses Verstehensmodells, daß in ihm das Versagen historischer Nachweise für postulierte Vorverständnisse des ›mittelalterlichen Publikums‹ (das meint: für dessen beständigen und bewußten Gebrauch patristischen Materials im eigenen Verständnis der Welt) als läßliche Sünde betrachtet wird. Neo-exegetische Lehre teilt nicht das Erkenntnisinteresse, solche abstrakten und viel zitierten Klischees wie »the medieval audience«, »any learned Christian«, »an Anglo-Saxon recipient« je in historisch faßbare Subjekte aufzulösen oder sie als soziale Gruppen mit gesellschaftlicher Identität zu beschreiben. Der Bezug zum ahistorischen (weil keinem historischen Wandel unterworfenen) ›Wahrheitshorizont‹ als ›objektiv‹ vorgegebener Größe ist diesen Interpreten schon ausreichend ›historischer‹ Bürge dafür, daß »an Anglo-Saxon« historische Situationen wahrscheinlich immer »in terms of multiple levels of understanding« interpretiert haben dürfte[82]; dafür, daß »an early medieval Christian« selbstverständlich patristische Kommentare über Moses' Frau kannte, denn er hatte »a large body of information available in the poet's time«[83]. Und schließlich reicht den Interpreten auch ein unkritischer Pauschalverweis auf Ogilvys

79 Crane 1967:256. Es ist nicht ohne Pikanterie, daß ein in neo-exegetischer Sinndeutung verwandtes Zitat von Augustinus den gleichen Effekt bezeugt, nämlich: » . . . anyone who does not see the temple as the Church is not fit to belong to the Church itself.« Folglich wären die, die außerhalb der neo-exegetischen Schule stehen, unfähig, ihre wahre Leistung zu erkennen. Das Zitat wird verwandt von Hall 1975b:620 Anm. 4.

80 DeNeef 1968:219.

81 So z. B. bei Trask 1973:296, mit Anm. 6 auf 297.

82 So Goldsmith in Whallon/Goldsmith/Donahue 1973:299.

83 So Robinson 1962:375, 377.

Books Known to the English (das schon im Titel irreführend ist) als Nachweis für das Postulat einer universal patristischen Bildung aller Zuhörer aus – und dies angesichts der Tatsache, daß solche Behauptung in eklatantem Widerspruch zu den Erkenntnissen historischer Forschung über die Bildung im Mittelalter steht. Gerade diese letzte Behauptung erweist sich somit als eine der größten Verfälschungen, die je über das Mittelalter verbreitet wurden[84]. Die Implikation, England sei »full of men as learned as Bede« gewesen[85], kann demnach nur schwerlich das uneingestandene Vor-Urteil verdecken, mit dem die Bildung *neuzeitlicher* Exegeten unbesehen – und ohne Prüfung der historisch veränderten, medialen Voraussetzungen – auf alle Angelsachsen vom 7. bis zum 10. Jahrhundert übertragen wird.

Als dritte Folge dieses Modells, mit Bezug auf das Sinnverstehen der Texte selbst, kann demnach deutlich aufgezeigt werden: die literarischen Werke sind in der neo-exegetischen Forschung *nicht* in den für *unser* Sinnverstehen doch notwendigen Resonanzraum gesellschaftlicher Verständigung über Welt in altenglischer Zeit eingebettet. Ihre auf der literalen Ebene angelegten, affektiven Wirkungen und Identifikationsangebote werden beschnitten; sie werden in ihre Einzelteile zerlegt, Punkt zu Punkt mit einem postulierten Wahrheitshorizont verrechnet und dort verbucht: in dem gleichen Maße, in dem dies alles geschieht, werden sie ihrer kommunikativen Möglichkeiten beraubt. Es ist bezeichnend, daß neo-exegetische Auslegung selten zu einer anderen Deutung von ›Sinn‹ gekommen ist als zu einer bloßen Reduktion auf »themes«: das rationale Erkennen universaler, abstrakter Werte wie Nächstenliebe oder Erlösung bleibt einziges Erkenntnisziel des Interpreten; vorgeblich war dies auch einziges Indentifikationsangebot der Texte für das historische Publikum ihrer Zeit. Durch die ständige Verrechnung mit einer sicherlich historisch vorhandenen, aber hier zur einzigen, allgemeinverbindlichen Norm der Gesellschaft verabsolutierten patristischen Tradition werden die Singularität und die historische Einmaligkeit der literarischen Werke aufgegeben; es wird ihnen damit jede Möglichkeit des dialogischen Umgangs mit der ihnen zugehörenden Lebenswelt bestritten; die Möglichkeit eines relativierenden Reflektierens von Welt, von Normen, von gesellschaftlichem

84 Auf Ogilvy als Beleg für die Behauptung verweisen z. B. Wilson 1974:112; Lee 1975:58; etc. Der Irrtum entsteht aus dem Titel der Monographie, weil die Masse der aufgeführten Belege nicht mehr als die Bildung *einiger weniger* Autoren bezeugt (z. B. Beda, Aldhelm, Alfred, Aelfric, Wulfstan). Daraus abzuleiten, daß *alle* zitierten Quellen »books known to *the English*« gewesen wären, ist simple, historische Verfälschung. Grundlegend für Fragen der Bildung im Mittelalter ist immer noch Grundmann 1958; vgl. zusätzlich Bullough 1972, Parkes 1973, Wormald 1977. Diese Beiträge betonen das Bildungsmonopol der Kirche; sie zeigen aber auch auf, daß selbst in der Kirche *wenigen* Hochgebildeten eine Vielzahl von Halbgebildeten gegenüberstand.

85 So die Kritik an Goldsmiths Beowulf-Interpretation in John 1974:395.

Selbstverständnis wird ihnen *a priori* versagt. Die Folge dieses Verstehensmodells ist ein dogmatischer Monolog: die Texte können nur noch sagen, was neo-exegetische ›Sinndeutung‹ sie sagen machen und sagen lassen will.

Zusammenfassend: aus der Sicht eines hermeneutisch über seine eigenen Vorverständnisse reflektierenden Interpreten, der auch den Dialog mit dem Text in seine Reflexion einbezieht, der sich im hermeneutischen Zirkel einem sinnreicheren Verständnis des Textes zu nähern versucht, indem er Fragen an den Text stellt, die beantwortet werden und ihrerseits zu neuen, veränderten Fragen und neuen Antworten führen – aus der Sicht eines solchen Interpreten kann das Urteil über das neo-exegetische Modell des Verstehens nur vernichtend ausfallen. Die Verabsolutierung des Erklärungsmodells setzt die Vertreter dieser Lehre außer Stande, ihre Vorverständnisse zu analysieren; sie bewegen sich in einem statischen, geschlossenen System; sie verhalten sich nicht dialogisch, sondern monologisch, finden demnach immer nur heraus, was zuvor bereits gewußt war. Der Entwurf eines falschen historischen Kontextes macht eine Kommunikation mit dem Text im Sinne einer Verständigung über ihn und seine Bedeutung unmöglich. Die Arbitrarität der Methode entzieht sie jeder Kritik, macht sie zum Dogma, zur Glaubensfrage, zur Ideologie. Sie steht jenem Typ von Mißverstehen nahe, der sich ›voraussetzungslos‹ den Texten nähern will und doch nicht sieht, wie sein eigenes Aneignungsinteresse als mitgebrachtes Vorverständnis den Texten *seinen* Sinn überstülpt. Als ein Verstehensmodell mittelalterlicher volkssprachlicher Literatur, das zwangsläufig statt erstrebten Verständnisses nur Mißverständnis zutage fördert, sind die neo-exegetische ›Theorie‹ und ihre ›Methode‹ für literaturwissenschaftliche Interpretation daher unbrauchbar.

3.3.4 *Der exemplarische Fall*: *Exodus*. Natürlich wird solche harsche Kritik Widerspruch hervorrufen. Denn die Relevanz der patristischen Tradition kann für das Mittelalter ja nicht geleugnet werden; zudem hat die Praxis der Interpretation altenglischer Versdichtung in hinreichendem Maße verdeutlicht, daß sie zum Verstehen der Texte eine unerläßliche Informationshilfe ist; weiterhin ist die neo-exegetische Schule nicht eine homogene Forschergruppe, den dogmatischeren Grundsätzen von Robertson oder Huppé folgen nur wenige.[86] Theorie wäre also eine Sache, praktische Interpretation dagegen wieder eine ganz andere. Und selbst wenn ich eilends hinzufüge, daß wir in *allen* praktischen Analysen von theoretischen Prämissen ausgehen, auch wenn wir davon nichts wissen (weil wir etwa unsere Vorverständnisse nicht reflektieren), wäre doch sinnvollerweise die theoretische Kritik mit einem praktischen Beispiel zu erhärten. Um solch gerechtfertigtem Einwand gegen

86 So Cross 1974c:42: »I know of only one, B. F. Huppé. The inaccuracy implies that all ›historical‹ critics are Robertsonians.«

meine eigene Kritik zu entgehen, will ich an einem Beispiel zeigen, wie neo-exegetische Deutung den Sinn von Texten verstellen kann. Dazu verbleibe ich bei meinem exemplarischen Fall, der altenglischen *Exodus*. Schließlich entbehrt es nicht geringen Reizes, Kritik und neue Wege des Verstehens genau an jenem Text zu erproben, der als das Paradepferd neo-exegetischer Sinndeutung gilt: selbst so erklärte Gegner der Schule wie Stanley B. Greenfield gestehen hier die Möglichkeit einer Berechtigung der christologischen Interpretation zu[87]. Den Vertretern der Schule selbst ist die Bibeldichtung *das* Musterbeispiel, das die Notwendigkeit ihres Verstehensmodells vorgeblich begründet, erfüllt *Exodus* doch, so scheint es, alle Voraussetzungen für exegetische Interpretation: die Quelle ist letztlich die Bibel selbst; die Möglichkeit einer Auslegung wird im Text explizit geäußert; dazu hat die exegetische Auslegung des biblischen Exodus eine lange Tradition im patristischen Schrifttum.

> As a religious work on an important biblical subject – the exodus was the founding-event for ancient Israel – *Exodus* is intrinsically suitable for the kind of critical analysis that (when necessary) looks to patristic exegesis as an aid in interpretation. As far as *Exodus* is concerned Alcuin's famous question, ›What has Ingeld to do with Christ?‹ does not require an answer. In a passage towards the end of the poem, attributed to Moses but more Pauline than Mosaic in viewpoint, interpretation according to the Spirit as well as the Letter is evidently called for.
>
> Gif onlucan wile   lifes wealhstod . . .
> ginfæsten god   gastes cægon,
> run bið gerecenod.
>
> If the interpreter of life [the intellect] . . . wishes to unlock ample benefits with the keys of the Spirit, the mystery will be explained[88].

In der folgenden Verständigung über den Sinn der altenglischen *Exodus* geht es deshalb darum, an einem exemplarischen Fall aufzuzeigen, welche Perspektiven, welche Sinnlinien durch das bisher nur theoretisch kritisierte Verstehensmodell neo-exegetischer Prägung verschüttet werden. Es sollte dabei deutlich werden, wie die *im Text selbst* auf Kommunikation mit dem Publikum angelegten Strukturen in exegetisch vorverständigten Deutungen nicht gesehen, ja nachgerade hinweginterpretiert werden in dem Bestreben, eine nur patristisch kohärente Summe ewig-zeitlicher Wahrheiten zu erstellen; die expliziten Signale des Textes werden dabei in ihrer *Funktion* nicht erkannt, weil das unreflektierte Vorverständnis den Blick für solche Signale verstellt. Der gesellschaftliche Wert von Literatur als einem Medium, in dem gesellschaftliche Gruppen ihr Selbstverständnis und damit ihre Identität reflektieren können, wird in neo-exegetischen Deutungsversuchen reduziert

87 Greenfield 1972:154-5 nach Rollinson 1970:16-8.

88 Lucas 1976:194; daß Moses – anstelle des Erzählers! – angeblich diese Verse sprechen soll, gehört zu den von neo-exegetischer Sinndeutung in den Text projizierten Geheimnissen: vgl. unten, pp. 262-0, mit Anm. 155.

auf ein bloß noch geistiges Rätselspiel im Kloster, auf die Funktion monastischer Andachtsliteratur. Dies ist also das Ziel der folgenden Darlegung: nämlich am exemplarischen Fall auf inhaltlicher Ebene zu zeigen, was auf theoretischer Grundlage bereits geleistet ist. Die Darlegung erhebt *keineswegs den Anspruch, eine Gesamtinterpretation zu sein*: jedoch läßt sich in ihrem Verlauf auch prüfen, inwieweit bisherige Deutungsversuche, die nicht von einem exegetisch geprägten Vorverständnis ausgehen, schon berücksichtigenswerte Einsichten liefern[89].

Ich selbst gehe natürlich in meinen Überlegungen zum Text von den theoretischen Prämissen aus, die ich oben dargelegt habe. Sie verlangen, daß ich im Dialog mit dem Text erproben werde, ob *Exodus* nur verstanden werden kann, indem man sich des postulierten Wahrheitshorizontes der patristischen Tradition bedient; das heißt letztlich auch zu prüfen, ob der Sinn des Textes nur darin liegen kann, einem monastischen Publikum als Rätselspiel oder als Andachtsliteratur zur introvertierten Reflexion über eschatologische Ziele zu dienen – denn dies implizieren neo-exegetische Deutungsversuche[90]. Ausgehend von den theoretischen Prämissen bediene ich mich daher einer *ersten*, generellen *Annahme*: daß nämlich der Text selbst als Beitrag zur Verständigung über die Lebenswelt seine Zuhörer intendiert war.

Als *zweite Annahme* setze ich angesichts der Unhaltbarkeit aller Hypothesen aus dem Datierungssystem nunmehr voraus, daß *Exodus* in der zweiten Hälfte des 10. Jahrhunderts gedichtet worden ist: sowohl die Sprache des Textes als auch die Datierung des Manuskriptes legen dies nahe. Sollte die Dichtung je eine Vorgeschichte gehabt haben (etwa in der Form anderer

89 Die Rückführung bisheriger Deutungsversuche auf ihre Vorverständnisse ermöglicht die Feststellung, daß nur zwei Beiträge außerhalb der neo-exegetischen Schule stehen: Irving 1974, Nazareth 1979; letztere untersucht *Exodus* in einer immanenten Analyse als Sprachkunstwerk.

90 *Exodus* sieht als Meditationsliteratur u. a. Allen 1976; vgl. auch Lucas *Exodus*:72. Viele Quellenstudien, in denen patristisches Material zur Interpretation einzelner Textstellen herangezogen wird, implizieren dies ebenso, da sie einen Bildungsstand für das Verstehen des Textes voraussetzen, über den nur hochgebildete Mönche verfügt haben können: vgl. u. a. Helder 1975; Hermann 1975; Hall 1979; Letson 1979; etc. Zugleich sind solche Arbeiten auch Ausweis für die stillschweigend eingebrachte Vorstellung, daß geistliches Rätselspiel im Kloster (d. h.: Identifikation der angebotenen Bilder mit Mustern patristischer Exegese) Intention des Autors und Funktion des Textes gewesen sei; vgl. u. a. Ferguson 1977:197: »That the poet has deliberately chosen to adorn such a simple meaning [i. e. a conflict between »good and evil, man and sin, God and the devil«] within such a complex framework merely indicates that he is following the Augustinian dictate that that which is searched for with difficulty is more delightfully discovered.« Selbst Irving als Verfechter einer literalen Deutung der Dichtung sieht den Ort ihres Vortrags im Kloster, und nur Mönche in ihrem ersten Publikum: vgl. Irving 1974:212.

Exodus-Versionen), so ist uns diese unwiederbringlich verloren, es läßt sich daher über denkbare Vorstufen überhaupt nichts aussagen. Mit dieser Annahme ist zugleich impliziert, daß im 10. Jahrhundert eine *lebendige* Dichtungstradition in England vorhanden war: sie gehört demnach zumindest mit einigen der Texte, die überliefert sind, als literarische Erfahrung zum Verständigtsein des Publikums hinzu; die Hörer werden vermutlich wenigstens *einige der* Texte gekannt haben, die wir heute kennen[91]. Wir haben historische Nachweise für (heroische) Dichtung in diesem Jahrhundert: die Gedichte der Angelsachsen-Chronik über die Schlacht von *Brunanburh*, über Edmunds *Liberation of the Five Boroughs* und das Gedicht über die Schlacht von Maldon. Mit den historischen Daten dieser Kämpfe umreißen wir einen zeitlichen Rahmen, der vom zweiten Viertel bis zum Ende des Jahrhunderts reicht. Die häufig anzutreffende Annahme, daß solche Gedichte eher nur Ausweis für »studied revival of the older style and diction« seien, ist ein Vorverständnis, das eine ganze Fülle von Annahmen impliziert[92]: es demaskiert sich daher selbst als ein auf die Texte ungeprüft appliziertes Vor-Urteil, weil es ihnen ohne jeglichen historischen Nachweis ein nur noch individualistisches, literar-antiquarisches Interesse unterstellt. Ein anderer Angang an diese Texte ist nunmehr geboten: da ihre Autoren selbst in den Sprachspielen ihrer Gesellschaft befangen waren; da sie weiter an das soziale und kulturelle Verständigtsein ihres Publikums anknüpfen mußten, um selbst überhaupt mit den Dichtungen gehört und verstanden zu werden: deshalb sind diese poetischen Texte unser wichtigster, historischer Beleg für eine lebendige Dichtungstradition in dieser Zeit. Zugleich belegen sie ein aristokratisches Interesse, sich selbst und sein kriegerisches Selbstverständnis im Medium der Literatur bespiegelt zu sehen. Da die Datierung dieser Texte wenig umstritten ist, können wir somit aus dem bloßen Vorhandensein der Gedichte auch auf ein vorhandenes und *lebendiges* Interesse an Literatur, an literarischer Verständigung über die eigene Welt schließen. Gleichzeitig sagen uns diese Texte etwas über die aristokratische Lebenswelt der Angelsachsen im 10. Jahrhundert; oder, um Patrick Wormalds Formulierung zu benutzen: sie öffnen uns ein Fenster für den Blick auf die Mentalität der spätaltenglischen, weltlichen Aristokraten. Folglich ist es vitales Interesse an gesellschaftlicher Identität, was diese Dichtungen hat entstehen lassen, und nicht eine behauptet antiquarisch und nur noch individuell orientierte Motivation.

91 Dagegen ist *nicht* impliziert, daß *alle* literarischen Werke, die wir heute kennen, *allen* Mitgliedern einer solchen historischen Kommunikationsgemeinschaft bekannt waren; genau dies ist aber in einigen neo-exegetischen Deutungen vorausgesetzt, wenn andere altenglische Werke nach Gutdünken und mit einiger Willkür zitiert werden als Hilfe für Texterklärungen: vgl. dazu meine Kritik in Busse 1981:211–3.

92 Zitat aus Wrenn 1967:182. Zur Datierung und Intention von *Battle of Maldon* vgl. Busse/Holtei 1981b:614-5, 618-20.

Als weitere, *dritte Annahme* setze ich eine soziale Gemeinschaft als vom Text anvisierte und betroffene Hörerschaft voraus. Es besteht wenig Zweifel in der Forschung, daß ein Kloster zumindest der Ort gewesen sein könnte, wo die Dichtung produziert wurde: das Bildungsmonopol der Kirche in dieser Zeit verleiht der These Wahrscheinlichkeit, daß zumindest die Verschriftlichung auch oraler Traditionen Aufgabe gebildeter Mönche war. Den Klöstern hätten sich demnach zugleich günstige Gelegenheiten des Einflusses auf die Gestaltung der literarischen Werke eröffnet. Die Tradition der Edmunds-Legende ist ein prägnantes Beispiel für die Möglichkeiten solchen Einflusses, die in dem Prozeß der Übermittlung liegen, und für den Wandel, der ihn begleiten kann: die Geschichte wird zunächst mündlich von des Königs Schwertträger an Dunstan weitergegeben, der sie seinerseits Abbo von Fleury erzählt; letzterer literarisiert die Geschichte in einem lateinischen Werk, das wiederum von Aelfric in eine altenglische Legende umgearbeitet worden ist[93]. Im Fall der altenglischen *Exodus* scheint Zweifel daran, daß wir es mit einem monastischen Autor zu tun hätten, erst recht nicht geboten. Ob das Kloster allerdings auch allein Ort für Vortrag und Rezeption war, ob monastische Hörer allein das erste Publikum bildeten – das muß dagegen schon eher hinterfragt werden. Soweit erwiesen werden kann, daß dieser Text sich auch an ein weltliches (und das heißt immer: aristokratisches) Publikum richtete, käme hier eher die Halle, der ›Hof‹ des englischen Königs als Ort der Rezitation und Rezeption in Betracht. Wir wissen aus Landurkunden, Chroniken und Berichten, daß am Hof des Königs weltliche wie geistliche führende Herren zusammenkamen: Assers Aussage über Alfreds Organisation des Hofdienstes ist dafür nur ein zeitlich erstes, frühes Indiz[94].

93 Die Überlieferung ist von Aelfric beschrieben in Needham *Lives*:43; vgl. ibid. 17-9. Daß Aelfric nicht bloß übersetzt, sondern Geschichten einer interessierten Umarbeitung unterzieht, bezeugt erneut die Unmöglichkeit für den neuzeitlichen Interpreten, von einer sogenannten ›späten Niederschrift‹ auf ein behauptetes ›Original‹ zu schließen: folglich gibt es keine Möglichkeit zu wissen, wie eine denkbare Vorlage, eine frühere Version der *Exodus* ausgesehen haben könnte. Zu Aelfrics Tätigkeit des ›Übersetzens‹ vgl. Nichols 1964; zu seinem Umgang mit Quellen u. a. Cross 1965.

94 Vgl. Asser *Gesta*:100; EHD I:301. Für das 10. Jh. belegt u. a. das Testament Eadreds verschiedene Hofämter und verweist so auf eine möglicherweise vorhandene *familia regis*: Harmer *Documents*:34-5; EHD I:554-6; zur Authentizität vgl. S 1515 (A. D. 951x955). Alle Landurkunden mit Zeugenlisten belegen das Zusammentreffen weltlicher wie kirchlicher Herren und der *familia*, z. B. CS 1029, 1234, CD 1289; EHD I nos. 108, 113, 118; zur Authentizität dieser drei Urkunden vgl. S 659 (A. D. 958 für 956), 773 (A. D. 969), 883 (A. D. 995). Da die Auswertung der Urkunden für das 10. Jh. noch in den Anfängen steckt und historische Detailforschung daher noch kaum begonnen hat, ist jetzt Keynes 1980 eine wertvolle Hilfe für die Regierungszeit Aethelreds: vgl. ibid. bes. 126-34 zum *witenagemot* aus urkundlicher Sicht; immer noch Standard ist Liebermann 1913;

Die Zeugenlisten der Urkunden legen nahe, daß es sich dabei um einen relativ kleinen und homogenen Kreis gehandelt haben mag: zu ihm gehörten die führenden Bischöfe und Äbte, die *ealdormen* und herausragende *thegns*. Also geben uns die Zeugenlisten historische Subjekte an die Hand, die über jeweils mehrere Jahre verfolgt und identifiziert werden können, folglich historischer Analyse zugänglich sind. Dabei ist hilfreich, daß die Zusammensetzung des *witenagemot* im Verlauf der Jahre nur langsamem Wandel unterworfen war[95]. Einen solchen Kreis in der königlichen Halle nehme ich zunächst als die vom Text *zuerst* anvisierte Kommunikationsgemeinschaft von Hörern an: in ihr darf durchaus auch ein Selbstverständnis von der Identität der einzelnen gesellschaftlichen Gruppen vermutet werden. Zu klären wäre demnach, ob die altenglische Bibeldichtung, mit diesem Vorverständnis gelesen, überhaupt etwas sagen kann.

Als nächste und *vierte Annahme* setze ich voraus, daß die Bibeldichtung sich *zum ersten Mal* an ein solches Publikum wandte. Damit ist impliziert, daß niemand außer dem Autor (und vielleicht ein paar Eingeweihten) den Text, wie er uns heute erhalten ist, zuvor kannte. Das Gedicht wäre also für die Zuhörer neuartig gewesen; folglich konnten sie nicht in philologischer Manier mit ihm umgehen. Da es ihre erste Begegnung mit dieser Dichtung gewesen wäre, waren sie nach Art der prä-reflexiven Erfahrung von Literatur allen Manipulationen des Textes ausgesetzt; ihre Erfahrung mit der altenglischen *Exodus* kann daher mit einem Dialog verglichen werden, in dem das Publikum im fortschreitenden Prozeß zunehmenden Lernens langsam die Bedeutung, den Sinn dieser besonderen Darstellung biblischer Geschichte erfaßt. Oder, einfacher gesagt: ihre Kommunikation mit dem Text mußte an seinem Anfang beginnen, und nicht an seinem Ende. Es ist diese besondere Kommunikationssituation des ersten Hörens eines neuartigen Werks, über die ich mit dem Text reden will.

Als letzte und *fünfte Annahme* setze ich voraus, daß die biblische Geschichte des Auszugs der Israeliten aus Ägypten auch einem weltlich-aristokratischen Publikum in groben Zügen bekannt war, folglich Teil seines Vorverständnisses ist. Zu fragen wäre dann aber, ob der Vollzug des Textes im Vortrag ein solches Vorverständnis unverändert zurückläßt. Zudem gehe

vgl. auch Loyn 1984:95-106. Zum Stand der Urkundenforschung vgl. u. a. Brooks 1974; Gelling 1978, 1979:7. Viele Informationen über führende Magnaten enthält Hart 1975:253-380; vgl. auch Hart 1973 über die Familie von Athelstan Half-King und Williams 1981 über die Familie Aelfheres von Merzien; allgemein zur Prosopographie Hollister 1981, Nelson 1982. Generellen historischen Überblick über das 10. Jh. bieten Landon 1969, Kleinschmidt 1979, John 1982.

95 Vgl. die Tabellen im Anhang bei Keynes 1980. Wenn man William of Malmesbury glauben darf, wurde an Athelstans Hof Dichtung rezitiert (EHD I:306), während die *Vita Oswaldi* den Schluß zuläßt, daß »buccinae sonitus . . . vel salpinx joculatoris« Feierlichkeiten begleiten konnten: ibid. 438.

ich davon aus, daß auch geistliche Herren unter den Zuhörern waren und daß der Autor aus kirchlichem Kreise stammte: hier muß ein anderes Vorverständnis berücksichtigt werden, das schon mehr über den Text und die Verständigung mit ihm und über ihn wußte; die geistlichen Herren kannten vermutlich die patristische Exegese des biblischen Exodus. Meine Annahme über die Zusammensetzung eines zeitgenössischen Publikums nähert sich damit der Interpretation Irvings, der ebenfalls ein unterschiedlich vorgebildetes Publikum annimmt. Sein Verständnis des Textes jedoch als eines literarischen Werks, das von quasi Ungebildeten in der einen und von patristisch Vorgebildeten in einer anderen Weise verstanden werden könnte, greift entschieden zu kurz[96]: es versagt, weil es die explizit im Text angelegte, dialogische Struktur nicht erkennt, die auf Verständigung dieser unterschiedlichen Verstehensweisen abzielt. Irving beläßt so den Text in einem monologischen Umgang des einzelnen Rezipienten mit sich und dem literarischen Werk, in dem der einzelne seine eigene Deutung in den Text hineinlesen darf; dies reduziert die Rezeption des Textes auf eine individualistische Aneignung, in der Verstehen als interpretierende Verständigung über Welt nicht mehr statthat. Der ›Sinn‹ des Textes gerät so wieder zu einer der vielen griffigen Formeln: obwohl Irving die im Text angelegten, affektiven Wirkungen als Möglichkeiten emotionaler Erfahrung erkennt, ist dann der von ihm herausgelesene ›Sinn‹ doch wieder nur »simply the good news of salvation, addressed to all men (›we‹ in lines 1 and 529, ›us,‹ 531), who have the freedom whether or not to hear it«[97]. Indem er die Sinndeutung dem einzelnen überläßt und dessen Entscheidungsfreiheit, überantwortet Irving die Bedeutung des Textes dem *Vor*verständnis (oder eher: Vor-Urteil) der historischen Subjekte; er kann daher nicht erkennen, daß *Exodus* genau dies *nicht* will: der Text provoziert Verständigung über sich selbst und dann Verständigung über das Selbstverständnis bestimmter, gesellschaftlicher Gruppen im 10. Jahrhundert. Diese Dimension des Textes eröffnet neue Möglichkeiten, ihn zu verstehen, die in keinem der bisherigen Deutungsversuche erkannt worden sind: letztere führen in dem Maße ins Mißverstehen, als sie die Frage nicht verstanden haben, auf die mit *Exodus* eine Antwort gegeben werden sollte[98].

Doch nun zum Text selbst. *Ein* erstes Vorverständnis stellt sich sogleich als nur neuzeitliches heraus: daß nämlich die zu erzählende Geschichte den Auszug der Israeliten aus Ägypten zum Gegenstand habe und deshalb *Exodus* genannt werden muß. Weder trägt das Manuskript einen Titel, noch ist davon im Text selbst zunächst die Rede.

96 Irving 1974:212; vgl. oben, pp. 195-6.
97 Ibid. 211.
98 Von R. G. Collingwood stammt die These »one can understand a text only when one has understood the question to which it is an answer«: vgl. Collingwood 1970:29-43, wo die »logic of question and answer« dargelegt ist.

Hwæt, we feor and neah gefrigen habað
ofer middangeard Moyses domas,
wræclico wordriht wera cneorissum,
in uprodor eadriga gehwam
æfter bealusiðe bote lifes,
lifigendra gehwam langsumne ræd
hæleðum secgan. Gehyre se þe wille! (Vv. 1-7)

Nun, wir haben erfahren, daß fern und nah über den Erdkreis hin den Menschen die Gesetze des Moses, wunderbare Wortrechte den Geschlechtern der Menschen, im Himmel für jeden Glückseligen nach der Schreckensreise ein Lohn des Lebens, für jeden Lebenden langdauernder Rat verkündet wurden. Möge (zu)hören, wer will[99]!

Die Eingangsverse stellen einen Prolog mit Appellcharakter dar, zusammengehalten durch eine kunstvoll gebaute Syntax, die Aufmerksamkeit erfordert und zugleich dieses Aufmerken auf die zentralen Objekte lenkt: Gesetze, Wortrechte, Lohn und Rat sollen folgen. Die Relevanz des Erzählten für die Vergangenheit und auch die Gegenwart wird bedeutet: des Moses Gesetze galten für Generationen von Menschen, und noch jetzt liegt in ihnen Rat für die Lebenden und Verheißung für das Leben nach dem Tod. Die Präsenz eines Erzählers (*we*, *gehyre*) kennzeichnet die Vortragssituation: gemeinschaftliches Hören ist damit für diesen Text die angestrebte Rezeptionsform; es soll eine Geschichte erzählt werden, die in der Lebenswelt der Zuhörer Relevanz beansprucht.

Was folgt? Durch einen pronominalen Anschluß allein (*Moyses* V. 2, *þone* V. 8a) wird Moses als eine zentrale Figur der Geschichte eingeführt (Vv. 8-32): ohne jede weitere Vorrede wird seine direkte Verbindung zu Gott prägnant hervorgehoben. Er ist ausdrücklich Gottes Schutz unterstellt (*werode* V. 8b)[100]; er wird von ihm geehrt (V. 10a), ist mit Gottes Wundermacht ausgestattet (Vv. 10b-11), dem Herrn lieb (V. 12a) und verfügt über ein singuläres Wissen. In der Tat kommt dieses geschichtliche Wissen dem Wissen Gottes nahe: deutlich durch Wiederholung betont wird, daß Gott selbst mit Moses gesprochen hat (*hine. . .wordum nægde, him gesægde* Vv. 23, 24a); Gott verkündet dem Moses göttliche Wahrheiten und vermittelt ihm Kenntnisse, die weit über die Erfahrung weiser Männer hinausgehen, »þeah hie fela wiston«, obwohl diese schon viel wußten (Vv. 22b-29). Eingewoben in diese Vorstellung des Moses als Allwissendem wird seine Funktion als Führer einer Gemeinschaft: auch dieser Aspekt ist, deutlicher

99 Zitate erfolgen nach Lucas *Exodus*, häufiger jedoch ohne dessen überflüssige und gelegentlich falsche Emendationen; in Interpunktion und syntaktischer Analyse folge ich hier Bammesberger 1979.

100 Ich verstehe *werode* als Verb nach der Formel *werian and weorðian* (vgl. gewyrðode V. 10) und nicht, wie Lucas *Exodus*:76, als »gen.pl. for regular *weroda*«; vgl. Busse 1981:208 und die Belege für die Kollokation in *BT* s. v. *werian* IV.

noch als die Betonung seines Gesprächs mit Gott, hervorgehoben durch variierende Wiederholung. Der Effekt solcher Variation ist die Verstärkung und daraus resultierend entsprechende Aufmerksamkeit: Moses ist *leoda aldor* (Führer, Ältester der Leute), *herges wisa* (Führer, Leiter des Heeres), *freom folctoga* (starker Kriegsvolkführer: Vv. 12b-14a)[101]. Im Kontext der Ehrung durch Gott überraschen die erwähnten Eigenschaften als Heerführer: sie bereiten jedoch kurzfristig vor auf die ebenso überraschende Setzung der Information, daß »Pharaohs Sippschaft ... die Gertenstrafe band« (Vv. 14b, 15b), und daß Pharaoh selbst *Godes andsaca*, Widersacher Gottes ist (V. 15a)[102]. In einem Vorgriff wird erstmals auf einen kommenden Konflikt und sein Ergebnis verwiesen: die Vernichtung der Ägypter, das Gewinnen eines Heimatlandes, das Besiegen von Feinden, Kampf, Schrecken, Waffengewalt.

He wæs leof Gode, leoda aldor,
horsc ond hreðergleaw, herges wisa,
freom folctoga. Faraones cyn,
Godes andsaca, gyrdwite band,
þær him gesealde sigora Waldend
modgum magoræswum his maga feorh,
onwist eðles Abrahames sunum.
Heah wæs þæt handlean ond him hold Frea,
gesealde wæpna geweald wið wraðra gryre;
ofercom mid þy campe cneomaga fela,
feonda folcriht. (Vv. 12–22a)

Er war Gott lieb, der Führer der Leute, wachsam und herzklug, der Führer des Heeres, ein starker (Kriegs-)Volkführer. Die Sippschaft des Pharaoh, Gottes Widersacher, band die Gertenstrafe, als ihm (ihnen) der Herr der Siege, tapferen Führern, das Leben seiner Verwandten (i. e. des Pharaoh) übergab, den Söhnen Abrahams das Bewohnen eines Heimatlandes. Hoch war der Lohn und der Herr ihnen (ihm) hold, gab Gewalt der Waffen gegen den Schrecken der Feinde; er besiegte mit dem Kampfe viele der Verwandten, (zerstörte) das Volksrecht der Feinde.

Für ein angelsächsisches, aristokratisch-weltliches Publikum in der zweiten Hälfte des 10. Jahrhunderts kann dies sogar Assoziationen an die eigene, jüngere Geschichte wecken: die erste Hälfte des Jahrhunderts ist voll von Beispielen für kriegerische Auseinandersetzungen und Eroberung, bestimmt von der Ausdehnung westsächsischer Königsmacht und ihrer langsamen Etablierung als herrschende Macht in England. Der textliche Hinweis auf einen Heerführer, auf Waffengewalt und Landgewinn trifft so auf ein Vorverständnis eigener Geschichte, die noch nicht lange zurückliegt und in

101 *Folctoga* impliziert auch militärische Führung: in V. 502a meint *folcum* das Heer des Pharaoh, V. 340 werden die Stämme als *folc* bezeichnet, V. 254 sind explizit »Heerführer« gemeint. Zur Bedeutung von *folc* als »Heer« vgl. auch John 1966:120-1, 292-3.

102 Die Emendation von Lucas ist überflüssig: vgl. Busse 1981:200 mit Anm. 7.

Preisliedern wie dem auf die Schlacht von Brunanburh weiterlebt: noch Aelfric wird sich dieser Schlacht erinnern[103]. Der *Exodus*-Text bereitet sein Publikum hier auf eine ähnlich kriegerische Geschichte vor: anders sind die deutlichen Signale von einem solchen Publikum wohl nicht zu verstehen. Jedoch bleibt dabei einiges unklar: wer sind die Feinde (V. 20b), wessen Volksrecht wird zerstört (V. 22a), was genau ist der Lohn (V. 19a), wer ist der Handelnde in *ofercom* »besiegte« (V. 21a), Moses oder Gott? Führt die Geschichte an dieser Stelle in den Text ein oder über ihn hinaus? Antworten gibt der Text nicht; im Gegenteil: es folgt das Gespräch Gottes mit Moses, von dem schon oben die Rede war. Die Passage schließt mit einer Summe, die nun aber erneut auf einen Konflikt und den Auszug aus Ägypten verweist und damit erstmals explizit den modernen Titel des Textes zu rechtfertigen scheint. Oder sollte die »Fortreise« sich nur auf Moses beziehen?

> Hæfde He þa geswiðed soðum cræftum
> ond gewurðodne werodes aldor,
> Faraones feond, on forðwegas. (Vv. 30-2)

Er hatte da(nn) mit wahren Mächten gestärkt und erhöht den Führer der (Heer-) Schar, den Feind Pharaohs, für die Fortreise.

Mit dieser Summe sind Identität und Autorität Moses' gesichert: die verbindende Linie führt trotz der Unklarheit der Bezüge in Vv. 19-22a von *Moyses* (V. 2b) über *þone* (V. 8a) und *hine* (V. 23a) bis zu *werodes aldor* (V. 31b) in die Figur des Moses ein, die in ihrer Allwissenheit über der *frod fædera cyn* (V. 29a), der erfahrenen Sippschaft der Alten steht, die sonst als Autorität gelten[104]. Während der Prolog durch seine syntaktische Struktur zusammengehalten wird, klammert diese Passage der zweifache Verweis auf die Ehrung und Erhöhung Moses' durch Gott (*werode* und *gewyrðode* Vv. 8b, 10a, sowie *geswiðed* und *gewurðodne* Vv. 30a, 31a): er ist Gottes Stellvertreter auf Erden. Da *werodes aldor* jedoch auch kriegerische Implikationen trägt und *werod* »*Heer*schar« bedeuten kann, da weiter ausdrücklich von Moses' Funktion als *herges wisa*, als Führer eines Heeres also die Rede ist, darf auch erwartet werden, daß die Andeutungen auf anstehende Auseinandersetzungen, auf Landgewinn und Kampf wieder aufgegriffen und weiter ausgeführt werden.

Der nächste gedankliche Abschnitt wird durch ein Zeitadverb eingeleitet, eine häufig im Text angewandte Gliederungsstruktur[105]. Jedoch folgen jetzt

103 Aelfric *Heptateuch*:416 im Epilog zum Buch der Richter; vgl. EHD I:37 zu dem Aufsehen, das diese Schlacht erregte.

104 Die Unklarheit der Bezüge in Vv. 19-22a wird erhöht durch die Möglichkeit, *him* V. 19b als Sgl. oder Pl. aufzufassen und damit auf Moses, auf *modgum magoræswum* (die in Vv. 234, 254 erwähnten Heerführer) oder auf *Abrahames sunum* 18b zu beziehen. Zur wissenden Sippschaft der Alten vgl. auch Vv. 359-61.

105 Vgl. Vv. 98, 154, 310, 516 u. ö.

nicht etwa der erwartete Auszug (*forðwegas* V. 32b) oder nähere Hinweise zum Konflikt (*wæpna geweald* V. 20a): der Text spielt statt dessen auf die biblische zehnte Plage an. Er tut dies allerdings in einer Weise, die erheblich von der (denkbaren) Bibelversion abweicht, die man allenfalls als Vorverständnis über die biblische Geschichte bei einem aristokratischen Publikum erwarten könnte[106]. Über die bloße Feststellung des Todes der Erstgeborenen geht *Exodus* weit hinaus, indem die Bibeldichtung dieses Ereignis in Begriffe aus der angelsächsisch-aristokratischen Wertwelt faßt.

Þa wæs ingere ealdum witum
deaðe gedrenced drihtfolca mæst;
hordweardra hryre heaf wæs geniwad,
swæfon seledreamas since berofene. (Vv. 33-6)

Da wurde besonders mit alten Plagen, mit dem Tode getränkt das größte der Völker; durch den Tod der Hortwärter ward die Klage erneuert, es schliefen die Hallenfreuden, des Schatzes beraubt.

In der Tat zielt diese Passage dermaßen in die Lebenswelt angelsächsischer Aristokratie hinein, daß sich hier Fragen an den Text ermöglichen, die man bisher in der Forschung nicht stellen konnte, weil die Wertwelt der Ägypter (die im Text an dieser Stelle ja nicht genannt sind) immer in die Hölle verbannt und der Text zu sehr unter der Prämisse alles umfassender, exegetischer Vorverständnisse (Pharaoh = Teufel) gelesen wurde[107]. Geht man jedoch davon aus, daß der Text sich auch und vielleicht sogar besonders an ein weltlich-aristokratisches Publikum richtet, das ohne Vorkenntnis patristischer Traditionen *Godes andsaca* (Gottes Widersacher) nicht gleich mit dem Teufel identifiziert, so spricht der Text an dieser Stelle in *anderer* Weise; schließlich ist den historischen Subjekten im zeitgenössischen Publikum bekannt, daß sie selbst in der ständigen Gefahr stehen, *Godes andsaca* zu werden, das meint: aus der gesellschaftlichen Gruppe der Kirche als solcher stigmatisiert zu sein[108]. Kurz: *Godes andsaca* ist kein objektiver Wahrheitsbegriff, wie dies neo-exegetische Forschung impliziert, sondern eine subjektive Wertung.

106 Nach meiner Datierung des Textes in die 2. Hälfte des 10. Jh.s verweise ich folgerichtig auf Exodus in Aelfrics *Heptateuch*, bes. Kap. 11-15.21; vgl. hier 12.29-36. Natürlich ist damit nicht impliziert, daß diese Übers. eine ›Quelle‹ der Dichtung gewesen sei: es geht um das allgemeine Vorverständnis eines weltlichen Publikums.

107 Die Gleichung wird abgeleitet aus V. 15a *Godes andsaca*: vgl. u. a. Lucas *Exodus*:76 zu Vv. 14b-5; selbst Irving 1972:294 zu V. 45 folgt dem »Pharaoh-Satan theme«.

108 Man vgl. etwa *ASC* D 975, wo Ealdorman Aelfhere und andere als »Godes wiþærsacan« genannt sind; Aelfhere wird auch unter die »hostes« in der *Vita Oswaldi* gezählt (ibid. 444: »hostilis hostis vesania«), kurz darauf aber wieder als »gloriosus dux« bezeichnet (ibid. 450).

Schauen wir danach auf den Text, so wird das Bild einer Zerstörung deutlich, in der zentrale Werte aristokratischer Lebensart untergehen. Der Verlust der Hortwärter (*hordweardra hryre* V. 35a), das heißt: solcher Männer, die über Schätze verfügen und sie vergaben; der Verlust von *seledreamas* (Hallenfreuden, V. 36a), das heißt: des Inbegriffs aristokratischer Lebenswelt in der Halle, in der sich gemeinschaftliches Leben vollzieht; der Verlust der Schätze selbst (*since berofene* V. 36b) und damit der Substanz, die herrschaftliches Leben ermöglicht – all dies muß einem aristokratischen, angelsächsischen Zuhörer des späteren 10. Jahrhunderts als Ungeheuerlichkeit erschienen sein. Schließlich wissen wir aus der überlieferten Literatur, daß die Welt der Halle der ideale Ort aristokratischer Lebensart ist: aus den Texten können wir daher in der Weise Einsichten in die sozialhistorische Realität gewinnen, als sich aristokratisch-kriegerisches Selbstverständnis in ihnen repräsentiert und bespiegelt[109]. Die Halle ist der Ort, wo weltliche und geistliche Herren zusammenkommen, wo die eigene Geschichte in Form von Preisliedern lebendig gehalten wird, wo kriegerischer Identität in Form von Heldenliedern und damit im literarischen Werk ein Denkmal gesetzt ist[110]. Die Benennung englischer Könige als *beorna beahgifa*, als Schatzgeber der Männer[111]; die Einrichtung des *heriot* als einer Art Testamentsgebühr, mit der symbolische Ausrüstungsgaben für ›Dienst‹ (das heißt wohl: Ausrüstung nach Status und Amt, aber auch Waffenausrüstung) im Testament an den König zurückvermacht werden[112]; das Gesetz Ethelreds, das in einer Notlage des Landes den Verzicht auf Gold als Schmuck beim Kirchgang vorschreibt[113]; – all dies legt beredtes Zeugnis von der grundsätzlichen Lebensbedeutsamkeit der ›Schätze‹ (Gold, Waffen, Pferde) in den Beziehungen der spätaltenglischen, aristokratischen Welt ab. Was also in *Exodus* zerstört wird, ist ein Stück angelsächsisch-aristokratischer Wertwelt, ein Stück gesellschaftlicher Identität: noch bevor die biblischen Erstgeborenen überhaupt explizit erwähnt werden (*frumbearna fela* V. 38b), ist die affektive Wirkung

109 Vgl. etwa Bolton/Wrenn *Beowulf* Vv. 356-661, 837-1250; die literarischen Beispiele analysiert im Kontext der Frühzeit (Verweise auf Beda) Hume 1974.

110 Wie zuvor etwa *Beowulf* Vv. 1063-1162; negativ impliziert das gleiche *Brunanburh* Vv. 39b-52 (ASPR VI). Einen allerdings späten, historischen Beleg liefert William of Malmesbury, EHD I:306. Einen Eindruck von der Größe der Hallen und der dort zusammenkommenden Gemeinschaft vermittelt unter Einbeziehung der Literatur und von Landurkunden aus archäologischer Sicht Rahtz 1979, bes. 4-10, 12-7, 373-7; vgl. auch hier, Anm. 95.

111 Etwa Athelstan in *Brunanburh* V. 2a, Edgar in *Death of Edgar* V. 10a (beide zitiert nach ASPR VI).

112 Vgl. Whitelock *Wills* nos. 1, 17, 18; Napier/Stevenson *Charters* no. 10; die Testamente belegen, daß auch Bischöfe hier nicht ausgenommen waren. Vgl. weiter Liebermann *Gesetze*, Rechts- u. Sachglossar s. v. *Heergewäte*.

113 Robertson *Laws* VII Aethelred 2: ist es bezeichnend, daß sich diese Angabe nur im ae. und nicht im lat. Text findet?

dieser »Plage« und damit ihr Identifikationsangebot erstellt. Es paßt hinzu, daß auch die *burhweardas*, die Wächter der Stadt (V. 39a), zermalmt werden; die ganze Wucht des Ereignisses kann dann in einer einzigen Halbzeile die Tragweite der Zerstörung erklären: die »Kampfschar« ging fort.

Hæfde manësceaðan æt middere niht
frecne gefylled, frumbearna fela,
abrocene burhweardas. Bana wide scrað,
lað leodhata, land ðrysmyde
deadra hræwum: dugoð forð gewat. (Vv. 37-41)

Er hatte die bösen Schädiger zur Mitternacht hart niedergefällt, viele der Erstgeborenen, Wächter der Stadt zermalmt. Der Totschläger wanderte weit, der haßvolle Menschenverfolger, erstickte das Land mit Leichen der Toten: die Kampfschar ging fort.

Dugoð bezeichnet gewöhnlich die erprobten, erfahrenen Kämpen: als solche unterscheiden sie sich von der *geoguð*, der Jugend, die noch nicht am Kampf teilnimmt[114]. Damit ist aber auch die Bedeutung dieser Stelle noch prägnanter formuliert: es fallen nicht einfach anonyme, erstgeborene Kinder, es fällt ein großer Teil (*fela*, viele) aus der aristokratisch-kriegerischen Führungsschicht einer Gesellschaft, die in Wertbegriffen sich dargestellt findet, welche der angelsächsischen, aristokratischen Gesellschaft des 10. Jahrhunderts eignen und in ihrem Selbstverständnis, in ihrer gesellschaftlichen Identität eine wesentliche Rolle spielen. Getroffen wird im Text die militärische Macht; betroffen ist damit der weltliche Teil des Publikums in der von mir angenommenen Kommunikationsgemeinschaft.

Eine Folge dieser Betroffenheit sieht der Text in emotionaler Reaktion:

Wop wæs wide, worulddreama lyt,
wæron hleahtorsmiðum handa belocene,
alyfed laðsið leode gretan,
folc ferende: freond wæs bereafod. (Vv. 42-5)

Jammer war weit, wenig an Weltfreuden, es waren den Gelächterschmieden die Hände gebunden, der Haßreise (= Tod) war erlaubt, die Leute zu grüßen, das fahrende Heer (Volk): der Freund war beraubt[115].

Der affektive Appell kann im Publikum kaum ungehört verhallen, ist hier doch erneut mit den Gelächterschmieden und ihrem Schweigen auf den Verlust der Hallenfreuden angespielt. Die Folge des schrecklichen Ereignisses ist übergroßes Leid (»wenig an Weltfreuden«) und leidvoller Tod: von diesem Leid ist die gesamte Gesellschaft betroffen, nicht etwa nur die Verwandten. Indem der Text in das Leid auch den »Freund« mit einbezieht,

114 So explizit in *Exodus* Vv. 233b-40.

115 In V. 45b lese ich mit MS *freond* statt »feond«, das jetzt die akzeptierte Lesung zu sein scheint (vgl. u. a. Lucas *Exodus*, Wrenn 1955:187, Lucas 1969b, Irving 1972:294); mit der folgenden Deutung will ich die MS-Lesart gegen diese Emendation verteidigen.

bindet er eine Gemeinschaft von Betroffenen zusammen, aus der sich niemand ausschließen soll.

Wer an dieser Stelle des Textes demgegenüber die Manuskriptlesart *freond* in »feond« ›bessert‹; wer damit einen Sinn unterschiebt, der im Kontext der Zerstörung eines Teils der Wertwelt und eines Teils der kriegerischen Truppe von einem zeitgenössischen Publikum nur noch dann verstanden worden sein kann, wenn es über den gesamten Apparat patristischer Literatur verfügt hätte[116]: der verkennt die im Text angelegten, affektiven Wirkungen dieser Zerstörung ägyptischer Sinnwelt für eine aristokratisch-kriegerische Zuhörerschaft. Dieser Interpret kann dann auch nicht mehr fragen, warum im Text die zehnte biblische Plage so angelegt und nicht anders gestaltet ist. Indem er aber nicht mehr fragen kann, entgeht ihm schon hier eine wesentliche Sinnstruktur der *Exodus*: nämlich die Frage danach, worin denn eigentlich der Konflikt liegt, den der Text immer wieder andeutet und von dem geredet werden soll; es entgeht ihm dann auch zumindest ein Teil der Antworten, die der Text als Lösungsmöglichkeiten für diesen Konflikt anbietet.

Doch zunächst weiter zur *Exodus*: die Zerstörung ägyptischer Sinnwelt, die zugleich ein Stück aristokratisch-angelsächsischer Sinnwelt und gesellschaftlicher Identität ist, verleitet zur Identifikation. Dies ist scheinbar auch dadurch gefördert, daß der Text erneut über den Handelnden schweigt: ein haßvoller Menschenverfolger und Totschläger wird als Ausführender des Massakers genannt.

Bana wide scrað,
lað leodhata, land ðrysmyde
deadra hræwum . . . (Vv. 39b-41a)

Der Totschläger wanderte weit, der haßvolle Menschenverfolger erstickte das Land mit Leichen der Toten . . .

Der Text sucht an dieser Stelle zu verheimlichen, was philologische Analyse zurückverfolgen kann: daß nämlich das logische Subjekt von *hæfde* (V. 37a) das in Vers 30 genannte *He* ist, welches wiederum an *God* in Vers 23a anzuknüpfen ist. Aber bleibt im Vollzug des gemeinsamen Hörens für solche Rückerinnerungen Zeit? Natürlich wird wohl auch ein patristisch nicht vorgebildetes Publikum gewußt haben, daß Gott die Ägypter straft, schließlich sind sie *mansceaðan* (V. 37a), böse Schädiger; allein dieser Hinweis und die vorgängige Kenntnis des Bibeltextes – in dem Gott die Ägypter überdies verstockt, damit er sie strafen kann – nimmt nur wenig von dem vehementen Eindruck der Zerstörung für sinnvoll gehaltener Werte fort. Dies auch deswegen, weil das nicht personalisierte Subjekt von *hæfde . . . frecne gefyl-*

116 So erkennen etwa Lucas 1969b und Vickrey 1973:45-6 in den Versen 41, 44-5a, 47b-8 jeweils einen »shift in reference from an Egyptian to an Israelite point of view« aus ihrer Kenntnis entsprechender, patristischer Bibelkommentare (Vickrey 1973:45).

led, hatte hart niedergefällt (Vv. 37a, 38a), emotionale Reaktionen des Publikums über das (noch) sinnlose Gemetzel auf *bana* und *lað leodhata* (Vv. 39b, 40a) lenken kann, zwei Lexeme, die Vorstellungen von Menschenhaß und Mord hier offensichtlich gewollt provozieren. Nach allem, was wir über die Lösung von Konflikten in der historischen Realität des 10. Jahrhunderts wissen, gibt es als Reaktion auf solche ungeheuerliche Herausforderung nur ein Mittel: Gegengewalt. Die Gesetze und die Landurkunden sind lebensnaher Ausweis für den noch geringen Grad an Domestizierung der Gewalttriebe, der in dieser Zeit erst erreicht ist. Edmunds Gesetz gegen die Blutrache hat nicht bewirken können, daß sie wirklich unterblieb, daß nicht noch in spätaltenglischer Zeit Privatfehden mit Waffengewalt ausgetragen wurden; auch andere Belege bezeugen das Versagen der vorgesehenen, gesetzlichen Regelungen gegen Gewalt[117]. Wer sich jedoch bei der Rezeption des Textes auf die Seite der Ägypter schlagen will und nun Rache und Gegenmaßnahmen erwartet, wird erneut in seinen Erwartungen enttäuscht: ihre Welt wird weiter zerstört im Zusammenfall des theologischen Überbaus, der höllischen Schreine (V. 46a); in einem kühn erscheinenden Einschub erfährt der Rezipient, daß der Himmel selbst dort zugegen war (Vv. 46-47a). Der Ungeheuerlichkeit des gesamten Ereignisses gebührt dementsprechend Ruhm:

Dæg wæs mære
ofer middangeard þa seo mengeo for. (Vv. 47b-48)

Der Tag war berühmt über den Erdkreis, als die Menge (dahin)fuhr.

Welche »Menge« ist hier gemeint? Das *folc ferende*, die Toten der Ägypter? Ihre höllischen Schreine, die Götzenbilder? Oder doch die Israeliten? Der Text will diese Frage nicht beantworten: er bietet eine Summe des Gesagten ähnlich wie in Vv. 30-2. Dabei legt das einleitende *swa* nahe, daß das Voraufgehende tatsächlich als eine Texteinheit verstanden und nur auf die Welt der Ägypter bezogen werden kann: für deren partielle Zerstörung wird nun auch eine Erklärung angeboten.

Swa þæs fæsten dreah fela missera
ealdwerige Egypta folc,
þæs þe hie wideferð wyrnan þohton
Moyses magum, gif hie Metod lete,
on langne lust leofes siðes. (Vv. 49-53)

So erduldete daher viele Jahre Gefängnis durch alt(bekannt)es Leid das Volk der Ägypter, weil sie für immer zu verweigern gedachten den Verwandten des Moses, wenn der Schöpfer sie ließe, die ersehnte Reise, in langandauerndem Wunsch (erhofft)[118].

117 Vgl. etwa Whitelock 1951:13-7; Stenton 1971:390 Anm. 1 verzeichnet die am besten dokumentierte Privatfehde aus den Jahren nach 1016. Vgl. weiter Robertson *Laws* II Edmund; EHD I no. 38; Robertson *Charters* no. 63 (EHD I no. 120) belegt das zeitweilige Versagen gesetzlicher Regelungen gegenüber brutaler Gewalt.

118 Zur Übers. von V. 50 *ealdwerige* vgl. Busse 1981:210-1 mit Anm. 29.

Hier klärt sich nun einiges. Es gibt eine Ursache für den zuerst sinnlos erscheinenden Vorgang der Zerstörung: jedoch wird dieser in kühler, distanzierter Raffung eingebettet in die knappe Evozierung der gesamten Situation der Israeliten in Ägypten; etwa aufgebrachte Emotionen können so sich wieder legen. Was zuvor ein nahegehender und enervierender Alptraum schien, wird zurückgenommen auf die bloßen Fakten: Gefangenschaft der Israeliten, jahrelange Plagen als Strafe, der erste Hinweis auf die Entscheidungsgewalt Gottes. Jedoch ist diese in einer Weise an die Absicht der Ägypter gebunden, die erneut stutzen läßt: wieso können die heidnischen Ägypter etwas von Gottes Entscheidungsgewalt wissen?

Es kristallisiert sich damit deutlicher eine Grundstruktur der *Exodus* heraus, die sich durch den gesamten Text verfolgen läßt. Die der Unklarheit nämlich, das soll heißen: eine Redeweise, die mehr Fragen provoziert, als sie selber Antworten zu geben geneigt ist; die Erwartungen bei den Hörern aufbaut, aber nicht erfüllt; die in inhaltlichen Sprüngen erzählt; deren Sinn sich erst nach und nach einstellen will[119]. Dem Text eignet somit eine Grundstruktur der Provokation, die letztlich in die Frage nach seinem Sinn mündet. Meint zum Beispiel das »Gefängnis« der Ägypter das, was Vv. 14b-15 andeuteten? Dort war überraschend davon die Rede, daß Pharaohs Sippschaft die Gertenstrafe »band«. Für die Beantwortung solcher Fragen bleibt im Vollzug des gemeinschaftlichen Hörens keine Zeit: entweder weiß man das Gemeinte, weil man über die (nötigen) patristisch-exegetischen Vorkenntnisse verfügt; oder man läßt sich von dem Erzählten gefangennehmen, ist damit seinem Tempo, seinen manchmal unklaren Bezügen, seinen Andeutungen, seinen Manipulationen ausgesetzt. Und die nächste Überraschung folgt sofort.

Fyrd wæs gefysed,   from se ðe lædde,
modig magoræswa,   mægburh heora.   (Vv. 54-5)

Das Heer war bereit, tapfer der, der ihren Stamm führte, ein kühnsinniger Führer.

Oben habe ich eine Rekonstruktion möglicher emotionaler Reaktionen einer Zuhörerschaft versucht, die in militärisch-kriegerischen Kategorien zu denken und fühlen gewohnt war: vor solchem Hintergrund ist diese neue Entwicklung logisch genug. Zerstörung der für wesentlich erachteten, gesellschaftlichen Sinnwerte verlangt nach Genugtuung, nach Gegengewalt, nach kriegerischer Auseinandersetzung. Dies wird hier, so scheint es, jetzt vermittelt: denn *fyrd* ist dem aristokratischen Angelsachsen des späten 10. Jahrhun-

119 Um Mißverständnissen vorzubeugen, sei betont, daß ›Erwartungen‹ hier vom Text *und* vom Vorverständnis der Zuhörer gesteuerte Erwartungen an das Textfolgende meint: über das Vorverständnis der Hörer sind ›Erwartungen‹ dann eingebunden in das gesellschaftliche Verständigtsein. Daraus folgt, daß die Kategorie nicht identisch ist mit Greenfields rein textimmanent und individuell verstandenen »expectations«.

derts nicht irgendein Heerhaufen, es ist der königliche oder grafschaftliche Heerbann, zu dem er Dienst zu leisten hat, der Teil seiner Daseinsberechtigung ist; *fyrd* setzt sich im wesentlichen zusammen aus den *thegns*, deren Verpflichtung zum Heerdienst sich aus ihrem Landbesitz ergibt. Die Zugehörigkeit zur *fyrd*, das heißt auch: zur aristokratischen Kriegerkaste, macht seinen Status aus, sie ist ein Stück seiner gesellschaftlichen Identität. *Fyrd* bedeutet Krieg: es handelt sich demnach um ein wohlorganisiertes Heer aristokratischer Krieger, das hier gemeint ist, und das bei den Zuhörern des Textes folglich auf ein entsprechendes Vorverständnis trifft.

> Anglo-Saxon society was so violent that a central fact of its politics, its way of life, even, was fighting and making war . . . Almost every scrap of evidence we have from poems to charters bears witness to the cardinal importance of fighting and the army in early English life[120].

Krieg darf also hier erwartet werden: und das einzig vom Text vorbereitete Motiv für solchen Konflikt kann nur in der Zerstörung gesellschaftlicher Werte ägyptischer Sinnwelt liegen. Erneut wird solche simple Logik jedoch vom Text widerlegt: wir erfahren, daß sich dieses Heer unter seinem Führer zwar durch die Länder von Feinden bewegt, aber wann kommt es denn zum Kampf? Meint *fæstena worn* (V. 56b) befestigte Orte, und hat *oferfor* eine kriegerische Implikation? Wer sind die *guðmyrce* (V. 59a), gegen die Waffen getragen werden? Bedeutet dies Kampf, und wer kämpft da gegen wen? Wieso sind diese Länder mit einem *lyfthelm* (V. 60b) bedeckt, und was ist ein Lufthelm? Auf diese Fragen gibt es erneut keine Antwort. Statt dessen klären sich gegen Ende dieser Passage die Bezüge auf: die erst logisch erscheinende Erwartung, es handele sich bei der *fyrd* um ein ägyptisches Heer, ist eben nicht Logik im Sinne der *Exodus*; die zugleich evozierte Erwartung, daß die Ägypter nun zur Rache schreiten, endet im *envelope pattern* der Verse 54a und 62b (*fyrd wæs gefysed . . . fyrde gelædde*) mit der Gewißheit, daß Moses die Israeliten als Heertruppe auf der Flucht an vielen Hindernissen vorbeiführt. Moses also ist der *modig magoræswa*, einer von denen, über die schon die Rede war (V. 17a). So ist erneut der erwartete Konflikt vermieden, die ständig wachgehaltene Assoziation von Krieg und Kampf als Täuschung entlarvt.

Mit der vorhergehenden, textfolgenden Interpretation der ersten 62 Verse der *Exodus* habe ich mich weit von den ausgetretenen Pfaden vorgängiger

120 John 1966:132; hier wird in der *fyrd* nicht mehr eine ›germanische‹ »nation in arms« gesehen: vgl. ibid. 132-50, und John 1964:122-5. Für das 11. Jh. vgl. Hollister 1962; sowie Richardson/Sayles 1963:42-61; Brooks 1971 untersucht die Heerdienstverpflichtung im 8. und 9. Jh. Daß die Neuorientierung der Einsichten über die angelsächsische *fyrd* und die Schicht der *thegns* auch selbst neue historische Forschung initiiert und daher in weiteren Arbeiten noch ausgebaut werden muß, ergibt sich u. a. aus Bullough 1965:654-8, bes. 655 Anm. 33.

Deutungen entfernt. Es ist dies möglich geworden durch den anderen historischen Kontext, in dem ich den Text sehe; möglich vor allem auch, weil die Bibeldichtung mir nicht nur bloße Verrätselung von Sinngehalten ist, die durch einen ›Wahrheitshorizont‹ vorgegeben werden. Statt dessen lese ich den Text unter dem Vorverständnis, daß er so gestaltet ist, weil er ein Beitrag zur Verständigung über lebensbedeutsame Fragen der aristokratischen Welt sein sollte. Dabei nehme ich auch seinen ›kriegerischen‹ Aspekt erstmals ernst, das heißt: seinen Umgang mit einer Diktion, die, so lautet der Gemeinplatz in der Forschung, der ›germanisch-heroischen Tradition‹ entlehnt sei. Diese Redeweisen der kriegerischen Welt, wie sie sich in der überlieferten Heldendichtung aufzeigen lassen, ernst zu nehmen, heißt doch aber: nachzufragen, warum sich *Exodus* ihrer bedient, in welcher Weise mit ihnen umgegangen wird. Es stellt sich dann schnell die Frage ein, ob die üblicherweise in vorgängiger Forschung gegebene Antwort überhaupt zureichend ist: da heißt es, *Exodus* zeige »features of Germanic heroic poetry«, ohne daß gefragt oder gesagt wird, worin denn die Funktion solcher »features« liege[121]; da wird der ›heroische‹ Aspekt der *Exodus* als Ausfluß bloß individueller Haltung des Dichters gesehen, bestensfalls als Ergebnis seiner eigenen, nur literarischen Erfahrung[122]; oder es wird die Möglichkeit gesehen, daß sich das Publikum zwar mit den heroischen Mustern identifizieren könne – aber dies lediglich um der Spannung der erzählten Geschichte willen[123]. So zeigt sich, daß die Funktion einer Einbeziehung der Redeweisen aus der Heldendichtung in *Exodus* auch noch nicht annähernd erklärt ist: sie bloß als Anlehnung an eine ›germanische Tradition‹ zu beschreiben, reicht vor allem wegen der Datierung des Textes in der zweiten Hälfte des 10. Jahrhunderts nicht hin. Es wird dabei auch verkannt, daß die heroischen Aspekte der Dichtung *Exodus* offensichtlich gewollt eingebaut sind: um nämlich bei einem aristokratischen Publikum Wirkung zu erzielen, zu dessen Vorverständigtsein auch eine vorgängige literarische Erfahrung mit heldischer Dichtung gehörte, die folglich ein Stück ihrer eigenen gesellschaftlichen Identität mitbestimmte. Heroische Diktion in *Exodus*, die Organisation der Israeliten und Ägypter des Textes als Heerverbände: genau dies ist somit ein Identifikationsangebot an die Gruppe der aristokratischen Krieger. Wenn man jedoch

121 Lucas *Exodus*:64; vgl. ibid. 64-5 und Anm. zum Text, in denen immer wieder von ›Germanischem‹ die Rede ist, etwa zu Vv. 43, 99, 233-46, 454-5a, etc.

122 Irving 1974:211; während Irving die Redeweisen heldischer Dichtung in *Exodus* quasi privatisiert und somit funktionslos macht, werden sie von Vertretern der *oral-formulaic theory* einer allgemeinen Funktionslosigkeit überantwortet und der Beliebigkeit der Interpretation preisgegeben: sie sind dort als ›Formeln‹ nur noch auf Schmuck als einzigem Sinn gerichtete Verwendung allgemein verfügbarer Muster; vgl. etwa Diamond 1961:468.

123 So etwa Kossick 1971:3.

den Text befragt, wie er mit solchen Identifikationsangeboten umgeht, wie er Wertvorstellungen eines weltlich-aristokratischen Publikums einbezieht, sie zunehmend in ein anderes Licht stellt und somit verändert, dann eröffnen sich neue Dimensionen unseres Verstehens dieses Textes.

Auf inhaltlicher Ebene erstellen die ersten 62 Verse drei Rollenmuster, die bis zum Ende der Dichtung relevant bleiben. Da ist die Figur des Moses: seine Rolle *im Text* läßt sich auf dieser Ebene leicht als die des Erklärers, des Deuters, des Helfers (durch Gott) beschreiben; dagegen erweist sich die häufigere Betonung seiner Funktion des Heerführers als eine Täuschung. Über die Beschreibung der Rolle des Moses als Erklärer, als Deuter besteht Einigkeit in vorgängiger Forschung[124]; größere Probleme ergeben sich scheinbar mit dem Verstehen seiner ›heroischen‹ Rolle. Man findet hier die Auffassung, daß Moses ein ›blasser‹ Charakter sei, nicht eigentlich heroisch und deswegen auch nicht ›der Held‹ des Gedichts. Eine Lösung dieses Problems kann man sich offenbar nur denken, indem man Moses zum Typus für Christus macht und ihn damit endgültig der Lebenswelt der Zuhörer des Textes entrückt[125]. Da ist in *Exodus* weiter die Gruppe der Israeliten, von denen wir bisher erfahren haben, daß sie als Söhne Abrahams Kämpfe und Land gewinnen werden, und zwar mit Unterstützung von Moses durch Gott (Vv. 16-22a); sie sind eine *fyrd*, demnach ein geordneter Heerverband aristokratischer Krieger. Da sind weiter die Ägypter, mit Pharaoh, Gottes Widersacher und Feind des Moses an ihrer Spitze; ihre ›Kampfschar‹ (demnach auch ein Heerverband) ist in wesentlichen Teilen ihrer Wertwelt getroffen, was nach gängigen Vorstellungen einen Konflikt provoziert, der nur mit Waffengewalt gelöst werden kann. Wenn wir nun die Frage nach dem Identifikationspotential des bisher gehörten Textteils stellen, so kann eine erste Antwort lauten: daß aristokratische Hörer, die ihren Lebenssinn als Krieger in Kampf und Sieg sowie in aristokratischer Lebensart bei Hofe sehen, von diesem Text in der Tat erheblich verstört werden. Einerseits verheißt er Kampf und Sieg, andererseits läßt er Werte zugrunde gehen, die ein Stück eigener Lebenswelt und eigenen Selbstverständnisses sind. Läßt man sich jedoch ein Stück auf seine Angebote ein, geht man mit, identifiziert man sich – so wird diese Identifikation sofort wieder aufgehoben: es folgt

124 Vgl. u. a. Irving *Exodus*:29-30; Lucas *Exodus*:63; Farrell 1969:415; Irving 1974:217. Nazareth 1979:84-111 kommt mit ihrer immanenten Analyse des Textes der Rolle des Moses als Lebensdeuter *im Text* am nächsten; jedoch fragt sie nicht nach dem Identifikationsangebot dieser Rolle, sondern führt ihre Einsicht zu der mystifizierenden Erkenntnis, daß der Dichter allein wie Moses »revealer of God's purpose« sei, der wie Moses »divine revelations of spiritual truth« verkünde: »The Old English *Exodus* is an audacious attempt at interpreting God's will. It is the work of a poet who is also a prophet« (ibid. 110, 111).

125 So etwa Irving 1974:217-8; Lucas *Exodus*:63-4; Nazareth 1979:91, 105; Luria 1980:163; etc.

kein Kampf, die Zerstörung der ägyptischen Sinnwelt stellt sich als sinnvoll heraus, die israelitische *fyrd* kämpft nicht, sondern ist auf der Flucht, erfüllt nicht Sinn und Zweck einer *fyrd*. So werden hier mögliche Identifikationen hin- und hergeschoben und damit – zunächst jedenfalls – verhindert. Für ein geistliches Publikum ist dagegen ein anderes Vorverständigtsein anzusetzen: es weiß mehr als ein weltlich-aristokratisches von der biblischen Geschichte und den Möglichkeiten ihrer Deutung. Es wäre denkbar, daß der Text hier in anderer Weise wirkt. Geistliche können sich als die Gruppe derjenigen erkennen, die genau dieses auszeichnet: nämlich mehr zu wissen als die anderen. In solchem Verständnis des Textes könnten sie sich am ehesten an Moses orientieren: in der Dichtung ist er derjenige, der mehr weiß als selbst die *frod fæder a cyn*, die Sippschaft der alten Weisen.

Im folgenden werde ich daher den Text mit diesen Einsichten als erste Verständigung über ihn weiter befragen: in welcher Weise er nämlich die Erwartungen eines aristokratischen Publikums steuert, wie er mit ihrem Selbstverständnis als kriegerische Gruppe umgeht. Dies läßt sich am Verhalten und am Verhältnis der beiden Heerverbände zueinander verfolgen. Des weiteren wird darauf zu achten sein, ob und wie der Text eine Verständigung über sich selbst ermöglicht oder stört. Nach der Vernichtung der Ägypter kann dann genauer nach der Rolle des Moses gefragt werden: an ihr läßt sich aufzeigen, daß zum Verständnis des Lebens mehr erforderlich ist als bloße Beherrschung der Waffengewalt. Die Disposition der größeren Sinnabschnitte des Textes zeigt, daß eine solche Vorverständigung nicht willkürlich ist: sie ergibt sich zum ersten aus dem dialogischen Umgang mit dem Text unter Einbezug der möglichen Vorverständnisse seiner Hörer; sie ergibt sich zum zweiten aus der textimmanent gesteuerten Einsicht, daß die Gegenüberstellung der beiden Heerverbände vom Autor offensichtlich intendiert ist. Aus dieser Einsicht folgt die Frage, worin der Sinn solcher Kontrastierung liegt. Vorgängige Forschung beläßt es bei der Feststellung des ›Kontrastes‹[126]: man kann daher nicht sehen, daß die im Text auch angelegte, partielle Identität zwischen äygptischer und israelitischer *fyrd* Werte des Heerverbandes ins Gespräch bringt, sie bespiegelt, sie letztlich zu der entscheidenden Frage treibt, worin denn eigentlich der Sinn von *fyrd* zu liegen hat und welche (neue?) Sinngebung des Heerverbandes in der Lebenswelt der angelsächsisch-aristokratischen Krieger dabei angestrebt ist.

Im Text folgt zunächst die Reise der Israeliten bis zum Roten Meer (Vv. 63-134): während dieser ›Heerfahrt‹ werden die Beschreibung als *fyrd* und deren Zweck als Kampfverband ständig erinnert, sie werden in Andeu-

126 So etwa Irving 1974:212-3; Lucas *Exodus*:49, 62-3, 64 u. ö.; Nazareth 1979:114-5 stellt zwar Gemeinsamkeiten zwischen den Heerverbänden fest, spricht ihnen aber jede Bedeutung ab (ibid. 131).

tungen von Konflikten wachgehalten. Allerdings stellt sich auch ein neues Verständnis dieses Heerverbandes ein: er steht unter dem besonderen Schutz Gottes, der als Zeichen seiner schützenden Hand zwei Wunder geschehen läßt. Zunächst hilft in der Gefahr sengender Hitze (Vv. 70a, 71a, 72a, 73b, 74b, 77b-78a) der heilige Gott (V. 71) mit einem Wunder, das verschiedene Assoziationen weckt: es wirkt wie ein Balken (V. 73a), wie ein heiliges Netz (V. 74a), hat das Aussehen einer Wolke (V. 75a), die die Truppe führt und in deren Schutz sie marschieren kann (V. 77a). Das Wunder greift offensichtlich das zuvor unerklärte *lyfthelm* (V. 60b) wieder auf und erläutert es: trotzdem kann man zunächst nur staunen.

Hæleð wafedon,
drihta gedrymost. (Vv. 78b–79a)

Die Helden blickten in Staunen, die glücklichste der Scharen.

Während dann mit Assoziationsvorschlägen auch dem Zuhörer dieses Wunder weiter verdeutlicht wird, insofern es die Gestalt eines Schildes, eines Segels, eines Zeltes annimmt (Vv. 79b–85), deren Befestigungen aber unerkannt und unerklärt bleiben, ist der Effekt dieser göttlichen Hilfe für die glücklichste der Scharen Labsal und Trost[127]. Gott ehrt dieses Volk, wie er zuvor Moses ehrte: denn sie sind *þeodenholde*, Herrentreue (V. 87a). Es impliziert dies ein Konzept von Treue, das im Bereich der Heldendichtung und in der angelsächsischen Sozietät des späten 10. Jahrhunderts eine wesentliche Rolle spielte[128]. Aber ist dies auch hier das Gemeinte?

Siððan He mid wuldre geweorðode
þeodenholde, þa wæs þridda wic
folce to frofre. (Vv. 86-88a)

Nachdem er mit Glanz ehrte die Herrentreuen, wurde dann das dritte Lager dem Heer (Volk) zum Trost[129].

Das direkt folgende *fyrd* (V. 88b) sowie *dugoð* (V. 91a) und *folc* (V. 88a) problematisieren das Verständnis von *þeodenholde*: welches ist der Sinn dieses Heerverbandes, welches sind die ihn bestimmenden Werte, welches ist seine Identität? So wie das voraufgehende *lyftwundor* (V. 90a), die heiligen Segel (V. 89b), zwar mit Assoziationen umstellt, aber letztlich noch unerklärt bleiben, so wird auch hier eine Antwort (noch) verweigert. Und wie um

127 In inhaltlicher Darlegung und der Deutung dieses Wunders stimme ich mit Irving 1974:213-4 überein; dies schließt als *erste* Verständigung über den Text die von Lucas 1970 und 1976:195-9, 201-3 herangezogenen symbolischen Deutungen aus, da diese erneut hohe Bildung im Publikum als notwendige Voraussetzung für das Verstehen implizieren.

128 Vgl. z. B. Bolton/Wrenn *Beowulf* Vv. 2631-60, 2862-91. Zur gesellschaftlichen Bedeutung dieser Stellen vgl. Busse/Holtei 1981a:298-300, 315-20; vgl. auch *Maldon* und dazu Busse/Holtei 1981b.

129 In der Interpunktion der Vv. folge ich Irving *Exodus*.

für seine Zuhörer klarzustellen, daß es sich um eine besondere *fyrd* handelt, wiederholt der Dichter im Text *Drihten* (V. 91b): es ist nicht einfach der Herr einer kämpfenden Truppe, der seiner Heergefolgschaft die abendliche Lagerstätte zuweist, sondern *weroda Drihten* (V. 92a), der Herr der himmlischen Heerscharen, der mit einem weiteren Wunder, mit Feuer- und Wolkensäule den Israeliten hilft.

leode ongeton,
dugoð Israhela, þæt þær Drihten cwom,
weroda Drihten, wicsteal metan.
Him beforan foran fyr ond wolcen
in beorhtrodor, beames twegen,
þara æghwæðer efngedælde
heahþegnunga Haliges Gastes
deormodra sið dagum ond nihtum. (Vv. 90b-7)

Die Leute erkannten, die Kampfschar der Israeliten, daß dort der Herr kam, der Herr der Heerscharen, die Lagerstelle zu markieren. Ihm voraus fuhren Feuer und Wolke in den Strahlhimmel, die beiden Säulen, von denen jede gleichmäßig teilhatte an den Hochdiensten des Heiligen Geistes, der Reise der Tapferen, bei Tage und bei Nacht.

Die Beschreibung des folgenden Tages (Vv. 98-134) hält mehr Überraschungen bereit: denn während zunächst wieder der Eindruck einer militärischen *fyrd* erweckt wird (Vv. 98-103a), die als *Metodes folc*, als Heer (Volk) des Schöpfers (V. 102b) und als (kampf)bereite Kriegerschar bezeichnet ist (V. 103a), redet der Text plötzlich und unvorbereitet von *lifes latþeow* und *lifweg*, vom Führer des Lebens und dem Lebensweg; es werden die Israeliten als Seeleute und ihr Weg als Flutweg benannt (Vv. 104, 105b, 134a, 106a). Mitten in der Wüste (Vv. 68-78a, 117b-18a) plötzlich eine Seefahrt? Wieso können dort »stürmisch-wässrige Wetter« drohen (V. 118b)? Mehr als andere, unklar bleibende Stellen der *Exodus* verlangt diese Passage nach Erklärung, provoziert Erstaunen und folglich Fragen: es ist dies eine der Textstellen, die neo-exegetische Kritik als »unrealistic collocations« bezeichnet und als quasi zeitgenössische Bestätigung ihrer Theorie und Praxis sieht[130]. Voreilig exegetische Deutung verschüttet jedoch die im Text angelegte Kommunikationsstruktur: indem er Fragen provoziert, fordert er Verständigung über sich selbst *in der Kommunikationsgemeinschaft* zeitgenössischer Hörer. So kann hier zunächst durchaus unklar bleiben, was bedeutet ist: der Text gibt nicht, wie andere altenglische Dichtungen, selbst Erklärungen über das Gemeinte ab[131].

In die langsam sich entfaltende Wunderwelt der israelitischen *fyrd* als

130 So etwa Cross/Tucker 1960b; Earl 1970:547; Keenan 1970:455 mit Anm. 3; Helder 1975:5; Lucas *Exodus*:61; etc.

131 Das im Text Gesagte erklären z. B. *Phoenix* und *Physiologus* im Text allegorisch; nichts gilt der neo-exegetischen Schule offensichtlich auch die Einsicht Rollinsons,

Metodes folc ist der militärische Aspekt eines an reale Heerfahrt gemahnenden Heerverbandes durchweg eingewebt: ihre wunderbare Reise wird eingeleitet durch eine Passage, in der erneut Kampfankündigung eine zentrale Rolle spielt.

> Heht þa ymb twa niht tirfæstne hæleð,
> siððan hie feondum oðfaren hæfdon,
> mid ælfere Æthanes byrig,
> mægnes mæste, mearclandum on. (Vv. 63-7)

Er befahl dann nach zwei Nächten einem glorreichen Helden, nachdem sie den Feinden entkommen waren, mit dem Lärm der Heerschar, mit dem ganzen Trupp zu umlagern Ethans Burg, mit der größten Macht, in den Marklanden[132].

Der Schlachtlärm als kriegerische Drohgebärde der Einschüchterung und die Belagerung der Burg kündigen wiederum Eroberung und Kampf an[133]: in Rückerinnerung an die Ankündigung von Landgewinn und Sieg (Vv. 16-22a), in Erinnerung an eigene Heerfahrten und an die eigene, jüngere Geschichte, in Erinnerung an den Sinn und Zweck von *fyrd* wird ein aristokratisches Kriegerpublikum jetzt Kampf und Krieg erwarten dürfen. Allein dies tritt erneut eben *nicht* ein: »Nearwe genyddon on norðwegas« (V. 68), die Schwierigkeiten nötigten den Heerverband in Richtung Norden. Dennoch ist der kriegerisch-militärische Aspekt dieser *fyrd* allgegenwärtig: die Israeliten sind Helden (V. 78b), sind Schildkämpfer und (Bogen-)Schützen (Vv. 126a, 134a; 112a); ihre Waffen leuchten während der Nacht im Schein der Sterne und des Feuers (Vv. 113a, 125); sie sind Heer (V. 107a, *hereþreat* 122a), *folc* und *fyrd* (Vv. 72b, 88a, 102b, 106b; 688b, *fyrdgetrum* 103a, *fyrdwic* 129b). Militärisch sind auch ihr Aufbruch und ihr Lager: Heertrompeten setzen das Zeichen (Vv. 99, 132b)[134], kriegerisches Gehabe kennzeichnet ihren Weg; sie sind eine Löwenmacht (V. 128b)[135].

> Folc wæs on salum,
> hlud herges cyrm. (Vv. 106b-7a)

Das Heer (Volk) war in Freuden, laut des Heeres Lärm.

daß notwendige Erklärungen notwendig zu Erklärung *im Text* führe: vgl. Rollinson in Whallon/Goldsmith/Donahue 1973:299.

132 In V. 63b folge ich abweichend von Lucas der MS-Lesart: das logische Subjekt von *heht* V. 63a ist *Moyses* V. 61b, nicht Gott, wie Lucas *Exodus*:86 und Nazareth 1979:87 fälschlicherweise vermuten; sie können sich unter *tirfæstne hæleð* nur Moses denken. Militärische Logik der Befehlsweitergabe wird in *Exodus* Vv. 252-5 wiederholt: da auch andere *folctogan* im Heerverband sind (Vv. 234b, 254a), die ab V. 310 aus ihrer Anonymität heraustreten, macht die MS-Lesart Sinn (vgl. auch Busse 1981:200 mit Anm. 6).

133 Den Erfolg solcher Drohgebärden beschreibt das lat. Gedicht auf Brunanburh in EHD I:309-10; vgl. auch *Vita Oswaldi*:455 über das Erschrecken, das kriegerische Bewaffnung auslöst (EHD I:916).

134 Die Heertrompeten sind biblisch: vgl. Lucas *Exodus*:92 zu V. 99.

135 Gegen Lucas *Exodus* folge ich für V. 128b Robinson 1966:356-9.

Gerade diese ständige Betonung des Kriegerischen erweckt Zweifel durch die damit ständig provozierte Frage nach dem Sinn dieser *fyrd*: macht sie Anstalten zum Kampf, zieht sie in Wahrheit fort; wenn sie tatsächlich – wie im Text behauptet und durch das kriegerische Gehabe immer nahegelegt – aus lauter mutigen Kämpfern besteht (Vv. 98b, 101a, 124a): wieso muß diesen dann von der Feuersäule gedroht werden, daß sie »in der Wüste die Truppe verbrennen würde, wenn sie nicht, die Mutsinnigen, Moses gehorchten« (Vv. 123-4)? Worin besteht denn ihr »Mut« oder »Sinn«, was heißt denn *Þeodenhold*, herrentreu (V. 87a) wirklich? So wird durch die Signale des Textes das Verstehen des Bedeuteten ständig gestört: Identifikation wird angeboten, zurückgenommen, problematisiert; langsam kristallisiert sich die Frage heraus, was denn von einer *fyrd* zu halten ist, die zwar *fus*, bereit ist (V. 103a), diese Bereitschaft aber allein in einer Fortreise sieht (V. 129a), die wie eine Flucht wirkt. Natürlich ist gegen solche Fragen der Einwand naheliegend, daß auch ein nicht so bibelfestes Publikum vermutlich gewußt haben wird, daß der Auszug aus Ägypten ein Weg der Flucht und nicht der siegreichen Kämpfe war. Indem aber der Text diese biblisch-historische Geschichte in die Wertvorstellungen und Normen einer angelsächsisch-aristokratischen, kriegerischen Gruppe kleidet, zwingt er zum Nachdenken über gerade diese Normen: er macht damit auch einen Teil des Selbstverständnisses der Kriegerkaste zu seinem Thema.

In der Folge wird die mögliche Erwartung, die israelitische *fyrd* könne eine kriegerische Truppe mit einem Ehrenkodex vergleichbar demjenigen der spätaltenglischen *fyrd* sein, gründlich enttäuscht (Vv. 135-207)[136]. Angst und Schrecken verbreiten sich im Lager der Israeliten, das in Vv. 129b-34 noch ein Bild der Ruhe und Zufriedenheit abgab: um so eindrucksvoller ist der mit *ðær* V. 135a einsetzende Wechsel zu *færspell* (schreckliche Botschaft V. 135b), *oht inlende* und *egsan* (inländische Verfolgung, Schrecken). Die schon fast vergessene Opposition zwischen Moses und Pharaoh (V. 32a) wird in *wræcmon* (Elendsmann V. 137b) und *lað lastweard* (verhaßter Spurwärter V. 138a) wieder aufgegriffen. In einem kurzen, allerdings durch eine Lücke im Manuskript unvollständigen Einschub wird ein Stück der Vorgeschichte des Konfliktes erzählt (Vv. 138b-47). Thematisiert ist dabei erstmals ein Vertrag, den die Ägypter nicht achten (V. 140b), obwohl er mit dem älteren König geschlossen wurde. Der neue Herrscher und sein Volk verfolgen dagegen Mordabsichten: zornig über »einen Zweig« (V. 145b, ein weiteres, zu erklärendes Signal) »fraßen sie den Vertrag« (V. 147b), wollten mit falschen Versprechen den »Lebenslohn« mit Verrat an Moses' Leuten vergelten (Vv. 142-53).

Die Lücke des Manuskriptes läßt uns leider wenig Möglichkeiten, diese Stelle

136 Literarisch-fiktiv enthüllen diesen Ehrenkodex sowohl *Brunanburh* als auch *Maldon* oder *Beowulf*; vgl. auch *Vita Oswaldi*:456 über die vorgeblich nur ›germanischen‹ Werte Kampfesmut und Tatenruhm, ebenso den ibid. folgenden Bericht über die Schlacht bei Maldon (EHD I:916-7).

in allen Sinnbezügen deutlich aufzuschließen: die Rekonstruktion aufgrund biblischer Geschichte legt nahe, daß die Prosperität der Israeliten in Ägypten eine Rolle in den Ursachen für den Konflikt spielt[137]. Deutliche Signale dieser Passage bleiben *feorhlean* (V. 150a), *dægweorc* (V. 151a) und *wær* (Vv. 140b, 147b): während das Thema des »Vertrages« im folgenden Text eine immer gewichtigere Rolle spielen wird, ist der Bezug von *feorhlean* »Lebenslohn« wohl in der Vorgeschichte als Bestandteil des Vertrags zu suchen[138]; diese erstellte ein Bild der Ägypter als Vertragsbrecher. Das von Pharaoh intendierte »Tagwerk«, die Rache an Moses und seinen Leuten, könnte dagegen durchaus an die Zerstörung der ägyptischen Sinnwelt in Vv. 33-48 anschließen[139].

Es wird sofort erinnert, wer hier aufmarschiert: während in Vv. 54-62 eine Identität der *fyrd* sich erst gegen Ende einstellte, sind hier Identität und Funktion sofort genannt, der Gegensatz zwischen den Heerverbänden wird sofort erstellt.

Þa him eorla mod   ortrywe wearð,
siððan hie gesawon   of suðwegum
fyrd faraonis   forð ongangan,
oferholt wegan,   eored lixan –
garas trymedon,   guð hwearfode,
blicon bordhreoðan,   byman sungon –
þufas þunian,   þeod mearc tredan.   (Vv. 154-60)

Da wurde ihnen der Krieger Sinn treulos, als sie sahen, wie von den Südwegen her das Heer des Pharaoh vorwärts ging, (wie es) Überhölzer trug, (wie) die Reiterei leuchtete – die Speere bereiteten sie vor, Kampf bewegte sich, es blinkten die Schutzschilde, Trompeten sangen – (sie sahen weiter, wie) die Banner sich erhoben, (wie) die Leute das Grenzgebiet betraten[140].

Der Kontrast zwischen Israeliten und Ägyptern könnte deutlicher nicht sein. Verbale Parallelen zur israelitischen *fyrd* und der explizite Hinweis darauf, daß letzterer genau jene Art von Mut abgeht, die für den hier bevorstehenden Konflikt erforderlich ist, lassen vorherige Zweifel zur Gewißheit werden: es bestand wohl keine Berechtigung, die Israeliten überhaupt als *fyrd* zu

137 Vgl. *Vulgata* Exodus 1; Aelfric *Heptateuch* Exodus 1.

138 Lucas *Exodus*:99 zu V. 150 deutet *feorhlean* als den Lohn, den die Ägypter Joseph für ihre Errettung von der Hungersnot schuldeten.

139 In V. 151 bewahre ich gegen Lucas die MS-Lesart *he* (statt »hie«) und übers.: »so daß er (Pharaoh) das Tagwerk mit Blut erkaufen würde, mit dem Volk (D./I.Sgl.) des Moses, falls ihm der mächtige Gott auf der Zerstörungsfahrt Erfolg geben würde.« Bei Lucas lauten diese Vv. »so daß sie das Tagwerk mit Blut erkaufen würden, die Leute (N.Pl.) des Moses . . .« Daß Rachegedanken das Motiv für die Ägypter sind, ergibt sich auch aus Vv. 197-9: dies ist nur eine der vielen Abweichungen von der biblischen Geschichte.

140 Zu V. 157a *oferholt* (gegen Lucas) vgl. Busse 1981:205; so schon Irving 1972:304 und frühere Editoren.

bezeichnen[141]. Damit sind der Begriff, sein Sinnkonzept, das Vorverständnis eines aristokratischen Publikums über *fyrd* erneut problematisiert. Denn so wie Sinn und Zweck der *fyrd* kollektiver Kampf und Sieg sind, so ist *eorla mod*, der Krieger Sinn oder Mut, notwenig individueller und ideeller Bestandteil dieses Konzeptes[142]. Doch genau in diesem Punkt versagt die israelitische *fyrd*, und dies ist deutlichst hervorgehoben: in den pompösen Aufmarsch der Ägypter (Vv. 154-204a) werden blitzartig Angst und Schrekken der Israeliten mehrfach eingeblendet (Vv. 154, 178a-79, 200-203a). Die ägyptische *fyrd* erfüllt dagegen alle Erwartungen an einen Heerverband, wie ihn sich ein kriegerisch-aristokratischer Zuhörer denken kann: sie begleiten sogar die aus der Heldendichtung sattsam bekannten Schlachttiere (Vv. 161-7[143]. Der Sinn der Krieger ist *anmod*, entschlossen (V. 203b), sie sind begierig auf Kampf (V. 176a), wollen Rache für die Zerstörung eines Teils ihrer Sinnwelt.

> Hæfdon hie gemynted to þam mægenheapum
> to þam ærdæge Israhela cynn
> billum abreotan on hyra broðorgyld. (Vv. 197-9)

Sie hatten beschlossen in den Machthaufen, zur Dämmerzeit die Sippe der Israeliten mit Schwertern zu töten in ihrer Bruderrache.

Während die israelitische *fyrd* immer fluchtbereit ist (*fus on forðweg* V. 129a; vgl. Vv. 32b, 68, 248a), bleibt die Entschlossenheit der Ägypter zum Kampf durchgängiger Aspekt ihres Aufmarsches: *þider wæron fuse*, *dorthin* waren sie bereit, begierig zu gehen (V. 196b), sie sind in Erwartung des Kampfes (V. 176a) eingestimmt auf Streit und Sieg, ein *fæst fyrdgetrum*, eine feste Heertruppe (V. 178a; vgl. die Israeliten als *fus fyrdgetrum* V. 103a). Die sorgfältig ausgewählte *fyrd Faraonis* (V. 156a, 183-91a) beeindruckt auch durch die Beschreibung ihres militärischen Gehabes: da reiten *wlance þegnas*, kühne Degen (Vv. 170-1), da sind Kriegszeichen zu sehen (Vv. 160a, 172), da erschallen Trompetenklänge (Vv. 191b-3), die Standarten leuchten (V. 175b) ebenso wie die Waffen (Vv. 158b-159a). Der Aufmarsch kann keinen Zuhörer in Zweifel lassen, daß hier eine wirkliche *fyrd* in den Kampf

141 An Parallelen vgl. allein schon in dieser Passage Vv. 157b *eored lixan* mit 125 *scyldas lixton*, 159b *byman sungon* mit 132b *byme sang*, 159a *blicon bordhreoðan* mit 113a *scinon scyldhreoðan*; in Vv. 170-204a finden sich weitere Parallelen, auch solche, die später Vv. 215b ff. in der Beschreibung der israelitischen *fyrd* wieder aufgegriffen werden.

142 Vgl. u. a. *Brunanburh* Vv. 7b-10 (ASPR VI); Gordon *Maldon* Vv. 212-24 u. ö.; Bolton/Wrenn *Beowulf* Vv. 1534b-36, 2708b-9a; *Vita Oswaldi*:456. Rolle und Aufgabe des Kriegers beschreibt wiederholt Aelfric, u. a. *Treatise*:72.

143 Vgl. u. a. *Brunanburh* Vv. 60-5a, Gordon *Maldon* Vv. 104b-7, sowie die Materialsammlung bei Magoun 1955. Gegen Magouns nur auf Formelhaftes gerichtete Analyse (*Exodus* ibid. 86, 90) vgl. Bonjour 1957.

zieht[144]: in der Entschlossenheit stehen die Mitglieder dieser *fyrd* ihrem Anführer in nichts nach (Vv. 174-78a).

> Ymb hine wægon   wigend unforhte,
> hare heorawulfas,   hilde gretton,
> þurstige þræcwiges,   þeodenholde.   (Vv. 180-2)

Um ihn herum bewegten sich furchtlose Kämpfer, graue Schwertwölfe, dem Kampf näherten sie sich, durstig auf Machtkampf, Herrentreue.

Für einen aristokratisch-kriegerischen Zuhörer, dem der Text über die kriegerischen Aspekte der Heerverbände Identifikationsangebote macht, ist hier das ganze Problem auf den Punkt gebracht: es steht nicht nur einfach ein Konflikt zwischen Israeliten und Ägyptern an, den man in beschaulicher Distanz zum Text als historisch vergangenes Ereignis genießen kann, es geht um sehr viel mehr. Zur Debatte steht das akute Problem, was denn eine *fyrd* eigentlich sei, welches ihre Wertvorstellungen, ihre Normen sein müßten. Es ist dies ein Rätsel, dessen Lösung vom Dichter noch nicht gegeben werden soll: als deutliches Signal für die in der Schwebe gehaltene Problematik zieht der mächtige Engel einen Vorhang zwischen die Heere und verhindert so eine direkte Lösung des Konflikts wie der offenen Frage nach dem wahren Wert von *fyrd*.

> Feond wæs anmod,
> werud wæs wigblac,   oðþæt wlance forsceaf
> mihtig engel,   se ða menigeo beheold,
> þæt þær gelaðe mid him   leng ne mihton
> geseon tosomne: sið wæs gedæled.   (Vv. 203b-7)

Der Feind war entschlossen, die Truppe war kampfstrahlend, bis die Wagemutigen wegschob der mächtige Engel, der die Menge bewachte, so daß die Feinde länger nicht vermochten, sich mit ihnen zusammen zu sehen: die Fahrt war geteilt.

In dem Lexem *þeodenholde*, Herrentreue (Vv. 87a, 182b) ist das Problem auf den Begriff gebracht: was heißt es, herrentreu zu sein, welche Werte, welche Normen sind damit verbunden? Ein Zuhörer, dessen Lebenssinn in Kampf und Sieg liegt, der sich in seinem Selbstverständnis als Krieger verbunden weiß mit der gesellschaftlichen Gruppe der *ealdormen* und *thegns* und der darin ein Stück seiner Identität finden kann, ein solcher Zuhörer wird hier durch widersprüchliche Identifikationsangebote selbst in den Konflikt einbezogen, zur Reflexion der mit *fyrd* sich verbindenden Werte und Normen gezwungen. Auf der einen Seite steht eine »Als-ob-*fyrd*«: die Israeliten, die unter dem Schutz Gottes alle Aspekte eines Heeres zeigen, zwar ständig zum

144 Vgl. erneut das von William of Malmesbury überlieferte lat. Gedicht auf Brunanburh: EHD I:309-10. Irving 1974:218 sieht den ägyptischen Aufmarsch als »nightmare objectification« des Schreckens der Israeliten: wegen seines immanenten Ansatzes erkennt er weder den beabsichtigten Kontrast noch die partielle Identität zwischen den Heeren und kann so auch nicht deren Funktion erfassen.

Kampf bereit scheinen, um ihm dann aber um so sicherer auszuweichen, versagen in einer der wichtigsten Voraussetzungen für Kampf und Sieg: *eorla mod* geht ihnen ab, und *dennoch* sind sie *þeodenholde* und *dennoch* werden sie die Sieger in diesem Konflikt sein. Demgegenüber die entschlossene und geschlossene Kampfschar der Ägypter: wohl organisiert, zeigen sie ebenfalls alle Aspekte einer *fyrd*, sind *þeodenholde* und *anmod*, ihnen gebricht es nicht an dem nötigen kriegerischen Ethos; dennoch werden sie die Verlierer sein. Hilft die Identifikation mit dem Sieger über den Normenkonflikt hinweg?

Der Vers 207b, *sið wæs gedæled*, gebietet einen Einhalt im Vormarsch der Ägypter und ist gleichzeitig Wendepunkt in der Identitätsfindung der israelitischen *fyrd*. Allerdings weiß dies nur philologische Analyse oder auch eine Reflexion der *Exodus* nach gemeinschaftlichem Hören: denn der Text selbst verheimlicht diese Wende, indem er die Angsterwartung der Israeliten weitertreibt, bis am nächsten Morgen Moses den *fyrd*-Charakter des Heerverbandes wiederherstellt (Vv. 208-361). Zum ersten Mal sind die Israeliten selbst *eorlas*, edle Krieger (Vv. 216a, 305a), ihre Anonymität wird langsam aufgelöst: sie erinnern sich des Kampfliedes (Vv. 220b-21a), sind wieder *fyrd* (Vv. 223b, 254a, 274b), *here* (Vv. 225a *forðherge*, 234b, 247b, *hereciste* 257a, *herecyste* 301a), *folc* (Vv. 217a, *folcgetæl* 229a, *folctogan* 254a, 279a). Aber veränderte Qualitäten kommen hinzu. Nicht nur stellt das Anlegen der Waffen die alte Ordnung wieder her (Vv. 216-23), es ist jetzt auch dazu von Mut die Rede (V. 218b): das Heer wird somit von einer undifferenzierten Truppe zu einer wohlgeordneten *fyrd*. Wie bei den Ägyptern erstellen jetzt auch hier die Führer des Heeres eine Heerauswahl; wie bei den Ägyptern umfaßt diese Heerauswahl eine abgezählte Anzahl nur der *tireadigra*, der Ruhmvollen (Vv. 232 Israeliten, 184 Ägypter), bei denen *mod mid aran*, Mut und Ehre nunmehr zu erwarten sind. Alte wie Junge werden dagegen aus der Heerfahrt ausgeschieden: die Differenzierung führt zu veränderter Identität (Vv. 227-246a).

Þa wæs handrofra here ætgædere
fus forðwegas. Fana up rad,
beama beorhtost; bidon ealle þa gen
hwonne siðboda sæstreamum neah
leoht ofer lindum lyftedoras bræc. (Vv. 247-51)

Da war das Heer der Handstarken zusammen, bereit zum Vorwärtsgang. Die Fahne ging aufwärts, das strahlendste der Hölzer; alle blieben dann noch, als der Fahrtbote nahe den Seeströmen, das Licht über den Lindenschilden, die Luftgrenzen durchbrach[145].

Die neue Qualität der israelitischen *fyrd* ist von Moses vermittelt: die Schwerpunkte der erzählten Geschichte verlagern sich dabei deutlich von den nur kriegerischen Aspekten auf das Thema des Vertrags, das nun in der Folge

145 Lucas *Exodus* ändert V. 248b aus metrischen Gründen in »gerad«.

den Israeliten und damit auch dem Zuhörer die wahre Identität des Heerverbandes vermittelt und dabei ein neues Rollenmuster von *fyrd* erstellt. Zwar bleiben die kriegerisch-militärischen Aspekte relevant: es wird ihnen aber durch die geschichtliche Dimension eine historische Basis gegeben, die gleichzeitig im Vertrag mit Gott und in den Bedingungen seiner Erfüllung einen neuen, ideellen Überbau erstellt. Moses muß die Israeliten an ihre eigene Geschichte und an den Vertrag erinnern (zuerst Vv. 268-75): indem er aber ihre Geschichte erinnert und sie somit auf ihre geschichtliche Identität verweist (Vv. 351b-61), gewinnen sie auch die erforderliche Qualität als Krieger, als *fyrd*, selbst wenn sich diese erst in der Zukunft und nicht in der erzählten Gegenwart am Roten Meer erweisen kann: dies wird am Beispiel des Stammes Judah gezeigt.

> Be þam herewisan hynðo ne woldon
> be him lifigendum lange þolian,
> þonne hie to guðe garwudu rærdon,
> ðeoda ænigre. Þraca wæs on ore,
> heard handplega, hægsteald modige
> wæpna wælslihtes, wigend unforhte,
> bilswaðu blodige, beadumægnes ræs,
> grimhelma gegrind, þær Judas for. (Vv. 323-30)

Bei dem Heerführer wollten sie keine Schmach, bei ihm, solange er lebte, lange erdulden, wenn sie zum Kampf das Gerholz hoben (gegen) irgendeines der Völker. Ansturm war an der Spitze, hartes Handspiel, Jungkrieger, mutig im Todeskampf der Waffen, furchtlose Kämpfer, blutige Schwertspuren, Sturm der Schlachtkraft, Klirren der Maskenhelme, wo (der Stamm) Judas (hin)zog[146].

Die »heilige Lehre«, die den Israeliten aus den Herzen gerissen war und an die Moses erinnern muß (Vv. 268-75), ist die Geschichte des Bundes mit Gott. In dem Maße, in dem die *fyrd* diese Geschichte zurückerinnern kann, gewinnt sie ihre Identität und damit auch *eorla mod* zurück, der jetzt jedoch von ganz anderer Qualität ist als die kriegerische Entschlossenheit der Ägypter: *eorla mod* hat nun eine Basis in dem Bewußtsein des Bundes (Vertrages) mit Gott. Damit sind neue Werte für die *fyrd* erstellt.

> Wæs seo eorla gedriht anes modes,
> fæstum fæðmum freoðowære heold:
> nalles hige gehyrdon haliges lare . . . (Vv. 305-7)

Es war die Schar der Krieger eines Sinnes, hielt mit festen Umfassungen den Friedensvertrag: keineswegs verachteten sie im Herzen die Lehre des Heiligen . . .[147].

Da der Vertrag mit Gott Dreh- und Angelpunkt dieses neuen Verständnisses von *fyrd* ist, wird er in die Geschichte des Durchzugs durch das Rote Meer

146 In der Übers. von V. 328a als abhängig von *modige* V. 327b folge ich Sedgefield *Exodus* Anm.; *hægsteald* 327b fasse ich nach Mitchell 1969:73 als N.Pl. auf.

147 In V. 307a folge ich gegen Lucas *Exodus* dem MS mit Wrenn 1955:186.

eingewoben: in dem Maße, wie für die Israeliten durch Moses diese Basis ihres Handelns wieder lebendig und verständlich gemacht werden kann, treten sie aus der Anonymität der *fyrd* als Einzelstämme heraus und werden damit erst eigentlich *fyrd*, aber in einem veränderten Sinn (Vv. 310-61). Sie können jetzt erfahren, daß sie »halige þeode, Israela cyn, onriht Godes« sind (Vv. 357b-8), ein heiliges Volk, die Sippe der Israeliten, die einzig rechte Gottes[148].

Für die Zuhörer allein, nicht für die Israeliten, die nun ja *mægburga riht* und *eorla æðelo*, das Recht der Stämme und den Adel der Krieger durch Moses wieder erinnern (Vv. 352a, 353a) und in der Erklärung des *færwundra sum*, der Öffnung des Weges durch das Rote Meer die Wirkung des Vertrages erkennen können (Vv. 278-98), für die Zuhörer allein also muß diese »heilige Lehre« des Vertrages verdeutlicht werden. In einer jetzt 85 Verse langen Digression, die mit einer Lücke im überlieferten Manuskript endet, wird ein Stück der Vorgeschichte dieses Vertrags eingefügt, wird eine Bedeutung für das Leben der Betroffenen erstellt. Es geschieht dies erneut nicht ohne Verrätselung, so wie auch andere Elemente in den voraufgehenden Versen als Rätsel in den Text gesetzt sind[149]. Überraschend und im gemeinschaftlichen Hören unvorbereitet ist nämlich von Noah die Rede, der den größten der Schatzhorte (V. 368a), *halige treowa* (heilige Versprechen V. 366b), und als Erfüllung des Versprechens das zukünftige Erdengeschlecht über »neue Fluten« führt (V. 362a). Dieser Bruch erzeugt überraschte Fragen und Distanzierung zum spannenden Geschehen am Roten Meer: Verständnis stellt sich erst nachträglich ein, wenn die Genealogie von Noah zu Abraham erläutert wird. Jedoch wird dieses Verstehen im Vollzug des gemeinsamen Hörens ohne *gründliche* Kenntnis der biblischen Geschichte dann wiederum erschwert: in einer die biblische Chronologie gehörig durcheinander wirbelnden Setzung von Signalen wird Abrahams Geschichte nach dem Bund mit Gott erinnert (Vv. 380-83a), sein Leben im Exil erwähnt (V. 383b), sein Aufstieg zum Berg Zion mit dem Vertrag und heiliger Hochtreue in Verbindung gebracht (Vv. 384-8), der Bau des Tempels durch Salomo eingefügt.

148 Im Text sind dies Akk. Obj.
Neo-exegetischer Forschung ist lange bekannt, daß die Israeliten auf der Heerfahrt zu anderer oder neuer Identität gelangen: solche Interpreten sehen darin das Ergebnis der Taufe, die sie wiederum aus der exegetischen Deutung des Durchmarsches durch das Rote Meer ableiten; vgl. u. a. Earl 1970 passim; Vickrey 1972a passim; etc. Zwar sieht auch Irving 1974:214-6 die Israeliten auf dem Weg in eine neue Identität als Helden, erkennt aber nicht die Bedeutung des Vertrages und das Identifikationsangebot für ein aristokratisches Kriegerpublikum.

149 Ich erinnere an die Struktur der Störung des Verstehens, die ich unten pp. 264-9 auflöse: vgl. im Text z. B. die Seefahrtsmetaphern in Vv. 133a, 223a, 331b, 333a, Moses' grünen Stab V. 281a, den grünen Meeresgrund V. 312a, die *rihte stræte* V. 126b.

Die Bedeutung dieses Tempels wird mit einer Fülle von Superlativen unterstrichen, ohne daß sie wirklich erläutert würde[150]: was ist so heilig, so berühmt, so groß an diesem Tempelbau (Vv. 389-96)? Erst die folgende Geschichte des Opfers Isaaks kann die historische Distanz der Zuhörer zum Erzählten wieder mindern: indem Handlung und wörtliche Rede die *digressio* selbst zur erzählten Geschichte machen, wird die Kluft zwischen der israelitischen Heerfahrt und der Vorgeschichte der *sinnvollen* Basis ihrer *fyrd* überbrückt. Mit deutlichen Worten wird am Beispiel Abrahams und Isaaks gezeigt, daß der Vertrag mit Gott in schwerste Prüfung führen kann, daß er wichtiger für das Leben ist als selbst der geliebte Sohn. Für eine Gesellschaft wie die spätaltenglische, in der die eigene Geschichte und die eigene Identität auch in der ständigen Repräsentation eigener Genealogie begründet liegen[151], muß das Opfer eines Sohnes, der wie hier Isaak als langerwarteter, als einziger, als Trost beschrieben ist (Vv. 400-5), zunächst unverständlich, ja ungeheuerlich erscheinen; erst dann wird klar, daß dieses Opfer den Bund und den Vertrag zuallererst begründet (Vv. 419-46). Das Gemeinte ist vehement verdeutlicht: auf der Seite des Menschen verlangt dieser Vertrag absolute Treue, auch unverständlichen Gehorsam.

> He þæt gecyðde . . .
> þæt he him lifdagas leofran ne wisse
> þonne he hyrde Heofoncyninge. (Vv. 406a, 409-10)

Er (Abraham) verkündete dies: . . . daß er ihm die Lebenstage nicht lieber wisse (i. e. Isaaks Leben geringer schätzte), als daß er dem Himmelskönig gehorchte.

Der Vertrag – das impliziert absoluten Gehorsam gegenüber Gott – ist jetzt vom Text als das wichtigste Regulativ für das Leben erstellt. Da dies die Vorgeschichte als historische Grundlegung der »heiligen Lehre« der israelitischen *fyrd* ist, erhält hier der zentrale Begriff *þeodenholde* erst seine eigentliche Tiefe. Es stellt sich so die Erkenntnis ein, daß *fyrd* einen höheren Sinn haben muß als nur ein geschichtsloses, das heißt nur auf die Gegenwartsinteressen gerichtetes Ziel. In der Weise, wie die Israeliten den Vertrag und Bund mit Gott durch Moses erinnern, stellt sich für sie ein neuer Sinn von *fyrd* und *þeodenholde* zusammen: so wird durch die *digressio* die Normenwelt der israelitischen Heerfahrt erst klar, ein neues Rollenmuster ist damit angeboten. Dieses Verständnis des Textes kann auch erklären, warum in der Disposition der größeren Sinnabschnitte in *Exodus* die Abschweifung vom Haupterzählstrang *an dieser Stelle* und nicht später erfolgen muß: erst

150 So richtig Hall 1975b, der – wie der Text dies nicht tut – eine exegetische Ausdeutung liefert (Tempel = Kirche).

151 Genealogien sind Legitimationen von Machtansprüchen: vgl. Dumville 1976, 1977, und zuvor Sisam 1953d. Identitätsstiftung durch Angabe der Abstammung ist auch in der Literatur eine häufige Übung: vgl. etwa Gordon *Maldon* Vv. 216-9, 297b-8a; etc.

nachdem eine Alternative zu den Identifikationsangeboten erstellt ist, die ja auch von der ägyptischen *fyrd* ausgehen, wird es möglich, über deren Sinnwelt endgültig zu entscheiden.

Der Dichter der *Exodus* tut dies mit einer geradezu apokalyptischen Lust[152]: im immer neuen Anrollen der zusammenbrechenden Wassermassen geht die Wertwelt zugrunde, die die ägyptische *fyrd* repräsentiert (Vv. 447-515). Es ist für das Aufzeigen der Sinnlinien in *Exodus* nicht erforderlich, diese vehemente Vernichtung einer bloß auf kurzfristige Ziele gerichteten und damit sinnlosen Heerfahrt in allen sprachlichen Einzelheiten zu analysieren[153]: im Tosen der Wassermassen schwindet das einsinnige Prahlen der Ägypter (Vv. 452-55a). Sie, die ihre eigene Geschichte nicht erinnern (Vv. 140b-47), verschwinden selbst aus der Geschichte, weil sie erkennen müssen, daß ein nur auf Konfliktlösung durch Waffengewalt abzielendes Vorgehen sie gegen einen anderen, höheren Gegner führt, der sie dann nicht im Kampf besiegt (wie dies der Sinnwelt ihrer *fyrd* entspräche), sondern der sie mit Wundergewalt vernichtet. Indem sie aber aus der Geschichte gestrichen werden, wird ihnen selbst die Möglichkeit genommen, dieses traumatische Ereignis zu verarbeiten, zu reflektieren und damit selbst zu neuen Einsichten zu gelangen. Sie können erst gar nicht erproben, wie tragfähig ihre Wertwelt, ihre Normen noch sind; mit ihrer Vernichtung geht ihre Sinnwelt endgültig unter, dieses Identifikationsangebot rein militärischer Ausrichtung ist gründlich zerstört.

Egyptum wearð
þæs dægweorces deop lean gesceod,
forðam þæs heriges ham eft ne com
ealles ungrundes ænig to lafe,
þætte sið heora secgan moste,
bodigean æfter burgum bealospella mæst,
hordweardra hryre, hæleða cwenum,
ac þa mægenþreatas meredeað geswealh,
spelbodan. Se ðe sped ahte
ageat gylp wera. Hie wið God wunnon. (Vv. 506b-15)

Den Ägyptern ward des Tagwerks tiefer Lohn beschieden, denn von dem Heere, dem ganz maßlosen, kam keiner wiederum heim als Rest, so daß er ihre Reise erzählen durfte, verkünden in den Städten die größte der Elendsbotschaften, den Fall der Hortwärter den Frauen der Helden, sondern die Machttruppe verschlang der Meerestod, den Berichtsboten (auch). Der, der die Macht besaß, zergoß das Prahlen der Männer. Sie kämpften gegen Gott[154].

Die in *Exodus* von Anbeginn angelegte und an der sogenannten ›heroischen Diktion‹, das heißt: an den Redeweisen der Heldendichtung orientierte

152 Anklänge an *doomsday imagery* in *Exodus* sammelt Trask 1973.
153 Dies ist bereits mehrfach geschehen: vgl. u. a. Nazareth 1979:66-83.
154 In V. 514a folge ich gegen Lucas dem MS; ich weiß mich dabei einig mit Bliss, der diese Lesart für eine »acceptable short line« hält: vgl. Bliss 1971:447.

Identifikationssteuerung zeigte sich zunächst als ein über zwei Heerverbände verwobenes Muster. Beide *fyrds* bieten einem aristokratisch-weltlichen Zuhörer Identifikationsmomente, die jedoch häufig wieder aufgelöst, gestört, umorientiert werden. Durch dieses Spiel mit den Identifikationen problematisiert *Exodus* die Normen und Werte, die sich im Vorverständnis ihrer Zuhörer mit *fyrd* verbinden, provoziert Reflexion und bietet letztlich in der Trennung der zunächst in beide Heere verwobenen Rollenmuster eine neue Synthese an: *fyrd* und ihre kriegerisch-ethischen Werte sind nur sinnvoll, wenn sie ihre Basis finden in dem alle Geschichte umfassenden Vertrag und Bund mit Gott. Ohne solche Basis wird *fyrd* geschichtslos: damit verliert sie ihre Identität.

Aber ist der am Beispiel der Ägypter und Israeliten problematisierte und dann mit der Vernichtung der einen Sinnwelt neu erstellte Sinn der *fyrd* für einen aristokratischen Krieger des späten 10. Jahrhunderts überhaupt verständlich? Enthebt ihn nicht die historische Distanz zum Erzählten der engagierten Identifikation, kann er sich nicht beschaulich zurücklehnen und sich verweigern? Ist nicht der strafende Gott des Alten Testaments inzwischen nicht mehr sein Gott? In welcher Weise soll die Erfahrung literarischen Erlebens für die Lebenspraxis solcher Zuhörer Bedeutsamkeit gewinnen? Die wesentlichen Sinnlinien der *Exodus* geben bereits einen Teil der Antworten: Betroffenheit ist allein dadurch ermöglicht, daß sich die biblisch-historische Geschichte in Wertvorstellungen und Normen einer angelsächsischen Kriegerkaste präsentiert; sie drängt dann zum Nachdenken, macht solches Selbstverständnis und damit gesellschaftliche Identität zur Frage. Für sich löst der Text diese Frage dogmatisch: im apokalyptischen Untergang der Ägypter und in ihrer Geschichtslosigkeit erzwingt er Gehorsam gegenüber dem neu angebotenen Sinn, baut eine Drohung auf, der man sich schwerlich entziehen kann. Eine bloß dem Sieger zustimmende Identifikation will er aber auch nicht: dem nur vordergründigen Festsetzen im faktisch biblischen Geschehen, das dem Gehorsam der Israeliten Beifall zollt und sich selbst nicht betroffen weiß, schieben die restlichen Verszeilen einen deutlichen Riegel vor.

Der Text schlägt einen großen Bogen vom Ufer des Roten Meeres über die Gegenwart der Zuhörer in ihre Zukunft und wieder zum Roten Meer zurück (Vv. 516-49 ff.): er beginnt am Ufer, wo Moses seine Ratschläge gibt (Vv. 516-19a); er geht über in die Gegenwart der Zuhörer und bedeutet, daß dieses »Tagwerk« dort noch bekannt sei (Vv. 519b-22); er behauptet, daß noch besserer Rat zu erhalten sei, wenn der Text mit Schlüsseln des Geistes ausgelegt werde, weil dann die Rätsel des Textes und, so scheint impliziert, die der biblischen Geschichte gelöst werden könnten (Vv. 523-32a); er verweist dann auf die Vergänglichkeit der Welt seiner Zuhörer und das bevorstehende Jüngste Gericht, bei dem Gott in ähnlicher Weise über Gut und Böse, über ihr Handeln richtet (Vv. 532b-43), bietet dabei als Verlokkungsprämie die Erlösung im jenseitigen Leben an (Vv. 544-8) und kehrt zu Moses und seinen Ratschlägen an das Rote Meer zurück (Vv. 549 ff.). Indem er diesen weiten Bogen spannt, schließt er die Lebenswelt der Zuhörer ein und belegt damit die Relevanz des Erzählten für ihre eigene Lebenspraxis. Gäbe es nicht jene darin eingebaute Stelle über das Verstehen seiner selbst, die in den letzten zwei Jahrzehnten eine ganze Forschungsrichtung ins Brot gesetzt hat, so wäre der Rat des Moses in der Tat für aristokratische Angelsachsen in der von mir angenommenen Kommunikationsgemeinschaft lebenspraktisch genug. Moses verheißt den Israeliten mit heiliger Sprache *deop ærende*, tiefe Botschaft (Vv. 518b-19a), verkündet ihnen Mundheil (V. 553a): jedoch liegt der ganze Sinn seiner Rede darin, daß das Einhalten der »heiligen Lehre« des Vertrages die *fyrd* nunmehr zu Landbesitz, zu Siegen über Feinde, zum Siegreich und zum Besitz von Biersälen führt (Vv. 556-64). Ob solch froher Botschaft stimmen die Sieger, unter denen sich jetzt erst auch Frauen befinden (V. 577b), einen Lobgesang an, sammeln die Beuteschätze (Vv. 565-90). Wäre dies nicht Sinn und Identifikationsangebot genug? Doch solch gradliniges Verstehen wird auch hier noch gestört: was heißt Mundheil wirklich, ist Siegreich einfaches Land? Und da ist die afrikanische Frau, mit Gold geehrt, erneut unvorbereitet im Text, unerklärt (Vv. 580-1). Vor allem aber bleibt eben jene oben erwähnte Stelle über das Verstehen, die schon allein dafür sorgt, daß nach ihrem Hören vordergründiger Umgang mit dem Erzählten nicht mehr möglich ist. Bis heute ist es vorgängiger Forschung nicht gelungen zu erklären, warum die Verse 519b-48 im Text dort stehen, wo wir sie vorfinden; es wird sich auch zeigen, daß vor allem die Verse 519b-32a in ihrer Funktion noch nicht verstanden worden sind, obwohl sie für das Verstehen des Textes im Wortsinne die Schlüssel bereithalten.

Dægweorc nemnað
swa gyt werðeode, on gewritum findað
doma gehwilcne, þara ðe him Drihten bebead
on þam siðfate soðum wordum.
Gif onlucan wile lifes wealhstod,
beorht in breostum, banhuses weard,
ginfæsten god gastes cægon,
run bið gerecenod, ræd forð gæð;
hafað wislicu word on fæðme,
wile meagollice modum tæcan,
þæt we gesne ne syn Godes þeodscipes,
Metodes miltsa. He us ma onlyhð,
nu us boceras beteran secgað,
lengran lyftwynna. Þis is læne dream ... (Vv. 519b-32)

Das Tagwerk erzählen (nennen) so noch die Völker, in den Schriften finden sie ein jedes der Gesetze von denen, die ihm der Herr gebot auf der Reise mit wahren

Worten. Wenn erschließen will des Lebens Deuter – hell in den Herzen, des Knochenhauses Hüter – weites Gut mit Schlüsseln des Geistes, wird das Rätsel erklärt, geht Rat hervor; er hat weise Worte in seiner Macht, will ernstlich die Herzen lehren, so daß wir nicht Fehlende sein mögen in der Gemeinschaft Gottes, in der Gnade des Schöpfers. Er gewährt uns mehr, da uns jetzt Gelehrte Besseres künden, längere Luftwonnen. Dieses (Leben) ist (nur) vergängliche Freude . . .[155]

Daß diese Verse einen deutlichen Hinweis für das Verstehen enthalten, ist natürlich kaum jemals entgangen. Je nach Erkenntnisinteresse haben sie aber eine unterschiedliche Auslegung in der Forschung erhalten: von den einen werden sie in ihrer Bedeutung heruntergespielt[156], von anderen als zeitgenössische Rechtfertigung ihres eigenen Vorverständnisses hergenommen, daß die Dichtung von allem Anfang an nur typologisch oder allegorisch zu verstehen sei, von dritten gar als zeitgenössische Bestätigung dafür verstanden, daß Theorie wie Praxis neo-exegetischer Lehre mit dieser Textstelle ins Recht gesetzt ist[157]. Niemand hat jedoch bisher erklären können, warum diese Verse gegen Ende des Textes stehen, und nirgendwo sonst; warum nicht am Anfang des Textes oder an seinem Ende. Das meint: niemand hat die kommunikative Funktion dieser Verse erkannt, die einen Anstoß zur Diskussion des vom Text Bedeuteten *unmittelbar nach seinem Vortrag* geben wollen, um zu einem neuen Verständnis über konfligierende Normen und Werte in der Lebenswelt der Zuhörer zu kommen. Von einigen ist die Passage als »strange interpolation« abgetan worden[158]; andere haben aus unterschiedlichen Gründen die Abfolge der Verse geändert und die Passage über das Verstehen an das Ende des Textes gestellt[159]; wieder andere haben zwar die Reihenfolge der Verse im Manuskript akzeptiert, sich aber zweifelnd über ihren richtigen Ort im Text und über ihre Funktion geäußert[160]; wieder andere haben zu typologischen Erklärungen gegriffen, um die Abfolge der Verse im Manuskript zu begründen[161].

155 In V. 519b folge ich dem MS und interpunktiere wie Krapp *Exodus*. Nach Lucas' Version legt Moses selbst den Israeliten ihre Heerfahrt allegorisch aus, so daß dann Vv. 532b ff. zur Rede des Moses werden. Daraus erklärt sich Moses als Typus für Christus in neo-exegetischer Sinndeutung: es kann dann allerdings nicht mehr gefragt werden, an wen sonst sich diese Vv. richten. Vgl. Lucas *Exodus*:142; selbst Irving 1972:320 zu Vv. 516-90 folgt dieser Sinngebung.

156 So bei Irving 1974:211-2, wo die Botschaft als verschlüsselt verstanden und ihre Erklärung quasi in die Ewigkeit verschoben wird; ähnlich zeitlos mystifiziert sieht diese Passage Nazareth 1979:54-7, 109-11.

157 Earl 1970:547 ist explizit: vgl. Zitat unten p. 265; vgl. weiter u. a. Cross/Tucker 1960b:123; Hermann 1975:243; Hermann 1976:2 mit Anm. 6; Lucas 1976:194; Hall 1977:88; etc.

158 So etwa von Craigie 1925:8-9.

159 So etwa Gollancz 1927:lxxv-lxxvi; Irving *Exodus*:11. Irvings Umstellung wird akzeptiert z. B. von Dobbie 1954:229; Timmer 1955:111; Potter 1956:33.

160 So etwa Krapp *Exodus*:xxxi; Wrenn 1955:184.

161 So etwa Isaacs 1968:153-7; Irving 1972:320; Lucas *Exodus*:32-3.

> In many ways, the most difficult of the passages I want to examine is the poem's conclusion, lines 519–90. A detailed commentary on these lines might best indicate just what it is that the poet was interested in, and best illustrate the intellectual framework in which the poet was working. It is for the sake of clarity, and not out of perversity, that I begin my argument at the end of the poem[162].

Hier liegt das Versagen neo-exegetischer Sinndeutung der *Exodus* begründet: das ungeprüfte Vorverständnis als Vor-Urteil macht einen Dialog mit dem Text auf dem Weg des Wechselspiels von Frage und Antwort unmöglich. Weil man sich aus einem vorverständigten Aneignungsinteresse heraus dieser Stelle nur monologisch versichert und sie für die eigenen Interessen vereinnahmt, kann man gar nicht mehr fragend erkennen, daß auch hier – und besonders hier – der Dialog zwischen dem Text selbst und seinen Zuhörern als Kommunikationsstruktur *im Text selbst* angelegt ist. Denn wenn »for the sake of clarity« die Deutung des Textes an seinem Ende begonnen wird, ist die Phase der Erfahrung des Textes im Vollzug gemeinschaftlichen Hörens bereits verlassen; daß aber *Exodus* auf dieses gemeinsame *Hören* hin geschrieben ist, darauf deuten Signale des Textes, die auf die Präsenz eines Erzählers verweisen (Vv. 1, 7, 98, 368, 377, und die direkte Ansprache in Vv. 519b-48). Neo-exegetische Deutung berücksichtigt demnach nicht die Vortragssituation; indem sie den Text von seinem Ende her ›aufschlüsselt‹, verfällt sie dem Irrtum, diese Dichtung sei verfaßt worden, um philologisch von Philologen untersucht zu werden. So kann man die wesentliche Frage nicht mehr stellen, *warum* denn dieser Hinweis für das Verstehen erst gegen Ende erfolgt, und nicht zu Anfang; warum auch nicht ganz am Schluß, sondern kurz davor.

Erstens. Wenn sich der Text, wie ja behauptet wird, an eine entsprechend vorgebildete und damit *vorverständigte* Klostergemeinschaft gerichtet hätte, die in der Entschlüsselung christlicher Heilsgewißheit geübt gewesen wäre und in patristischer Exegese trainiert war (wie es in allen neo-exegetischen Beiträgen impliziert ist) – warum erfolgt dieser Hinweis dann überhaupt? Er wäre dysfunktional, wäre bloßes Beiwerk, würde er auf ein Vorverständnis gerichtet sein, das von allem Anfang an weiß, daß es einen Text entschlüsseln muß, um hinter seinem literalen Sinn eine tiefere Bedeutung zu entdecken. Solche Hörer wüßten, wieso die Israeliten als Seefahrer erscheinen, wieso Salomos Tempel so überragend erscheint, warum Moses' Stab grün, warum die afrikanische Frau mit Gold geschmückt ist: ein Hinweis darauf, daß man solche Stellen ›entschlüsseln‹ muß, wäre für solche Hörer geradezu *sinnlos*. Sinn ergeben die Verse 523-6 erst, wenn man sie sich als Frageanstoß für solche Hörer denkt, die über das nötige Vorverständigtsein nicht verfügen, *die nicht wußten*. Solche Hörer würden daher ganz naheliegend versucht

162 Earl 1970:547.

haben, die Dichtung bis zu dieser Textstelle auf der literalen Ebene zu verstehen; dieser Verstehensweg wäre geradezu selbstverständlich für sie gewesen. Daraus ergibt sich demnach zugleich *der erste Grund*, warum die Passage über das Verstehen seiner selbst erst hier und nicht schon zu Anfang des Textes gesetzt ist: *damit man nämlich den Text bis zu dieser Stelle auf literaler Ebene versteht.* Andernfalls ergäbe sich keine Möglichkeit der Identifikation für ein Publikum von weltlichen Aristokraten: sie hätten sich nicht als Gemeinschaft von Betroffenen erfahren, hätten sich nicht geneigt interessieren können für den Konflikt der Normen, der im Text präsentiert wird. Es erweist sich somit durch den Text selbst, daß auch wir ihn bis zu dieser Stelle literal zu verstehen haben, um seine Bedeutung zu erfassen. Zugleich erweist sich damit, daß mein Vorverständnis von einer geistliche wie weltliche Hörer umfassenden Kommunikationsgemeinschaft einen Weg des Verstehens eröffnet, der uns einem besseren Verständnis des Textes näherbringt.

Zweitens. Der Text selbst stellt die Mittel für ein (nach Ansicht des Dichters) *besseres* Verständnis der Lebenswelt seiner Zuhörer bereit, das meint: er schafft die Bedingungen für die Umsetzung der literarischen Erfahrung seiner ersten Hörer in lebenspraktisches Handeln. Aber er reflektiert diese Mittel nicht, erklärt seine Rätselstruktur nicht selbst, bietet keine fertigen Lösungen. Er gibt statt dessen Anstöße zu Fragen, macht sich damit selbst zur Frage und erzwingt so Verständigung über sich in einem dialogischen Prozeß, der nach dem Vollzug gemeinsamen Hörens in der Kommunikationsgemeinschaft selbst weitergeführt werden muß. Zu Fragen angestoßen sind die, die sich für die sozialen und ethischen Normen der *fyrd* interessieren, die sich aber nicht leicht identifizieren konnten. Indem er nämlich Verstehen ständig stört und sich dann selbst in Vers 526 implizit als Rätsel bezeichnet, verhindert der Text für die an der Normenwelt der *fyrd* interessierten und sich dort identifizierenden Zuhörer jede platte Siegeridentifikation. Solches vordergründige Einschwenken auf die Sieger wäre vermutlich für jeden der weltlichen Aristokraten verlockend gewesen, da die restlichen Zeilen, *falls* man sie literal versteht, den Siegern Land, weitere Siege, ein Siegreich und sogar Biersäle verheißen (Vv. 556-64). Zudem hätte wohl jeder dieser Zuhörer für sich reklamiert, sich selbst immer an die *halige lare* (V. 561) gehalten zu haben: folglich wäre eine Teilhabe an der Erfahrung der Israeliten leicht möglich. Der Hinweis auf das *richtige* Verstehen seiner selbst aber läßt das Verstehen dieser folgenden Zeilen nicht unverändert zurück, eine platte Identifikation wird vom Text wirkungsvoll verhindert. Das heißt: *der Hinweis auf das richtige Verstehen macht ein literales Verstehen der letzten Verse* und damit eine voreilige Anverwandlung des Erzählten *unmöglich*. Dies ist der *zweite Grund*, warum die Passage an dieser Stelle in den Text eingebaut ist, und nicht an seinem Ende: der Rest des Gedichts verlangt nach *kompetenter* Auslegung.

Drittens. Diese Passage ist vor das Ende des Textes gestellt, um das Recht und den Anspruch auf Deutung für eine bestimmte Gruppe innerhalb des Publikums zu reservieren: nämlich die Gruppe derjenigen, die wußten und daher den Text in anderer als literaler Weise auslegen konnten. Der Anspruch, in das Leben sinndeutend hineinzuwirken, wird als Identifikationsmöglichkeit denjenigen geboten, die *boceras* kannten; diese, und *nur diese* Zuhörer waren in der Lage, die Rätsel des Textes in kompetenter und gültiger Deutung zu lösen. Die Verse 516-48 mit ihrem großen Bogen vom Roten Meer über die Lebenswelt der Zuhörer und wieder zurück begründen so eine Legitimation für diese Gruppe: ihnen bringt der Text den Anspruch nahe, daß sie selber wie Moses Deuter des Lebens seien. Es erscheint dann erst recht sinnvoll, solchen Anspruch *vor* dem Ende des Textes zu artikulieren: dies ist folglich der *dritte Grund*, warum die Passage an dieser Textstelle erscheint, und nicht erst am Textende. Andernfalls könnte sich ein Laie im Publikum mit den Siegern identifizieren, er hätte die *richtige* Deutung den Klerikalen und Mönchen überlassen können – er wäre nicht mehr an der Frage interessiert gewesen, *wer denn den Text und das Leben richtig deuten kann*. Nach dem Vollzug gemeinsamen Hörens konnten so dagegen die Wissenden im Publikum in der folgenden Verständigung über den Sinn unmittelbar beweisen, daß der ihnen nahegelegte Anspruch auf Deutung des Textes und des Lebens zu Recht bestand.

Ich habe drei Gründe angeführt, die die Frage nach Ort und Funktion der Verse 519b-32 über das richtige Verstehen des Textes überzeugend beantworten können. Schauen wir nun noch einmal zurück auf die entsprechende Textstelle, so wird jetzt durch die Frage nach ihrer Funktion auch deutlich, wie *Exodus* mit dieser Passage den Anspruch auf Lebensdeutung etabliert. Der bedeutsamste Beitrag neo-exegetischer Forschung für mittelalterliche Literatur ist die Erkenntnis, daß in der patristischen Tradition mit biblischer Geschichte auf besondere Weise umgegangen wird: ihre Auslegung ist das Vorrecht und die Aufgabe der *oratores*, jener gesellschaftlichen Gruppe, die nach Auffassung der Kirche des späten 10. Jahrhunderts mit den *laboratores* und den *bellatores* als eine der drei Stützen des Königreichs fungiert.

> Oratores syndon þe us þingiað to Gode ⁊ cristendom fyrðriað on cristenum folcum on Godes þeowdome to ðam gastlican gewinne, to þam anum betæhte us eallum to þearfe[163].

Patristische Bildung und damit das Vermögen der Auslegung sind nur in dieser Gruppe zu suchen: das historische Mißverständnis der neo-exegetischen Lehre kann solchen Anspruch nicht registrieren, weil patristische Deutung in dieser Schule im Intellekt *aller* historischen Subjekte angesiedelt

163 Aelfric *Treatise*:71; vgl. ibid. 71-2, Aelfric *Lives* XXV Vv. 812-62, Wulfstan *Polity*:55-7; etc.

wird, ohne Unterscheidung zwischen *oratores*, *bellatores* und *laboratores*; so wird jeder Angelsachse von 700 bis 1050 zum gebildeten Beda. Neo-exegetische Interpreten können folglich auch nicht die historischen Nachweise nutzen, die den Anspruch einer kleinen Gruppe von *oratores* aus dem späten 10. Jahrhundert belegen, daß *nur sie allein* in der Lage seien, biblische Geschichte für die Gegenwart der Zuhörer und ihrer Zeitgenossen aufzubereiten[164].

In *Exodus* selbst erschließt sich dieser Anspruch mit der zwar trivialen, aber nur aus kritisch-hermeneutischer Sicht des literarischen Werks als Verständigung über die eigene Lebenswelt zu formulierenden Frage, *wer* denn über den nötigen *lifes wealhstod*, den Deuter des Lebens verfügt (Vv. 523-4): ist, wie die syntaktische Parallele *banhuses weard* (Hüter des Knochenhauses V. 524b) nahezulegen scheint, wirklich der Intellekt jedes einzelnen, historischen Subjekts gemeint? Das einleitende *gif* sollte doch wohl ernst genommen werden: als *wenn* impliziert es Alternativen (auszulegen oder auch nicht) und schafft damit die Bedingung der Möglichkeit, zwischen den vom Text geforderten intellektuellen Fähigkeiten und dem tatsächlichen Wissen seiner Zuhörer zu differenzieren. Das logische Subjekt von *he* (V. 527a) ist *lifes wealhstod*, wie auch *he* in Vers 530b sich noch auf dieses grammatische Subjekt bezieht. Welcher »Lebensdeuter« ist das, der weise Worte in seiner Macht hat (V. 527), der lehren will, daß »wir«, das heißt: die Zuhörer im Vollzug des gemeinschaftlichen Hörens, der Gnade Gottes teilhaftig werden (Vv. 528-30a)? Welcher *lifes wealhstod* verfügt denn schließlich über die Lehre der *boceras*, der Schriftgelehrten (Vv. 530b-32a), um noch Besseres aus *Exodus* zu verkünden? Im historischen Kontext des späten 10. Jahrhunderts kann die Antwort nur lauten: niemand anders als die reformierten Mönche, Äbte und Bischöfe.

Der schnelle Gang des Textes vom Roten Meer zur Gegenwart der Zuhörer läßt in der Tat zunächst auch an Moses denken: solches Verstehen stellt sich aber schon in Vv. 530b-32a als Mißverständnis heraus. Dennoch ist die Beobachtung von Nutzen, verweist sie doch darauf, daß die Identität desjenigen, der über *lifes wealhstod* in der geforderten Weise verfügt, sich erst über die Frage nach seiner Identität enthüllt. Diese schrittweise Aufdekkung bindet die Rolle des Moses an die Gegenwart der Hörer an: in ihr begründet sich das Identifikationsangebot für denjenigen Teil der Kommunikationsgemeinschaft, die wie Moses mehr wissen als selbst die *frod fædera cyn* (V. 29a); die, wie Moses für die Israeliten, zwischen Gott und den Menschen vermitteln. Das Rollenmuster des Moses ist eindeutig: er übernimmt die Funktion des »Lebensdeuters« für die Israeliten, er erklärt, hilft,

164 Vgl. erneut Aelfric *Preface*, bes. ibid. 76-7, 80; vgl. auch den diesen Anspruch erhellenden Kommentar bei Gatch 1977:13 mit Anm. 12-4.

erinnert die eigene Geschichte als Teil der Heilsgeschichte und gibt damit der Heerfahrt erst ihren Sinn. Seine Funktion im Text ist nicht die, germanischer Heerführer oder Typus für Christus zu sein, sie ist nicht problematisiert, sie ist klar und einsinnig. Wer in ihm, wie vorgängige Forschung, einen germanischen Führer erwartet, sieht sich enttäuscht: mit ihm kann sich nur identifizieren, wer in gleicher Funktion in der eigenen Lebenswelt sein Selbstverständnis als Deuter des Lebenssinns definiert. Die militärische Funktion des Moses unterstreicht folglich nur den Anspruch, daß ohne ihn die israelitische *fyrd* verloren wäre: nur an *seiner* Seite und mit *seiner* Hilfe können die Israeliten Gefahren und Schwierigkeiten überwinden (Vv. 8-32, 55, 61b-2, 100b-02, 124, 215b-20, 259-98, 351b-53a, 516-19a, 549-64). Das heißt: wer sich mit dem neuen Sinn von *fyrd* identifizieren will, herrentreu auf der Basis des Vertrags zu sein, muß daher den Lebensdeuter nicht nur als notwendiges Zubehör, sondern als *sine qua non* akzeptieren; andernfalls, das zeigt das Beispiel der Ägypter im Text, drohen Geschichtsverlust und Vernichtung. Das meint: *eine neue Sinngebung der fyrd*, die auf der »heiligen Lehre« des Bundes und Vertrages mit Gott fußt, *ist ohne einen solchen Lebensdeuter nicht möglich*; nur er kann Verständigung durch seine Deutung zu Verstehen führen, kann dem Leben einen neuen Sinn geben, kann Verständnis der Welt wieder herstellen. Mit *Exodus* wird folglich ein Anspruch auf (intellektuelle) Führung in der Gesellschaft erstellt: dieser Anspruch ist als Handlungsmuster denjenigen angeboten, die als reformierte Benediktiner die englische Kirche des späten 10. Jahrhunderts vertraten. Der Anspruch auf Führung und Lebensdeutung soll sie berechtigen, der angelsächsischen, aristokratischen *fyrd* neue Muster des Handelns zu vermitteln.

In der Aufdeckung der wesentlichen Sinnlinien der altenglischen Bibeldichtung *Exodus* erweist sich das Scheitern der neo-exegetischen Lehre auch in der Praxis. Erst und nur im Dialog zwischen Text und Interpreten und aus der Rekonstruktion des Dialogs zwischen Text und Publikum im historischen Kontext der Zeit erstellt sich der Beitrag des Textes zur Verständigung über die Lebenswelt seiner Zuhörer. So wie der dogmatisch verkündete, neue *fyrd*-Sinn als wesentlichstes Thema im Dialog mit der *Exodus* aus ihr heraustritt, so beweist sie selbst ihre Inanspruchnahme des Rechtes auf Lebensdeutung für eine bestimmte Gruppe als notwendig für Verstehen überhaupt. Indem der Text Verstehen selber stört, macht er Verständigung über lebenspraktische Fragen zur lebensnotwendigen Voraussetzung einer sinnvollen Lebenswelt seiner Zuhörer. So wie er dogmatisch ist und die Beugung unter den von ihm angebotenen Sinn unter Androhung ewiger Verdammnis fordert, so ist er auch ideologisch: gegen jede bloß militärische Gewalt, wie sie in der Welt der Ägypter zugrunde geht, setzt er den Anspruch einer gesellschaftlichen Gruppe, die wahren Führer und Deuter des Lebens zu sein, die allein in der Lage sich befänden, der *fyrd*-Welt einen neuen, tragfähigen Sinn zu geben und Verständigung damit wiederherzustellen. In der Darstellung dieses Machtanspruchs liegt das verführerische Identifikationsangebot des Textes an diejenigen unter seinen Zuhörern, die als Geistliche dazu in der Lage waren. Die Wirkung seiner wesentlichen Sinnlinien stellt sich demnach eigentlich erst da ein, wo beide Gruppen, *fyrd* wie Geistliche, die *boceras* kannten oder selbst *boceras* waren, unter seinen Zuhörern in der angenommenen Kommunikationsgemeinschaft vertreten sind.

Ihr volles Sinn- und Argumentationspotential entfaltet die altenglische *Exodus* offenbar vor dem Hintergrund der benediktinischen Reform im England der zweiten Hälfte des 10. Jahrhunderts. Die historische Erforschung der Reformbewegung, die Teil einer gesamteuropäischen Bewegung ist[165], befindet sich zur Zeit noch im Umbruch. Während bis in die jüngere Vergangenheit Arbeiten zur Benediktinerreform ihr Hauptaugenmerk auf die Bedeutung liturgischer Entwicklungen oder auf die Auswirkungen der Reform auf die Kultur des Landes legten[166], hat jetzt ein neues Frageinteresse endlich auch ihre politischen, ökonomischen und ideologischen Aspekte wieder in den Blickpunkt gerückt[167]. Historische Forschung kann so noch nicht alle Fragen beantworten, die sich aus dem neuen Verständnis der *Exodus* ergeben. Jedoch kann aufgezeigt werden, daß die wesentlichen Sinnlinien der *Exodus* sich mit wesentlichen Aspekten der Reformbewegung zur gesellschaftlichen Bedeutung des Textes zusammenstellen.

Historische Forschung ergibt, daß die Reform erst eigentlich unter Edgar (959-75) zu voller Blüte gelangt[168]. Dabei ist in Edgars Regierungszeit die *Regularis Concordia* schriftlicher Ausweis für den Versuch des Königs und der reformierten, monastischen Kirche, *saecularium prioratus* zu brechen, das heißt: es sollte der bis zur Reform vorherrschende Brauch für die Zukunft verhindert werden, Klöster als herrschaftlichen Eigenbesitz zu betrachten und im erbrechtlichen Zugriff der weltlichen Stifter zu belassen[169]. In vielen Schriften der Reformer, in Landurkunden und in der *Regularis Concordia* spielt diese Regelung des Einflusses weltlicher Herren und der Versuch, ihn durch das *dominium* des Königs zu ersetzen, eine wesentliche Rolle[170]. Zwar

165 Vgl. Stafford 1978:11 und passim.

166 John 1966:156 Anm. 1.

167 Stafford 1978:12; John 1966:154-80.

168 Ich beziehe mich im folgenden vor allem auf John 1964:80-139, 1965b, 1966:51-63, 154-209; John 1965a stellt die Benediktinerregel und ihre Bedeutung für die Entwicklung der Landrechte in einen größeren historischen Zusammenhang. Einen generelleren Überblick bieten auch Stenton 1971:433-69, John 1982:181-91; aus mehr liturgisch-theologischer Sicht beschreiben die Reform etwa Symons 1942, Duckett 1955, Knowles 1966:31-56.

169 John 1966:163-72.

170 Material ibid. 154-80 passim.

ist kein explizites Dokument einer vertraglichen Absprache zwischen König und Reformern überliefert: dennoch lassen die Informationen über die Synode von Winchester den Schluß zu, daß nach Absprache zwischen König Edgar und Bischof Aethelwold die Reform mit der Austreibung der *clerici* in Winchester und andernorts erst richtig begann[171]. Die *Vita Oswaldi* verzeichnet den Vorgang als Beschluß des Königs und seines wichtigsten Ratgebers Aethelwold, etwa vierzig Klöster zu reformieren oder zu gründen[172]; um ihre wirtschaftliche Basis zu sichern, sei der König überredet worden

> ut clericos a monasteriis expulit, et ut nostris ordinibus contulit[173].

Diesen spektakulären Vorgang beschreiben einige Versionen der Chronik, er findet sich auch in anderen Quellen festgehalten.

> Her dræfde Eadgar cyng þa preostas on Ceastre of ealdan mynstre ⁊ of niwan mynstre ⁊ of Ceortesige ⁊ of Middeltune ⁊ sette hy mid munecan[174].

Bedeutsam ist an diesem Ereignis folgendes. Zunächst: die vertriebenen *clerici* waren wohl Angehörige führender Familien und damit hoher Abstammung, denn sie werden gelegentlich *nobiles* oder *dignissimi clerici* genannt[175]. Damit sind aber von dem Vorgang der Vertreibung die Interessen dieser Familien betroffen: denn *saecularium prioratus* hat seinen Hintergrund offenbar in dem Umstand, daß bis zur Reform die Ländereien der Klöster und ihr sonstiger Besitz *quasi propria* gehalten wurden, folglich auch an die Angehörigen dieser Familien zurückfallen konnten; dies führt zu einem entscheidenden Einfluß auf die Abtwahlen[176]. Wesentliches Ziel der Reform für die wirtschaftliche Grundlage der Klöster ist also demnach die »communalization of the endowment«, das heißt: *quasi propria* gehaltener Besitz geht als Gemeinschaftsbesitz in das Kloster über, kann nicht mehr aus dem Kloster entfernt werden[177]. Und es bleibt nicht bei dieser Änderung allein. In der Übertragung von großen Verwaltungseinheiten (*hundreds*) unter die Hand eines Bischofs werden auch die Interessen einzelner *thegns* betroffen: so verliert etwa Leofric, *thegn* im *hundred* von Taunton, sein Landbuch (den vererbbaren Landbesitz) an Bischof Aethelwold; solchen Vorgang würden wir heute als Enteignung bezeichnen. Nur die Unterstützung der Königin selbst kann Leofric und seiner Frau den Besitz noch »für ein Leben«, bis zu

171 Ibid. 162-3; vgl. 156-62 zur Vorgeschichte der Reform.
172 Ibid. 160-1 und 217 Anm. 3 zur Position Aethelwolds als Edgars Berater.
173 *Vita Oswaldi*:427.
174 *ASC* 964; vgl. D 965, E 964 (in Latein), F 964. Vgl. auch Aelfric *Ethelwold*:12-6; EHD I:907-8; etc.
175 Vgl. Fisher 1952b:264. Die in Aelfrics Bericht genannten moralischen Vorwürfe gegen die *clerici* hinterfragt Caraman 1945.
176 Vgl. John 1966:163-73.
177 Ibid. 164-5; Stafford 1978:14-5.

ihrem Tode also, sichern[178]. Edgar hatte verfügt, daß seine *thegns* mit Landbesitz im Gutsbereich von Taunton das Land behalten sollten »be þes biscopes gemedon oððe hit agefum«[179]. Um die wirtschaftlichen Besitzungen der reformierten Klöster abzusichern, drang die monastische Kirche somit auch in weite Bereiche der Verwaltung, der Rechtssprechung und selbst der militärischen Ordnung ein, machte Bischöfe und Äbte zu neuen Herren und geriet so in Konflikt mit den Interessen des Adels[180]. Die Auswirkungen der Reform, soweit sie über innerklösterliche Bereiche hinausgingen, beschnitten demnach im wesentlichen die Macht der weltlichen Herren: als Klosterstifter hatten sie Einfluß auf die Abtwahlen; dieser Einfluß wird ihnen in den reformierten Klöstern genommen[181]. Für den König bedeutete dies Gewinn an Kontrolle und Macht über die sonst nur schwer zu beherrschenden, lokalen Herren: die Mönche fanden seine rigorose Unterstützung, und als Gegenleistung statteten sie das Königtum mit einer bis dahin nicht gekannten, religiösen Würde aus[182]. Ergebnis der Jahre 964 bis zur *Regularis Concordia* ist also der Ersatz der Herrschaft weltlicher Magnaten durch das *dominium regis* über die reformierten und neu gegründeten Klöster, die Beschneidung ihrer Macht in Teilen der Verwaltung und Rechtssprechung, eine Umverteilung von Landbesitz und damit, erneut, eine Umverteilung von Macht. Eric John beschreibt die grundstürzenden Veränderungen dieser Zeit recht lapidar als: ». . . the monks had come to power«[183].

> To many of the great nobles the advancing power of the church could only seem a threat to their own, the extravagance of the king to the monasteries a threat to his own position. Moreover in a land-hungry society the monks were great engrossers of land, threatening men's inheritance[184].

Was sich an möglichen Aggressionen, an verletzten eigenen Interessen durch die neue Machtstellung der Mönche hat ansammeln können, bricht sich

178 Das Dokument ist Harmer *Writs* no. 108; vgl. John 1964:135-6; Fisher 1952b:262.

179 Harmer *Writs* no. 108.

180 Vgl. John 1964:80-139, 1966:173-6, 179; vgl. auch Loyn 1984:154-8.

181 John 1966:171-3, 177-8.

182 Ibid. 55-60, 179-80; vgl. Stafford 1978:19-21. Daß die Mönche der feudalen Klasse auch neue, kulturelle Bilder vermittelten, belegt u. a. Duby 1968. Die Ausbreitung der Reform und den Einsatz von Reformierten in neu gegründeten Klöstern als deren Äbte beschreibt überzeugend Lanoë 1976: er kann auch zeigen, daß bald nach Beginn der Reform Mönche als Bischöfe und Erzbischöfe die Position der Reformer untermauern. Fisher 1952b:263-4 trägt weiteres Material für gelegentlich rigides Durchsetzen monastisch-reformierter Interessen zusammen. Finberg 1964:214-48, bes. 232-44, untersucht monastische Fälschungen von Landurkunden aus Winchester: dies ergänzt Hart 1970.

183 John 1966:163; vgl. eine ähnliche Aussage für den Zeitpunkt von Edgars Thronbesteigung ibid. 159.

184 Stafford 1978:17.

nach Edgars Tod Bahn. Ein Teil des Adels reagiert auf die umstürzenden Änderungen in den Besitz- und Herrschaftsverhältnissen mit Gewalt; der Autor der *Vita Oswaldi* findet empörte Worte für diese nicht eigentlich *anti*-monastische Bewegung:

> ... turbatus est status totius regni, commoti sunt episcopi, irati sunt principes, timore concussi sunt monachi, pavefacti populi, clerici laeti effecti sunt quoniam tempus eorum advenit. Expelluntur abbates cum monachis suis, introducuntur clerici cum uxoribus suis, et erat *error pejor priore*[185].

Auch über diesen Konflikt besitzen wir nur einzelne Zipfel an Informationen[186]; zudem weiß die historische Forschung noch keine endgültige Antwort auf die Frage, ob die anti-monastische Bewegung nur durch konfligierende, wirtschaftliche und politische Interessen motiviert war, oder ob es hauptsächlich um eine Auseinandersetzung um die Thronfolge ging[187]. Die *Vita Oswaldi* legt lediglich nahe, daß der Konflikt, daß die anti-monastische Bewegung eine Zeitlang andauerten, daß dabei sogar größere, kriegerische Auseinandersetzungen im Lande bevorzustehen schienen[188]. Aus anderen Quellen weiß man, daß eine Reihe von Rechtsstreitereien um Landbesitz zwischen der monastisch reformierten Kirche und lokalen Magnaten anhob, die gelegentlich durch Nötigung oder sogar mit Waffengewalt gelöst wurden:

> ... heo ... gesohtan ða ðane ealdor man Eadwine ⁊ þæt folc ðe wæs Godes anspreca ⁊ geneddan ðane biscop be ealre his are agiftes ðara boca[189].

Die Angelsachsen-Chronik bezeichnet die Gegner der Reform, die sie ausschließlich in Mercia sieht, als die Widersacher Gottes, *Godes wiþærsacan*[190]; der Chronist ergeht sich in Klagen über die Ereignisse und erinnert an die Absprache zwischen Edgar und Aethelwold über das reformierte Mönchsleben, »þe Eadgar kyning het ær þone halgan biscop Aþælwold gestalian«, das König Edgar zuvor dem heiligen Bischof Aethelwold einzurichten befahl[191]. Es scheint so, als sei der Konflikt zwischen monastischer und anti-monastischer Partei um 980 endgültig beigelegt[192]: seine Auswirkungen und die

185 *Vita Oswaldi*:443, Hervorh. im Text; EHD I:912.

186 Das Material stellt zusammen Fisher 1952b.

187 Fisher art.cit. trennt beide Konflikte; Stafford 1978:17 mit Anm. 35 glaubt nicht an eine strikte Trennung; Keynes 1980:163-76 geht nur auf den Thronfolgestreit ein.

188 *Vita Oswaldi*:444-5; EHD I:913-4.

189 CS 1296. Vgl. das bei Fisher 1952b:263-4 zusammengetragene Material.

190 *ASC* D 975; vgl. die Berichte in A, B, C und E: letztere Version erwähnt ebenfalls Aelfhere als Führer. In die Reihe der ›Widersacher Gottes‹ wird auch Earl Edwin in Kent eingereiht: vgl. vorausgehendes Zitat und hier, Anm. 189.

191 *ASC* D 975; vgl. E 975. Der Eintrag ist offensichtlich nach Aethelwolds Tod entstanden: EHD I:229 Anm. 2 erkennt Dorothy Whitelock in D den Stil Wulfstans.

192 Fisher 1952b:256-7; vgl. auch Sheerin 1978 zum Zeitpunkt der ›Versöhnung‹

einschneidenden Änderungen der Reform mögen im veränderten Verhalten der westsächsischen *thegns* gegenüber ihrem Königshaus auch später noch spürbar sein[193]. Obwohl sich der Konflikt nicht in allen Einzelheiten nachzeichnen läßt, sind Zeitpunkt des Beginns und der Beilegung doch hinreichend bezeugt. Selbst wenn die monastische Kirche in der Zeit zwischen 975 und 980 nicht in ihrer Grundsubstanz getroffen wurde, so muß ihren führenden Vertretern die bedrohliche Lage doch auch als Umsturz erschienen sein: die späteren Quellen belegen, daß sie die Jahre der Bedrohung nicht so schnell vergessen hat. In diese fünf Jahre fällt dem Bericht der *Vita Oswaldi* zufolge eine Ratsversammlung, in der Ealdorman Aethelwine, ›Dei Amicus‹, eine Auffassung nahegelegt ist, die ohne Zweifel als die Formulierung des monastischen Anspruchs in der Auseinandersetzung mit der militärischen Macht eines Aelfhere oder anderer Magnaten angesehen werden kann.

> »Si enim Christus est princeps omnium rerum, non habebit partem quam Sibi dederunt viri religiosi pro redemptione suarum animarum, sed sit expulsus procul a nobis? Quomodo,« inquit, »nostra custodire possumus sine Illius magno praesidio? Per Illum Qui me renasci fecit, non sustineam ut ejicientur tales viri a finibus nostris, per quorum preces possimus eripi ab inimicis nostris«[194].

Vor diesem Hintergrund des Konfliktes zwischen Teilen des Adels und der monastischen Kirche ergibt sich für *Exodus* eine sinnreiche Deutung, erstellen sich Linien der Verständigung zwischen Text und Lebenswelt seiner Zuhörer. *Exodus* ist eine interessegesteuerte Antwort auf das Problem der Regulierung des Verhältnisses gesellschaftlich bestimmender Gruppen zueinander. Es kann nach dieser Einsicht in die Funktion des Textes nun auch erkannt werden, daß die zwischen dem Werk und seinem historischen Resonanzraum hin- und hergehenden Sinnlinien diesen Text als Antwort auf ein gesellschaftliches Problem in dieser Zeit entstehen ließen: damit ist *Exodus* ein sinnvoller historischer Ort zugewiesen, einem Text also, von dem vorgängige Forschung irrigerweise meinte glauben zu müssen, daß er zwischen 700 und 800 in Northumbria entstanden sei.

Es war Aufgabenstellung dieses Kapitels, die Leistungsfähigkeit der neoexegetischen Theorie und Praxis zu prüfen; dagegen war es nicht Aufgabe, eine Gesamtinterpretation der altenglischen Bibeldichtung zu erstellen. In einer Gesamtinterpretation hätte man zum Beispiel auch den besonderen Stil der *Exodus* in Rechnung zu stellen, von dem in Untersuchungen immer wieder die Rede ist und der diese Bibeldichtung deutlich von thematisch ähnlichen Texten absetzt. Auf der Basis der hier aufgezeigten Sinnlinien der

zwischen den Parteien und über die als Versöhnungsfeier angesehene Weihe des umgebauten Münsters in Winchester.

193 John 1965b vertritt die These, daß nach der Reform die englischen Könige nur noch mit begrenzter Loyalität rechnen konnten: vgl. bes. ibid. 427-9.

194 *Vita Oswaldi*:445; EHD I:914.

Dichtung und aufgrund der hier erfolgten historischen Zuweisung wird es aber nun möglich, diesen besonderen Stil zu vergleichen mit dem Stil der lateinischen Dichtung des 10. Jahrhunderts, den Michael Lapidge beschrieben und mit der Benediktinerreform in Verbindung gebracht hat[195]. Eine genauere Analyse könnte dann die These erhärten, daß die Bibeldichtung tatsächlich aus dem Kreis der reformierten Mönche stammt. Der Text wäre dann auch Beleg für die besondere Bildung der Vertreter dieser gesellschaftlichen Gruppe: eine Bildung, die sie vermutlich deutlich von anderen Gruppen und womöglich vor allem von den nicht reformierten Mönchen unterschied. Zu einer Gesamtinterpretation des Textes gehörte weiter auch noch eine genauere historische Konturierung solcher Gruppen: die *clerici nobilissimi* kennen wir ja bisher fast ausschließlich aus dem Zerrbild, das die Reformer in ihren Schriften über sie verbreiten[196]. Bessere historische Kenntnis des Verhältnisses dieser beiden Gruppen zueinander und zum weltlichen Adel wie zum König würde der These zu mehr Gewicht verhelfen, derzufolge *Exodus* mit ihrer Rätselstruktur sowie ihrem Identifikationsangebot in der Figur des Moses einen geistigen Führungsanspruch in der Gesellschaft legitimiert. Der Nachweis mangelnder patristischer Bildung in Gruppen der Kirche etwa ist nur indirekt über das Bildungsprogramm der Reformer zu führen: was dort an Äußerungen vorliegt, reicht allerdings allein schon für die Einsicht hin, daß den gebildeten Reformern in Konfliktfällen innerhalb der Kirche ihr besonderes Wissen eine Hilfe bei möglichen Auseinandersetzungen gewesen sein kann – zumal dann, wenn dieses Wissen nicht nur im Lehrgebäude der Kirche einen hohen Stellenwert besaß, sondern auf der Basis des Modells der Trifunktionalität den reformierten Mönchen zugleich einen besonderen gesellschaftlichen Rang zuweisen konnte[197]. Besonderes Wissen um die Möglichkeiten der Vermittlung zu Gott, besonderes Wissen auch um die pastoralen Aufgaben wäre dann eine Waffe, die verbal gegen andere Ansprüche innerhalb der Kirche gewandt werden konnte und die zugleich dem Nachweis des besonderen Nutzens für die Gesellschaft diente. Mit solcher historischer Fundierung erhielte dann die sozialgeschichtliche Interpretation der *Exodus* weiteres Gewicht.

Trotz verbliebener Fragen ist aber als Ergebnis meines Aufweises von Sinnlinien der *Exodus* festzuhalten, daß man im neo-exegetischen Verstehensmodell nicht in der Lage ist, dialogisch mit einem Text umzugehen: das Erkennen und Verstehen eines Textes als Antwort auf eine gesellschaftliche Frage ist in diesem Modell unmöglich. Neo-exegetische Forschung bietet

195 Vgl. Lapidge 1975.

196 Auf Quellen verweisen u. a. John 1966:239 Anm. 2; Whitelock *Councils*:110 Anm. 3; vgl. auch Aelfric *Ethelwold*.

197 Das Modell der Trifunktionalität im Umkreis der Reformer behandelt u. a. Duby 1981:151-67; vgl. auch Oexle 1978.

immer nur Erklärungshilfen für Detailaspekte eines Textes: sie kann uns heute nur das sagen, was möglicherweise Aelfric oder andere, patristisch gebildete Mönche in der Kommunikationssituation mit dem Text an Antwortmöglichkeiten bereithielten, um den zeitgenössischen Zuhörern die Rätselstruktur der Dichtung zu erklären und damit zu demonstrieren, daß sie selbst wußten, daß sie exegetisch auslegen und in das Leben sinngebend hineindeuten konnten. Einer neo-exegetischen Fragestellung gelingt es dagegen nicht einmal zu zeigen, daß diese Rätselstruktur der *Exodus* auf Fragen angelegt ist, daß sie Anstoß zur Kommunikation mit dem Zuhörer sein will. Weil man dies nicht erkennt, erweist sich auch auf inhaltlicher Ebene, daß neo-exegetische Praxis der Interpretation genauso unzureichend ist wie die Theorie, auf der diese Praxis fußt. Damit ist dann endgültig der neo-exegetische Anspruch abgewiesen, ein gültiges, historisches Verstehensmodell für mittelalterliche Literatur entworfen zu haben. Die Rätselstruktur der *Exodus*, falsch verstanden als Aufforderung zu patristischer Exegese, hat den Text wohl auch um 1000 seinen Platz im Junius Manuskript finden lassen, um möglicherweise im Verbund mit *Genesis*, *Daniel* und *Christ and Satan*, von denen er sich doch so deutlich unterscheidet, ein neu interpretiertes Leben als »epic of salvation history« zu führen. Dort findet er sich noch heute, immer noch quasi universell anzuverwandeln, wie erst jüngst durch den französischen Anglisten André Crépin.

> Poème d'éternité puisqu'il s'agit de l'homme militant dans le sens de Dieu. Poème d'actualité: au moment où je rédige ces notes (Noel 1977) Egypte et Israel se rencontrent là où ils se fuirent, et dans un article du *Monde* (25-26 déc.) Elie Elmaleh fortifie son espoir d'une lecture, actualisée mais traditionelle de l'*Exode*, à la manière de notre poète[198].

198 Crépin 1979:176.

4. Gesamtfazit

Ein kritisch-hermeneutisches Verstehen von Literatur setzt voraus, daß der interpretierte Text einen historischen Ort hat: nur im Dialog mit der ihn bedingenden, sozialhistorischen Lebenswelt wird er verständlich, spricht er selbst. Der historische Ort muß aber selbst auch historisch legitimiert werden, das heißt: die behandelte Quelle muß datiert sein. In vielen Fällen helfen uns Autorennamen weiter, etwa dann, wenn wir Autoren auch aus anderen Dokumenten nachweisen können; in anderen Fällen geben konkrete historische Bezüge Aufschluß über den Zeitpunkt der Entstehung eines literarischen Werks. Die altenglische Literatur jedoch nimmt in mancher Hinsicht eine Sonderstellung ein: im Verhältnis zu anderen Sprachen Westeuropas sind in ihr viele frühe Texte und verschiedene Gattungen überliefert. Es gibt wohl kein Land in Europa, das für das späte 9., das 10. und das frühe 11. Jahrhundert ein so reichhaltig belegtes Schaffen in volkssprachlicher Versdichtung wie Prosa aufweisen könnte. Die Prosa ist oft mit Namen von Autoren verbunden, wie etwa Alfred oder Wulfstan, läßt sich also in der Regel zeitlich sicher einordnen; bei einigen Gedichten hilft uns die Anspielung auf historisch gut bezeugte Ereignisse weiter, um ihnen einen historischen Ort zu gewinnen. Jedoch ist bei den meisten Texten der Versdichtung solche Einordnung unmöglich; sie sind anonym übermittelt, selbst die Nennung von Autorennamen (etwa Cynewulf) sagt uns nichts. So bleibt für den Literarhistoriker als Hilfe zur Datierung für diese Dichtung nur die unantastbare und unumstößliche Autorität der historischen Quelle, das heißt hier: die Datierung der Manuskripte und die Sprache ihrer Texte.

Hier ist nun die Quellenlage für die altenglische Literatur ziemlich eindeutig: fast alle Manuskripte mit überlieferter Versdichtung gehören in die Zeit zwischen ca. 900 und 1020, die große Mehrheit ist erst nach 950 geschrieben; Handschriftenkunde, besonders Paläographie, lassen an diesen Daten wenig Zweifel, der zeitliche Spielraum ist jeweils auf wenige Jahrzehnte begrenzt. Ebenso ist es mit der Sprache der Texte: wiewohl sie nicht unseren Vorstellungen von Kodifizierung und Homogenität entspricht, sondern Variabilität zeigt, kann sie doch als überregionaler Standard der zweiten Hälfte des 10. Jahrhunderts gelten und entspricht somit der Quellenlage. Die Konsequenz daraus ist, daß die zweite Hälfte des 10. Jahrhunderts als der legitimierte historische Ort des größten Teils der Versdichtung zu gelten hat. Dieser Erkenntnis scheinen sich die Literarhistoriker und Interpreten altenglischer Literatur beharrlich zu versperren. Mit einem komplizierten System von Annahmen erstellte man die These, daß ein großer Teil der Quellen etwa 200 bis 300 Jahre *vor* ihrem legitimierten historischen Ort entstanden sei, und offenbar *genau in der uns überlieferten Form* – von phonologischen und gelegentlich morphologischen Adaptationen einmal abgesehen.

Die Überprüfung hat dieses Annahmensystem als unhaltbar erwiesen: sowohl die Hypothese der Textidentität zwischen behauptetem Zeitpunkt der Entstehung und dem Zeitpunkt der Überlieferung als auch die damit hypostasierte schriftliche Überlieferungskette wurden hinterfragt; es wurde aufgewiesen, daß die für das 7./8. Jahrhundert behauptete ›heroische Diktion‹ nur mit Texten aus dem 10. Jahrhundert belegt werden kann; die durch die Verführung des Beda-Katalogs entstandene romantische Vorstellung einer dichterischen Revolution in dieser frühen Zeit ist als bloßes Wunschgebilde entlarvt. Die kritische Überprüfung zeigt weiter, wie in der Interpretation der linguistischen Daten literarischer Werke der Eindruck erweckt werden soll, als ließen die Daten eine solche umstürzende Vordatierung zu: mit der Kritik an der Annahme von der ›reinen Mundart‹ werden solche Spekulationen zurückgeholt auf den Boden des unverhohlenen Eingeständnisses, daß die Struktureigenschaften oder Formen der Sprache in den literarischen Texten eine solche Vordatierung des Zeitpunktes ihrer Entstehung nicht zulassen. In einem Geschichte für Literaturwissenschaft ernst nehmenden Kapitel wird weiter aufgezeigt, wie historisch falsche Bilder als vorgebliche Bestätigung des Annahmensystems herhalten müssen: diese Kritik gilt für Vorstellungen über das Germanentum genauso wie für solche über die Fusion von Heidentum und Christentum, über die Toleranz der frühen Kirche und die doktrinäre Intoleranz der Benediktinerreform, über eine behauptete Mentalität von Haß und Feindschaft zwischen Engländern und Dänen, über die totale Zerstörung der Kultur und damit verbunden für die Behauptung, daß nach rund 825 die Produktion und Rezeption von Literatur auf einen Tiefpunkt gelangte. Aus der Kritik dieser unhaltbaren Annahmen wird auch deutlich, daß sich Vorstellungen von nordhumbrischer, literarischer Produktivität und spätaltenglischer, literarischer Dekadenz schon als Ausflüsse verhärteter Annahmen erweisen, die – nicht mehr hinterfragt – in etwa hundertjähriger Forschungstradition langsam zu einem axiomatischen System geronnen sind.

In der begründeten Kritik dieses Annahmensystems wird der darauf fußenden Forschung der Boden entzogen. In diesem System – so zeigt sich dann auch am Beispiel der altenglischen *Exodus* – kann nur noch aus den vorgegebenen Rahmenbedingungen abgeleitet werden, die als gesetzte ihren Vorverständnischarakter nicht mehr zu erkennen geben, die daher auch nicht mehr kritisch geprüft werden. Das erstarrte System zieht enge, undurchdringliche Grenzen, die sich nicht in neue Dimensionen öffnen lassen.

Daraus erklärt sich auch der enge Bereich verwandter Interpretationsmuster für diese Literatur: entweder entkommt sie der Forschung als Werk germanisch-heroischer Traditionen, oder sie wird exegetisch nach patristischer Tradition gedeutet. So schwankt Beowulf zwischen den extremen Deutungspolen als gradsinniger, germanischer Held oder als Typus für Christus hin und her, darf allenfalls in der Fusion beider Welten noch ein bißchen germanisch und schon ein bißchen christlich sein; so ist *Exodus* den einen Ausweis für die kriegerisch-germanische Gesinnung ihres Autors, den anderen Beleg für den christlichen Taufritus. In diesem engen Bereich bewegen sich Interpretationen, ob sie nun germanisch oder christlich-lateinisch orientiert sind: es kann hier nicht dialogisch verfahren, es darf nicht kritisch hinterfragt werden, da sich das Datierungs- und Deutungssystem sonst sofort selber zerstört. Folglich wird an Einzeltexten wie der altenglischen *Exodus* das System nur mit einer Scheinfrage überprüft: man nimmt einen Text wie ein Steinchen aus einem Mosaik, fragt nach seiner Herkunft, stellt fest, daß er hingehört, wo er schon war. So erweist sich der gemeinsame Glaube an das System in ständigem Erinnern an den *consensus omnium* als dessen bester Gewährsmann: auf diese Weise schreitet man innerhalb des Systems von zwangsläufig sich ergebender Bestätigung zu Selbstbestätigung fort. In diesem hermetisch geschlossenen Regelkreis bildet die neo-exegetische Schule als jetzt vorherrschende Interpretationslehre ein Modell des Verstehens von mittelalterlichen Texten aus, das in gleicher Weise hermetisch abgeschlossen ist: auch hier wird aus den gesetzten Rahmenbedingungen nur abgeleitet, auch hier wird Vorgegebenes immer nur neu bestätigt. In theoretischer Kritik und am praktischen Beispiel der altenglischen *Exodus* erweist sich, in welche Wege des Mißverstehens dieses Interpretationsverfahren führt.

Nimmt man nämlich einen hermeneutischen Umgang mit den Texten ernst und daher auch die historische Quellenlage, muß man das 10. Jahrhundert berücksichtigen. Die faktischen Ausgangsdaten bilden die literarischen Werke: ihre Sprache und ihre Manuskripte gehören hierhin, hier haben sie ihren legitimen historischen Ort. Da alle Forschung zur altenglischen Literatur bisher in den erstarrten Grenzen eines unhaltbaren, axiomatisch gesetzten Systems befangen war, hat sich bisher niemand um die Bedeutung der Texte im 10. Jahrhundert bekümmert. Ein dialogisch fragender Umgang mit ihnen zeigt jedoch, wie sie in ihrer gesellschaftlichen Verfaßtheit erschlossen werden können: so greift etwa *Beowulf* Probleme der Loyalität auf und bietet Lösungsmuster an; so gibt *Exodus* Antworten auf die Frage nach dem Verhältnis zweier bestimmender, gesellschaftlicher Gruppen zueinander. In beiden Texten wie auch in *Maldon* werden Werte und Normen einer sich verändernden Gesellschaft bespiegelt, drängen zu ihrer Reflexion und erstellen damit einen neuen Sinn: sie erheben Anspruch auf lebenspraktische Bedeutsamkeit, wollen Handlungsmuster vermitteln und Verständigung über die Lebenswelt ihrer Zuhörer herbeiführen. Dies alles bedeutet auch, daß Literaturwissenschaft Geschichte als wesentlichen und sinngebenden Bestandteil ihrer eigenen Forschung ernst nimmt; es setzt voraus, daß die Fachwissenschaften selbst in einen Dialog treten, ihre gegenseitigen Vorverständnisse abklären und überprüfen.

Dafür bietet das 10. Jahrhundert in England eine einmalige Möglichkeit. In einer kritisch-hermeneutischen Verständigung über den Sinn der Texte und im Dialog mit der Nachbarwissenschaft wäre eine so verstandene literaturwissenschaftliche Forschung in der Lage, mehr Licht in das vorgebliche Dunkel dieser Zeit zu bringen; sie könnte zeigen, daß hier nicht Desinteresse an Literatur oder bloße literarische Dekadenz herrschen. Es ist dies der früheste Zeitpunkt in der europäischen Geschichte, zu dem man die Kommunikationsfähigkeit volkssprachlicher Literatur fassen, nachweisen und prüfen kann: diese Literatur gäbe dann ein erweitertes Bild der sonst schon kulturell hervorragenden Leistungen dieser Epoche. Die vorliegende Arbeit versteht sich dazu als Anfang. Nachdem dem geschlossenen Deutungssystem der Boden entzogen wurde, will sie eine Tür öffnen zu Wegen neuen Verstehens altenglischer Literatur. Wenn sich Literarhistoriker und Interpreten auf diese Grundsätze einlassen könnten, wäre es möglich, den altenglischen Texten ihre historische Einmaligkeit und ihre literarische Singularität zurückzugewinnen, derer sie im Regelkreis unhaltbarer Annahmen nun schon so lange entbehren. Nur so wird es möglich, altenglischer Literatur ihre wahre Geschichte zurückzugeben.

5. Bibliographie[1]

I. Primärliteratur

Abbo Passio: »Abbonis Floriacensis Passio Sancti Eadmundi,« pp. 3-25 in Arnold *Memorials* vol. 1.
Aelfric Ethelwold: »Aelfric, Life of St Ethelwold,« pp. 17-29 in Winterbottom *Saints*.
Aelfric Heptateuch: S. J. Crawford (ed.), *The Old English version of the Heptateuch, Ælfric's Treatise on the Old and New Testament and his Preface to Genesis*. EETS OS 160. London 1922, repr. London 1969.
(Aelfric *Treatise*, Aelfric *Preface*)
Aelfric Homilies: John C. Pope (ed.), *Homilies of Ælfric: a supplementary collection*. 2 vols. EETS 259, 260. London 1967-8.
Aelfric Homilies (Thorpe): Benjamin Thorpe (ed.), *The homilies of the Anglo-Saxon church. The first part, containing the Sermones Catholici, or Homilies of Ælfric*. 2 vols. London 1844-6.
Aelfric Lives: Walter W. Skeat (ed.), *Ælfric's Lives of saints*. 2 vols. EETS OS 76, 82, 94, 114. London 1881-1900, repr. London 1966.
Aelfric Preface: »Ælfric's Preface to Genesis,« pp. 76-80 in Aelfric *Heptateuch*.
Aelfric Treatise: »Ælfric, On the Old and New Testament,« pp. 15-75 in Aelfric *Heptateuch*.
Aethelweard Chronicle: Alistair Campbell (ed.), *Chronicon Æthelweardi: The chronicle of Æthelweard*. London 1962.
Alcuin Epistolae: E. Duemmler (ed.), *Epistolae Karolini aevi, tomus II*. MGH. Berlin 1895.
Aldhelm Epistolae: R. Ehwald (ed.), *Aldhelmi opera*. MGH, Auctorum Antiquissimorum tomus XV. Berlin 1919.
Aldhelm Works: Michael Lapidge and M. Herren (transl.), *Aldhelm: the prose works*. Cambridge 1979.
Alfred Care: Henry Sweet (ed.), *King Alfred's West-Saxon version of Gregory's Pastoral Care*. EETS OS 45, 50. Repr. with corrections and an additional note by N. R. Ker. London 1958.
Alfred Orosius: Janet Bately (ed.), *The Old English Orosius*. EETS SS 6. London 1980.
Annals St Neot: »Chronicon fani Sancti Neoti sive annales, qui dicuntur, Asserii,« pp. 117-45 in Asser *Gesta*.
Arnold Cuthbert: »Historia de Sancto Cuthberto,« pp. 196-214 in Arnold *Sym. Opera* vol. 1.
Arnold Memorials: Thomas Arnold (ed.), *Memorials of St. Edmund's Abbey*. 3 vols. RS 96. London 1890-6. (Abbo *Passio*).

1 In den Anmerkungen sind neben den üblichen Kürzeln die Abkürzungen CS, K und S verwandt: dies verweist auf Birch CS, Kemble CD und Sawyer 1968 in der Bibliographie. Angaben mit Text- oder Autorennamen verweisen auf den ersten Teil der Bibliographie (Primärwerke), solche mit Jahreszahlen auf Titel des zweiten Teils (Sekundärliteratur).

Arnold Sym. Opera: ——— (ed.), *Symeonis monachi opera omnia*. 2 vols. RS 75. London 1882-5.
(Arnold *Cuthbert*, Simeon *Historia*, Simeon *Historia Eccl.*)
ASPR I: George P. Krapp (ed.), *The Junius manuscript*. Anglo-Saxon Poetic Records I. New York 1931.
(Krapp *Exodus*)
ASPR II: ——— (ed.), *The Vercelli Book*. Anglo-Saxon Poetic Records II. New York 1932.
ASPR III: ——— and Elliott V. K. Dobbie (eds.), *The Exeter Book*. Anglo-Saxon Poetic Records III. New York, London 1936.
ASPR IV: Elliott V. K. Dobbie (ed.), *Beowulf and Judith*. Anglo-Saxon Poetic Records IV. New York, London 1953.
ASPR V: George P. Krapp (ed.), *The Paris Psalter and the Meters of Boethius*. Anglo-Saxon Poetic Records V. New York 1932.
ASPR VI: Elliott V. K. Dobbie (ed.), *The Anglo-Saxon minor poems*. Anglo-Saxon Poetic Records VI. New York, London 1942.
Asser Gesta: William H. Stevenson (ed.), *Asser's Life of King Alfred, together with the Annals of Saint Neots erroneously ascribed to Asser*. New impr. with article on recent work by Dorothy Whitelock. Oxford 1959.
(*Annals St Neot*)
Beda HE: Bertram Colgrave and R. A. B. Mynors (eds.), *Bede's Ecclesiastical History of the English People*. Oxford 1969.
Birch CS: Walter de Gray Birch (ed.), *Cartularium Saxonicum: a collection of charters relating to Anglo-Saxon history*. 3 vols. London 1885-93.
Blackburn Exodus: F. A. Blackburn (ed.), *Exodus and Daniel: two Old English poems*. Boston 1907.
Blake Phoenix: Norman F. Blake (ed.), *The Phoenix*. Old and Middle English Texts. Manchester 1964.
Bolton/Wrenn Beowulf: Charles L. Wrenn (ed.), *Beowulf with the Finnesburg Fragment*. Fully revised by W. F. Bolton. London 1973.
Brooks Andreas: K. R. Brooks (ed.), *Andreas and The Fates of the Apostles*. Oxford 1961.
Craigie Exodus: W. A. Craigie (ed.), »Exodus,« pp. 40-7 in id. (ed.), *Specimens of Anglo-Saxon poetry, I: biblical and classical themes*, Edinburgh 1923.
Doane Genesis: Alger N. Doane (ed.), *Genesis A: a new edition*. Madison 1978.
EHD I: Dorothy Whitelock (ed.), *English historical documents c. 500-1042*. English Historical Documents 1. 2nd ed. London 1979.
Farrell Daniel: Robert T. Farrell (ed.), *Daniel and Azarias*. Methuen's Old English Library. London 1974.
Fry Finnsburh: Donald K. Fry (ed.), *Finnsburh: fragment and episode*. Methuen's Old English Library. London 1974.
Giraldus Gemma: »Giraldi Cambrensis Gemma Ecclesiastica,« in J. S. Brewer et al. (eds.), *Giraldi Cambrensis opera*, RS 21, London 1861-91, vol. 2.
Gordon Maldon: E. V. Gordon (ed.), *The Battle of Maldon*, with a supplement by Donald G. Scragg. Old and Middle English Texts. Manchester 1976.
Gordon Seafarer: Ida L. Gordon (ed.), *The Seafarer*. Methuen's Old English Library. London 1960, repr. London 1975.
Gradon Elene: Pamela O. E. Gradon (ed.), *Cynewulf's Elene*. Exeter Medieval English Texts. Rev. ed. Exeter 1977.
Grein Exodus: Christian W. M. Grein (ed.), »Cädmons Exodus,« pp. 76-93 in id. (ed.), *Bibliothek der angelsächsischen Poesie in kritisch bearbeiteten Texten und mit vollständigem Glossar*, vol. 1. Göttingen 1857.

Haddan/Stubbs Councils: A. W. Haddan and W. Stubbs (eds.), *Councils and ecclesiastical documents relating to Great Britain and Ireland.* 3 vols. Oxford 1869-71, repr. Oxford 1964.
Harmer Documents: Florence E. Harmer (ed. and transl.), *Select English historical documents of the ninth and tenth centuries.* Cambridge 1914.
Harmer Writs: ——— (ed. and transl.), *Anglo-Saxon writs.* Manchester 1952.
Irving Exodus: Edward B. Irving (ed.), *The Old English Exodus.* Yale Studies in English 122. Yale 1953, repr. with supplementary bibliography 1970.
Kemble CD: Johannes M. Kemble (ed.), *Codex diplomaticus aevi saxonici.* 6 vols. London 1839-48.
Klaeber Beowulf: Frederic Klaeber (ed.), *Beowulf and the fight at Finnsburg.* 3rd ed. Lexington 1950.
Kluge Brief: Friedrich Kluge, »Fragment eines angelsächsischen Briefes (Cod. Jun. 23 fol. 60b),« *ESt* 8 (1885):62-3.
Kluge Exodus: ——— (ed.), »Exodus,« pp. 85-96 in id. (ed.), *Angelsächsisches Lesebuch.* Halle 1888.
Krapp Exodus: George P. Krapp (ed.), »Exodus,« pp. 89-107, 197-218 in *ASPR* I.
Lange Texte: Wolfgang Lange (ed.), *Texte zur germanischen Bekehrungsgeschichte.* Tübingen 1962.
Leslie Wanderer: Roy F. Leslie (ed.), *The Wanderer.* Old and Middle English Texts. Manchester 1966.
Liebermann Gesetze: Felix Liebermann (ed.), *Die Gesetze der Angelsachsen.* 3 vols. Halle 1903-16.
Lindsay Glossary: W. M. Lindsay (ed.), *The Corpus Glossary.* Cambridge 1921.
Lucas Exodus: Peter J. Lucas (ed.), *Exodus.* Methuen's Old English Library. London 1977.
Malmesbury Gesta: W. Stubbs (ed.), *Willelmi Malmesbiriensis monachi de Gestis regum Anglorum.* 2 vols. RS 90. London 1887-9.
Malone Deor: Kemp Malone (ed.), *Deor.* Methuen's Old English Library, London 1933, rev. ed. Exeter Medieval English Texts, Exeter 1977.
Mannyng Synne: Frederik J. Furnivall (ed.), *Robert of Brunne's Handlyng Synne, A. D. 1303.* EETS OS 119, 123. London 1901-3, repr. New York 1975.
Morris Blick. Hom.: Richard Morris (ed.), *The Blickling Homilies with a translation and index of words together with the Blickling Glosses.* EETS OS 58, 63, 73. London 1874-80, repr. London 1967.
Napier/Stevenson Charters: Arthur S. Napier and William H. Stevenson (eds.), *The Crawford collection of early charters and documents now in the Bodleian Library.* Oxford 1895.
Needham Lives: G. I. Needham (ed.), *Ælfric, Lives of three English saints.* Exeter Medieval English Texts. Rev. ed. Exeter 1976, repr. Exeter 1979.
Pertz Leges: Georg H. Pertz (ed.), »Forma abrenuntiationis diaboli: Indiculus superstitionum et paganiarum,« pp. 19-20 in id. (ed.), *Leges*, vol. 1, MGH, Hannover 1835, repr. Stuttgart 1965.
Pheifer Glosses: J. D. Pheifer (ed.), *Old English glosses in the Epinal-Erfurt glossary.* Oxford 1974.
Plummer Chronicle: C. Plummer (ed.), *Two of the Saxon Chronicles parallel with supplementary extracts from the others.* 2 vols. Oxford 1892.
Raine Historians: James Raine (ed.), *The historians of the church of York and its archbishops.* 3 vols. RS 71. London 1879-94.
(Vita Oswaldi)
Robertson Charters: A. J. Robertson (ed.), *Anglo-Saxon charters.* 2nd ed. Cambridge 1956.

Robertson Laws: ——— (ed.), *The laws of the kings of England from Edmund to Henry I.* Cambridge 1925.

Roger Flores: Henry O. Coxe (ed.), *Rogeri de Wendover Chronica, sive Flores historiarum.* English Historical Society. 4 vols. London 1841.

Sedgefield Exodus: W. J. Sedgefield (ed.), »Exodus,« pp. 85-98 in *An Anglo-Saxon book of verse and prose*, Manchester 1928.

Simeon Historia: Simeon of Durham, »Historia regum,« pp. 3-283 in Arnold *Sym. Opera* vol. 2.

Simeon Historia Eccl.: Simeon of Durham, »Historia Dunelmensis ecclesiae,« pp. 3-169 in Arnold *Sym. Opera* vol. 1.

Smith Chronicle: A. H. Smith (ed.), *The Parker Chronicle 832-900.* Methuen's Old English Library. 3rd ed. London 1951, repr. London 1968.

Smith Poems: ——— (ed.), *Three Northumbrian poems.* Methuen's Old English Library. 2nd ed. London 1968.

Swanton Dream: Michael Swanton (ed.), *The Dream of the Rood.* Old and Middle English Texts. Manchester 1970.

Tacitus Germania: Josef Lindauer (ed. and transl.), *Tacitus, Germania.* Hamburg 1967.

Thorpe Chronicle: Benjamin Thorpe (ed. and transl.), *The Anglo-Saxon Chronicle according to the several original authorities.* 2 vols. RS 23. London 1861.

Thorpe Exodus: ——— (ed.), »Exodus,« pp. 177-216 in id. (ed.), *Cædmon's metrical paraphrase of parts of the holy scriptures, in Anglo-Saxon*, London 1832.

Vita Oswaldi: »Vita Oswaldi Archiepiscopi Eboracensis,« pp. 399-475 in Raine *Historians* vol. 1.

Vleeskruyer Chad: Rudolf Vleeskruyer (ed.), *The life of St Chad.* Amsterdam 1953.

Whitelock Chronicle: Dorothy Whitelock, D. C. Douglas and Susie I. Tucker (eds.), *The Anglo-Saxon Chronicle: a revised translation.* London 1965.

Whitelock Councils: ———, M. Brett and Christopher N. L. Brooke (eds.), *Councils & synods with other documents relating to the English church, I: A. D. 871-1204, part I: 871-1066.* Oxford 1981.

Whitelock Wills: ——— (ed.), *Anglo-Saxon wills.* Cambridge 1930.

Williams/Bromwich Prydein: Ifor Williams (ed.), and Rachel Bromwich (transl.), *Armes Prydein: the prophecy of Britain from the Book of Taliesin.* Medieval and Modern Welsh Series 6. Dublin 1972.

Winterbottom Saints: M. Winterbottom (ed. and transl.), *Three lives of English saints.* Toronto Medieval Latin Texts 1. Toronto 1972.
(Aelfric *Ethelwold*)

Wülker Exodus: Richard P. Wülker (ed.), »Exodus,« pp. 445-75 in *Die Verceller Handschrift, die Handschrift des Cambridger Corpus Christi Collegs CCI, die Gedichte der sogen. Cædmonhandschrift, Judith, der Hymnus Caedmons, Heiligenkalender nebst kleineren geistlichen Dichtungen.* Bibliothek der angelsächsischen Poesie 2. Leipzig 1894.

Wulfstan Canons: Roger Fowler (ed.), *Wulfstan's Canons of Edgar.* EETS 266. London 1972.

Wulfstan Homilies: Dorothy Bethurum (ed.), *The homilies of Wulfstan.* Oxford 1957.

Wulfstan Polity: K. Jost (ed.), *Die ›Institutes of polity, civil and ecclesiastical‹, ein Werk Erzbischof Wulfstans von York.* Schweizer anglistische Arbeiten 47. Bern 1959.

Wulfstan Sermo: Dorothy Whitelock (ed.), *Sermo Lupi ad Anglos.* Methuen's Old English Library. 3rd ed. London 1963.

II. Sekundärliteratur

Addyman 1972: P. V. Addyman, »The Anglo-Saxon house: a new review,« *ASE* 1 (1972):273-307.

Albertson 1962: Clinton Albertson, Rezension von Huppé 1959 in *CL* 14 (1962):215-9.

Alexander 1975: J. J. G. Alexander, »The Benedictional of St Aethelwold and Anglo-Saxon illumination of the reform period,« pp. 169-83 in Parsons 1975.

Allen 1976: Marjorie S. Allen, *the interior journey: monastic spirituality as theme and structure in the Junius MS.* PhD Princeton University 1976, *DA* 37 (1977):5807A.

Allen 1983: Mark Allen, »Name-play and structure in the Old English *Exodus*,« *Literary Onomastics Studies* 10 (1983):301-13.

Althaus/Henne/Wiegand 1980: Hans P. Althaus, Helmut Henne und Herbert E. Wiegand (eds.), *Lexikon der germanistischen Linguistik*. 2nd ed. Tübingen 1980. (Juhasz 1980, Munske 1980)

Ames 1977: Ruth M. Ames, »The Old Testament Christ and the Old English Exodus,« *Studies in Medieval Culture* 10 (1977):33-50.

Amos 1980: Ashley C. Amos, *Linguistic means of determining the dates of Old English literary texts.* Medieval Academy Books 90. Cambridge Mass. 1980.

Amos 1982: ———, »An eleventh-century *Beowulf*?« *Review* 4 (1982):335-45.

Anderson 1966: George K. Anderson, *The literature of the Anglo-Saxons*. Rev. ed. Princeton 1966.

Angus 1965: W. S. Angus, »Christianity as a political force in Northumbria in the Danish and Norse periods,« pp. 142-65 in Small 1965.

Apel 1967: Karl-Otto Apel, *Analytic philosophy of language and the ›Geisteswissenschaften‹*. Dordrecht 1967.

Apel 1968a: ———, »Die erkenntnisanthropologische Funktion der Kommunikationsgemeinschaft und die Grundlagen der Hermeneutik,« pp. 163-71 in Simon Moser (ed.), *Information und Kommunikation*, München 1968.

Apel 1968b: ———, »Die Frage nach dem Sinnkriterium der Sprache und die Hermeneutik,« pp. 9-28 in *Welterfahrung in der Sprache*, Freiburg 1968.

Apel 1980: ———, *Towards a transformation of philosophy*, transl. by Glyn Adey and David Frisby. London 1980.

Arngart 1947: O. Arngart, »Some aspects of the relation between the English and the Danish element in the Danelaw,« *SN* 20 (1947-8):73-87.

Ashdown 1928: Margaret Ashdown, »The attitude of the Anglo-Saxons to their Scandinavian invaders,« *SBVS* 10 (1928):75-99.

Backhouse 1984: Janet Backhouse et al. (eds.), *The golden age of Anglo-Saxon art 966-1066*. London 1984.

Bailey 1978: Richard N. Bailey, »The chronology of Viking-age sculpture in Northumbria,« pp. 173-203 in Lang 1978a.

Bailey 1980: ———, *Viking age sculpture in Northern England*. Collins Archaeology 1. London 1980.

Baker 1980: Peter S. Baker, »The Old English canon of Byrhtferth of Ramsey,« *Speculum* 55 (1980):22-37.

Balg 1882: Hugo Balg, *Der Dichter Caedmon und seine Werke*. Bonn 1882.

Bammesberger 1975: Alfred Bammesberger, »Zu *Exodus* 145b,« *Anglia* 93 (1975):140-4.

Bammesberger 1979: ———, »Die syntaktische Analyse von *Exodus* 1-7a,« pp. 6-15 in Richild Acobian (ed.), *Festgabe für Hans Pinsker zum 70. Geburtstag*. Wien 1979.

Barkley 1974: R. R. Barkley, *A study of the historical method of D. W. Robertson, Jr.* Unpubl. PhD University of Texas at Austin 1974, *DAI* 36 (1975):2788A.

Barnouw 1902: Adriaan J. Barnouw, *Textkritische Untersuchungen nach dem Gebrauch des bestimmten Artikels und des schwachen Adjectivs in der altenglischen Poesie*. Leiden 1902.

Beaven 1918a: Murray L. R. Beaven, »King Edmund I and the Danes of York,« *EHR* 33 (1918):1-9.

Beaven 1918b: ———, »The beginning of the year in the Alfredian chronicle,« *EHR* 33 (1918):328-42.

Beckwith 1972: J. Beckwith, *Ivory carvings in early medieval England*. London 1972.

Benson 1967: Larry D. Benson, »The pagan coloring of *Beowulf*,« pp. 193-213 in Creed 1967a.

Bentinck Smith 1907: M. Bentinck Smith, »Old English Christian poetry,« pp. 41-64 in A. W. Ward and A. R. Waller (eds.), *The Cambridge History of English Literature*, vol. 1, Cambridge 1907, repr. Cambridge 1967.

Biddle 1971: Martin Biddle, »Archaeology and the beginnings of English society,« pp. 391-408 in Clemoes/Hughes 1971.

Biddle 1973: ———, »Winchester: the development of an early capital,« pp. 229-61 in Herbert Jankuhn, Walter Schlesinger und Heiko Steuer (eds.), *Vor- und Frühformen der europäischen Stadt im Mittelalter*, Abhandlungen der Akademie der Wissenschaften in Göttingen, Phil.-hist. Klasse 3. Folge Nr. 83, Göttingen 1973.

Biddle 1975: ———, »*Felix Urbs Winthonia*: Winchester in the age of monastic reform,« pp. 123-40 in Parsons 1975.

Biddle 1976a: ———, »Towns,« pp. 99-150 in Wilson 1976a.

Biddle 1976b: ——— (ed.), *Winchester in the Middle Ages: an edition and discussion of the Winton Domesday*. Winchester Studies 1. Oxford 1976.

Biddle 1977: ———, Alan Binns, J. M. Cameron, D. M. Metcalf, R. I. Page, Charles Sparrow and F. L. Warren, »Sutton Hoo published: a review,« *ASE* 6 (1977):249-65.

Biddle/Hill 1971: ——— and David Hill, »Late Saxon planned towns,« *The Antiquaries Journal* 51 (1971):70-85.

Binns 1956: Alan L. Binns, »Tenth century carvings from Yorkshire and the Jellinge style,« *Universitetet i Bergen Årbok, Historisk-antikvarisk rekke* 2 (1956):3-29.

Binns 1963: ———, *The Viking century in East Yorkshire*. East Yorkshire Local History Society. York 1963.

Binns 1965: ———, »The York Viking kingdom: relations between Old English and Old Norse culture,« pp. 179-89 in Small 1965.

Binz 1903: Gustav Binz, Rezension von Mürkens 1899 in *Anglia Beiblatt* 14 (1903):356-8.

Björkmann 1900/02: Erik Björkmann, *Scandinavian loan-words in Middle English*. Halle 1900-02, repr. New York 1969.

Blake 1961: Norman F. Blake, »A note on ›Hw‹ in Old English,« *NQ* 206 (1961):165-6.

Blake 1965: ———, »The Battle of Maldon,« *Neophilologus* 49 (1965):332-45.

Blake 1977a: ———, *The English language in medieval literature*. London 1977.

Blake 1977b: ———, »The dating of Old English poetry,« pp. 14-27 in B. S. Lee (ed.), *An English miscellany presented to W. S. Mackie*. London 1977.

Bleicher 1980: Josef Bleicher, *Contemporary hermeneutics: hermeneutics as method, philosophy and critique*. London 1980.

Bliss 1967: Alan J. Bliss, *The metre of Beowulf*. Oxford 1958, 2nd ed. Oxford 1967.
Bliss 1971: ———, »Single half-lines in Old English poetry,« *NQ* 216 (1971):442-9.
Blockley 1982: Mary Blockley, »Addenda and corrigenda to N. R. Ker's ›A supplement to *Catalogue of manuscripts containing Anglo-Saxon*,« *NQ* n. s. 29 (1982):1-3.
Bloomfield 1952: Morton W. Bloomfield, Rezension von Robertson/Huppé 1951 in *Speculum* 27 (1952):245-9; repr. pp. 289-95 in Bloomfield 1970.
Bloomfield 1958: ———, »Symbolism in medieval literature,« *MP* 56 (1958–9):73-81; repr. pp. 82-95 in Bloomfield 1970.
Bloomfield 1970: ———, *Essays and explorations: studies in ideas, language, and literature*. Cambridge Mass. 1970.
(Bloomfield 1952, 1958)
Bloomfield 1972: ———, »Allegory as interpretation,« *NLH* 3 (1971-2):301-17.
Blum 1976: Pamela Z. Blum, »The cryptic creation cycle in Ms. Junius xi,« *Gesta* 15 (1976):211-26.
Blunt 1969: C. E. Blunt, »The St. Edmund memorial coinage,« *Proceedings of the Suffolk Institute of Archaeology* 31:3 (1969):234-55.
Blunt 1974: ———, »The coinage of Athelstan 924-39 A. D. – a survey,« *BNJ* 42 (1974):35-140.
Böhler 1978: Dietrich Böhler, »Das dialogische Prinzip als hermeneutische Maxime,« *Man and World* 11 (1978):131-64.
Bolton 1979: Whitney F. Bolton, *Alcuin and Beowulf: an eighth-century view*. London 1979.
Bonjour 1957: Adrien Bonjour, »*Beowulf* and the beasts of battle,« *PMLA* 72 (1957):563-73.
Boyd 1981: Nina Boyd, »A note on the Old English *Exodus*, lines 41b-53,« *ELN* 18 (1980-1):243-7.
Brandl 1908: Alois Brandl, »Englische Literatur,« pp. 941-1134 in Hermann Paul (ed.), *Grundriß der germanischen Philologie*, vol. 2. 1, 2nd ed. Straßburg 1908.
Brandl 1915: ———, *Zur Geographie der altenglischen Dialekte*. Berlin 1915.
Bright 1902: James W. Bright, »Notes on the Cædmonian *Exodus*,« *MLN* 17 (1902):424-6.
Bright 1912a: ———, »On the Anglo-Saxon poem *Exodus*,« *MLN* 27 (1912):13-9.
Bright 1912b: ———, »The relation of the Cædmonian *Exodus* to the liturgy,« *MLN* 27 (1912):97-103.
Britton 1965: G. C. Britton, »The characterization of the Vikings in ›The Battle of Maldon‹,« *NQ* 210 (1965):85-7.
Brodeur 1968: Arthur G. Brodeur, »A study of diction and style in three Anglo-Saxon narrative poems,« pp. 97-114 in A. H. Orrick (ed.), *Nordica et Anglica: studies in honor of Stefan Einarsson*, Den Haag 1968.
Brøgger/Shetelig 1951: A. W. Brøgger and H. Shetelig, *The Viking ships: their ancestry and evolution*. Oslo 1951, repr. London 1971.
Brook 1953: Stella Brook, Rezension von Robertson/Huppé 1951 in *RES* n. s. 4 (1953):150-1.
Brook 1959: G. L. Brook, »The relation between the textual and linguistic study of Old English,« pp. 280-91 in Clemoes 1959.
Brook 1965: ———, *English dialects*. 2nd ed. London 1965.
Brooke 1925: S. A. Brooke, *The history of early English literature*. New York 1925.
Brooks 1971: Nicholas Brooks, »The development of military obligations in eighth- and ninth-century England,« pp. 69-84 in Clemoes/Hughes 1971.
Brooks 1974: ———, »Anglo-Saxon charters: the work of the last twenty years,« *ASE* 3 (1974):211-31.

Brooks 1979: ———, »England in the ninth century: the crucible of defeat,« *TRHS* 5th series 29 (1979):1-20.
Brownrigg 1978: Linda L. Brownrigg, »Manuscripts containing English decoration 871-1066, catalogued and illustrated: a review,« *ASE* 7 (1978):239-66.
Bruce-Mitford 1971: Rupert L. S. Bruce-Mitford, »Sutton Hoo and the background to the poem,« pp. 85-98 in Girvan 1935.
Bruce-Mitford 1975: ——— et al. (eds.), *The Sutton Hoo ship-burial, I: excavations, background, the ship, dating and inventory*. British Museum Publications. London 1975.
Bruce-Mitford 1978: ——— et al. (eds.), *The Sutton Hoo ship-burial, II: arms, armour and regalia*. British Museum Publications. London 1978.
Bruce-Mitford 1979: ———, *The Sutton Hoo ship-burial: a handbook*. 3rd ed. London 1979.
Brunner 1964: Karl Brunner, »Überlieferungsgeschichte der alt- und mittelenglischen Literatur,« pp. 601-40 in K. Langosch et al., *Geschichte der Textüberlieferung der antiken und mittelalterlichen Literatur, 2: Überlieferungsgeschichte der mittelalterlichen Literatur*, Zürich 1964.
Brunner 1965: ———, *Altenglische Grammatik*. 3rd ed. Tübingen 1965.
Bullough 1965: D. A. Bullough, »Anglo-Saxon institutions and early English society,« *Annali della fondazione italiana per la storia amministrativa* 2 (1965):647-59.
Bullough 1972: ———, »The educational tradition in England from Alfred to Ælfric: teaching *utriusque linguae*,« *Settimane Spoleto* 19 (1972):453-94.
Burlin/Irving 1974: Robert B. Burlin and Edward B. Irving (eds.), *Old English studies in honour of John C. Pope*. Toronto 1974.
(Irving 1974, Payne 1974)
Busse 1981: Wilhelm G. Busse, »Assumptions in the establishment of Old English poetic texts: P. J. Lucas's edition of ›Exodus‹,« *AAA* 6 (1981):197-219.
Busse 1984: ———, »Neo-exegetical criticism and Old English poetry: a critique of the typological and allegorical appropriation of medieval literature,« *REAL* 2 (1984):1-54.
Busse/Holtei 1981a: ——— and Rainer Holtei, »Beowulf and the tenth century,« *BJRL* 63 (1980-1):285-329.
Busse/Holtei 1981b: ———, ———, »*The Battle of Maldon*: a historical, heroic and political poem,« *Neophilologus* 65 (1981):614-21.
Bynon 1977: Theodora Bynon, *Historical linguistics*. Cambridge 1977.
Cable 1974: Thomas Cable, *The meter and melody of ›Beowulf‹*. Urbana 1974.
Calder 1973: Daniel G. Calder, »Two notes on the typology of the OE *Exodus*,« *NM* 74 (1973):85-9.
Cameron 1965: Kenneth Cameron, *Scandinavian settlement in the territory of the Five Boroughs: the place-name evidence*. Inaugural Lecture. Nottingham 1965.
Cameron 1969: ———, »Linguistic and place-name evidence,« *Mediaeval Scandinavia* 2 (1969):176-9.
Cameron 1970: ———, »Scandinavian settlement in the territory of the Five Boroughs: the place-name evidence, part II, the place-names in *thorp*,« *Mediaeval Scandinavia* 3 (1970):35-49.
Cameron 1971: ———, »Scandinavian settlement in the territory of the Five Boroughs: the place-name evidence part III, the Grimston-hybrids,« pp. 147-63 in Clemoes/Hughes 1971.
Cameron 1975: ——— (ed.), *Place-name evidence for the Anglo-Saxon invasion and Scandinavian settlements*. English Place-Name Society. Nottingham 1975.

(repr. Gelling 1973, Cameron 1965, 1970, 1971)
Cameron 1978: ———, »The Scandinavian settlement of eastern England: the place-name evidence,« *Ortnamnssällskapets i Uppsala Arsskrift* (1978):7-17.
Campbell 1942: A. Campbell, »Two notes on the Norse kingdoms in Northumbria,« *EHR* 57 (1942):85-97.
Campbell 1969: Alistair Campbell, *Old English grammar*. Oxford 1969.
Campbell 1971: James Campbell, »The first century of christianity in England,« *Ampleforth Journal* 76 (1971):12-29.
Campbell 1975: Jackson J. Campbell, Rezension von Greenfield 1972 in *Speculum* 50 (1975):123-7.
Caraman 1945: P. G. Caraman, »The character of the late Saxon clergy,« *Downside Review* 63 (1945):171-89.
Cassidy 1972: Frederic G. Cassidy, »Old English *garsecg* – an eke-name?« *Names* 20 (1972):95-100.
Chadwick 1912: Hector M. Chadwick, *The heroic age*. Cambridge 1912.
Chaney 1960: William A. Chaney, »Paganism to Christianity in Anglo-Saxon England,« *Harvard Theological Review* 53 (1960):197-217.
Chase 1981a: Colin Chase (ed.), *The dating of Beowulf*. Toronto Old English Series 6. Toronto 1981.
(Chase 1981b, Frank 1981, Kiernan 1981b, Stanley 1981)
Chase 1981b: ———, »Opinions on the date of *Beowulf*, 1815-1980,« pp. 3-8 in Chase 1981a.
Chase 1982: ———, »*Beowulf*,« *OEN* 16:1 (1982):69-79.
Cherniss 1972: Michael D. Cherniss, *Ingeld and Christ: heroic concepts and values in Old English Christian poetry*. The Hague 1972.
Christie 1938: A. G. I. Christie, *English medieval embroidery*. Oxford 1938.
Clark 1968: George Clark, »*The Battle of Maldon*: a heroic poem,« *Speculum* 43 (1968):52-71.
Clarke 1960: R. Rainbird Clarke, *East Anglia*. Ancient Peoples and Places 14. London 1960.
Clemoes 1959: Peter Clemoes (ed.), *The Anglo-Saxons: studies in some aspects of their history and culture presented to Bruce Dickins*. London 1959.
(Brook 1959, Wainwright 1959, Whitelock 1959)
Clemoes 1960: ———, Rezension von Huppé 1959 in *Anglia* 78 (1960):362-4.
Clemoes 1975: ———, »Late Old English literature,« pp. 103-14 in Parsons 1975.
Clemoes/Hughes 1971: ——— and Kathleen Hughes (eds.), *England before the Conquest: studies in primary sources presented to Dorothy Whitelock*. Cambridge 1971.
(Biddle 1971, Brooks 1971, Cameron 1971, Hughes 1971, Wormald 1971)
Clubb 1965: Merrel D. Clubb, »Grimm's transcript of Cædmon,« *PQ* 44 (1965):152-72.
Collingwood 1970: R. G. Collingwood, *An autobiography*. London 1970.
Cosijn 1886: P. J. Cosijn, *Altwestsächsische Grammatik*. 2 vols. Den Haag 1883-6.
Cosijn 1894: ———, »Anglosaxonica,« *PBB* 19 (1894):441-61.
Cosijn 1895: ———, »Anglosaxonica II,« *PBB* 20 (1895):98-116.
Craigie 1925: W. A. Craigie, »Interpolations and omissions in Anglo-Saxon poetic texts,« *Philologica* 2 (1925):5-19.
Cramp 1957: Rosemary J. Cramp, »*Beowulf* and archaeology,« *Medieval Archaeology* 1 (1957):57-77; repr. pp. 114-40 in Donald K. Fry (ed.), *The Beowulf poet: a collection of critical essays*, Englewood Cliffs 1968.
Cramp 1967: ———, *Anglian and Viking York*. York 1967.

Cramp 1969: ———, »Excavations at the Saxon monastic sites of Wearmouth and Jarrow, co. Durham: an interim report,« *Medieval Archaeology* 13 (1969):21-66.
Cramp 1972: ———, »Tradition and innovation in English stone sculpture of the tenth to the eleventh centuries,« pp. 139-48 in V. Milojcic (ed.), *Kolloquium über spätantike und frühmittelalterliche Skulptur, III: Vortragstexte 1972*, Mainz 1974.
Cramp 1975: ———, »Anglo-Saxon sculpture of the reform period,« pp. 184-99 in Parsons 1975.
Cramp 1976: ———, »Monastic sites,« pp. 201-52 in Wilson 1976a.
Cramp 1977: ———, »Schools of Mercian sculpture,« pp. 191-233 in Dornier 1977.
Cramp 1978: ———, »The Anglian tradition in the ninth century,« pp. 1-32 in Lang 1978a.
Crane 1967: R. S. Crane, *The idea of the humanities and other essays critical and historical.* Chicago, London 1967.
Creed 1960: Robert P. Creed, Rezension von Huppé 1959 in *MLN* 75 (1960):602-6.
Creed 1967a: ——— (ed.), *Old English poetry: fifteen essays.* Providence 1967. (Benson 1967, Creed 1967b)
Creed 1967b: ———, »The art of the singer: three Old English tellings of the offering of Isaac,« pp. 69-92 in Creed 1967a.
Crépin 1979: André Crépin, »De la lettre à l'esprit: l'édition par P. J. Lucas du poème vieil-anglais *Exodus*,« *Etudes Anglaises* 32 (1979):171-6.
Cross 1960: J. E. Cross, Rezension von Huppé 1959 in *JEGP* 59 (1960):561-4.
Cross 1965: ———, »Oswald and Byrhtnoth: a Christian saint and a hero who is Christian,« *ES* 46 (1965):93-109.
Cross 1970: ———, »The Old English period,« pp. 12-66 in Whitney F. Bolton (ed.), *The Middle Ages*, History of Literature in the English Language 1, London 1970.
Cross 1974a: ———, »The poem in transmitted text – editor and critic,« *Essays and Studies* 27 (1974):84-97.
Cross 1974b: ———, Rezension von *ASE* 1, 2 in *NQ* 219 (1974):186-91.
Cross 1974c: ———, Rezension von Greenfield 1972 in *Medium Aevum* 43 (1974):42-6.
Cross/Tucker 1960a: ——— and Susie I. Tucker, »Appendix on Exodus ll. 289-90,« *Neophilologus* 44 (1960):38-9.
Cross/Tucker 1960b: ———, ———, »Allegorical tradition and the Old English *Exodus*,« *Neophilologus* 44 (1960):122-7.
Davidson 1980: Hilda E. Davidson, »Archaeology and Beowulf,« pp. 351-64 in Garmonsway/Simpson 1980.
Davis 1955: R. H. C. Davis, »East Anglia and the Danelaw,« *TRHS* 5th series 5 (1955):23-39.
Davis 1971: ———, »Alfred the Great: propaganda and truth,« *History* n. s. 56 (1971):169-82.
Day 1974: Virginia Day, »The influence of the catechetical *narratio* on Old English and some other medieval literature,« *ASE* 3 (1974):51-61.
Deanesly 1963: Margaret Deanesly, *The pre-Conquest church in England.* An Ecclesiastical History of England 1. 2nd ed. London 1963.
Deanesly 1965: ———, »The Anglo-Saxon church and the papacy,« pp. 31-62 in C. H. Lawrence (ed.), *The English church and the papacy in the Middle Ages*, London 1965.
DeCamp 1958: David DeCamp, »The genesis of the Old English dialects: a new hypothesis,« *Language* 34 (1958):232-44; repr. pp. 355-68 in Roger Lass (ed.), *Approaches to English historical linguistics*, New York 1969.

DeNeef 1968: A. Leigh DeNeef, »Robertson and the critics,« *Chaucer Review* 2 (1967-8):205-34.
Deshman 1977: Robert Deshman, »The Leofric Missal and tenth-century English art,« *ASE* 6 (1977):145-73.
Diamond 1961: Robert E. Diamond, »Theme as ornament in Anglo-Saxon poetry,« *PMLA* 76 (1961):461-8.
Diamond 1970: ———, *Old English grammar and reader*. Detroit 1970.
Dickins 1934: Bruce Dickins, »English names and Old English heathenism,« *Essays and Studies* 19 (1934):148-60.
Dietrich 1856: F. Dietrich, »Zu Cädmon,« *ZfdA* 10 (1856):310-67.
Diller 1978: Hans-Jürgen Diller, *Metrik und Verslehre*. Düsseldorf 1978.
Dobbie 1937: Elliott V. K. Dobbie, *The manuscripts of Cædmon's Hymn and Bede's Death Song, with a critical text of the Epistola Cuthberti de obitu Bedae*. Columbia University Studies in English and Comparative Literature 128. New York 1937.
Dobbie 1954: ———, Rezension von Irving *Exodus* in *JEGP* 53 (1954):229-31.
Dodgson 1967: J. McN. Dodgson, »The English arrival in Cheshire,« *Transactions of the Historical Society of Lancashire and Cheshire* 119 (1967):1-37.
Dodwell 1982: C. R. Dodwell, *Anglo-Saxon art: a new perspective*. Manchester 1982.
Dodwell/Clemoes 1974: ——— and Peter Clemoes (eds.), *The Old English illustrated Hexateuch, British Museum Cotton Claudius B. IV*. EEMF 18. Copenhagen 1974.
Dolley 1957: R. H. M. Dolley, »The post-Brunanburh Viking coinage of York with some remarks on the Viking coinages which preceded the same,« *Nordisk Numismatisk Arsskrift* (1957-8):13-88.
Dolley 1965: ———, *Viking coins of the Danelaw and of Dublin*. London 1965.
Dolley 1969: ———, »›The two Viking ages of Britain‹ – an Irish comment,« *Mediaeval Scandinavia* 2 (1969):179-85.
Dolley 1976: ———, »The coins,« pp. 349-72 in Wilson 1976a.
Dolley 1978: ———, »The Anglo-Danish and Anglo-Norse coinages of York,« pp. 26-31 in Hall 1978b.
Donaldson 1958: E. Talbot Donaldson, »Patristic exegesis in the criticism of medieval literature,« pp. 1-26 in Dorothy Bethurum (ed.), *Critical approaches to medieval literature: selected papers from the English Institute, 1958-1959*, New York 1960, repr. New York 1967.
Dornier 1977: A. M. Dornier (ed.), *Mercian studies*. Leicester 1977.
(Cramp 1977, Hart 1977, Phythian-Adams 1977, Williams 1977)
Duby 1968: Georges Duby, »Les origines de la chevalerie,« *Settimane Spoleto* 15 (1968):739-61.
Duby 1981: ———, *Die drei Ordnungen: das Weltbild des Feudalismus*. Frankfurt 1981.
Duckett 1947: Eleanor S. Duckett, *Anglo-Saxon saints and scholars*. New York 1947.
Duckett 1955: ———, *Saint Dunstan of Canterbury*. New York 1955.
Dumville 1976: David N. Dumville, »The Anglian collection of royal genealogies and regnal lists,« *ASE* 5 (1976):23-50.
Dumville 1977: ———, »Kingship, genealogies and regnal lists,« pp. 72-104 in Peter H. Sawyer and I. N. Wood (eds.), *Early medieval kingship*, Leeds 1977.
Dunning 1955: T. P. Dunning, Rezension von Robertson/Huppé 1951 in *Medium Aevum* 24 (1955):23-9.
Dunning 1961: ———, Rezension von Huppé 1959 in *RES* n. s. 12 (1961):409-12.
Earl 1970: James W. Earl, »Christian traditions in the Old English *Exodus*,« *NM* 71 (1970):541-70.
Ebert 1882: Adolf Ebert, »Zum Exodus,« *Anglia* 5 (1882):409-10.

Ekwall 1924: Eilert Ekwall, »The Scandinavian element,« pp. 55-92 in A. Mawer and Frederic M. Stenton (eds.), *Introduction to the survey of English place-names, part I*, English Place-Name Society 1, Cambridge 1924, reiss. Cambridge 1969.
Evison 1979: Vera I. Evison, »The body in the ship at Sutton Hoo,« *Anglo-Saxon Studies in Archaeology and History* 1 (1979):121-38.
Farmer 1975: D. H. Farmer, »The progress of the monastic revival,« pp. 10-9 in Parsons 1975.
Farrell 1966: Robert T. Farrell, »Eight notes on Old English *Exodus*,« *NM* 67 (1966):364-75.
Farrell 1969: ———, »A reading of OE. *Exodus*,« *RES* n. s. 20 (1969):401-17.
Fellows Jensen 1968: Gillian Fellows Jensen, *Scandinavian personal names in Lincolnshire and Yorkshire*. Navnestudier 7. Copenhagen 1968.
Fellows Jensen 1972: ———, *Scandinavian settlement names in Yorkshire*. Navnestudier 11. Copenhagen 1972.
Fellows Jensen 1975a: ———, »Vikingens forhold til stednavne i Yorkshire,« pp. 5-12 in *Selskab for Nordisk Filologi: Arsberetning for 1971-1973*, Copenhagen 1975.
Fellows Jensen 1975b: ———, »The Vikings in England: a review,« *ASE* 4 (1975):181-206.
Fellows Jensen 1977: ———, »Place-names and settlement history: a review,« *Northern History* 13 (1977):1-26.
Fellows Jensen 1978: ———, »Place-names and settlement in the North Riding of Yorkshire,« *Northern History* 14 (1978):19-46.
Ferguson 1977: Paul F. Ferguson, *The Old English Exodus and the patristic tradition*. PhD SUNY Binghamton 1977, *DA* 38 (1978):7317A.
Ferguson 1978: ———, »*Exodus*: 107b-111a,« *ELN* 16 (1978-9):1-4.
Ferguson 1981: ———, »Noah, Abraham, and the crossing of the Red Sea,« *Neophilologus* 65 (1981):282-7.
Finberg 1964: H. P. R. Finberg, *The early charters of Wessex*. Studies in Early English History 3. Leicester 1964.
Finberg 1972: ———, *The early charters of the West Midlands*. Studies in Early English History 2. 2nd ed. Leicester 1972.
Fisher 1952a: D. J. V. Fisher, »The church in England between the death of Bede and the Danish invasions,« *TRHS* 5th series 2 (1952):1-19.
Fisher 1952b: ———, »The anti-monastic reaction in the reign of Edward the Martyr,« *Cambridge Historical Journal* 10 (1952):254-70.
Flasdieck 1950: Hermann M. Flasdieck, »OE *nefne*: a revaluation,« *Anglia* 69 (1950):135-71.
Foote/Wilson 1970: Peter G. Foote and David M. Wilson, *The Viking achievement*. London 1970.
Fowler 1976: D. C. Fowler, *The bible in early English literature*. Seattle 1976.
Frank 1953: Robert W. Frank, Rezension von Robertson/Huppé 1951 in *MLN* 68 (1953):194-6.
Frank 1981: Roberta Frank, »Skaldic verse and the date of *Beowulf*,« pp. 123-39 in Chase 1981a.
Fulk 1982: R. D. Fulk, »Review article: dating *Beowulf* to the Viking age,« *PQ* 61 (1982):341-59.
Gadamer 1979: Hans-Georg Gadamer, *Truth and method*, transl. by William Glen-Doepel, ed. by John Cumming and Garrett Barden. 2nd ed. London 1979.
Garmonsway/Simpson 1980: G. N. Garmonsway and Jacqueline Simpson (transls.), *›Beowulf‹ and its analogues*. London 1968, rev. repr. London 1980.
Gatch 1977: Milton McC. Gatch, *Preaching and theology in Anglo-Saxon England: Ælfric and Wulfstan*. Toronto 1977.

Gelling 1961: Margaret Gelling, »Place-names and Anglo-Saxon paganism,« *University of Birmingham Historical Journal* 8 (1961):7-25.
Gelling 1973: ———, »Further thoughts on pagan place-names,« pp. 109-28 in Folke Sandgren (ed.), *Otium et negotium: studies in onomatology and library science presented to Olof von Feilitzen*, Stockholm 1973.
Gelling 1978: ———, »Recent work on Anglo-Saxon charters,« *Local Historian* 13 (1978):209-16.
Gelling 1979: ———, *The early charters of the Thames valley*. Studies in Early English History 7. Leicester 1979.
Giffhorn 1974: Jürgen Giffhorn, *Phonologische Untersuchungen zu den altenglischen Kurzdiphthongen*. München 1974.
Girvan 1935: Ritchie Girvan, *Beowulf and the seventh century: language and content*. London 1935, repr. with a new chapter by Rupert Bruce-Mitford, London 1971.
Gneuss 1972: Helmut Gneuss, »The origin of Standard Old English and Æthelwold's school at Winchester,« *ASE* 1 (1972):63-83.
Gneuss 1973: ———, »Guide to the editing and preparation of texts for the dictionary of Old English,« pp. 9-23 in Roberta Frank and Angus Cameron (eds.), *A plan for the dictionary of Old English*, Toronto 1973.
Gneuss 1976: ———, *Die Battle of Maldon als historisches und literarisches Zeugnis*. Sitzungsberichte der Bayerischen Akademie der Wissenschaften, Phil.-hist. Klasse Heft 5. München 1976.
Gneuss 1980: ———, »A preliminary list of manuscripts written or owned in England up to 1100,« *ASE* 9 (1980):1-60.
Godden 1977: Malcolm Godden, »Old English,« pp. 9-33 in A. G. Rigg (ed.), *Editing medieval texts: English, French and Latin written in England*, Papers given at the Twelfth Annual Conference on Editorial Problems, University of Toronto, 5-6 November 1976, London 1977.
Godfrey 1962: John Godfrey, *The church in Anglo-Saxon England*. Cambridge 1962.
Göller 1971: Karl Heinz Göller, *Geschichte der altenglischen Literatur*. Berlin 1971.
Götzinger 1860: E. Götzinger, *Ueber die Dichtungen des Angelsachsen Cædmon und deren Verfasser*. Göttingen 1860.
Goldsmith 1960: Margaret E. Goldsmith, »The Christian theme of *Beowulf*,« *Medium Aevum* 29 (1960):81-101.
Goldsmith 1962: ———, »The Christian perspective in *Beowulf*,« *CL* 14 (1962):71-90.
Goldsmith 1970: ———, *The mode and meaning of Beowulf*. London 1970.
Goldsmith 1973: ———, Rezension von Greenfield 1972 in *Essays in Criticism* 23 (1973):298-302.
Gollancz 1927: Israel Gollancz (ed.), *The Cædmon manuscript of Anglo-Saxon biblical poetry, Junius XI in the Bodleian Library*. London 1927.
Gordon 1954: R. K. Gordon (transl.), *Anglo-Saxon poetry*. Everyman's Library 1794. Rev. ed. London 1954, repr. London 1977.
Gradon 1962: Pamela O. E. Gradon, »Studies in late West-Saxon labialization and delabialization,« pp. 63-76 in Norman Davis and C. L. Wrenn (eds.), *English and medieval studies presented to J. R. R. Tolkien on the occasion of his seventieth birthday*, London 1962.
Gradon 1973: ———, Rezension von Greenfield 1972 in *NQ* 218 (1973):342-4.
Graz 1894: Friedrich Graz, *Die Metrik der sog. Cädmonschen Dichtungen mit Berücksichtigung der Verfasserfrage*. Studien zum germanischen Alliterationsvers 3. Weimar 1894.
Graz 1895: ———, »Beiträge zur Textkritik der sogenannten Cädmon'schen Dichtungen, I,« *ESt* 21 (1895):1-27.

Green 1980: Brian Green, »Gregory's *Moralia* as an inspirational source for the Old English poem *Exodus*,« *Classica et Mediaevalia* 32 (1971-80):251-62.
Green 1981: ———, »The mode and meaning of the Old English ›Exodus‹,« *English Studies in Africa* 24 (1981):73-82.
Greenfield 1966: Stanley B. Greenfield, *A critical history of Old English literature*. London 1966.
Greenfield 1967: ———, »The canons of Old English criticism,« *ELH* 34 (1967):141-55.
Greenfield 1972: ———, *The interpretation of Old English poems*. London 1972.
Greenfield 1977: ———, »Old English words and patristic exegesis – *hwyrftum scriþað*: a caveat,« *MP* 75 (1977-8):44-8.
Greenfield 1979: ———, »›Exodus‹ 33a: ›ingere‹, a new suggestion,« *NQ* 224 (1979):296-7.
Grein 1857: Christian W. M. Grein, *Dichtungen der Angelsachsen stabreimend übersetzt*. 2 vols. Göttingen 1857-9, repr. Heidelberg 1930.
Grendon 1909: F. Grendon, »The Anglo-Saxon charms,« *The Journal of American Folklore* 22 (1909):105-237; repr. separately ?New York 1930.
Grierson 1959: Philip Grierson, »Commerce in the dark ages,« *TRHS* 5th series 9 (1959):123-40.
Groth 1883: Ernst J. Groth, *Composition und Alter der altenglischen (angelsächsischen) Exodus*. Göttingen 1883.
Grundmann 1958: Herbert Grundmann, »Litteratus – illitteratus: der Wandel einer Bildungsnorm vom Altertum zum Mittelalter,« *Archiv für Kulturgeschichte* 40 (1958):1-65.
Haarder 1975: Andreas Haarder, *Beowulf: the appeal of a poem*. Viborg 1975.
Hall 1973: James R. Hall, *The Old English book of salvation history: three studies on the unity of MS. Junius 11*. PhD University of Notre Dame 1973, *DA* 34 (1974):4204A.
Hall 1975a: ———, »›Niwe flodas‹: Old English ›Exodus‹ 362,« *NQ* 220 (1975):243-4.
Hall 1975b: ———, »The building of the temple in *Exodus*: design for typology,« *Neophilologus* 59 (1975):616-21.
Hall 1976: ———, »The Old English epic of redemption: the theological unity of MS Junius 11,« *Traditio* 32 (1976):185-208.
Hall 1977: ———, »Pauline influence on *Exodus*, 523-548,« *ELN* 15 (1977-8):84-8.
Hall 1978a: ———, Rezension von Lucas *Exodus* in *OEN* 12:1 (1978):49-50.
Hall 1978b: R. A. Hall (ed.), *Viking age York and the north*. Council for British Archaeology, Research Report 27. London 1978.
(Dolley 1978, MacGregor 1978, Sawyer 1978)
Hall 1979: James R. Hall, »The Old English ›Exodus‹ and the ›Antiquitates Judaicae‹: more parallels,« *Archiv* 216 (1979):341-4.
Hall 1981a: ———, »Old English *Exodus* 344b-351a: the leader and the light,« *ELN* 18 (1980-1):163-6.
Hall 1981b: ———, »The Junius Manuscript,« *The Explicator* 39:3 (1981):26-7.
Hall 1982: ———, »*Mansceaðan*: Old English *Exodus* 37,« *Neophilologus* 66 (1982):145-8.
Hall 1983: ———, »Exodus, lines 194-196,« *The Explicator* 41:4 (1983):2-3.
Hall 1984: ———, »*Exodus* 449a: *beorhhliðu*,« *ANQ* 22 (1983-4):94-7.
Hallander 1973: Lars-Gunnar Hallander, »Old English *dryht* and its cognates,« *SN* 45 (1973):20-31.
Hardy 1899: A. K. Hardy, *Die Sprache der Blickling Homilien*. Leipzig 1899.

Harrison 1973: Kenneth Harrison, »The beginning of the year in England, c. 500-900,« *ASE* 2 (1973):51-70.
Hart 1970: Cyril R. Hart, »The *Codex Wintoniensis* and the king's *haligdom*,« pp. 7-38 in Thirsk 1970.
Hart 1973: ———, »Athelstan ›Half King‹ and his family,« *ASE* 2 (1973):115-44.
Hart 1975: ———, *The early charters of Northern England and the North Midlands*. Studies in Early English History 6. Leicester 1975.
Hart 1977: ———, »The kingdom of Mercia,« pp. 43-61 in Dornier 1977.
Haubrichs 1973: Wolfgang Haubrichs, »Einleitung [zu: Soziologie mittelalterlicher Literatur],« *Zeitschrift für Literaturwissenschaft und Linguistik* 11 (1973):7-16.
Hauer 1981: Stanley R. Hauer, »The patriarchal digression in the Old English *Exodus*, lines 362-446,« pp. 77-90 in Joseph S. Wittig (ed.), *Eight Anglo-Saxon studies*, Chapel Hill 1981 [=*SP* 78 (1981):77-90].
Haugen 1950: Einar Haugen, »The analysis of linguistic borrowing,« *Language* 26 (1950):210-31.
Hecht/Schücking 1930: Hans Hecht und Levin L. Schücking, *Die englische Literatur im Mittelalter*. Handbuch der Literaturwissenschaft. 2nd impr. Potsdam 1930.
Helder 1975: Willem Helder, »Etham and the Ethiopians in the Old English *Exodus*,« *Annuale Mediaevale* 16 (1975):5-23.
Henderson 1975: George Henderson, »The programme of illustrations in Bodleian MS Junius XI,« pp. 113-45 in id. and Giles Robertson (eds.), *Studies in memory of David Talbot Rice*, Edinburgh 1975.
Hermann 1975: John P. Hermann, »The green rod of Moses in the Old English *Exodus*,« *ELN* 12 (1975):241-3.
Hermann 1976: ———, »The selection of warriors in the Old English *Exodus*, lines 233-240A,« *ELN* 14 (1976-7):1-5.
Hewett 1978: Cecil A. Hewett, »Anglo-Saxon carpentry,« *ASE* 7 (1978):205-29.
Hill 1969: David Hill, »The Burghal Hidage: the establishment of a text,« *Medieval Archaeology* 13 (1969):84-92.
Hill 1974: Thomas D. Hill, »The ›fyrst ferhðbana‹: Old English ›Exodus‹, 399,« *NQ* 219 (1974):204-5.
Hill 1977: ———, »The *æcerbot* charm and its Christian user,« *ASE* 6 (1977):213-21.
Hill 1980: ———, »The *virga* of Moses and the Old English *Exodus*,« pp. 57-65 in John D. Niles (ed.), *Old English literature in context: ten essays*, Cambridge 1980.
Hill 1981: David Hill, *An atlas of Anglo-Saxon England*. Oxford 1981.
Hinton 1966: Norman Hinton, »Anagogue and archetype: the phenomenology of medieval literature,« *Annuale Mediaevale* 7 (1966):57-73.
Hinton 1974: David A. Hinton, *A catalogue of the Anglo-Saxon ornamental metalwork 700-1100 in the Department of Antiquities, Ashmolean Museum*. Oxford 1974.
Hinton 1975: ———, »Late Anglo-Saxon metalwork: an assessment,« *ASE* 4 (1975):171-80.
Hofer 1884: Oscar Hofer, »Der syntaktische Gebrauch des Dativs und Instrumentals in den Cædmon beigelegten Dichtungen,« *Anglia* 7 (1884):355-404.
Hofmann 1957: Dietrich Hofmann, »Untersuchungen zu den altenglischen Gedichten Genesis und Exodus,« *Anglia* 75 (1957):1-34.
Hofmann 1959: ———, »Die altsächsische Bibelepik: ein Ableger der angelsächsischen geistlichen Epik?« *ZfdA* 89 (1958-9):173-90; repr. pp. 315-37 in J. Eichhoff und I. Rauch (eds.), *Der Heliand*, Wege der Forschung 321, Darmstadt 1973.
Hofmann 1972: ———, »Nachtrag 1972 (zu Hofmann 1959),« pp. 337-43 in J. Eichhoff und I. Rauch, *op.cit.*

Hollister 1962: C. Warren Hollister, *Anglo-Saxon military institutions on the eve of the Norman Conquest*. Oxford 1962.
Hollister 1981: ———, »Elite prosopography in Saxon and Norman England,« *Medieval Prosopography* 2:2 (1981):11-20.
Holthausen 1905: Ferdinand Holthausen, »Zur Quellenkunde und Textkritik der altengl. Exodus,« *Archiv* 115 (1905):162-3.
Holthausen 1912: ———, »Zu den altenglischen Rätseln,« *Anglia* 35 (1912):165-77.
Holthausen 1951: ———, »Beiträge zur englischen Etymologie,« *Anglia* 70 (1951):1-21.
Holthausen 1954: ———, Rezension zu Irving *Exodus* in *Anglia* 72 (1954):468-9.
Hoops 1932: Johannes Hoops, *Beowulfstudien*. Anglistische Forschungen 74. Heidelberg 1932.
Hope-Taylor 1977: Brian Hope-Taylor, *Yeavering: an Anglo-British centre of early Northumbria*. Department of the Environment Archaeological Reports 7. London 1977.
Howard 1972: Donald R. Howard, »Medieval poems and medieval society,« *Medievalia et Humanistica* n. s. 3 (1972):99-115.
Howard 1982: Roy J. Howad, *Three faces of hermeneutics: an introduction to current theories of understanding*. Berkeley 1982.
Hoy 1978: David C. Hoy, *The critical circle: literature, history, and philosophical hermeneutics*. Berkeley, London 1978.
Hughes 1971: Kathleen Hughes, »Evidence for contacts between the churches of the Irish and English from the synod of Whitby to the Viking age,« pp. 49-67 in Clemoes/Hughes 1971.
Hulbert 1938: James R. Hulbert, »On the text of the Junius Manuscript,« *JEGP* 37 (1938):533-6.
Hume 1974: Kathryn Hume, »The concept of the hall in Old English poetry,« *ASE* 3 (1974):63-74.
Huppé 1959: Bernard F. Huppé, *Doctrine and poetry: Augustine's influence on Old English poetry*. New York 1959.
Hurst 1969: John G. Hurst (ed.), »Re-painted and glazed pottery in Western Europe from the eighth to the twelfth century,« *Medieval Archaeology* 13 (1969):93-147.
Hurst 1976: ———, »The pottery,« pp. 283-348 in Wilson 1976a.
Imelmann 1920: Rudolf Imelmann, *Forschungen zur altenglischen Poesie*. Berlin 1920.
Irving 1959: Edward B. Irving, »On the dating of the Old English poems *Genesis* and *Exodus*,« *Anglia* 77 (1959):1-11.
Irving 1972: ———, »New notes on the Old English *Exodus*,« *Anglia* 90 (1972):289-324.
Irving 1974: ———, »*Exodus* retraced,« pp. 203-23 in Burlin/Irving 1974.
Irving 1980: ———, Rezension von Lucas *Exodus* in *Anglia* 98 (1980):170-5.
Isaacs 1968: Neil D. Isaacs, *Structural principles in Old English poetry*. Knoxville 1968.
Jacobs 1977: Nicolas Jacobs, »Anglo-Danish relations, poetic archaism and the date of *Beowulf*: a reconsideration of the evidence,« *Poetica* (Tokio) 8 (1977):23-43.
Jauß 1970: Hans R. Jauß, *Literaturgeschichte als Provokation*. 2nd ed. Frankfurt 1970.
Jauß 1974: ———, »Levels of identification of hero and audience,« *NLH* 5 (1973-4):283-317.
Jauß 1975: ———, »Negativität und Identifikation: Versuch zur Theorie der ästhetischen Erfahrung,« pp. 263-339 in Harald Weinrich (ed.), *Positionen der Negativität*, Poetik und Hermeneutik VI, München 1975.
Jauß 1977: ———, *Ästhetische Erfahrung und literarische Hermeneutik, 1: Versuche im Feld der ästhetischen Erfahrung*. UTB 692. München 1977.

Jauß 1982a: ———, *Ästhetische Erfahrung und literarische Hermeneutik*. Suhrkamp Wissenschaft, Weißes Programm. Frankfurt 1982.
Jauß 1982b: ———, *Toward an aesthetic of reception*. Transl. by Timothy Bahti. Brighton 1982.
Jauß 1982c: ———, *Aesthetic experience and literary hermeneutics*, transl. by Michael Shaw. Minneapolis 1982.
John 1964: Eric John, *Land tenure in early England: a discussion of some problems*. Studies in Early English History 1. 2nd corr. impr. Leicester 1964.
John 1965a: ———, »*Secularium prioratus* and the rule of St Benedict,« *Revue Bénédictine* 75 (1965):212-39.
John 1965b: ———, »The church of Winchester and the tenth-century reformation,« *BJRL* 47 (1964-5):404-29.
John 1966: ———, *Orbis Britanniae and other studies*. Studies in Early English History 4. Leicester 1966.
John 1970: ———, »The social and political problems of the early English church,« pp. 39-63 in Thirsk 1970.
John 1971: ———, »Beowulf and the limits of literature,« *New Blackfriars* 52 (1971):171-7, 196-200.
John 1974: ———, »Beowulf and the margins of literacy,« *BJRL* 56 (1973-4):388-422.
John 1982: ———, »The age of Edgar,« pp. 160-89 in James Campbell (ed.), *The Anglo-Saxons*, Oxford 1982.
Johnson 1903: William S. Johnson, »Translation of the Old English *Exodus*,« *JEGP* 5 (1903):44-57.
Jones 1961a: Glanville R. J. Jones, »Basic patterns of settlement distribution in Northern England,« *Advancement of Science* 18 (1961):192-200.
Jones 1961b: ———, »Settlement patterns in Anglo-Saxon England,« *Antiquity* 35 (1961):221-32.
Jones 1965: ———, »Early territorial organization in Northern England and its bearing on the Scandinavian settlement,« pp. 67-84 in Small 1965.
Jones 1966: ———, »The cultural landscape of Yorkshire: the origins of our villages,« *Transactions of the Yorkshire Philosophical Society* (1966):45-57.
Jones 1968: Gwyn Jones, *A history of the Vikings*. Oxford 1968.
Jones 1971: Glanville R. J. Jones, »The multiple estate as a model framework for tracing early stages in the evolution of rural settlement,«, pp. 251-67 in F. Dussart (ed.), *L'Habitat et les paysages ruraux d'Europe*, Liège 1971.
Jones 1976: ———, »Multiple estates and early settlement,« pp. 15-40 in Sawyer 1976a.
Juhasz 1980: Janos Juhasz, »Interferenzlinguistik,« pp. 646-52 in Althaus/Henne/Wiegand 1980.
Kail 1889: J. Kail, »Über die Parallelstellen in der angelsächsischen Poesie,« *Anglia* 12 (1889):21-40.
Kaiser 1978: Gert Kaiser, *Textauslegung und gesellschaftliche Selbstdeutung: die Artusromane Hartmanns von Aue*. 2nd ed. Wiesbaden 1978.
Kanngießer 1972: Siegfried Kanngießer, *Aspekte der synchronen und diachronen Linguistik*. Konzepte der Sprach- und Literaturwissenschaft 9. Tübingen 1972.
Kaske 1974: R. E. Kaske, Rezension von Greenfield 1972 in *MP* 72 (1974-5):190-4.
Keenan 1970: Hugh T. Keenan, »*Exodus* 312: ›The green street of paradise‹,« *NM* 71 (1970):455-60.
Keenan 1973: ———, "*Exodus* 312a: further notes on the eschatological ›Green ground‹,« *NM* 74 (1973):217-9.
Kempf 1888: Ernst Kempf, *Darstellung der Syntax in der sogenannten Cædmon'schen*

Kennedy 1916: Charles W. Kennedy (transl.), *The Cædmon poems*. London 1916, repr. London 1965.
Kenndy 1943: ———, *The earliest English poetry: a critical survey of the poetry written before the Norman Conquest with illustrative translations*. Totowa 1943, repr. with a new foreword by J. P. Pettegrove London 1971.
Kenyons 1964: J. S. Kenyons, »Cultural levels and functional varieties of English,« pp. 294-301 in Harold B. Allen (ed.), *Readings in applied English linguistics*, 2nd ed. New York 1964.
Ker 1957: Neil R. Ker, *Catalogue of manuscripts containing Anglo-Saxon*. Oxford 1957.
Ker 1976: ———, »A supplement to *Catalogue of manuscripts containing Anglo-Saxon*,« *ASE* 5 (1976):121-31.
Keynes 1980: Simon Keynes, *The diplomas of King Æthelred ›The Unready‹ 978-1016*. Cambridge Studies in Medieval Life and Thought, 3rd series 13. Cambridge 1980.
Kiernan 1981a: Kevin S. Kiernan, *Beowulf and the Beowulf Manuscript*. New Brunswick 1981.
Kiernan 1981b: ———, »The eleventh-century origin of *Beowulf* and the *Beowulf* Manuscript,« pp. 9-21 in Chase 1981a.
Kirby/Woolf 1949: Thomas A. Kirby and Henry B. Woolf (eds.), *Philologica: the Malone anniversary studies*. Baltimore 1949.
(Menner 1949, Schaubert 1949)
Klaeber 1904: Frederick Klaeber, »Zu altenglischen Dichtungen,« *Archiv* 113 (1904):146-9.
Klaeber 1910: ———, Rezension von Blackburn *Exodus* in *ESt* 41 (1910):105-13.
Klaeber 1918: ———, »Concerning the relation between *Exodus* and *Beowulf*,« *MLN* 33 (1918):218-24.
Klaeber 1926: ———, »Beowulfiana,« *Anglia* 50 (1926):195-244.
Kleinschmidt 1977: Erich Kleinschmidt, »Zum Erkenntniswert literarischer Texte für die Historie,« pp. 1-11 in Heinz Rupp (ed.), *Philologie und Geschichtswissenschaft: Demonstrationen literarischer Texte des Mittelalters*, Medium Literatur 5, Heidelberg 1977.
Kleinschmidt 1979: Harald Kleinschmidt, *Untersuchungen über das englische Königtum im 10. Jahrhundert*. Göttinger Bausteine zur Geschichtswissenschaft 49. Göttingen 1979.
Klima 1964: Edward S. Klima, »Relatedness between grammatical systems,« *Language* 40 (1964):1-20.
Klindt-Jensen 1969: Ole Klindt-Jensen, »Scandinavians in the British Isles,« *Mediaeval Scandinavia* 2 (1969):193-5.
Kluge 1901: Friedrich Kluge, »Geschichte der englischen Sprache (mit Beiträgen von D. Behrens und E. Einenkel),« pp. 926-1151 in Hermann Paul (ed.), *Grundriß der germanischen Philologie*, vol. 1, 2nd ed. Straßburg 1901.
Knowles 1966: David Knowles, *The monastic order in England: a history of its development from the times of St Dunstan to the fourth Lateran Council 940-1216*. 2nd ed. Cambridge 1966.
Koch 1959: H. Koch, »Paganism and Christianity,« pp. 130-5 in J. Bukdahl, T. Johanesson et al. (eds.), *Scandinavia past and present: from the Viking age to absolute monarchy*, Arnkrone 1959.
Kock 1904: Ernst A. Kock, »Interpretations and emendations of early English texts, III,« *Anglia* 27 (1904):218-37.
Kock 1918a: ———, *Jubilee jaunts and jottings: 250 contributions to the interpretation*

and prosody of Old West Teutonic alliterative poetry. Lunds Universitets Arsskrift N. F. Avd. 1, vol. 14 no. 26. Lund 1918.
Kock 1918b: ———, »Interpretations and emendations of early English texts, iv,« *Anglia* 42 (1918):99-124.
Kock 1919: ———, »Interpretations and emendations of early English texts, v,« *Anglia* 43 (1919):298-312.
Kock 1920: ———, »Interpretations and emendations of early English texts, vii,« *Anglia* 44 (1920):245-60.
Kock 1922a: ———, *Plain points and puzzles: 60 notes on Old English poetry*. Lunds Universitets Arsskrift N. F. Avd. 1, vol. 17 no. 7. Lund 1922.
Kock 1922b: ———, »Interpretations and emendations of early English texts, x,« *Anglia* 46 (1922):173-90.
Kolb 1965: Eduard Kolb, »Skandinavisches in den nordenglischen Dialekten,« *Anglia* 83 (1965):127-53.
Konrath 1889: M. Konrath, »Zu Exodus 351b-353a,« *ESt* 12 (1889):138-9.
Kossick 1971: Shirley G. Kossick, »The Anglo-Saxon *Exodus*,« *English Studies in Africa* 14 (1971):1-11.
Kretzschmar 1982: William A. Kretzschmar, »A reappraisal of *Exodus* 290B-291A,« *Neophilologus* 66 (1982):140-4.
Kühlwein 1967: Wolfgang Kühlwein, *Die Verwendung der Feindseligkeitsbezeichnungen in der altenglischen Dichtersprache*. Neumünster 1967.
Kuhn 1945: Sherman M. Kuhn, »*e* and *æ* in Farman's Mercian glosses,« *PMLA* 60 (1945):631-69.
Kuhn 1960: Hans Kuhn, »Heldensage und Christentum,« pp. 416-26 in K. Hauck (ed.), *Zur germanisch-deutschen Heldensage: sechzehn Aufsätze zum neuen Forschungsstand*, Wege der Forschung 14, Darmstadt 1961.
Kuhn 1967: ———, »Das Fortleben des germanischen Heidentums nach der Christianisierung,« *Settimane Spoleto* 14 (1967):743-57, 787-91.
Kurban 1979: N. Kurban, *The evolution of the written standard for late West Saxon, from the ninth to the twelfth centuries*. PhD Indiana University 1979, *DA* 39A (1979):6734.
Labov 1965: William Labov, »On the mechanism of linguistic change,« pp. 91-114 in C. W. Kreidler (ed.), *Georgetown University Monograph Series on languages and linguistics no. 18: report on the 16th annual round table meeting*, Washington 1965; dt. Übers. pp. 163-83 in Labov 1978.
Labov 1972a: ———, »Hypercorrection by the lower middle class as a factor in linguistic change,« pp. 122-42 in id., *Sociolinguistic patterns*, Conduct and Communication 4, Philadelphia 1972; dt. Übers. pp. 129-46 in Labov 1978.
Labov 1972b: ———, »The social setting of linguistic change,« pp. 195-251 in Sebeok 1973; rev. dt. Übers. pp. 259-318 in Labov 1978.
Labov 1978: ———, *Sprache im sozialen Kontext: Beschreibung und Erklärung struktureller und sozialer Bedeutung von Sprachvariation*, ed. Norbert Dittmar und B.-O. Rieck. 2 vols. Monographien Linguistik und Kommunikationswissenschaft 23. Königstein 1978.
Landon 1969: Dale E. Landon, *Church-state relations in the late Anglo-Saxon period, 871-1066*. PhD University of Illinois 1969-70, *DA* 30 (1969-70):2943-4A.
Lang 1973: James Lang, »Some late pre-Conquest crosses in Ryedale, Yorkshire: a reappraisal,« *JBAA* 3rd series 36 (1973):16-25.
Lang 1978a: ——— (ed.), *Anglo-Saxon and Viking age sculpture and its context: papers from the Collingwood Symposium on insular sculpture from 800 to 1066*. British Archaeological Reports 49. Oxford 1978.

(Bailey 1978, Cramp 1978, Lang 1978b, Wilson 1978).
Lang 1978b: ———, »Continuity and innovation in Anglo-Scandinavian sculpture: a study of the metropolitan school at York,« pp. 145-72 in Lang 1978a.
Langenfelt 1959: Gösta Langenfelt, »Studies on Widsith,« *Namn och Bygd* 47 (1959):70-111.
Langenfelt 1961: ———, »Beowulf och Fornsverige. Ett försök till datering av den fornengelska hjältedikten, 1,« *Ortnamnssällskapets i Uppsala Arsskrift* (1961):35-55.
Langenfelt 1962: ———, »Beowulf och Fornsverige. Ett försök till datering av den fornengelska hjältedikten, 2,« *Ortnamnssällskapets i Uppsala Arsskrift* (1962):23-38.
Lanoë 1976: Guy Lanoë, »Approche de quelques évêques moines en Angleterre au Xe siècle,« *CCM* 19 (1976):135-50.
Lapidge 1975: Michael Lapidge, »The hermeneutic style in tenth-century Anglo-Latin literature,« *ASE* 4 (1975):67-111.
Larès 1964: M.-M. Larès, »Echos d'un rite hiérosolymitain dans un manuscrit du haut moyen âge anglais,« *Revue de l'histoire des religions* 165 (1964):13-47.
Lass/Anderson 1975: Roger Lass and John M. Anderson, *Old English phonology*. Cambridge 1975.
Lee 1972: Alvin A. Lee, *The guest-hall of Eden: four essays on the design of Old English poetry*. New Haven 1972.
Lee 1975: ———, »Old English poetry, mediaeval exegesis and modern criticism,« *Studies in the Literary Imagination* 8 (1975):47-73.
Le Patourel 1976: H. E. Jean Le Patourel, »Pottery as evidence for social and economic change,« pp. 169-79 in Sawyer 1976a.
Letson 1979: D. R. Letson, »On the dægweorc of the Old English *Exodus*,« *ELN 16* (1978-9):195-8.
Levine 1971: Robert Levine, »Ingeld and Christ: a medieval problem,« *Viator* 2 (1971):105-28.
Lieberman 1969: Leo Lieberman, *Old English Exodus and Sefer Shemoth: a comparative study*. PhD Fordham University 1969, *DA* 30 (1969):1531A.
Liebermann 1913: Felix Liebermann, *The national assembly in the Anglo-Saxon period*. Halle 1913.
Lindqvist 1948: Sune Lindqvist, »Sutton Hoo and Beowulf,« *Antiquity* 22 (1948):131-40.
Loyn 1962: Henry R. Loyn, *Anglo-Saxon England and the Norman Conquest*. London 1962.
Loyn 1977: ———, *The Vikings in Britain*. London 1977.
Loyn 1984: ———, *The governance of Anglo-Saxon England 500-1087*. The Governance of England 1. London 1984.
Lucas 1969a: Peter J. Lucas, »›Exodus‹ 480: ›mod gerymde‹,« *NQ* 214 (1969):206-7.
Lucas 1969b: ———, »An interpretation of ›Exodus‹ 46-53,« *NQ* 214 (1969):364-6.
Lucas 1970: ———, »The cloud in the interpretation of the Old English *Exodus*,« *ES* 51(1970):297-311.
Lucas 1971: ———, »›Exodus‹ 265: ægnian,« *NQ* 216 (1971):283-4.
Lucas 1976: ———, »Old English Christian poetry: the cross in *Exodus*,« pp. 193-209 in G. Bonner (ed.), *Famulus Christi: essays in commemoration of the 13th centenary of the birth of the Venerable Bede*, London 1976.
Lucas 1980, Lucas 1981: ———, »MS Junius 11 and Malmesbury,« *Scriptorium* 34 (1980):197-220, 35 (1981):3-22.
Lund 1969: Niels Lund, »The secondary migration,« *Mediaeval Scandinavia* 2 (1969):196-201.
Lund 1976: ———, »›Thorp‹-names,« pp. 223-5 in Sawyer 1976a.

Luria 1980: Maxwell Luria, »Why Moses' rod is green,« *ELN* 17 (1979-80):161-3.
Luria 1981: ———, »The Old English *Exodus* as a Christian poem: notes toward a reading,« *Neophilologus* 65 (1981):600-6.
Lyon 1970: C. S. S. Lyon, »Historical problems of Anglo-Saxon coinage – (4) the Viking age,« *BNJ* 39 (1970):193-204.
Lyon 1976: ———, »Some problems in interpreting Anglo-Saxon coinage,« *ASE* 5 (1976):173-224.
Lyon/Stewart 1961: ——— and B. H. I. H. Stewart, »The Northumbrian Viking coins in the Cuerdale hoard,« pp. 96-121 in R. H. M. Dolley (ed.), *Anglo-Saxon coins: studies presented to F. M. Stenton on the occasion of his 80th birthday*, London 1961.
MacGregor 1978: Arthur MacGregor, »Industry and commerce in Anglo-Scandinavian York,« pp. 37-57 in Hall 1978b.
McLoughlin 1969: Eleanor McLoughlin, »OE *Exodus* and the *Antiphonary of Bangor*,« *NM* 70 (1969):658-67.
McNamee 1960: M. B. McNamee, »*Beowulf* – an allegory of salvation?« *JEGP* 59 (1960):190-207.
Magoun 1947: Francis P. Magoun, »On some survivals of pagan belief in Anglo-Saxon England,« *Harvard Theological Review* 40 (1947):33-46.
Magoun 1951: ———, »A brief plea for a normalization of Old-English poetical texts,« *Les Langues Modernes* 45 (1951):63-9.
Magoun 1955: ———, »The theme of the beasts of battle in Anglo-Saxon poetry,« *NM* 56 (1955):81-90.
Malone 1930: Kemp Malone, »When did Middle English begin?« *Curme Volume of Linguistic Studies, Language Monographs* 7 (1930):110-7.
Malone 1963: ——— (ed.), *The Nowell Codex: British Museum Cotton Vitellius A. XV, second ms.* EEMF 12. Copenhagen 1963.
Malone 1967: ———, »The Old English period,« pp. 1-105 in Albert C. Baugh (ed.), *A literary history of England, I: the Middle Ages*, London 1948, repr. with minor corrections and supplement London 1967.
Marquardt 1940: Hertha Marquardt, »Zur Entstehung des *Beowulf*,« *Anglia* 64 (1940):152-8.
Martin 1982: Ellen E. Martin, »Allegory and the African woman in the Old English *Exodus*,« *JEGP* 81 (1982):1-15.
Martin-Clarke 1950: D. Elizabeth Martin-Clarke, »Significant objects at Sutton Hoo,« pp. 109-19 in Cyril Fox and Bruce Dickins (eds.), *The early cultures of North-West Europe*, H. M. Chadwick Memorial Studies, Cambridge 1950.
Mayr-Harting 1972: Henry Mayr-Harting, *The coming of Christianity to England*. New York 1972.
Meid 1967: W. Meid, Rezension von E. S. Dick, *Ae. dryht und seine Sippe* in *IF* 72 (1967):219-20.
Menner 1947: Robert J. Menner, »The vocabulary of the Old English poems on Judgment Day,« *PMLA* 62 (1947):583-97.
Menner 1949: ———, »The Anglian vocabulary of the Blickling Homilies,« pp. 56-64 in Kirby/Woolf 1949.
Menner 1951: ———, »The date and dialect of *Genesis A* 852-2936 (part III),« *Anglia* 70 (1951):285-94.
Meritt 1968: Herbert D. Meritt, *Some of the hardest glosses in Old English*. Stanford 1968.
Mirsky 1967: Aaron Mirsky, »On the sources of the Anglo-Saxon *Genesis* and *Exodus*,« *ES* 48 (1967):385-97.

Mitchell 1969: Bruce Mitchell, »Five notes on Old English syntax,« *NM* 70 (1969):70-84.
Mitchell 1973: ———, Rezension von Greenfield 1972 in *RES* n. s. 24 (1973):319-21.
Mitchell 1975: ———, »Linguistic facts and the interpretation of Old English poetry,« *ASE* 4 (1975):11-28.
Mittner 1955: Ladislaus Mittner, *Wurd: das Sakrale in der altgermanischen Epik*. Bern 1955.
Moore 1911: Samuel Moore, »On the sources of the Old-English *Exodus*,« *MP* 9 (1911-2):83-108.
Moore/Knott/Hulbert 1976: ———, Thomas A. Knott and James R. Hulbert, *The elements of Old English*. 10th ed. 1955, repr. Ann Arbor 1976.
Moorman 1967: Charles Moorman, »The essential paganism of *Beowulf*,« *MLQ* 28 (1967):3-18.
Morris 1977: Christopher D. Morris, »Northumbria and the Viking settlement: the evidence for land-holding,« *Archaeologia Aeliana* 5th series 5 (1977):81-103.
Morris 1981: ———, »Viking and native in northern England: a case-study,« pp. 223-44 in Hans Bekker-Nielsen et al. (eds.), *Proceedings of the eighth Viking Congress, Arhus 24-31 August 1977*, Odense 1981.
Morsbach 1906: Lorenz Morsbach, »Zur Datierung des Beowulf-Epos,« *Nachrichten von der königlichen Gesellschaft der Wissenschaften zu Göttingen, Philologisch-historische Klasse* (1906):251-77.
Müller-Wille 1970: M. Müller-Wille, *Bestattungen im Boot: Studien zu einer nordeuropäischen Grabsitte*. Offa 25-6. Neumünster 1970.
Mürkens 1899: Gerhard Mürkens, »Untersuchungen über das altenglische Exoduslied,« *Bonner Beiträge zur Anglistik* 2 (1899):62-117.
Munske 1980: Horst H. Munske, »Germanische Sprachen und deutsche Gesamtsprache,« pp. 661-72 in Althaus/Henne/Wiegand 1980.
Murphy 1961: James J. Murphy, Rezension von Huppé 1959 in *Quarterly Journal of Speech* 47 (1961):201.
Musset 1969: Lucien Musset, »Les deux âges des Vikings: réflexions et observations d'un historien normand,« *Mediaeval Scandinavia* 2 (1969):187-93.
Nazareth 1979: Linda A. Craker Nazareth, *Language as theme in the Old English Exodus*. PhD SUNY at Stony Brook 1979, *DA* 40 (1979):2656-7A.
Nelson 1982: Janet Nelson, »Bibliography: Anglo-Saxon England, 1970-81,« *Medieval Prosopography* 3:1(1982):109-12.
Neuijen 1953: S. Neuijen, Rezension von Robertson/Huppé 1951 in *ES* 34 (1953):79-83.
Neuijen 1967: ———, Rezension von Huppé 1959 in *ES* 48 (1967):166-7.
Nichols 1964: Ann E. Nichols, »*Awendan*: a note on Ælfric's vocabulary,« *JEGP* 63 (1964):7-13.
Niles 1983: John D. Niles, *Beowulf: the poem and its tradition*. Cambridge Mass. 1983.
Oexle 1978: Otto G. Oexle, »Die funktionale Dreiteilung der ›Gesellschaft‹ bei Adalbero von Laon: Deutungsschemata der sozialen Wirklichkeit im früheren Mittelalter,« *Frühmittelalterliche Studien* 12 (1978):1-54.
Ogilvy 1967: J. D. A. Ogilvy, *Books known to the English, 597-1066*. Medieval Academy of America Publication 76. 2nd ed. Cambridge Mass. 1967.
Ohlgren 1972: Thomas H. Ohlgren, »The illustrations of the *Cædmonian Genesis*: literary criticism through art,« *Medievalia et Humanistica* n. s. 3 (1972):199-212.
Oksaar 1972: Els Oksaar, »Bilingualism,« pp. 476-511 in Thomas A. Sebeok (ed.), *Current trends in linguistics, vol. 9: linguistics in Western Europe*, The Hague 1972.

O'Loughlin 1964: J. L. N. O'Loughlin, »Sutton Hoo – the evidence of the documents,« *Medieval Archaeology* 8 (1964):1-19.
Page 1975: Raymond I. Page, »The proper toil of artless industry: Toronto's plan for an Old English dictionary,« *NQ* 220 (1975):146-55.
Parkes 1972: Malcolm B. Parkes, »The manuscript of the Leiden Riddle,« *ASE* 1 (1972):207-17.
Parkes 1973: ———, »The literacy of the laity,« pp. 555-77 in David Daiches and Anthony Thorlby (eds.), *The mediaeval world*, Literature and Western Civilization 2, London 1973.
Parmisano 1966: F. Parmisano, Rezension von Robertson 1962 in *Medium Aevum* 35 (1966):273-9.
Parsons 1975: David Parsons (ed.), *Tenth-century studies: essays in commemoration of the millenium of the council of Winchester and ›Regularis Concordia‹*. London 1975. (Alexander 1975, Biddle 1975, Clemoes 1975, Cramp 1975, Farmer 1975, Wilson 1975)
Payne 1963: Robert O. Payne, Rezension von Robertson 1962 in *CL* 15 (1963):269-71.
Payne 1974: F. A. Payne, »Three aspects of wyrd in *Beowulf*,« pp. 15-35 in Burlin/Irving 1974.
Pearsall 1977: Derek Pearsall, *Old English and Middle English poetry*. The Routledge History of English Poetry 1. London 1977.
Peers/Radford 1943: Charles Peers, C. A. Ralegh Radford et al. (eds.), »The Saxon monastery of Whitby,« *Archaeologia* 89 (1943):27-88.
Pfeiffer 1974: Karl L. Pfeiffer, *Sprachtheorie, Wissenschaftstheorie und das Problem der Textinterpretation: Untersuchungen am Beispiel des New Criticism und Paul Valerys*. Amsterdam 1974.
Philippson 1929: Ernst A. Philippson, *Germanisches Heidentum bei den Angelsachsen*. Kölner Anglistische Arbeiten 4. Leipzig 1929.
Phythian-Adams 1977: Charles Phythian-Adams, »Rutland reconsidered,« pp. 63-84 in Dornier 1977.
Pilch 1969: Herbert Pilch, »The phonemic interpretation of Old English spelling evidence,« *ALH* 12 (1969):29-43.
Pilch 1970: ———, *Altenglische Grammatik*. München 1970.
Pilch/Tristram 1979: ——— und Hildegard Tristram, *Altenglische Literatur*. Anglistische Forschungen 128. Heidelberg 1979.
Pirie 1975: E. J. E. Pirie, *Coins in Yorkshire collections: the Yorkshire Museum, York, the City Museum, Leeds, the University of Leeds*. Sylloge of Coins of the British Isles 21. London 1975.
Pollard 1975: Graham Pollard, »Some Anglo-Saxon bookbindings,« *The Book Collector* 24 (1975):130-59.
Potter 1956: Simeon Potter, Rezension von Irving *Exodus* in *Medium Aevum* 25 (1956):30-3.
Poussa 1981: Patricia Poussa, »The date of *Beowulf* reconsidered: the tenth century?« *NM* 82 (1981):276-88.
Quirk 1953: Randolph Quirk, Rezension von Robertson/Huppé 1951 in *JEGP* 52 (1953):253-5.
Quirk 1957: R. N. Quirk, »Winchester cathedral in the tenth century,« *The Archaeological Journal* 114 (1957):28-68.
Quirk 1961: ———, »Winchester New Minster and its tenth-century tower,« *JBAA* 3rd series 24 (1961):16-54.
Quirk/Wrenn 1957: Randolph Quirk and Charles L. Wrenn, *An Old English grammar*. 2nd ed. London 1957.

Radley 1971: Jeffrey Radley, »Economic aspects of Anglo-Danish York,« *Medieval Archaeology* 15 (1971):37-57.
Rahtz 1976: Philip Rahtz, »Buildings and rural settlement,« pp. 49-98 in Wilson 1976a.
Rahtz 1979: ———, *The Saxon and medieval palaces at Cheddar: excavations 1960-1962*, ed. S. M. Hirst. British Archaeological Reports 65. Oxford 1979.
Rau 1889: Max Rau, *Germanische Altertümer in der angelsächsischen Exodus*. Leipzig 1889.
Raw 1976: Barbara Raw, »The probable derivation of most of the illustrations in Junius 11 from an illustrated Old Saxon *Genesis*,« *ASE* 5 (1976):133-48.
Rendall 1974: Thomas Rendall, »Bondage and freeing from bondage in Old English religious poetry,« *JEGP* 73 (1974):497-512.
Renwick/Orton 1966: W. L. Renwick and Harold Orton, *The beginnings of English literature to Skelton 1509*. 3rd ed. London 1966.
Reynolds 1955: R. L. Reynolds, »An echo of *Beowulf* in Athelstan's charters of 931-933 A. D.?« *Medium Aevum* 24 (1955):101-3.
Reynolds 1957: ———, »Note on *Beowulf's* date and economic-social history,« pp. 175-8 in *Studi in onore di Armando Sapori*, Milano 1957.
Reynolds 1977: S. Reynolds, *An introduction to the history of English medieval towns*. Oxford 1977.
Ricci 1929: Aldo Ricci, »The chronology of Anglo-Saxon poetry,« *RES* 5 (1929):257-66.
Richardson/Sayles 1963: H. G. Richardson and G. O. Sayles, *The governance of mediaeval England from the Conquest to Magna Carta*. Edinburgh University Publications: History, Philosophy and Economics 16. Edinburgh 1963, repr. Edinburgh 1974.
Richter 1910: C. Richter, *Chronologische Studien zur angelsächsischen Literatur auf Grund sprachlich-metrischer Kriterien*. Studien zur englischen Philologie 33. Halle 1910.
Ritzke-Rutherford 1979: Jean Ritzke-Rutherford, *Light and darkness in Anglo-Saxon thought and writing*. Sprache und Literatur: Regensburger Arbeiten zur Anglistik und Amerikanistik 17. Frankfurt 1979.
Robertson 1950: Dwight W. Robertson, »Historical criticism,« pp. 3-31 in A. S. Downer (ed.), *English Institute essays, 1950*, New York 1951.
Robertson 1962: ———, *A preface to Chaucer: studies in medieval perspectives*. Princeton 1962.
Robertson 1969: ———, »Some observations on method in literary studies,« *NLH* 1 (1969-70):21-34; repr. pp. 63-75 in Ralph Cohen (ed.), *New directions in literary history*, London 1974.
Robertson/Huppé 1951: ——— and Bernard F. Huppé, *›Piers Plowman‹ and scriptural tradition*. Princeton Studies in English 31. Princeton 1951.
Robinson 1962: Fred C. Robinson, »Notes on the Old English *Exodus*,« *Anglia* 80 (1962):363-78.
Robinson 1966: ———, »Notes and emendations to Old English poetic texts,« *NM* 67 (1966):356-64.
Robinson 1968a: ———, »The significance of names in Old English literature,« *Anglia* 86 (1968):14-58.
Robinson 1968b: ———, »Some uses of name-meanings in Old English poetry,« *NM* 69 (1968):161-71.
Rollinson 1970: Philip Rollinson, »Some kinds of meaning in Old English poetry,« *Annuale Mediaevale* 11 (1970):5-21.

Rollinson 1973: ———, »The influence of Christian doctrine and exegesis on Old English poetry: an estimate of the current state of scholarship,« *ASE* 2 (1973):271-84.

Rogers 1980: William E. Rogers, »The raven and the writing desk: the theoretical limits of patristic criticism,« *Chaucer Review* 14 (1979-80):260-77.

Rosier 1966: James L. Rosier, »*Icge gold* and *incge lafe* in *Beowulf*,« *PMLA* 81 (1966):342-6.

Ryan 1963: J. S. Ryan, »Othin in England: evidence from the poetry for a cult of Woden in Anglo-Saxon England,« *Folklore* 74 (1963):460-80.

Sandmann 1975: Gert Sandmann, *Studien zu altenglischen Zaubersprüchen*. Diss. Münster 1975.

Sarrazin 1888: Gregor Sarrazin, *Beowulf-Studien: ein Beitrag zur Geschichte altgermanischer Sage und Dichtung*. Berlin 1888.

Sarrazin 1892: ———, »Die Abfassungszeit des Beowulfliedes,« *Anglia* 14 (1892):399-415.

Sarrazin 1897: ———, »Neue Beowulf-Studien,« *ESt* 23 (1897):221-67.

Sarrazin 1907: ———, »Zur Chronologie und Verfasserfrage angelsächsischer Dichtungen,« *ESt* 38 (1907):145-95.

Sarrazin 1913: ———, *Von Kädmon bis Kynewulf: eine litterar-historische Studie*. Berlin 1913.

Sawyer 1958: Peter H. Sawyer, »The density of the Danish settlement in England,« *University of Birmingham Historical Journal* 6 (1958):1-17.

Sawyer 1968: ———, *Anglo-Saxon charters: an annotated list and bibliography*. Royal Historical Society Guides and Handbooks 8. London 1968.

Sawyer 1969a: ———, »The two Viking ages of Britain: a discussion,« *Mediaeval Scandinavia* 2 (1969):163-76.

Sawyer 1969b: ———, »The case for ›internal colonisation‹,« *Mediaeval Scandinavia* 2 (1969):203-7.

Sawyer 1971: ———, *The age of the Vikings*. 2nd ed. London 1971.

Sawyer 1973: ———, »Baldersby, Borup and Bruges: the rise of Northern Europe,« *University of Leeds Review* 16 (1973):75-96.

Sawyer 1976a: ——— (ed.), *Medieval settlement: continuity and change*. London 1976.
(Jones 1976, Le Patourel 1976, Lund 1976, Sawyer 1976b)

Sawyer 1976b: ———, »Introduction: early medieval English settlement,« pp. 1-7 in Sawyer 1976a.

Sawyer 1978: ———, »Some sources for the history of Viking Northumbria,« pp. 3-7 in Hall 1978b.

Schabram 1960: Hans Schabram, »*The Seasons for Fasting* 206f. Mit einem Beitrag zur ae. Metrik,« pp. 221-40 in Wolfgang Iser und id. (eds.), *Britannica: Festschrift für Hermann M. Flasdieck*, Heidelberg 1960.

Schabram 1965: ———, *Superbia: Studien zum altenglischen Wortschatz, Teil I: Die dialektale und zeitliche Verbreitung des Wortguts*. München 1965.

Schabram 1968: ———, »AE. *Beohata, Exodus* 253,« pp. 203-9 in Herbert E. Brekle und L. Lipka (eds.), *Wortbildung, Syntax und Morphologie: Festschrift zum 60. Geburtstag von Hans Marchand am 1. Oktober 1967*, Den Haag 1968.

Schabram 1970: ———, »Etymologie und Kontextanalyse in der altenglischen Semantik,« *Zeitschrift für vergleichende Sprachforschung* 84 (1970):233-53.

Schabram 1973: ———, »Das altenglische *superbia*-Wortgut: Eine Nachlese,« pp. 272-9 in Gero Bauer et al. (eds.), *Festschrift Prof. Dr. Herbert Koziol zum siebzigsten Geburtstag*, Wiener Beiträge zur englischen Philologie 75, Wien 1973.

Schaubert 1949: Else von Schaubert, »Zur Erklärung Schwierigkeiten bietender altenglischer Textstellen,« pp. 31-42 in Kirby/Woolf 1949.
Scherfer 1977: Peter Scherfer, *Funktionale Sprachvarianten*. Kronberg 1977.
Schlemilch 1914: Willy Schlemilch, *Beiträge zur Sprache und Orthographie spätaltenglischer Sprachdenkmäler der Übergangszeit (1000-1150)*. Halle 1914, repr. Tübingen 1973.
Schmitz 1910: Theodor Schmitz, »Die Sechstakter in der altenglischen Dichtung,« *Anglia* 33 (1910):1-76, 172-218.
Schneider 1973: G. Schneider, *Zum Begriff des Lautgesetzes in der Sprachwissenschaft seit den Junggrammatikern*. Tübinger Beiträge zur Linguistik 46. Tübingen 1973.
Schücking 1915: Levin L. Schücking, *Untersuchungen zur Bedeutungslehre der angelsächsischen Dichtersprache*. Germanische Bibliothek, Zweite Abteilung: Untersuchungen und Texte 11. Heidelberg 1915.
Schücking 1917: ———, »Wann entstand der Beowulf? Glossen, Zweifel, Fragen,« *PBB* 42 (1917):347-410.
Schücking 1929: ———, »Noch einmal: ›enge anpaðas, uncuð gelad‹,« pp. 213-6 in Kemp Malone and M. B. Ruud (eds.), *Studies in English philology: a miscellany in honor of Frederick Klaeber*, Minneapolis 1929.
Schulz 1978: Manfred Schulz, *Untersuchungen zum anlautenden velaren /g/ im Altenglischen*. Diss. Göttingen 1978.
Scragg 1978: Donald G. Scragg, Rezension von Lucas *Exodus* in *Critical Quarterly* 20 (1978):87-8.
Sebeok 1973: Thomas E. Sebeok (ed.), *Current trends in linguistics, vol. 11: diachronic, areal and typological linguistics*. The Hague 1973.
(Labov 1972b, Winter 1973)
Sedgefield 1921: W. J. Sedgefield, »Suggested emendations in Old English poetical texts,« *MLR* 16 (1921):59-61.
Seebold 1974: Elmar Seebold, »Die ae. Entsprechungen von lat. *sapiens* und *prudens*: eine Untersuchung über die mundartliche Gliederung der ae. Literatur,« *Anglia* 92 (1974):291-333.
Seymour 1977: William Seymour, »The rise of Wessex,« *History Today* 27 (1977):316-23.
Sheerin 1978: Daniel J. Sheerin, »The dedication of the Old Minster, Winchester, in 980,« *Revue Bénédictine* 88 (1978):261-73.
Shepherd 1954: Geoffrey T. Shepherd, Rezension von Irving *Exodus* in *MLR* 49 (1954):269.
Shepherd 1966: ———, »Scriptural poetry,« pp. 1-36 in Stanley 1966a.
Shippey 1972: T. A. Shippey, *Old English verse*. London 1972.
Shippey 1974: ———, Rezension von Greenfield 1972 in *YES* 4 (1974):242-4.
Shippey 1978: ———, *Beowulf*. Studies in English Literature 70. London 1978.
Shippey 1980: ———, Rezension von Lucas *Exodus* in *MLR* 75 (1980):616-8.
Sievers 1872: Eduard Sievers, »Collationen angelsächsischer Gedichte,« *ZfdA* 15 (1872):456-67.
Sievers 1885a: ———, »Zur Rhythmik des germanischen Alliterationsverses,« *PBB* 10 (1885):209-314, 451-545.
Sievers 1885b: ———, »Zu Codex Jun. XI,« *PBB* 10 (1885):195-9.
Sievers 1893: ———, *Altgermanische Metrik*. Halle 1893.
Sisam 1916: Kenneth Sisam, »The Beowulf manuscript,« pp. 61-4 in Sisam 1962.
Sisam 1917: ———, »The Cædmonian *Exodus* 492,« *MLN* 32 (1917):48.
Sisam 1923/1953: ———, »An Old English translation of a letter from Wynfrith to Eadburga (A. D. 716-17) in Cotton MS. Otho C I,« pp. 199-224 (Sisam 1923), 225-31 (Sisam 1953) in Sisam 1962.

Sisam 1933: ———, »Cynewulf and his poetry,« pp. 1-28 in Sisam 1962.
Sisam 1934/1953: ———, »The Exeter Book,« pp. 97-100 (Sisam 1934), 100-8 (Sisam 1953) in Sisam 1962.
Sisam 1946: ———, »The authority of Old English poetical manuscripts,« pp. 29-44 in Sisam 1962.
Sisam 1953a: ———, »The compilation of the Beowulf manuscript,« pp. 65-96 in Sisam 1962.
Sisam 1953b: ———, »Dialect origins of the earlier Old English verse,« pp. 119-39 in Sisam 1962.
Sisam 1953c: ———, »Note C: the arrangement of the Exeter Book,« pp. 291-2 in Sisam 1962.
Sisam 1953d: ———, »Anglo-Saxon royal genealogies,« *PBA* 39 (1953):287-348.
Sisam 1955: Celia Sisam, Rezension von Vleeskruyer *Chad* in *RES* n. s. 6 (1955):302-3.
Sisam 1962: Kenneth Sisam, *Studies in the history of Old English literature*. Oxford 1953, corrected repr. Oxford 1962.
(Sisam 1916, 1923/1953, 1933, 1934/1953, 1946, 1953a-c)
Sisam 1965: ———, *The structure of Beowulf*. Oxford 1965.
Sisam 1976: Celia Sisam (ed.), *The Vercelli Book: a late tenth century manuscript containing prose and verse, Vercelli Biblioteca Capitolare CXVII*. EEMF 19. Copenhagen 1976.
Small 1965: Alan Small (ed.), *The Fourth Viking Congress, York, August 1961*. Aberdeen University Studies 149. Edinburgh 1965.
(Angus 1965, Binns 1965, Jones 1965)
Smith 1956: A. H. Smith, *English place-name elements*. 2 vols. English Place-Name Society 25-6. Cambridge 1956.
Smithers 1970: G. V. Smithers, »Destiny and the heroic warrior in *Beowulf*,« pp. 65-81 in James L. Rosier (ed.), *Philological essays: studies in Old and Middle English language and literature in honour of Herbert Dean Meritt*, The Hague 1970.
Smyth 1977: Alfred P. Smyth, *Scandinavian kings in the British Isles 850-880*. Oxford 1977.
Stafford 1978: Pauline A. Stafford, »Church and society in the age of Aelfric,« pp. 11-42 in Paul E. Szarmach and Bernard F. Huppé (eds.), *The Old English homily and its backgrounds*, Albany 1978.
Standop 1967: Ewald Standop, »Altenglische Literatur,« pp. 11-60 in id. und Edgar Mertner, *Englische Literaturgeschichte*, Heidelberg 1967.
Stanley 1963: Eric G. Stanley, Rezension von Bliss 1958 (hier: Bliss 1967) in *English Philological Studies* 8 (1963):47-53.
Stanley 1966a: ——— (ed.), *Continuations and beginnings: studies in Old English literature*. London 1966.
(Shepherd 1966, Stanley 1966b)
Stanley 1966b: ———, »*Beowulf*,« pp. 104-41 in Stanley 1966a.
Stanley 1969: ———, »Old English ›-calla‹, ›ceallian‹,« pp. 94-9 in Derek A. Pearsall and Ronald A. Waldron (eds.), *Medieval literature and civilization: studies in memory of G. N. Garmonsway*, London 1969.
Stanley 1975: ———, *The search for Anglo-Saxon paganism*. Cambridge 1975; zuerst in *NQ* 209-10 (1964-5).
Stanley 1981: ———, »The date of *Beowulf*: some doubts and no conclusions,« pp. 197-211 in Chase 1981a.
Stenton 1941: Frank M. Stenton, »The historical bearing of place-name studies: Anglo-Saxon heathenism,« *TRHS* 4th series 23 (1941):1-24; repr. pp. 281-97 in id.,

Preparatory to Anglo-Saxon England, being the collected papers of Frank Merry Stenton, ed. Doris M. Stenton, Oxford 1970.
Stenton 1971: ———, *Anglo-Saxon England.* 3rd ed. by Doris M. Stenton. Oxford 1971.
Stevick 1963: Robert D. Stevick, »Christian elements and the genesis of *Beowulf*,« *MP* 61 (1963):79-89.
Strauß 1925: Otto Strauß, »Beiträge zur Syntax der im Codex Junius enthaltenen altenglischen Dichtungen,« pp. 172-82 in *Neusprachliche Studien: Festgabe Karl Luick zu seinem 60. Geburtstage*, Die Neueren Sprachen, Beiheft 6, Marburg 1925.
Strobl 1875: Joseph Strobl, »Angelsächsische Studien,« *Germania* 20 (1875):292-305.
Symons 1942: Thomas Symons, »The English monastic reform of the tenth century,« *Downside Review* 60 (1942):1-22, 196-222, 268-79.
Taylor/Taylor 1965/1978: H. M. and Joan Taylor, *Anglo-Saxon architecture*. 3 vols. Cambridge 1965-78.
Tejera 1979: Dionisia Tejera, »Date and provenance of *Beowulf*,« *Letras de Deusto* 9:18 (1979):165-76.
Ten Brink 1877: Bernhard ten Brink, *Geschichte der englischen Litteratur, erster Band: Bis zu Wiclifs Auftreten*. Berlin 1877.
Thirsk 1970: Joan Thirsk (ed.), *Land, church and people: essays presented to Professor H. P. R. Finberg*. Reading 1970.
(John 1970, Hart 1970)
Thomas 1917: P. G. Thomas, »The O. E. ›Exodus‹,« *MLR* 12 (1917):343-5.
Thornley 1954: G. C. Thornley, »The accents and points of MS. Junius 11,« *TPS* (1954):178-205.
Thundy 1980: Zacharias P. Thundy, »*Afrisc meowle* and the Old English *Exodus*,« *Neophilologus* 64 (1980):297-306.
Tietjen 1975: Mary C. W. Tietjen, »God, fate, and the hero of *Beowulf*,« *JEGP* 74 (1975):159-71.
Timmer 1941: B. J. Timmer, »*Wyrd* in Anglo-Saxon prose and poetry,« *Neophilologus* 26 (1941):24-33, 213-28.
Timmer 1955: ———, Rezension von Irving *Exodus* in *ES* 36 (1955):111-3.
Timmer 1961: ———, Rezension von Huppé 1959 in *MLR* 56 (1961):464-5.
Tolkien 1932: J. R. R. Tolkien, »*Sigelwara land*,« *Medium Aevum* 1 (1932):183-96.
Tolkien 1934: ———, »*Sigelwara land*,« *Medium Aevum* 3 (1934):95-111.
Trahern 1973: Joseph B. Trahern, »The year's work in Old English studies – 1972, V: Old English poetry, exclusive of *Beowulf*,« *OEN* 7 (1973-4):35-41.
Trahern 1975: ———, »More scriptural echoes in the Old English *Exodus*,« pp. 291-8 in Lewis E. Nicholson and Dolores W. Frese (eds.), *Anglo-Saxon poetry: essays in appreciation, for John C. McGalliard*, Notre Dame 1975.
Trask 1973: Richard M. Trask, »Doomsday imagery in the Old English *Exodus*,« *Neophilologus* 57 (1973):295-7.
Trautmann 1898: Moritz Trautmann, *Kynewulf, der Bischof und Dichter: Untersuchungen über seine Werke und sein Leben*. Bonner Beiträge zur Anglistik 1. Bonn 1898.
Trautmann 1914: ———, »Sprache und Versbau der altenglischen Rätsel,« *Anglia* 38 (1914):355-64.
Tupper 1910: Frederick Tupper, »Textual criticism as a pseudo-science,« *PMLA* 25 (1910):164-81.
Unwin 1981: P. T. H. Unwin, »The Anglo-Saxon and Scandinavian occupation of Nottinghamshire and Derbyshire,« *Journal of the English Place-Name Society* 14 (1981-2):1-31.

Utley 1963: Francis L. Utley, »The flood narrative in the Junius Manuscript and in Baltic literature,« pp. 207-26 in Stanley B. Greenfield (ed.), *Studies in Old English literature in honor of Arthur G. Brodeur*, Eugene 1963.

Vickrey 1969: John F. Vickrey, »The vision of Eve in *Genesis B*,« *Speculum* 44 (1969):86-102.

Vickrey 1972a: ———, »›Exodus‹ and the battle in the sea,« *Traditio* 28 (1972):119-40.

Vickrey 1972b: ———, »*Exodus* and the treasure of Pharaoh,« *ASE* 1 (1972):159-65.

Vickrey 1973: ———, »›Exodus‹ and the tenth plague,« *Archiv* 210 (1973):41-52.

Vickrey 1975: ———, »›Exodus‹ and the ›Herba Humilis‹,« *Traditio* 31 (1975):25-54.

Vickrey 1980: ———, »Concerning *Exodus* lines 144-145,« *ELN* 17 (1979-80):241-9.

Vogt 1954: Hans Vogt, »Language contacts,« *Word* 10 (1954):365-74.

Wainwright 1942: Frederick T. Wainwright, »North-West Mercia, A. D. 871-924,« *Transactions of the Historic Society of Lancashire and Cheshire* 94 (1942):3-55; repr. pp. 63-129 in Wainwright/Finberg 1975.

Wainwright 1945a: ———, »The Scandinavians in Lancashire,« *Transactions of the Lancashire and Cheshire Antiquarian Society* 58 (1945-6):71-116; repr. pp. 181-227 in Wainwright/Finberg 1975.

Wainwright 1945b: ———, »The chronology of the ›Mercian Register‹,« *EHR* 60 (1945):385-92.

Wainwright 1948: ———, »Ingimund's invasion,« *EHR* 63 (1948):145-69; repr. pp. 131-61 in Wainwright/Finberg 1975.

Wainwright 1950: ———, »The battles at Corbridge,« *SBVS* 13 (1950):156-73; repr. pp. 163-79 in Wainwright/Finberg 1975.

Wainwright 1952: ———, »The submission to Edward the Elder,« *History* n. s. 37 (1952):114-30; repr. pp. 325-44 in Wainwright/Finberg 1975.

Wainwright 1959: ———, »Æthelflæd Lady of the Mercians,« pp. 53-69 in Clemoes 1959; repr. pp. 305-24 in Wainwright/Finberg 1975.

Wainwright/Finberg 1975: H. P. R. Finberg (ed.), *Scandinavian England: collected papers by F.T. Wainwright*. Chichester 1975.
(Wainwright 1942, 1945a, 1948, 1950, 1952, 1959)

Wall 1968: Carolyn Wall, »Stylistic variation in the Old English *Exodus*,« *ELN* 6 (1968):79-84.

Ward/Waller 1907: A. W. Ward and A. R. Waller (eds.), *The Cambridge history of English literature*. Vol. 1 Cambridge 1907, repr. Cambridge 1967.

Waterhouse 1973: R. Waterhouse, »Semantic development of two terms within the ›Anglo-Saxon Chronicle‹,« *SGG* 14 (1973):95-106.

Weber 1969: Gerd W. Weber, *Wyrd: Studien zum Schicksalsbegriff der altenglischen und altnordischen Literatur*. Frankfurter Beiträge zur Germanistik 8. Bad Homburg 1969.

Weinreich 1953: Uriel Weinreich, *Languages in contact*. New York 1953, repr. The Hague 1964.

Wells 1976: David M. Wells, »The sections in Old English poetry,« *YES* 6 (1976):1-4.

Wenisch 1976: Franz Wenisch, »Sächsische Dialektwörter in *The Battle of Maldon*,« *IF* 81 (1976):181-203.

Wenisch 1978: ———, »Kritische Bemerkungen zu Angaben über die Verbreitung einiger angeblich westsächsischer Dialektwörter,« *Anglia* 96 (1978):5-44.

Wenisch 1979: ———, *Spezifisch anglisches Wortgut in den nordhumbrischen Interlinearglossierungen des Lukasevangeliums.* Anglistische Forschungen 132. Heidelberg 1979.
Wetzel 1983: Claus-Dieter Wetzel, Rezension von Amos 1980 in *Anglia* 101 (1983):487-96.
Whallon 1962: William Whallon, »The Christianity of *Beowulf*,« *MP* 60 (1962):81-94.
Whallon 1965: ———, »The idea of god in *Beowulf*,« *PMLA* 80 (1965):19-23.
Whallon/Goldsmith/Donahue 1973: »Allegorical, typological or neither? Three short papers on the allegorical approach to *Beowulf* and a discussion,« *ASE* 2 (1973):285-302.
Whitbread 1969: L. Whitbread, »*Beowulf* and archaeology: an additional footnote,« *NM* 70 (1969):53-62.
Whitelock 1941: Dorothy Whitelock, »The conversion of the Eastern Danelaw,« *SBVS* 12 (1937-45):159-76.
Whitelock 1949: ———, »Anglo-Saxon poetry and the historian,« *TRHS* 4th series 31 (1949):75-94; repr. Kap. III in Whitelock 1980.
Whitelock 1951: ———, *The audience of Beowulf.* Oxford 1951; repr. Kap. I in Whitelock 1980.
Whitelock 1959: ———, »The dealings of the kings of England with Northumbria in the tenth and eleventh centuries,« pp. 70-88 in Clemoes 1959; repr. Kap. III in id., *History, law and literature in 10th-11th century England*, London 1980.
Whitelock 1965: ———, *The beginnings of English society.* The Pelican History of England 2. 2nd ed. Harmondsworth 1965.
Whitelock 1980: ———, *From Bede to Alfred: studies in early Anglo-Saxon literature and history.* London 1980.
(Whitelock 1949, 1951)
Williams 1909: O. T. Williams, »A note on Exodus, ll. 56ff.,« *MLR* 4 (1909):507-8.
Williams 1977: John Williams, »The early development of the town of Northampton,« pp. 131-52 in Dornier 1977.
Williams 1981: Ann Williams, »*Princeps Merciorum gentis*: the family, career and connections of Ælfhere, ealdorman of Mercia, 956-83,« *ASE* 10 (1981):143-72.
Wilson 1964: David M. Wilson, *Anglo-Saxon ornamental metalwork, 700-1100, in the British Museum.* London 1964.
Wilson 1967: ———, »The Vikings' relationship with Christianity in Northern England,« *JBAA* 3rd series 30 (1967):37-46.
Wilson 1968: ———, »Archaeological evidence for the Viking settlements and raids in England,« *Frühmittelalterliche Studien* 2 (1968):291-304.
Wilson 1974: James H. Wilson, *Christian theology and Old English poetry.* Studies in English Literature 71. The Hague 1974.
Wilson 1975: David M. Wilson, »Tenth-century metalwork,« pp. 200-7 in Parsons 1975.
Wilson 1976a: ——— (ed.), *The archaeology of Anglo-Saxon England.* London 1976.
(Biddle 1976, Cramp 1976, Dolley 1976, Hurst 1976, Rahtz 1976, Wilson 1976b, 1976c)
Wilson 1976b: ———, »Craft and industry,« pp. 253-81 in Wilson 1976a.
Wilson 1976c: ———, »The Scandinavians in England,« pp. 393-403 in Wilson 1976a.
Wilson 1978: ———, »The dating of Viking art in England,« pp. 135-44 in Lang 1978a.
Wilson/Bersu 1966: ——— and G. Bersu, *Three Viking graves in the Isle of Man.* The Society for Medieval Archaeology, Monograph Series 1. London 1966.
Wilson/Hurst 1957: ——— and J. G. Hurst, »Medieval Britain in 1956, I. Pre-Conquest,« *Medieval Archaeology* 1 (1957):147-51.
Wilson/Klindt-Jensen 1980: ——— and Ole Klindt-Jensen, *Viking art.* 2nd ed. Minneapolis 1980.

Winter 1973: Werner Winter, »Areal linguistics: some general considerations,« pp. 135-47 in Sebeok 1973.
Wittgenstein 1967: Ludwig Wittgenstein, *Philosophische Untersuchungen*. Frankfurt 1967.
Woolf 1954: Henry B. Woolf, Rezension von Irving *Exodus* in *MLN* 69 (1954):463-4.
Woolf 1976: Rosemary Woolf, »The ideal of men dying with their lord in the *Germania* and in *The Battle of Maldon*,« *ASE* 5 (1976):63-81.
Wormald 1952: Francis Wormald, *English drawings of the tenth and eleventh century*. London 1952.
Wormald 1971: ———, »The ›Winchester School‹ before St Æthelwold,« pp. 305-13 in Clemoes/Hughes 1971.
Wormald 1977: C. Patrick Wormald, »The uses of literacy in Anglo-Saxon England and its neighbours,« *TRHS* 5th series 27 (1977):95-114.
Wormald 1978: ———, »Bede, ›Beowulf‹ and the conversion of the Anglo-Saxon aristocracy,« pp. 32-95 in Robert T. Farrell (ed.), *Bede and Anglo-Saxon England: papers in honour of the 1300th anniversary of the birth of Bede, given at Cornell University in 1973 and 1974*, British Archaeological Reports 46, Oxford 1978.
Wrenn 1933: Charles L. Wrenn, »›Standard‹ Old English,« *TPS* (1933):65-88.
Wrenn 1946: ———, »The poetry of Cædmon (Sir Israel Gollancz Memorial Lectures),« *PBA* 32 (1946):277-95.
Wrenn 1955: ———, Rezension von Irving *Exodus* in *RES* n. s. 6 (1955):184-9.
Wrenn 1959: ———, »Sutton Hoo and Beowulf,« pp. 495-507 in *Mélanges de linguistique et de philologie: Fernand Mossé in memoriam*, Paris 1959; repr. pp. 311-30 in Lewis E. Nicholson (ed.), *An anthology of Beowulf criticism*, Notre Dame 1963.
Wrenn 1967: ———, *A study of Old English literature*. London 1967.
Wülker 1893: Richard Wülker, Rezension von Brooke 1892 (hier: 1925) in *Anglia Beiblatt* 4 (1893-4):225-33.
Zettel 1977: H. Zettel, *Das Bild der Normannen und der Normanneneinfälle in westfränkischen, ostfränkischen und angelsächsischen Quellen des 8. bis 11. Jahrhunderts*. München 1977.
Ziegler 1883: Heinrich Ziegler, *Der poetische Sprachgebrauch in den sogen. Cædmonschen Dichtungen*. Münster 1883.
Zumthor 1972: Paul Zumthor, *Essai de poétique médiévale*. Paris 1972.

6. Register

Das Register ist selektiv: es verzeichnet keine Belegstellen und nur solche Begriffe, Autoren oder Werke, auf die an den angegebenen Stellen in der Argumentation eingegangen wurde. Anmerkungen sind nur in Ausnahmefällen berücksichtigt.

Studia humaniora

Forschungsinstitut für Mittelalter und Renaissance (Hg.)
Das Ritterbild in Mittelalter und Renaissance
Studia humaniora. Düsseldorfer Studien zu Mittelalter und Renaissance,
Band 1 · 192 Seiten, Paperback

Urban Küsters
Der verschlossene Garten
Hohelied-Auslegung und monastische Lebensform im 12. Jahrhundert
Studia humaniora. Düsseldorfer Studien zu Mittelalter und Renaissance,
Band 2 · 368 Seiten, Paperback
(Herausgegeben vom Forschungsinstitut für Mittelalter und Renaissance)

Brigitte Kasten
Adalhard von Corbie
Die Biographie eines karolingischen Politikers und Klostervorstehers
Studia humaniora. Düsseldorfer Studien zu Mittelalter und Renaissance,
Band 3 · 228 Seiten, Paperback

Edeltraut Werner
Liber Scale Machometi
Die lateinische Fassung des Kitab al mi'radj
Einleitung – Edition – Glossar
Studia humaniora. Düsseldorfer Studien zu Mittelalter und Renaissance,
Band 4 · 268 Seiten, Paperback

Forschungsinstitut für Mittelalter und Renaissance
Der kranke Mensch in Mittelalter und Renaissance
Herausgegeben von Peter Wunderli
Studia humaniora. Düsseldorfer Studien zu Mittelalter und Renaissance,
Band 5 · 188 Seiten, Paperback

Höfische Literatur · Hofgesellschaft · Höfische Lebensformen um 1200
Herausgegeben von Gert Kaiser und Jan-Dirk Müller
Studia humaniora. Düsseldorfer Studien zu Mittelalter und Renaissance,
Band 6 · 588 Seiten, Paperback

Günther Binding
Städtebau und Heilsordnung
Künstlerische Gestaltung der Stadt Köln in ottonischer Zeit
Studia humaniora. Düsseldorfer Studien zu Mittelalter und Renaissance,
Series minor · 84 Seiten mit 24 Abb., Paperback